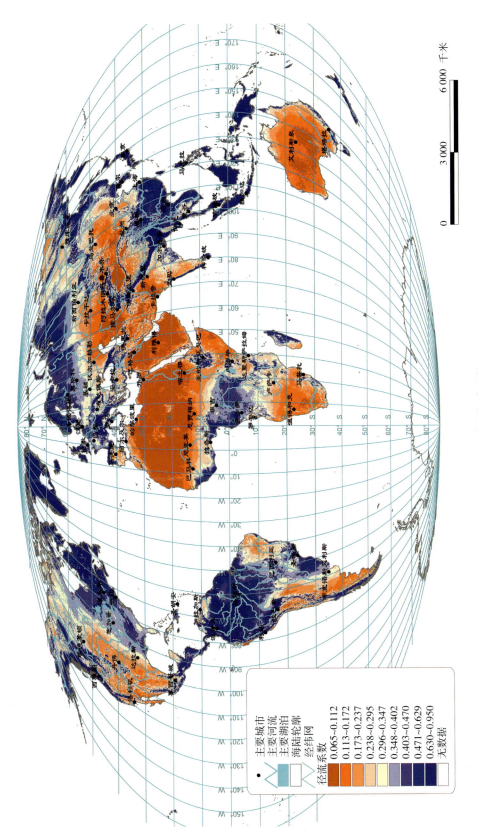

彩图 1 全球径流系数

主要城市
主要河流
主要湖泊
海陆轮廓
经纬网

径流系数
0.065~0.112
0.113~0.172
0.173~0.237
0.238~0.295
0.296~0.347
0.348~0.402
0.403~0.470
0.471~0.629
0.630~0.950
无数据

6 000 千米
3 000
0

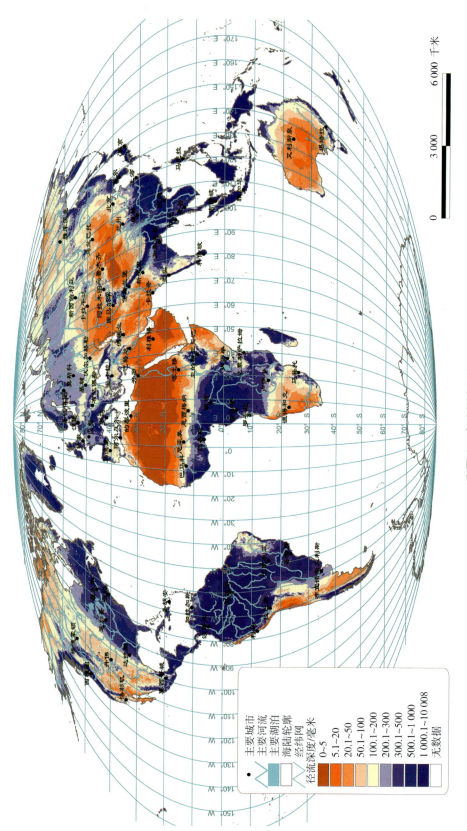

彩图 2　全球径流深度

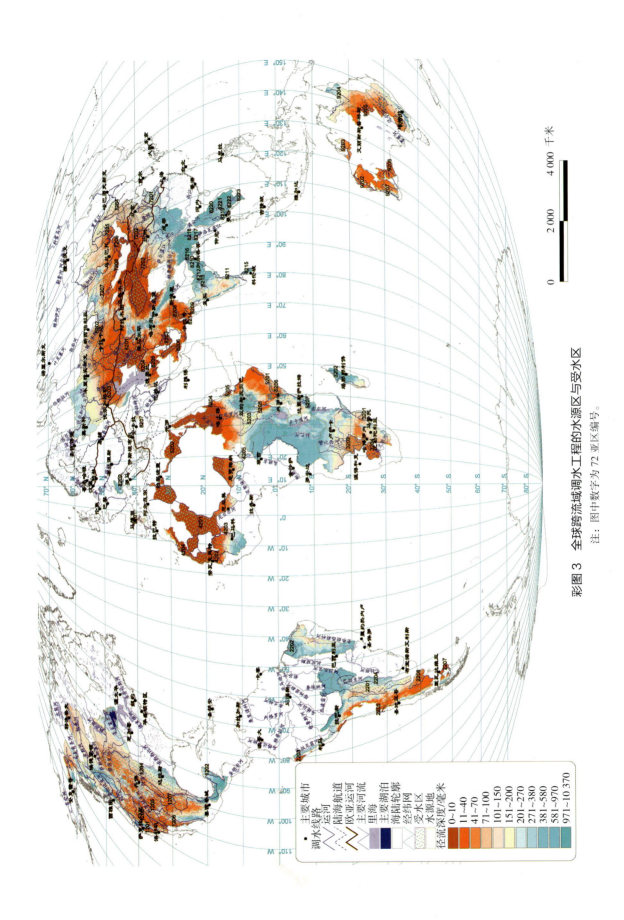

彩图 3　全球跨流域调水工程的水源区与受水区

注：图中数字为 72 亚区编号。

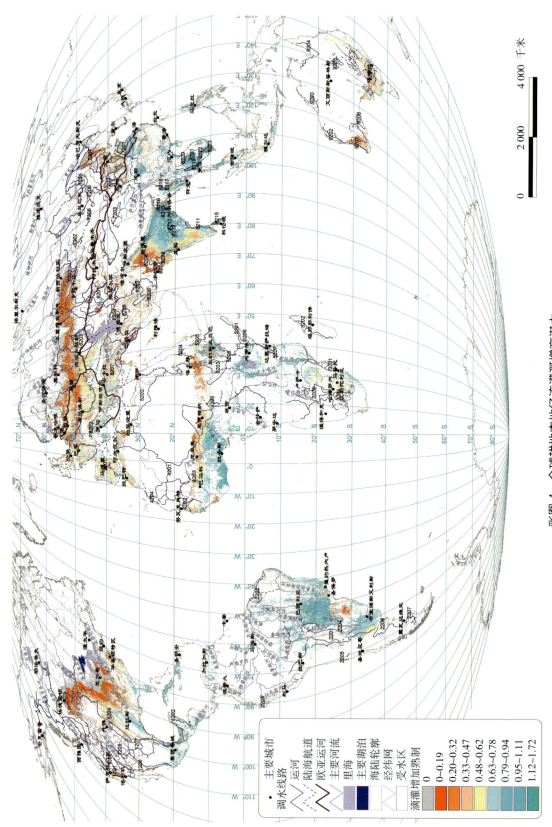

彩图 4 全球耕地本地径流灌溉增产潜力

注：图中数字为 72 亚区编号。

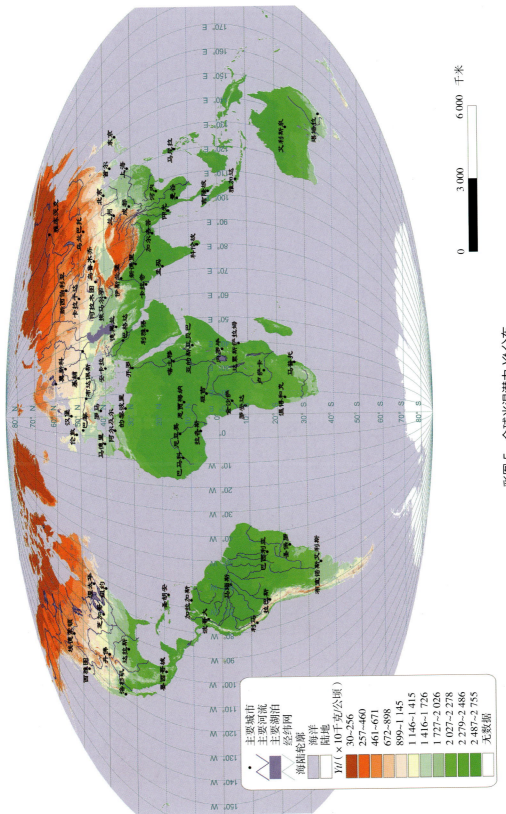

彩图 5 全球光温潜力 Yt 分布

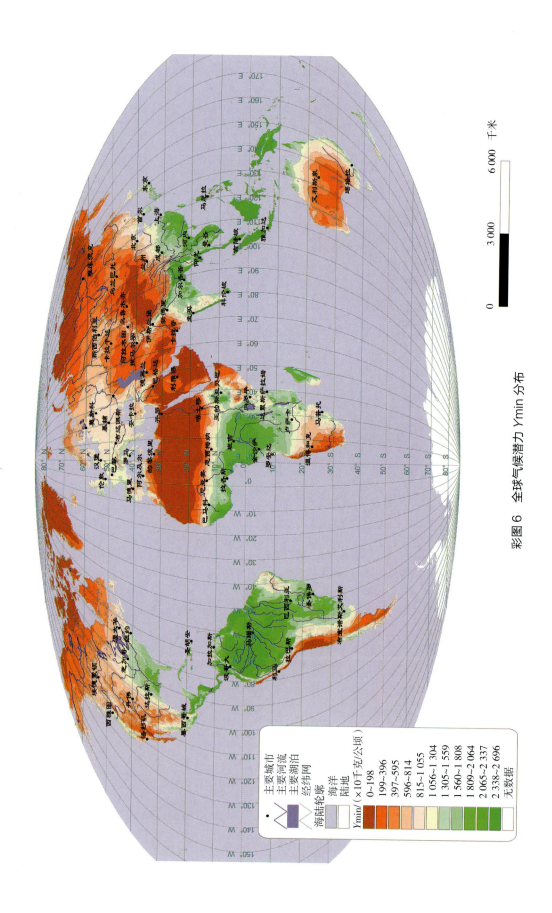

彩图 6　全球气候潜力 Ymin 分布

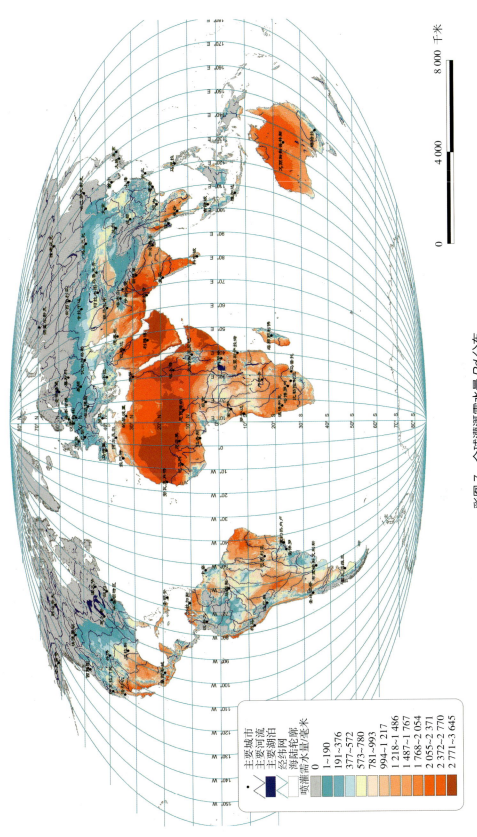

彩图 7　全球灌溉需水量 Pd 分布

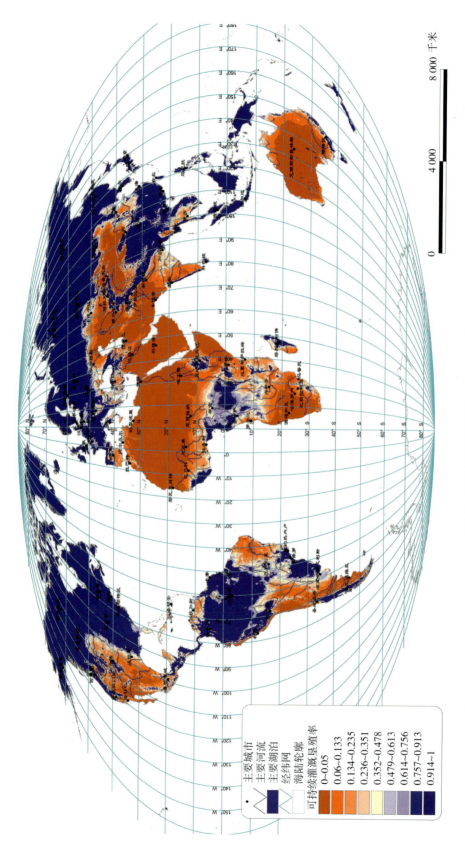

彩图 8　全球可持续灌溉垦殖率 *Rro* 分布

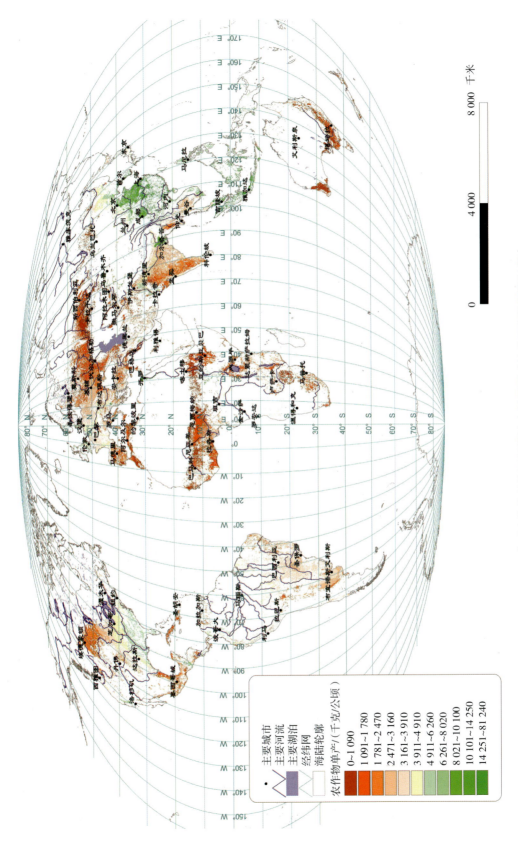

彩图 9　全球农作物单位面积经济产量干重（按分国经济系数计算）

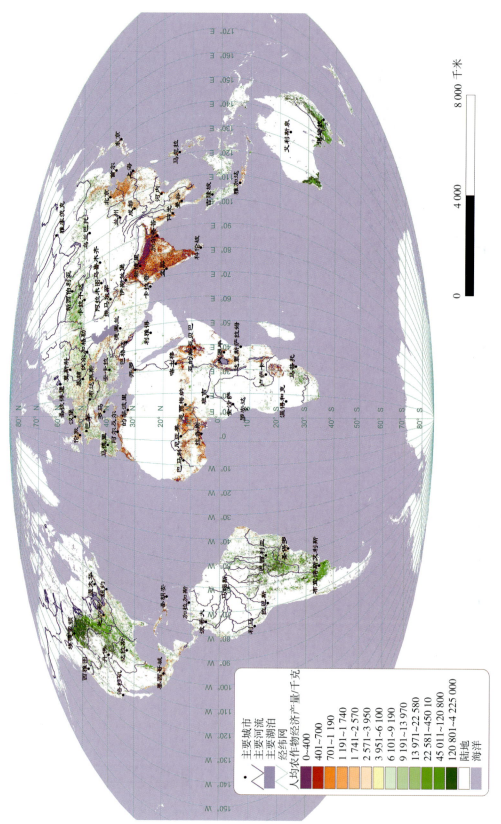

彩图 10　全球人均农作物经济产量干重（按分国经济系数计算）

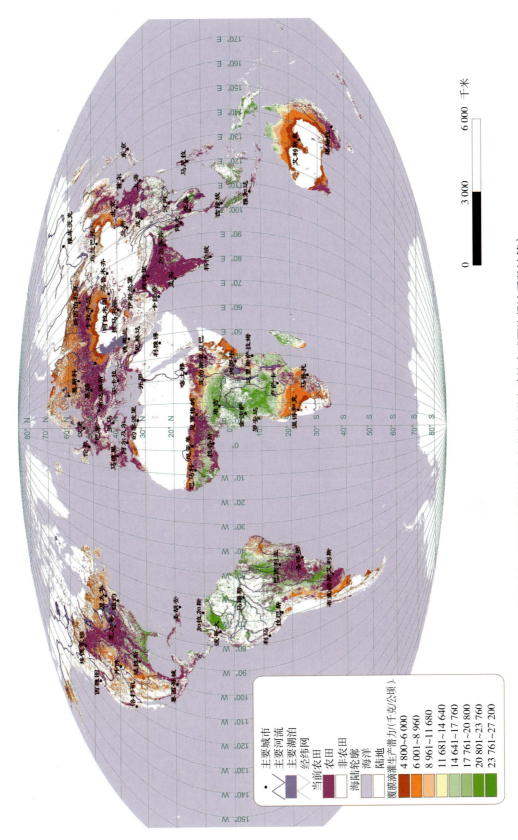

彩图 11　全球宜农荒地覆膜滴灌生产潜力（按全球平均经济系数计算）

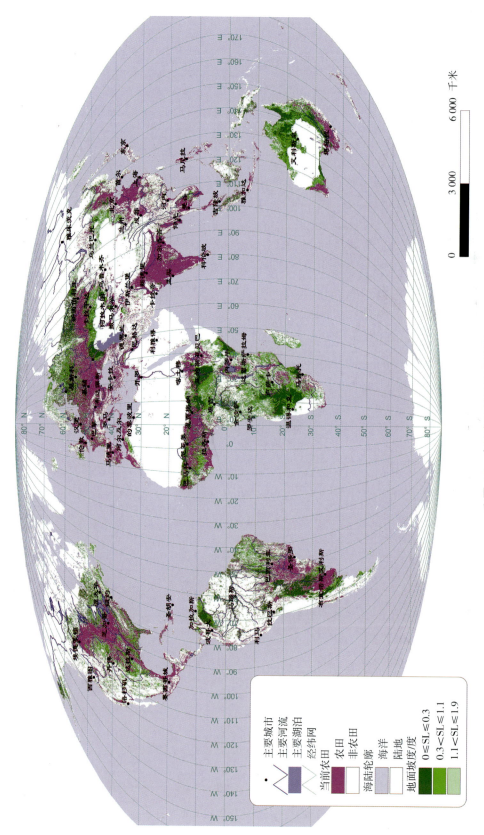

彩图 12　全球宜农荒地地面坡度

图例：

主要城市
主要河流
主要湖泊
经纬网
当前农田
农田
非农田
海陆轮廓
海洋
陆地
地面坡度
0≤SL≤0.3
0.3<SL≤1.1
1.1<SL≤1.9

0　　3 000　　6 000 千米

中国农业科学院协同创新项目"新时期国家粮食安全战略研究"（CAAS-ZDRW202012）
中国农业科学院科技创新工程（ASTIP-IAED-2020-01）

全球农业资源
可持续利用方略

梁书民 著

中国农业出版社
北 京

Contents 目 录

第一篇 Part 1
我国的土地资源与水资源

第1章
宜农荒地资源分布

1.1 地理信息系统数据及应用

地理信息系统（geographic information system，GIS）数据有三种基本类型和两种数据模型。三种基本类型分别为：①空间数据（spatial data）是构成地图的基本数据。空间数据是由点、线、面构成，是地理信息系统的核心。空间数据用来表达位置和地图要素的形状信息，如建筑物、街道和城市。②表格数据（tabular data）是地图添加信息。表格数据是描述地图要素的数据，比如一幅表现客户位置的地图可能同时链接到这些客户的人口统计信息。③影像数据（image data）是应用影像建立地图。影像数据有许多不同的来源，比如卫星影像，航空影像，以及从纸质地图中得到的数字格式的扫描数据。

两种数据模型分别为：①矢量数据模型（vector data model），表现不连续的要素，比如客户的位置，区域数据通常也用矢量数据描述。矢量数据模型中点代表任何在地球表面上可以用 XY 定位的信息，比如购物中心、客户、电杆、银行和医务所。线代表任何具有长度的信息，比如街道、高速路和河流。面或多边形代表任何具有边界的信息，无论这些边界是自然形成还是行政划定。如国家、州、城市、人口统计区、邮政区、市场分区的边界。②栅格数据模型（raster data model），表现连续的数值，比如海拔高度，以及连续的类，植被类型通常都用栅格数据模型描述。运用栅格数据模型，要素被描述成在连续空间的像元矩阵。一个点是一个像元，线是连续的像元行。面被描述成一系列相邻的像元。当要素可以用任一种模型表达的时候，离散的要素，如客户位置、电线杆位置等，以及区域数据如邮政分区、湖泊等，通常用矢量数据模型描述。连续要素，比如土壤类型、降水、高程等既可以用矢量也可以用栅格表达。

影像数据是栅格数据的一种，可用于解译土地利用图，显示植被覆盖程度；1990 年前后的美国陆地卫星 TM 相片的地面分辨率可达 30 米，同 1：5 万地图相当，2000 年前后的美国陆地卫星 ETM 相片的地面分辨率可达 15 米，同 1：2.5 万地图相当。谷歌地球影像地面分辨率可达 0.5 米，精度相当于航空相片，可用于进行村落规划、城市规划和村级种植业规划。数字高程模型（DEM）也是栅格数据的一种，可用于进行三维分析，包括过山隧道设计、盘山渠道设计、计算河流网络、计算流域界限等。美国奋进号航天飞机航天雷达地形飞行任务 2000 年前后采集的数字高程模型数据水平分辨率为 90 米，垂直分辨率为 6 米，相当于 1：15 万比例尺地形图。栅格数据地面分辨率同地图比例尺的对应关系大致为 1 000 米同 1：150 万比例尺相当，90 米同 1：15 万比例尺相当，30 米同 1：5万比例尺相当，15 米同 1：2.5 万比例尺相当，6 米同 1：1 万比例尺相当，1 米同 1：1 500 比例尺相当，0.1 米同 1：150 比例尺相当。

点数据同表格数据结合可以绘制点状地图，如中国城市分布层面可以显示各级城市人口及城市分布，还可以进一步计算城市引力场和城市的吸引范围。线数据同表格数据结合可以绘制线状地图，如水系层面可绘制水系分布图，设计流域水利设施，高速公路、公路、海路、内河航运，铁路网层面可以组成综合运输网络，通过网络分析计算最佳运输路径与综合运输组合，计算城市的交通圈。面数据的应用范围更为广泛。面数据同表格数据结合可以绘制面状地图，如县界及分县统计层面可以显示各种要素的县级分布，如人均耕地面积、人均粮食产量、粮食播种面积、人口密度等。1985 年中国土地利用层面有 1：1 200 万、1：100 万比例尺两种，1996 年中国土地利用层面有 1：250 万、1：50 万、1：5 万比例尺 3 种，2000 年中国遥感解译土地利用层面有 1：10 万比例尺 1 种，各种土地利用层面的作用因比例尺而异，可用于求算复种指数，计算宜农荒地分布图，同坡度图叠加求算耕地坡度，进行土地利用规划等。降水量、径流量层面同行政区层面或流域层面叠加可以求算出各行政区和流域的降水量和径流量。积温层面同土地利用层面和行政区层面相叠加可以求算出各行政区的复种指数。地貌、地质、地形切割同土壤层面、土地利用层面或植被层面相叠加可以计算土壤、土地利用或植被分布的地貌、地质和地形切割特征。

1.2　地理信息系统研究方法

宜农荒地是我国耕地的后备资源。我国宜农荒地主要分布于东北（含内蒙古内流区）和西北地区（含柴达木内流区）。宜农荒地分布图的绘制是地理信息系统空间分析技术在农业中应用的典型范例。为勾绘出我国东北和西北宜农荒地的空间分布状况，笔者依据流域、积温与熟制、草地、地貌和土壤的空间数据进行逐步相交的空间分析，最后筛选出宜农荒地地块。

第一步，从中国流域层面中提取东北和西北流域大区，作为研究区域。

第二步，使研究区层面同积温层面相交，并从相交层面中提取活动积温大于 2 000℃·日，可保证一年一熟连作的区域。

第三步，从土地利用层面中提取出草地和草原层面，同上述一熟制区域层面相交，得出东北和西北可以一年一熟草地。

第四步，使上述草地同地貌层面相交，从中提取出位于平原地区的一年一熟草地，可作为候选宜农荒地层面。

第五步，使候选宜农荒地层面同土壤层面相交，进一步分析宜农荒地的质量分布。

通过地理信息系统分析和计算的结果表明，宜农荒地的数量分布大致为东北的黑龙江流域和西北的塔里木内流区超过了 1 000 万公顷，西北的河西走廊-阿拉善、准噶尔和柴达木内流区超过了 500 万公顷，东北的辽河流域和内蒙古内流区超过了 100 万公顷，西北的伊犁河和额尔齐斯河流域超过了 50 万公顷（表 1.1）。

有了土壤的空间分布数据，在对土壤分级的基础上可以进一步研究宜农荒地质量的空间分布。通过求土壤和宜农荒地分布层面的交集，可以得出宜农荒地在各土壤上的分布情况。在宜农荒地的土壤类型分布上，1 等土壤主要为黑土；2 等土壤有草甸土、灌淤土、灰钙土和白浆土；3 等土壤主要有盐土、黑钙土和栗钙土；4 等土壤主要有暗栗钙土、灰漠土、沼泽土和暗棕壤；5 等土壤主要有灰棕漠土、棕漠土、棕钙土和风沙土（表 1.2）。

具体分布情况大致为 5 等土壤上的宜农荒地面积最大，约为 1 866.0 万公顷，占总量的40%；其次为 2 等和 3 等宜农荒地，分别占总量的 21.0% 和 19.2%；4 等宜农荒地占总量的 15.2%；1 等宜农荒地仅占宜农荒地总量的 1.3%（表 1.3）。6 等、7 等和 8 等土壤质量极差，面积仅占总量的 3.3%，可以不作为宜农荒地开发的考虑对象。

表 1.1　中国宜农荒地在东北和西北各流域的分布

流域大区	流域名称	毛荒地面积/万公顷	可净增耕地面积/万公顷
东北	黑龙江	1 093	672
东北	辽河	148	91
东北	内蒙古	116	71
东北	库里泡	43	27
东北	辽西沿海诸河	26	16
东北	洋沙泡	20	12
东北合计		**1 446**	**889**
西北	塔里木	1 024	629
西北	河西走廊-阿拉善	760	467
西北	准噶尔	744	457
西北	柴达木	530	326
西北	伊犁河	91	56
西北	额尔齐斯河	65	40
西北合计		**3 214**	**1 975**
总计		**4 660**	**2 863**

表 1.2　中国东北和西北宜农荒地在主要土壤上的分布

等级	土壤类型	毛荒地面积/万公顷	土壤开发利用率
1	黑土	56.7	0.704
2	草甸土	740.2	0.410
2	灌淤土	137.2	0.452
2	灰钙土	46.6	0.318
2	白浆土	37.6	0.576
3	盐土	519.2	0.233
3	黑钙土	266.7	0.193
3	栗钙土	99.8	0.232
4	暗栗钙土	437.3	0.123
4	灰漠土	130.4	0.093
4	沼泽土	101.5	0.155
4	暗棕壤	40.3	0.126

（续）

等级	土壤类型	毛荒地面积/万公顷	土壤开发利用率
5	灰棕漠土	754.3	0.025
5	棕漠土	469.2	0.034
5	棕钙土	367.1	0.042
5	风沙土	272.0	0.040

表 1.3 中国东北和西北宜农荒地的等级分布

等级	毛荒地面积/万公顷	比重/%	等级	毛荒地面积/万公顷	比重/%
1	60.2	1.3	6	59.3	1.3
2	978.5	21.0	7	86.2	1.8
3	893.3	19.2	8	7.7	0.2
4	709.4	15.2	总计	4 660.5	100.0
5	1 866.0	40.0			

在宜农荒地各等级土壤的空间分布上，大致为上等宜农荒地主要分布于东北地区，中下等宜农荒地主要分布于西北地区。具体分布情况是 1 等土壤主要分布于黑龙江流域；2 等土壤主要分布于黑龙江流域和塔里木、河西走廊-阿拉善、准噶尔内流区；3 等土壤主要分布于塔里木内流区、黑龙江流域和柴达木内流区；4 等土壤主要分布于准噶尔内流区和黑龙江流域；5 等土壤主要分布于河西走廊-阿拉善、塔里木、准噶尔和柴达木内流区（表 1.4）。

表 1.4 中国东北和西北主要宜农荒地等级在各流域的分布

流域	土壤等级	毛面积/万公顷
黑龙江	1	54.3
黑龙江	2	538.4
塔里木	2	161.6
河西走廊-阿拉善	2	105.0
准噶尔	2	82.5
塔里木	3	311.9
黑龙江	3	218.5
柴达木	3	151.4
准噶尔	4	235.2
黑龙江	4	216.2
河西走廊-阿拉善	5	521.8
塔里木	5	448.3
准噶尔	5	392.8
柴达木	5	267.3

1.3　分省宜农荒地资源测算

利用 1996 年 1∶250 万土地利用图和地理信息系统空间分析方法,可以核算分省宜农荒地资源,具体步骤如下:①活动积温和降水量特征。使活动积温分布图[1]和降水量分布图[2]的地理信息系统层面相交,确定活动积温大于等于 1 750℃·日的地域。②绘制宜农荒地土地利用图。根据 1∶250 万土地利用图[3]确定宜农荒地的目标土地利用类型,笔者选定的土地利用类型为天然草地、荒草地、盐碱地、裸土地、改良草地、苇地、滩涂和人工草地。③绘制灌溉草地分布图。土壤表土层太薄的地块不适合开垦为耕地,但是若土壤母质为第四纪地层,在灌溉条件下仍然可以开垦为耕地,如黄土高原和沙地,根据 1∶250 万地质图[4]和 1∶100 万 SOTER 土壤图[5]确定土壤发生层(表土层)厚度小于等于 15 厘米,且地层年龄早于第四纪的地块,用于发展灌溉草地,不作为宜农荒地。④将第 2 步和第 3 步得出的宜农荒地图和薄层土壤图分别与省面地理信息系统层面相交,以便计算各类地块的分省面积分布。

上述宜农荒地资源求算方法没有加入降水量条件限制,可以称之为在灌溉条件下的最大宜农荒地面积。地理信息系统计算结果表明,中国最大宜农荒地面积为 226 970.5 万亩*,在空间上集中分布于内蒙古和新疆地区,占总面积的 68.233%;甘肃和青海次之,占总面积的 9.994%,4 地区宜农荒地面积均超过了 1 亿亩;黑龙江连片的宜农荒地均已开垦为耕地,但是仍有 6 471.9 亿亩的宜农荒地,只是分布已经较为零散;西藏拥有宜农荒地资源 6 425.5 万亩,但是海拔高、坡度大、表土层薄,开发价值不大;陕西拥有宜农荒地资源 5 465.7 万亩,主要分布于陕北地区黄土高原和毛乌素沙地边缘,要么需要灌溉,要么需要修造梯田,开发难度较大;河北、山西、云南、宁夏、广西五地区宜农荒地面积在 3 400 万~4 200 万亩;吉林、四川、贵州、辽宁 4 地区宜农荒地面积在 1 000 万~3 000 万亩;其余地区宜农荒地面积均在 1 000 万亩以下,重庆和浙江少于 100 万亩(表 1.5)。

表 1.5　中国各地区宜农荒地资源分布

地区	宜农荒地/万亩	比重/%	地区	宜农荒地/万亩	比重/%
全国	226 970.5	100.000	河北	4 178.3	1.841
内蒙古	82 942.0	36.543	山西	3 847.0	1.695
新疆	71 927.7	31.690	云南	3 845.8	1.694
甘肃	12 292.6	5.416	宁夏	3 426.9	1.510
青海	10 391.7	4.578	广西	3 402.7	1.499
黑龙江	6 471.9	2.851	吉林	2 811.5	1.239
西藏	6 425.5	2.831	四川	2 242.9	0.988
陕西	5 465.7	2.408	贵州	1 862.7	0.821

* 亩为非法定计量单位,1 亩=1/15 公顷。——编者注

（续）

地区	宜农荒地/万亩	比重/%	地区	宜农荒地/万亩	比重/%
辽宁	1 449.8	0.639	北京	182.0	0.080
河南	762.8	0.336	江苏	167.3	0.074
山东	693.2	0.305	海南	157.9	0.070
江西	412.6	0.182	福建	131.7	0.058
湖南	338.9	0.149	安徽	102.3	0.045
台湾	327.2	0.144	天津	100.3	0.044
广东	286.8	0.126	重庆	78.4	0.035
湖北	186.4	0.082	浙江	57.7	0.025

中国宜农荒地资源在各种土地利用类型中的分布情况是天然草地中分布有宜农荒地 177 839.9万亩，占宜农荒地总面积的78.354%，并且大多是坡度平缓的高原、高平原和盆地，易于开垦，是宜农荒地资源的主体部分；荒草地中分布有宜农荒地 29 138.5万亩，占宜农荒地总面积的12.838%，坡度较大或分布在偏远山区，开垦难度一般较大；盐碱地中分布有宜农荒地12 858.4万亩，占宜农荒地总面积的5.665%，需要通过冲洗盐碱或采取化学措施进行土壤改良，种植耐盐碱农作物，方能开垦为耕地；苇地、滩涂、裸土地、改良草地、人工草地中分布有宜农荒地7 133.8万亩，占宜农荒地总面积的3.143%，在灌溉条件下较易开垦为耕地，但应注意不能在划定的自然保护区内开垦（表1.6）。

表1.6　中国宜农荒地资源在各种土地利用类型中的分布

类型	宜农荒地/万亩	比重/%
总计	226 970.5	100.000
天然草地	177 839.9	78.354
荒草地	29 138.5	12.838
盐碱地	12 858.4	5.665
苇地	2 500.4	1.102
滩涂	2 131.4	0.939
裸土地	1 873.5	0.825
改良草地	594.5	0.262
人工草地	34.0	0.015

中国宜农荒地面积为226 970.5万亩，其中57.38%分布在年降水量低于300毫米的地区，在这些地区没有灌溉就没有农业；15.65%的宜农荒地年降水量在300～400毫米，雨养开垦的旱灾风险很大，灌溉增产效果很显著；13.12%的宜农荒地年降水量在400～500毫米，雨养开垦的旱灾风险有所降低，但是干旱年份灌溉增产效果仍然显著；13.85%的宜农荒地分布在年降水量高于500毫米的地区，雨养开垦的旱灾风险较小，灌

溉增产效果不显著（表 1.7）。

表 1.7　中国宜农荒地资源在降水量带中的分布

降水量范围/毫米	宜农荒地/万亩	比重/%	降水量范围/毫米	宜农荒地/万亩	比重/%
总计	226 970.5	100.00	600～700	5 321.2	2.34
<25	11 495.5	5.06	700～800	2 206.7	0.97
25～50	16 935.6	7.46	800～900	1 696.8	0.75
50～75	15 042.8	6.63	900～1 000	899.3	0.40
75～100	15 619.9	6.88	1 000～1 200	2 030.2	0.89
100～150	19 744.8	8.70	1 200～1 400	3 365.0	1.48
150～200	16 075.7	7.08	1 400～1 600	2 070.5	0.91
200～300	35 328.0	15.57	1 600～1 800	801.3	0.35
300～400	35 519.7	15.65	1 800～2 000	836.6	0.37
400～500	29 781.8	13.12	>2 000	519.4	0.23
500～600	11 679.8	5.15			

在总计 226 970.5 万亩的宜农荒地中，78.35% 的宜农荒地的活动积温小于 3 500℃·日，仅可以一年一熟种植农作物；10.60% 的宜农荒地的活动积温在 3 500～4 000℃·日，可以两年三熟种植农作物；其余 11.05% 的宜农荒地可以一年两熟种植农作物（表 1.8）。

表 1.8　中国宜农荒地资源在活动积温带中的分布

活动积温/（℃·日）	宜农荒地/万亩	比重/%	活动积温/（℃·日）	宜农荒地/万亩	比重/%
总计	226 970.5	100.00	5 000～5 500	1 519.5	0.67
1 500～2 000	26 590.3	11.72	5 500～6 000	1 200.5	0.53
2 000～2 500	59 234.7	26.10	6 000～6 500	1 741.0	0.77
2 500～3 000	54 881.0	24.18	6 500～7 000	1 235.9	0.54
3 000～3 500	37 118.3	16.35	7 000～7 500	1 146.8	0.51
3 500～4 000	24 066.4	10.60	7 500～8 000	980.3	0.43
4 000～4 500	14 361.7	6.33	>8 000	322.4	0.14
4 500～5 000	2 571.6	1.13			

参考文献：

[1] 刘明光. 中国自然地理集 [M]. 3 版. 北京：中国地图出版社，2010：79.

[2] 西北师范学院地理系，地图出版社. 中国自然地理集 [M]. 北京：中国地图出版社，1984：103-

104，115－116，167－168，179－180.

［3］国土资源部全国土地资源调查办公室．中华人民共和国土地利用图（1：250万，内部用图）
 ［G］. 1999.

［4］中国地质调查局. 1：250万中国地质图［DB/OL］. 2001. http：//gsd. cgs. cn/.

［5］van Engelen V W P，Wen T T. Global and National Soil and Terrain Digital Database（SOTER）Pro-
 cedures Manual［R］. ISRIC—World Soil Information，Wageningen，Netherlands，1995.

Chapter 2 第2章

水资源分布

2.1 农田灌溉的分布与发展历史

　　水资源的分布决定着耕地资源的分布。首先是降水量的分布决定着各地耕地类型的分布，其次是河川径流在干旱地区的分布决定着当地的耕地的分布和宜农荒地的开发潜力，而跨流域调水则可以实现水资源在区域间的合理调配，使土地资源得到充分利用。我国耕地大类可分为旱地、水浇地和水田，它们的空间分布同降水量为主导的水分条件的空间分布密切相关。中国水田主要分布在秦岭淮河以南的平原、盆地和丘陵，江苏北部和辽河下游平原也有集中分布。中国水浇地主要分布在秦岭淮河以北的平原和盆地，辽河中游平原、内蒙古河套地区、宁夏平原、河西走廊和新疆的绿洲有集中分布。旱地主要分布在东北地区、长城沿线、坝上高原、黄土高原、太行山区、山东丘陵、淮河平原和广大的西南山地丘陵[1]。其中东北地区、淮北平原和西南地区的旱地由于降水丰富，气候条件稳定，旱地的产出水平同水浇地的差别不大，灌溉的边际投入产出比率较大，当地农民对灌溉的需求不大。

　　为研究 2004 年我国旱地、水浇地和水田在各降水量带的分布规律，我们先将 1985 年耕地地理信息系统层面同降水量层面相交，然后用分类汇总的方法计算各降水量区内的1985 年毛耕地面积，最后按等比例缩减计算各降水量区内的 2004 年的耕地面积。将旱地、水浇地和水田面积占耕地总面积的比例随降水量变化的情况绘成坐标图可以发现它们的空间分布规律（图 2.1）。雨养农业分布的条件是在缺乏灌溉条件的情况下，天然降水可以满足农作物生长的需求，所以旱地面积比重在年平均降水量超过 250 毫米时开始大幅增加，在年平均降水量为 450 毫米时达到峰值，然后随降水量的增加而降低，在年平均降

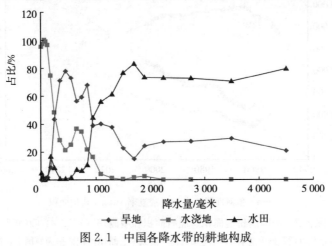

图 2.1　中国各降水带的耕地构成

水量大于 950 毫米时趋于稳定。干旱地区灌溉是必需的，在年平均降水量小于 250 毫米时，水浇地的比重占绝对优势；在年平均降水量大于 250 毫米时，水浇地的比重随降水量的增加而呈下降趋势。水田需要充足的降水，水田面积的比重在年降水量低于 850 毫米时较小，在年降水量为 950 毫米处急剧上升，在年降水量为 1 700 毫米时达到峰值，然后稳定在一个较高的水平。在年平均降水量大于 950 毫米时旱地的面积比重大大高于水浇地的面积比重，主要是由于我国南方山区降水丰富对灌溉的需求不迫切，并且山区的灌溉设施由于修建成本高而较为落后。

灌溉面积的扩张是我国农业发展的主要驱动力之一。我国农田灌溉历史悠久，大规模灌溉工程起源于战国时期秦国的郑国渠和都江堰工程。历代随着农垦的扩张灌溉面积逐步扩大。新中国成立后，灌溉面积的扩大尤为迅速。1952 年以来中国的灌溉面积以每年新增 58.4 万公顷的速度增加。2006 年我国有效灌溉面积为 5 708 万公顷，灌溉率为 46.86%。预计我国 2030 年灌溉面积达 6 965 万公顷，比 2004 年增加 1 517 万公顷，灌溉率达 65.80%；预计 2050 年灌溉面积达 7 549 万公顷，比 2004 年增加 2 101 万公顷，灌溉率达 74.48%（表 2.1、图 2.2）。依据灌溉发展的地形和水资源的分布状况，我国南方的旱地多分布在山区，不易发展灌溉，东北、华北和西北地区将是灌溉面积扩张的重点地区。

表 2.1　中国灌溉面积和灌溉率（2004—2050 年）

年份	灌溉面积/万公顷	耕地面积/万公顷	灌溉率/%
2004	5 448	12 259	44.44
2010	5 798	11 732	49.42
2020	6 382	11 043	57.79
2030	6 965	10 586	65.80
2040	7 257	10 303	70.44
2050	7 549	10 135	74.48

注：2010—2050 年数据为笔者 2008 年预计值。

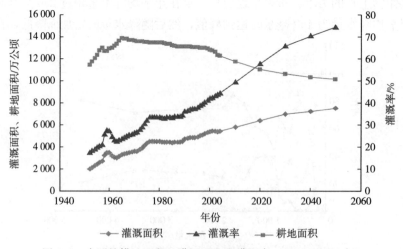

图 2.2　中国的耕地面积、灌溉面积和灌溉率（1952—2050 年）

注：图中 2008 年及以后数据为笔者 2008 年预计值。灌溉率、耕地面积数据为原国土资源部校正数据。

2011 年的中央 1 号文件决定大幅增加对水利建设的投入，提出"从土地出让收益中提取 10％用于农田水利建设""力争今后 10 年全社会水利年平均投入比 2010 年高出一倍"，2011—2020 年 10 年的水利总投资将达到 4 万亿元，平均每年 4 000 亿元。水利投资的增加使灌溉面积增速比预测的增速快，到 2013 年我国有效灌溉达到 6 347.3 万公顷，接近预测的 2020 年的水平，但是由于耕地面积的增速较缓慢，按 2009 年普查的耕地面积计算我国 2013 年的灌溉率仅为 46.88％。

2.2 地表水资源分布

据水利部《2013 年中国水资源公报》，2013 年全国水资源总量为 27 957.9 亿米^3，比常年值偏多 0.9％。地下水与地表水资源不重复量为 1 118.4 亿米^3，占地下水资源量的 13.8％（地下水资源量的 86.2％与地表水资源量重复）。从水资源分区看，北方 6 区水资源总量 6 508.0 亿米^3，比常年值偏多 23.6％，占全国的 23.3％；南方 4 区水资源总量为 21 449.9 亿米^3，比常年值偏少 4.5％，占全国的 76.7％。从行政分区看，东部地区水资源总量 6 130.3 亿米^3，比常年值偏多 10.9％，占全国的 21.9％；中部地区水资源总量 6 748.3 亿米^3，与常年值接近，占全国的 24.2％；西部地区水资源总量 15 079.3 亿米^3，比常年值偏少 2.4％，占全国的 53.9％。全国水资源总量占降水总量的 44.6％，平均单位面积产水量为 29.5 万米^3/千米^2。

地表径流是发展灌溉的基础，在我国水资源短缺的大形势下，径流的空间分布和潜在的跨流域调水决定着各地的灌溉潜力。我国的东北、华北和西北三个流域大区的水土资源特点各不相同[2]（表 2.2、表 2.3）。大致为东北的灌溉潜力最大，华北灌溉面积的发展有赖于近中期的中线南水北调，西北的灌溉面积的发展有赖于远期的西线南水北调。

表 2.2 中国北方各流域的面积和径流量

大区	流域名称	流域面积/千米^2	径流量/亿米^3
东北	黑龙江	888 217	1 453.0
东北	库里泡	6 913	1.2
东北	辽东半岛诸河	23 709	80.7
东北	辽河	212 490	186.8
东北	辽西沿海诸河	39 334	50.7
东北	内蒙古	305 473	30.0
东北	绥芬河	10 054	23.5
东北	图们江	22 063	53.0
东北	鸭绿江	31 476	166.4
东北	洋沙泡	5 720	2.3
华北	鄂尔多斯	59 731	7.1
华北	海河	254 801	243.4
华北	淮河	256 826	646.0
华北	黄河	712 063	710.3

（续）

大区	流域名称	流域面积/千米²	径流量/亿米³
华北	滦河	44 244	50.8
华北	山东半岛诸河	59 496	126.8
西北	柴达木	303 415	98.4
西北	额尔齐斯河	49 827	103.0
西北	河西走廊-阿拉善	470 398	96.5
西北	塔里木	1 058 795	367.8
西北	伊犁河	56 571	163.4
西北	准噶尔	340 751	158.0

表 2.3　中国北方的灌溉潜力测算

流域	东北	华北	西北	总计
流域面积/万千米²	154.5	138.7	228.0	521.2
径流量/亿米³	2 047.6	1 784.4	987.1	4 819.1
旱地（2004年）/万公顷	2 239.4	2 066.5	9.0	4 315.0
水浇地（2004年）/万公顷	127.1	1 695.1	523.0	2 345.1
水田（2004年）/万公顷	92.1	476.5	7.4	576.0
利用率/%	80	80	80	
农用水比例/%	70	75	90	
灌溉定额/（米³/亩）	550	350	700	
总灌溉潜力/万公顷	1 389.8	2 039.4	676.9	4 106.1
水浇地和水田（2004年）/万公顷	219.2	2 171.6	530.4	2 921.1
灌溉发展潜力/万公顷	1 170.6	−132.1	146.5	1 185.0

　　东北流域大区土地资源和水资源都很丰富，由于水分条件较好，耕地以旱地为主，将来的灌溉发展潜力较大。东北现拥有径流总量2 047.6亿米³，按80%的利用率和70%用于农业、灌溉定额550米³/亩计算，总灌溉潜力为1 389.8万公顷，减去目前的水浇地和水田面积219.2万公顷，剩余灌溉潜力为1 170.6万公顷。若将灌溉定额降为450米³/亩，东北未来的总灌溉潜力可达1 699万公顷，灌溉发展潜力可达1 479万公顷。通过几十年的开荒，东北未被开垦的上等荒地已所剩不多，但现有旱地2 239.4万公顷，其中1 281万公顷旱地分布在平原上适合发展灌溉，大致与上述剩余灌溉潜力相当。

　　华北流域大区的土地资源丰富，但水资源的潜力已消耗殆尽。华北现拥有径流总量1 784.4亿米³，按80%的利用率和75%用于农业、灌溉定额350米³/亩计算[3]，总灌溉潜力为2 039.4万公顷，减去目前的水浇地和水田面积2 171.6万公顷，剩余灌溉潜力为−132.1万公顷，说明华北的水资源已严重短缺，不得不依靠消耗地下水的储备来满足对水资源的需求。目前建设中的南水北调工程主要用于满足北方的城市和工业需求

（表 2.4）。中远期可以考虑从长江三峡向华北平原通过南水北调中线再增加 1 000 亿米^3 的年调水量，以增加对华北的城市和工业用水供给和扩大灌溉面积。按 80％的利用率和 65％用于农业、灌溉定额 320 米^3/亩计算，未来总灌溉潜力可以扩大到 3 017 万公顷。华北目前拥有旱地 2 066.5 万公顷，约有 854 万公顷分布于平原地区，适于发展灌溉，大致同华北未来灌溉发展潜力 845 万公顷相当。

表 2.4　目前实施中的南水北调方案

单位：亿米^3

南水北调	2010 年	2020 年	2050 年
东线	50	100	170
中线	90	140	140
西线	50	90	170
合计	190	330	480
其中调到黄河以北			
东线	10	40	80
中线	60	90	90
西线	50	90	170
合计	120	220	340

西北流域大区的土地资源丰富，但水资源短缺是工农业发展的制约因素。西北现拥有径流总量 987.1 亿米^3，按 80％的利用率和 90％用于农业、灌溉定额 700 米^3/亩计算[4]，总灌溉潜力为 676.9 万公顷，减去目前的水浇地和水田面积 530.4 万公顷，剩余灌溉潜力为 146.5 万公顷，但西北的石油工业发展迅速，未来水资源短缺将日益严重。

2.3　地下水资源分布

20 世纪 50—70 年代，中国许多水文地质工作者把地下水看作一种矿产资源，广泛地采用地下水储量这一概念来表示某一个地区的地下水量的丰富程度。按照这一概念，地下水储量分为静储量、调节储量、动储量和开采储量。静储量指储存于地下水最低水位以下的含水层中重力水的体积，即该含水层全部疏干后所能获得的地下水的数量。它不随水文、气象因素的变化而变化，只随地质年代发生变化，也称永久储量。调节储量指储存于潜水水位变动带（年变动带或多年变动带）中重力水的体积，亦即全部疏干该带后所能获得的地下水的数量。它与水文、气象因素密切相关，其数值等于潜水位变动带的含水层体积乘以给水度。动储量也称地下水的天然流量，是单位时间内通过垂直于流向的含水层断面的地下水体积。通过测定含水层的平均渗透系数、地下水流的水力坡度和过水断面面积，用达西公式进行计算。静储量、调节储量和动储量合称地下水的天然储量，它反映天然条件下地下水的水量状况。中国平原区（含盆地）地下水储存量约 23 万亿米^3，为中国多年平均径流量 2.771 万亿米^3 的 8.3 倍，10 米含水层中的地下水储存量相当于 840 毫米，水层厚度略大于全国平均降水量 648 毫米，与世界地下水储存量的平均值相近。

由于地下水净储量被利用后在短期内不能得到补给，这种资源相当于化石资源，如同石油和天然气，其利用具有不可持续性，1970年以后，在中国对地下水储量一词较少使用，地下水资源量的概念被广泛应用于地下水资源评价。地下水资源量是指降水、地表水体（含河道、湖库、渠系和田间灌溉）入渗补给地下含水层的动态水量，可以在短期内得到补给，具有可持续利用的特点。山丘区地下水资源量采用排泄量法计算，包括河川基流量、未计入河川径流的山前泉水溢出量、山前侧渗流出量、山间小型河谷平原的潜水蒸发量和地下水开采净消耗量；平原区地下水资源量采用补给量法计算，包括降水入渗补给量、山前侧渗流入量、地表水体入渗补给量（含河道入渗、库塘入渗、渠系入渗、渠灌田间入渗等项补给量）。

据水利部《2013年中国水资源公报》，2013年我国矿化度小于等于2克/升地区的地下水资源量为8 081.1亿米³，与常年值接近。其中，平原区地下水资源量1 782.1亿米³，山丘区地下水资源量6 610.7亿米³，平原区与山丘区之间的地下水资源重复计算量311.7亿米³。北方6区平原地下水总补给量为1 539.7亿米³，是北方地区的重要供水水源。北方平原区的降水入渗补给量、地表水体入渗补给量、山前侧渗补给量和井灌回归补给量分别占51.8%、35.4%、7.8%和5.0%。

国土资源部在2000—2002年组织开展了新一轮全国地下水资源评价工作，根据中国地质环境信息网2010年公布的中国地下水资源——新一轮全国地下水资源评价成果，全国地下淡水天然资源（矿化度小于1克/升）多年平均为8 837亿米³，约占全国水资源总量的1/3，其中山区为6 561亿米³，平原为2 276亿米³；地下淡水可开采资源多年平均为3 527亿米³，其中山区为1 966亿米³，平原为1 561亿米³。另外，全国地下微咸水天然资源（矿化度1~3克/升）多年平均为277亿米³，半咸水天然资源（矿化度3~5克/升）多年平均为121亿米³。

从开采程度分析，我国31省区市年可开采淡水地下水总量为3 471.20亿米³，年现状开采量为986.95亿米³，开采程度为28.43%。开采程度较高的省份有辽宁、山西、河南、上海、山东、北京、天津、河北，开采程度在74%以上，其中河北省开采程度为128.09%，严重超采；开采程度较低的省份有湖北、海南、广东、青海、广西、云南、西藏，开采程度在9%以下，其中西藏开采程度不足1%，为全国最低。大西北地区包括甘肃、内蒙古、宁夏、新疆、青海、西藏6地区，其中甘肃、内蒙古、宁夏开采程度较高，分别为43.01%、39.00%、35.42%，地下水开发潜力较小，但仍然有发展的余地，新疆、青海、西藏开采程度较低，分别为21.86%、5.49%、0.82%，地下水开发潜力较大，尤其是新疆地区，热量条件较好，若大力发展节水灌溉，通过开采地下水开垦宜农荒地的潜力较大[5]（表2.5）。

内蒙古锡林郭勒盟、呼伦贝尔市、阿拉善盟、赤峰市4地区地下水开采程度低于24%，开采潜力较大[6]，根据各地的年降水量，按照灌溉补足540毫米水量计算，4地区地下水灌溉宜农荒地资源开发潜力为3 192.8万亩。甘肃省甘南、陇南、白银、临夏、定西、平凉、天水、张掖、酒泉9地区地下水开采程度在31%以下[7]，按照同样方法计算得出的地下水灌溉宜农荒地资源开发潜力为1 900.9万亩。新疆南部的巴音郭楞、和田、喀什、阿克苏、克孜勒苏5地区的地下水开采程度在19%以下[8]，按照同样方法计算得出的地下水灌溉宜农荒地资源开发潜力为 3 680.9 万亩。新疆北部的伊犁州直属市县和阿勒泰、塔城、博尔塔拉 4 地区的地下水开采程度在 36% 以下，按照同样方法计算得出的地下水灌溉宜农荒地资源开发潜力为 3 617.5 万亩，其中伊犁州直属市县、阿勒泰的地下水开采程度在 2% 以下，地下水灌溉宜农荒地资源开发潜力为 2 685.5 万亩，占北疆 4 地区总量的 74%。上述 4 省区的地下水灌溉宜农荒地资源开发潜力为 12 392.1 万亩（表 2.6、表 2.7、表 2.8、表 2.9）。

表 2.5　新一轮全国地下水资源评价各地区地下水开采程度

行政区	年可开采/亿米³	年现状开采/亿米³	开采剩余/亿米³	开采程度/%
总计	3 471.20	986.95	2 484.26	28.43
西藏	202.04	1.66	200.39	0.82
云南	190.35	6.28	184.07	3.30
广西	273.38	13.04	260.34	4.77
青海	98.29	5.40	92.89	5.49
广东	284.94	22.00	262.95	7.72
海南	60.45	4.92	55.53	8.14
湖北	165.21	13.97	151.24	8.46
浙江	46.78	5.96	40.82	12.74
安徽	135.21	18.48	116.73	13.67
四川	174.94	28.16	146.78	16.10
江西	73.37	12.51	60.86	17.05
湖南	146.00	25.87	120.13	17.72
福建	33.51	6.07	27.43	18.11
重庆	40.79	8.57	32.22	21.01
新疆	234.87	51.35	183.52	21.86
江苏	80.68	18.34	62.34	22.73
贵州	132.59	33.33	99.26	25.14
黑龙江	211.45	65.00	146.45	30.74
吉林	86.09	29.92	56.17	34.75
宁夏	13.44	4.76	8.68	35.42
内蒙古	140.17	54.67	85.50	39.00
甘肃	42.34	18.21	24.13	43.01
陕西	55.86	28.76	27.10	51.49
辽宁	91.76	68.69	23.07	74.86
山西	53.78	41.99	11.79	78.08
河南	155.89	129.72	26.17	83.21
上海	1.14	1.04	0.10	91.23
山东	114.31	107.30	7.01	93.87
北京	26.33	27.15	−0.82	103.11
天津	5.70	6.33	−0.63	111.05
河北	99.54	127.50	−27.96	128.09

表 2.6 新一轮全国地下水资源评价内蒙古各地区地下水开采程度

行政区	年可开采/亿米³	年现状开采/亿米³	开采剩余/亿米³	开采程度/%
锡林郭勒盟	15.11	0.94	14.17	6.23
呼伦贝尔市	24.27	2.57	21.70	10.58
阿拉善盟	7.82	1.22	6.60	15.56
赤峰市	20.52	4.73	15.80	23.03
巴彦淖尔市	8.86	4.13	4.74	46.57
兴安盟	9.75	4.99	4.75	51.23
通辽市	39.01	21.42	17.59	54.90
鄂尔多斯市	13.43	7.47	5.96	55.62
乌海市	1.23	0.71	0.53	57.21
乌兰察布市	5.35	3.89	1.47	72.58
呼和浩特市	4.93	4.11	0.82	83.36
包头市	3.77	3.71	0.07	98.23
内蒙古合计	**154.06**	**59.87**	**94.20**	**38.86**

表 2.7 新一轮全国地下水资源评价甘肃各地区地下水开采程度

行政区	年可开采/亿米³	年现状开采/亿米³	开采剩余/亿米³	开采程度/%
甘南	5.93	0.11	5.82	1.84
陇南	5.00	0.10	4.91	1.90
白银	1.60	0.29	1.31	18.24
临夏	0.80	0.18	0.62	22.27
定西	2.91	0.73	2.18	25.11
平凉	2.06	0.53	1.54	25.47
天水	3.45	0.97	2.48	28.22
张掖	7.76	2.21	5.55	28.52
酒泉	11.38	3.47	7.91	30.46
庆阳	0.63	0.24	0.39	37.80
兰州	2.33	1.23	1.10	52.69
嘉峪关	0.82	0.85	−0.02	102.83
金昌	1.11	1.70	−0.59	153.39
武威	8.09	13.62	−5.53	168.30
甘肃合计	**53.89**	**26.22**	**27.67**	**48.65**

表 2.8　新一轮全国地下水资源评价新疆各地区地下水开采程度

行政区	年可开采/亿米³	年现状开采/亿米³	开采剩余/亿米³	开采程度/%
巴音郭楞	35.115	3.065	32.050	8.7
和田	16.803	1.727	15.076	10.3
喀什	37.882	3.975	33.908	10.5
阿克苏	41.762	5.692	36.070	13.6
克孜勒苏	3.868	0.729	3.139	18.8
哈密	5.240	5.802	−0.562	110.7
吐鲁番	5.017	6.027	−1.010	120.1
南疆合计	145.688	27.017	118.671	18.5
伊犁州直属市县	28.501	0.400	28.101	1.4
阿勒泰	15.169	0.302	14.867	2.0
塔城	22.884	6.013	16.870	26.3
博尔塔拉	5.671	2.041	3.630	36.0
克拉玛依	0.967	0.577	0.390	59.7
昌吉	11.680	11.553	0.127	98.9
乌鲁木齐	2.354	2.404	−0.051	102.2
石河子	0.211	1.042	−0.831	494.6
北疆合计	87.436	24.333	63.103	27.8
新疆合计	233.124	51.350	181.774	22.0

表 2.9　新一轮全国地下水资源评价地下水开采潜力较大的地区

行政区	年可开采/亿米³	开采剩余/亿米³	降水量/毫米	灌溉垦荒面积/万亩
锡林郭勒盟	15.1	14.2	300	885.6
呼伦贝尔市	24.3	21.7	300	1 356.2
阿拉善盟	7.8	6.6	150	253.8
赤峰市	20.5	15.8	200	697.1
内蒙古 4 地区	67.7	58.3		3 192.8
甘南	5.9	5.8	350	459.5
陇南	5.0	4.9	350	387.6
白银	1.6	1.3	300	81.9
临夏	0.8	0.6	350	48.9
定西	2.9	2.2	350	172.1
平凉	2.1	1.5	300	96.2
天水	3.5	2.5	350	195.8
张掖	7.8	5.6	100	189.2
酒泉	11.4	7.9	100	269.7

（续）

行政区	年可开采/亿米³	开采剩余/亿米³	降水量/毫米	灌溉垦荒面积/万亩
甘肃 9 地区	**40.9**	**32.3**		**1 900.9**
巴音郭楞	35.1	32.1	50	981.1
和田	16.8	15.1	50	461.5
喀什	37.9	33.9	50	1 038.0
阿克苏	41.8	36.1	50	1 104.2
克孜勒苏	3.9	3.1	50	96.1
南疆 5 地区	**135.4**	**120.2**		**3 680.9**
伊犁州直属市县	28.5	28.1	300	1 756.3
阿勒泰	15.2	14.9	300	929.2
塔城	22.9	16.9	200	744.3
博尔塔拉	5.7	3.6	250	187.8
北疆 4 地区	**72.2**	**63.5**		**3 617.5**
合计	316.3	274.3		12 392.1

参考文献：

［1］李元．中国土地资源［M］．北京：中国大地出版社，2000．

［2］中国自然地理编写组．中国自然地理［M］．北京：高等教育出版社，1984：85．

［3］牛若峰，刘天福．农业技术经济手册［M］．北京：农业出版社，1984．

［4］钱正英，张光斗．中国可持续发展水资源战略研究综合报告几个专题报告［M］．北京：中国水利水电出版社，2001：63，66．

［5］张宗祜，李烈荣．中国地下水资源-综合卷［M］．北京：中国地图出版社，2004：207．

［6］张宗祜，李烈荣．中国地下水资源-内蒙古卷［M］．北京：中国地图出版社，2005：150．

［7］张宗祜，李烈荣．中国地下水资源-甘肃卷［M］．北京：中国地图出版社，2005：132-135．

［8］张宗祜，李烈荣．中国地下水资源-新疆卷［M］．北京：中国地图出版社，2005：69．

第3章
水资源的农业开发潜力

3.1 水资源开发现状

衡量水资源利用情况的主要指标有三种。①水能资源利用率：水能资源开发量占水能资源经济可开发量的比率；②水资源利用率：取水量占水资源总量的比例；③库容调节系数：调节库容占江河径流总量的比例。其中水资源利用率最为常用，俄罗斯人谢克洛莫罗夫将水资源利用率（Kw）分为 5 个等级：Ⅰ级，Kw 小于 10％为低负荷水资源利用；Ⅱ级，Kw 在 10％～20％为中负荷水资源利用；Ⅲ级，Kw 在 20％～40％为高负荷水资源利用；Ⅳ级，Kw 在 40％～60％为超高负荷水资源利用；Ⅴ级，Kw 大于 60％为灾难性超高负荷水资源利用。Kw 大于 100％则需要跨流域调水来满足本地的用水需求。按照谢氏的研究和预测，1995 年非洲北部、中亚和哈萨克斯坦处于Ⅴ级，亚洲西部、亚洲南部属于Ⅳ级，亚洲外高加索、欧洲南部、前苏联南欧部分、中国北方和蒙古、欧洲中西部、北美洲中部属于Ⅲ级；预计 2025 年亚洲西部、亚洲南部上升为Ⅴ级，Ⅳ级由于相关地区等级提升而缺失，亚洲外高加索、欧洲南部、前苏联南欧部分、中国北方和蒙古、欧洲中西部、北美洲中部仍然属于Ⅲ级，但水资源利用率普遍提高，其余地区均处于中低负荷水资源利用等级[1]。谢氏的研究结论表现的发展趋势是干旱半干旱缺水地区 Kw 值将增加，水资源缺乏的压力进一步加大。

2014 年我国用水总量为 6 094.9 亿米³，Kw 值为 22.4％。华北和西北干旱半干旱地区涉及 8 个省区，其中 Kw 值大于 100％的有宁夏和河北，Kw 值处于Ⅴ级的有新疆、山西和甘肃，Kw 值处于Ⅳ级的缺失，Kw 值处于Ⅲ级的有内蒙古和陕西，Kw 值处于Ⅱ级的缺失，青海省 Kw 值处于Ⅰ级。华北和西北干旱半干旱地区最大的特点是农业用水占供水总量的比例普遍高于全国平均水平，只有山西低于全国平均水平（63.5％），陕西接近全国平均水平，尤其是大西北地区的农业用水比重较高，新疆最高，农业用水比重接近95％，宁夏其次，农业用水比重为 87.1％，其余省区均在 72％以上（表 3.1）。所以说，农业用水量大是导致当地 Kw 值居高不下的主要因素。

表 3.1 2014 年中国北方 8 省区 Kw 值评级与农业用水比重

地区	水资源总量/亿米³	用水总量/亿米³	农业用水量/亿米³	Kw 值/%	Kw 值等级	农业用水比重/%
全国	27 266.9	6 094.9	3 869.0	22.4	Ⅲ	63.5
宁夏	10.1	70.3	61.3	696.0	Ⅴ+	87.1
河北	106.2	192.8	139.2	181.6	Ⅴ+	72.2

（续）

地区	水资源总量/亿米³	用水总量/亿米³	农业用水量/亿米³	Kw值/%	Kw值等级	农业用水比重/%
新疆	726.9	581.8	551.0	80.0	V	94.7
山西	111.0	71.4	41.5	64.3	V	58.2
甘肃	198.4	120.6	97.8	60.8	V	81.1
内蒙古	537.8	182.0	137.5	33.8	Ⅲ	75.6
陕西	351.6	89.8	57.9	25.5	Ⅲ	64.4
青海	793.9	26.3	21.0	3.3	I	79.7

我国地下水资源利用情况在本书 2.3 节已有描述，此处不再赘述。

六十多年来我国粮食主产区由南向北再向西的漂移历程表明，在农业技术进步对农业生产发展起主导作用的情况下，宜农荒地的开发也是关键因素之一。为研究各地区粮食生产在 1952—2014 年的变化情况，笔者选用 1952 年、1978 年、1990 年、2003 年、2009 年和 2014 年 6 个关键年份，计算 8 个大区粮食产量占全国总产量的比例，进行粮食产量比重变化比较研究[2]。研究发现各大区的粮食产量比重 2014 年同 1978 年比较主要变化是华北区（京、津、冀、豫、鲁、晋、陕）超过华中区（苏、沪、浙、赣、鄂、湘、皖）成为第一大粮食生产区，东北区（黑、吉、辽）超过西南区（川、渝、云、贵）成为第三大粮食生产区，中北区（内蒙古、甘、宁）超过华南区（粤、闽、桂、琼）成为第五大粮食生产区，新疆区比重增加，青藏区比重有所下降。综合分析大体可以得出中国粮食生产优势区域随时代不同的漂移规律，1952 年华南区粮食生产具有多熟制优势，从人均水平来看优势明显；华中地区水田高产实现较早，到 1978 年粮食生产优势区向北漂移到华中区；之后，华北地区灌溉率增加，玉米、小麦高产品种先后得到推广，1978—1990 年华中份额下降，华北份额增加，南粮北运转换为北粮南运，2003 年华北跃居为第一产粮大区；东北土地资源丰富，气候变暖使玉米单产提高，种植北界北移，寒区水田面积增加，并推广了耐寒高产品种，目前东北地区成为第一粮食调出大区，成为全国粮食生产的重心。将来若开展中西线联合南水北调工程，中北区和新疆区以及华北区西北部可以增加灌溉耕地约 9 亿亩，可增加粮食产量 3 亿吨以上，将成为中华民族的最终大粮仓[3]。

利用 1996 年第一次土地详查绘制的全国土地利用图[4]和地理信息系统空间分析方法，可以测算分省宜农荒地资源的面积，综合考虑积温、土地利用类型、表土层厚度和土壤母质等因素计算得出中国宜农荒地总面积为 226 970.5 万亩[5-7]，集中分布于北方 11 省区，占全国总计的 90.41%。通过地理信息系统将宜农荒地层面和降水量分布层面[8]相交得出宜农荒地在不同降水量带上的分布特征，计算结果是宜农荒地 57.38% 的面积分布在年降水量低于 300 毫米的地区，在这些地区没有灌溉就没有种植业；15.65% 的宜农荒地年降水量在 300～400 毫米，雨养开垦的旱灾风险很大，灌溉增产效果很显著；13.12% 的宜农荒地年降水量在 400～500 毫米，雨养开垦的旱灾风险有所降低，但是干旱年份灌溉增产效果仍然显著；13.85% 的宜农荒地分布在年降水量高于 500 毫米的地区，雨养开垦的旱灾风险较小，灌溉增产效果不显著。根据 1996 年和 2009 年两次土地资源调查的可靠数据，1996—2009 年宜农荒地开发主要集中在东北地区、内蒙古和新疆。其中黑龙江耕地面积增加 6 257 万亩，垦殖率增加 9.2%；吉林耕地面积增加 2 178 万亩，垦殖率增加 7.6%；辽宁耕地面积增加 1 301 万亩，垦殖率增加 5.9%，三省的垦殖率均已超过理论最大垦殖率的 94%。湖北省耕地面积增加 560 万亩，垦殖率增加 2%，但是垦殖率已经超过了理论最大垦殖率。甘肃、内蒙古和新疆耕地面积增加在 570 万~1 710 万亩，但是由于行政区面积较大，垦殖率增加均低于 1 个百分点（表 3.2）。

表 3.2　中国北方 11 省区宜农荒地面积与开发情况（1996—2009 年）

单位：万亩，%

地区	1996 年宜农荒地面积	宜农荒地份额	1996 年耕地面积	2009 年耕地面积	1996—2009 年耕地面积增加	2009 年垦殖开发度
全国	226 970.5	100.000	195 059	203 077	8 018	48.1
青海	10 391.7	4.578	1 032	882	−150	7.7
新疆	71 927.7	31.690	5 979	7 685	1 706	9.9
内蒙古	82 942.0	36.543	12 302	13 666	1 365	14.3
宁夏	3 426.9	1.510	1 903	1 937	34	36.3
甘肃	12 292.6	5.416	7 537	8 110	573	40.9
陕西	5 465.7	2.408	7 711	5 996	−1 714	45.5
山西	3 847.0	1.695	6 883	6 103	−780	56.9
河北	4 178.3	1.841	10 325	9 842	−483	67.9
吉林	2 811.5	1.239	8 368	10 546	2 178	94.3
辽宁	1 449.8	0.639	6 262	7 563	1 301	98.1
黑龙江	6 471.9	2.851	17 659	23 916	6 257	99.1

　　展望宜农荒地资源开发的未来发展，华南、华中、华北、西南 4 个传统农业大区宜农荒地资源已经开发殆尽，进一步开发的潜力有限；东北地区的宜农荒地资源也剩余不多；西藏地区为高海拔的第一阶梯，农业生产条件较差，不宜大面积开发宜农荒地；唯有中北区、新疆和青海，地处第二阶梯或青藏高原北部海拔较低的地区，光温条件较好，宜农荒地资源丰富，土壤肥沃，坡度平缓，是我国宜农荒地资源开发潜力最大的区域。随着全球气候变暖，内蒙古东北部、新疆北部高纬度地区的温度条件得到改善，水资源成为大西北地区宜农荒地资源开发的主要限制因素。利用 2009 年垦殖率占理论最大垦殖率的比例衡量各省区的垦殖开发度，唯有青海、西藏、新疆、内蒙古、宁夏、甘肃、陕西的垦殖开发度低于全国平均水平，仍具有较大的开发潜力。其中青海、西藏、新疆的垦殖开发度在 10% 以下；内蒙古接近 15%；宁夏、甘肃和陕西在 36%~46%（表 3.3）。西藏热量条件差，宜农荒地资源多分布于坡度较大的河谷坡地，开发潜力较小；陕北地区的黄土高原沟壑纵横，地形破碎，坡度大，也不适于过度开垦宜农荒地，我国未来宜农荒地开发的重点应当集中于青海、新疆、内蒙古、宁夏、甘肃 5 省区。总之，中国的宜农荒地开发希望在大西北。

表 3.3 全国未来宜农荒地开发潜力较大的省区

单位：万亩，%

地区	青海	西藏	新疆	内蒙古	宁夏	甘肃	陕西	全国
1996 年调查总面积	107 622	180 311	249 735	171 768	7 793	60 613	30 869	1 426 014
1996 年耕地面积	1 032	544	5 979	12 302	1 903	7 537	7 711	195 059
1996 年宜农荒地面积	10 391.7	6 425.5	71 927.7	82 942.0	3 426.9	12 292.6	5 465.7	226 970.5
2009 年耕地面积	882	664	7 685	13 666	1 937	8 110	5 996	203 077
1996—2009 年耕地增加	−150	121	1 706	1 365	34	573	−1 714	8 018
1996 年垦殖率	1.0	0.3	2.4	7.2	24.4	12.4	25.0	13.7
2009 年垦殖率	0.8	0.4	3.1	8.0	24.9	13.4	19.4	14.2
理论最大垦殖率	**10.6**	**3.9**	**31.2**	**55.4**	**68.4**	**32.7**	**42.7**	**29.6**
2009 年垦殖开发度	7.7	9.5	9.9	14.3	36.3	40.9	45.5	48.1

大西北地区多处于干旱半干旱地带，水资源是当地农业发展的瓶颈，农业发展的关键在于"节流"和"开源"并举，充分利用水资源发展灌溉，其中节流措施包括利用当地已经开发利用的地表水和地下水资源大力发展节水灌溉，提高水资源利用效率，开展节水开荒，在水资源利用总量不变的情况下尽量多地开垦宜农荒地；开源措施包括统筹规划，开展不同规模跨流域引水工程建设，高效合理配置水资源，提高水资源开发利用率，开发宜农荒地资源。许多地区性跨流域调水垦荒工程分布在这些地区，并取得了巨大的经济效益、生态效益和社会效益，如山西的万家寨引黄济晋；新疆的引额济克济乌；甘肃的引大入秦，引大济西（河西），定西引洮工程，白龙江引水工程，景泰引黄，景电二期向民勤调水；内蒙古李井滩引黄；宁夏扬黄灌溉及宁陕甘盐环定扬水工程；等等。地区性跨流域调水工程提高了西北地区水资源的开发利用率，为解决西北地区农业和经济发展的水资源瓶颈起到了决定性的作用。但是，在不建设大规模跨流域调水工程的情况下，西北地区的水资源毕竟有限，水资源利用存在上限约束，大力推广节水灌溉技术，提高现有水资源的利用效率才是实现西北地区农业可持续发展的关键措施。由于东北和华北地区的宜农荒地资源目前已经得到充分开发，本研究将以大西北地区（内蒙古、甘肃、宁夏、青海、新疆）为主要研究对象，首先评价各地区的水资源和土地资源的开发程度，然后根据资源分布情况计算基于当前高效节水灌溉技术的各地区的农业土地资源开发潜力和粮食油料增产潜力，并提出相应的农业技术推广和资源开发政策建议。

3.2 节水扩灌潜力

3.2.1 旱作地膜覆盖推广潜力

地膜覆盖具有增温、保墒、除草、压盐等多种功效，在干旱半干旱地区增产效果明显，积温较低的高海拔地区增温效果更佳，增产效果更明显。西北 5 省区农田地膜覆盖可分为旱作农田覆膜和灌溉农田覆膜两类，新疆和内蒙古以灌溉农田覆膜为主，宁夏和青海以旱作农田覆膜为主，甘肃旱作农田覆膜和灌溉农田覆膜均有较大面积。截至 2014 年，新疆地膜覆盖率高达 64.7%，高居全国首位，甘肃地膜覆盖率为 24.7%，也远高于 13.4% 的全国平均水平，宁夏稍高于全国平均水平，内蒙古和青海低于全国平均水平，青海地膜覆盖率为 11.2%，为西北 5 省区的最低值[9]。近年来新疆农业发展迅速，地膜覆盖的推广普及是主要因素之一，新疆的案例足以表明西北地区其他省区地膜覆盖推广潜力很大，推广前景很好。

旱作农田覆膜效果明显，据宁夏农业技术推广站的实验和同心县农牧局的专题调研数据，当地平水年降水量 277 毫米，多年平均活动积温 2 483℃·日，覆膜种植玉米平水年亩产可达 330 千克，增产 120%；2014 年在预旺镇旱作农业示范园区进行了覆膜播种一体化种植"张杂谷"试验，亩产达到 300 千克，较不覆膜旱作亩均增产 125 千克，增产 71.4%。综合分析上述数据，由于玉米价格远低于谷子，宁夏南部旱作农业区覆膜种植谷子效益最佳，亩均产值可达到 1 560 元，亩均净产值接近 1 000 元，发展潜力最大；糜子、荞麦等小杂粮覆膜旱作增产潜力大，单价高，也有很大的发展潜力；玉米覆膜旱作虽然高产，但是品质差，价格低，推广优势不明显。

西北地区旱作地膜覆盖增产潜力因地而异，各地区旱作农田降水量可利用 GIS 计算得出，评价地膜覆盖增产潜力以旱作农田降水量占农作物经验耗水量（540 毫米）比例作为参考，甘肃省旱地降水量最高，增产潜力最大，这也是近年来旱作地膜覆盖在甘肃省南部地区快速推广的主要原因；内蒙古、宁夏、青海次之；新疆旱作农田降水量最低，旱作覆膜增产潜力最低。据估计，西北地区耕地有 17 678 万亩，地膜覆盖率约为 18.1%，以旱作生产谷子为例，假设降水量为 540 毫米，不覆膜粮食单产为 150 千克/亩，全覆膜粮食单产为 300 千克/亩，各地粮食单产按降水量等比递减；若旱作农田地膜覆盖率达到 80%，可增加地膜覆盖面积 10 935.3 万亩，总计增加谷子产量 1 292.3 万吨（表 3.4）。

表 3.4　2014 年旱作地膜覆盖增产潜力（以谷子为例）

地区	甘肃	内蒙古	宁夏	青海	新疆
旱作耕地面积/万亩	6 123.0	9 281.0	1 173.0	609.0	492.0
旱作耕地降水量/毫米	516.0	379.0	433.0	400.0	322.0
占农作物理论耗水量比例	0.956	0.702	0.802	0.741	0.596
旱作不覆膜单产/（千克/亩）	144.0	105.0	120.0	111.0	90.0
旱作覆膜单产/（千克/亩）	288.0	210.0	240.0	222.0	180.0
覆膜增加单产/（千克/亩）	144.0	105.0	120.0	111.0	90.0
地膜覆盖率/%	25.0	12.0	15.0	11.0	65.0
80%覆膜率时增加覆膜面积/万亩	3 367.7	6 311.1	762.5	420.2	73.8
估计覆膜增产粮食/万吨	484.9	662.7	91.5	46.6	6.6

注：地膜覆盖率为全部耕地的地膜覆盖率，灌溉地覆膜增产效果好于旱地，上述旱作覆膜增产估计可能偏低。

3.2.2　高效节水灌溉效果评价

通过在甘肃酒泉肃州区、金塔县、瓜州县、玉门市，武威民勤县，宁夏永宁县黄羊滩农场，内蒙古乌兰察布察哈尔右翼中旗、察哈尔右翼后旗和四子王旗，阿拉善左旗吉井滩、巴润别立镇等多地调研，结合近年来有关文献数据，笔者发现滴灌覆膜是当前农业灌溉技术水平下节水效果最佳和用水经济效率最优的灌溉方式，并且发现滴灌覆膜需水量同平水年降水量之和的平均值大约为 540 毫米（360 米³/亩）。例如根据内蒙古四子王旗推广马铃薯节水灌溉的经验，当地平水年降水量为 320 毫米（213 米³/亩），漫灌需水量为 400 米³/亩（600 毫米），喷灌覆膜需水量为 200 米³/亩（300 毫米），滴灌覆膜需水量为 133 米³/亩（200 毫米），也就是喷灌覆膜比漫灌节水 1/2、滴灌覆膜比喷灌覆膜节水 1/3、比漫灌节水 2/3，滴灌覆膜需水量同平水年降水量之和为 520 毫米（347 米³/亩），十分接近平均值 540 毫米（360 米³/亩）。

根据 2015 年夏秋季对内蒙古、甘肃、宁夏三地的调查，目前灌溉方式以漫灌覆膜、漫灌不覆膜为主，主要作物是玉米和马铃薯，其中覆膜的节水效益和用水经济效益明显高于不覆膜。膜下滴灌在内蒙古乌兰察布得到广泛推广，节水效益最佳，但是由于积温较低，水资源严重缺乏，马铃薯单产水平不高，仅为鲜重 2 250 千克/亩，折合粮食干重 450 千克/亩；宁夏永宁黄羊滩农场也开始推广玉米膜下滴灌，由于积温充足，水资源丰富，实施了精准施肥和优良品种，玉米膜下滴灌产量平均为 1 050 千克/亩，最高可达 1 300 千克/亩，成为 3 地调研中节水效益和用水经济效益均最佳的生产方式，值得在西北地区大面积推广。

笔者采用如下指标和公式对各种节水灌溉的节水效率和用水经济效率进行评价。

（1）节水效果＝经验滴灌覆膜灌水量（米³/亩）/实际农田灌水量（米³/亩）。

节水效果值越高，节水灌溉效果越好，最大值为 100％或稍高。

其中：经验滴灌覆膜灌水量（米³/亩）＝360－降水量（毫米）/1.5。

（2）用水经济效率＝实际单方经济效率/滴灌覆膜单方经济效率。

用水经济效率值越高，节水灌溉的用水经济效果越好，最大值为 100％或稍高。

其中：实际单方经济效率（千克/米³）＝实际单产（千克/亩）/[实际农田灌水量（米³/亩）+降水量（毫米）/1.5]；

滴灌覆膜单方经济效率（千克/米³）＝实际单产（千克/亩）/360（米³/亩）。

利用上述方法对内蒙古、甘肃和宁夏 3 地 200 个农户样本进行评价的结果表明，节水效果值滴灌覆膜为 117.9％～125.5％，漫灌覆膜为 59.6％，漫灌不覆膜为 30.7％～35.2％；用水经济效率值滴灌覆膜为 110.8％～112.5％，漫灌覆膜为 65.1％，漫灌不覆膜为 41.0％～46.5％。节水效果和用水经济效率二者均呈由滴灌覆膜到漫灌覆膜到漫灌不覆膜递减的趋势（表 3.5）。

表 3.5　调研地区的节水效率和用水经济效益

调研对象	灌溉方式	灌区降水量 A/（米³/亩）	经验滴灌覆膜灌水量 B=360-A/（米³/亩）	实际农田灌水量 C/（米³/亩）	节水效果 (B/C)/%
内蒙古阿拉善左旗玉米	漫灌不覆膜	135	225	640	35.2
四子王旗马铃薯	滴灌覆膜	163	197	157	125.5
甘肃民勤玉米	漫灌覆膜	75	285	478	59.6
宁夏黄羊滩玉米	漫灌不覆膜	130	230	748	30.7
宁夏黄羊滩玉米	滴灌覆膜	130	230	195	117.9

（续）

调研对象	灌溉方式	实际单产 D/(千克/亩)	滴灌覆膜单方经济效率 E=[D/(A+B)]/千克	实际单方经济效率 F=[D/(A+C)]/千克	用水经济效率 G=(F/E)/%
内蒙古阿拉善左旗玉米	漫灌不覆膜	859	2.39	1.11	46.5
四子王旗马铃薯	滴灌覆膜	450	1.25	1.41	112.5
甘肃民勤玉米	漫灌覆膜	830	2.31	1.50	65.1
宁夏黄羊滩玉米	漫灌不覆膜	797	2.21	0.91	41.0
宁夏黄羊滩玉米	滴灌覆膜	1 050	2.92	3.23	110.8

3.2.3　节水扩灌潜力核算

农田灌溉是干旱地区农业发展的主导因素。按自然资源部提供的耕地面积和国家统计局提供的耕地灌溉面积计算，2014 年全国灌溉率达到 47.7%，新疆高达 93.6%，大西北其他 4 省区的农田灌溉率均低于全国平均水平，甘肃最低只有 24.1%。分析比较 2000—2014 年灌溉率增加情况，全国灌溉率增加了 5.8 个百分点，新疆增加 19.3 个百分点，灌溉率仍然是全国最高，宁夏增加 7.7 个百分点，超过了全国平均水平。由于大面积雨养农业缺乏灌溉水源，或由于地形坡度大且未修造梯田，或是局部地区降水量充沛对灌溉需求不大，或由于水资源没有充分开发利用等原因，内蒙古、甘肃和青海增加的百分点分别为 4.8 和 4.4。低于全国平均水平，青海最低，14 年间减少了 0.6 个百分点。总之大西北地区灌溉发展潜力大，但是制约因素较多。

高效节水灌溉是促进大西北地区农业发展的关键技术。从 2012 年微滴喷灌比重来看，新疆的微滴喷灌比重高居全国之首，内蒙古的微滴喷灌比重也远高于全国平均水平。从 2000—2012 年微滴喷灌比重增加情况来看[10]，新疆高居全国之首，内蒙古远高于全国平均水平，宁夏稍高于全国平均水平。甘肃和青海的微滴喷灌比重低，发展速度慢。由于漫灌改为微滴喷灌不存在水资源不足和跨流域和地形地貌等自然障碍，所以最简单有效的扩大灌溉面积方式是通过节水增加灌溉面积，利用经济激励机制把现有的农田灌溉方式升级为微滴喷灌，从而利用结余的灌溉水配额扩大灌溉面积。大西北地区节水扩灌的推广潜力巨大，新疆微滴喷灌的成功推广是大西北各省区的学习榜样。

为计算节水开荒潜力，首先应当确定当前灌溉定额和最低灌溉定额。其中当前灌溉定额可以用各地的农业用水量和耕地灌溉面积和园地面积之和来估算。利用地理信息系统使各地区的灌溉耕地层面同降水量层面相交，可以得出各地区的灌溉耕地的平均降水量，进而根据覆膜滴灌需水量同平水年降水量之和的平均值为 540 毫米的经验值算出覆膜滴灌微灌下各地的最小灌溉需水量（根据迈阿密公式可算出最小灌溉需水量同积温之间的关系，540 毫米大约同年平均气温 4.0℃和生长期活动积温 2 700℃·日的温度带对应）。当前灌溉定额同目标灌溉定额的差值就是单位面积的节水潜力，单位面积的节水潜力同当前灌溉面积（含灌溉耕地和园地面积）的乘积即为节水潜力总量，节水潜力总量除以目标灌溉定额即为节水增地潜力。在甘肃、宁夏、内蒙古和新疆 4 省区，根据 2018 年各省的节水灌溉数据，覆膜漫灌、喷灌、微滴灌相对灌溉定额根据实地调研数据按 1∶0.812∶0.470 计算，得出 4 省区节水增地的总潜力为 6 055 万亩，其中新疆有 1 833 万亩，宁夏有 519 万亩，内蒙古有 2 185 万亩，甘肃有 1 518 万亩。将现有的漫灌和喷灌耕地全面改造成水肥一体化滴灌，利用节省的灌水配额开垦宜农荒地，可增产粮食油料 3 331 万吨，高效节水灌溉推广较差的甘肃和宁夏单位面积节水潜力较大，粮食增产潜力也较大（表 3.6）。

表 3.6　甘肃、内蒙古、宁夏、新疆 4 省区节水垦荒粮食增产潜力

指标	单位	甘肃	内蒙古	宁夏	新疆	合计
当前灌溉面积（2018 年）	万亩	1 753	3 932	710	7 073	13 468
微滴灌比重（2018 年）		0.220	0.421	0.320	0.767	
喷灌比重（2018 年）		0.033	0.243	0.088	0.008	
覆膜漫灌比重（2018 年）		0.747	0.336	0.592	0.225	
总节水潜力系数（2018 年）		0.877	0.731	0.814	0.592	
覆膜漫灌定额	米^3/亩	730.5	668.1	1 145.9	1 311.2	
微滴灌定额	米^3/亩	343.3	314.0	538.6	616.3	
2018 年农业供水总量	亿米^3	112.3	192.1	66.2	548.8	919.4
100% 微滴灌用水量	亿米^3	60.2	123.5	38.2	435.9	657.8
节约用水量	亿米^3	52.1	68.6	28.0	112.9	261.6
节水垦荒面积	万亩	1 518	2 185	519	1 833	6 055
玉米单产	千克/亩	540	459	582	658	
增产玉米	万吨	820	1 003	302	1 206	3 331
当前灌溉面积增产潜力	千克/亩	468	255	426	171	247

数据来源：《中国水利统计年鉴》。

3.3　水资源开发潜力

3.3.1　地表水开发潜力

为分别比较各地区的地表水和地下水资源的利用状况，笔者将地表水与地下水资源重复量平均分摊到地表水与地下水资源量中计算资源利用率。2014 年新疆地表水资源利用率已经高达 92.7%，地表水丰富地区主要分布于阿勒泰和伊犁州直属市县，属边远地区，且受到国际河流水资源配置限制，不适宜过早开发；甘肃地表水资源利用率已经高达 65.8%，地表水丰富地区分布在南部嘉陵江流域，宜农荒地资源贫乏，需跨流域调水才能被开发利用；内蒙古地表水资源利用率为 25.5%，地表水和宜农荒地资源均较丰富的地区是呼伦贝尔，开发潜力较大；宁夏地表水贫乏，主要靠过境的黄河水资源配额供水；青海地表水资源丰富，利用率仅有 3.7%[7]（表 3.7），但是地表水资源同宜农荒地资源在空间上耦合的地区主要是柴达木盆地。所以，笔者仅就呼伦贝尔和柴达木盆地的地表水资源开发潜力进行研究。

内蒙古呼伦贝尔山区降水丰富，GIS 计算得出的大兴安岭诸河的可利用年径流量为

93.9 亿米³[11]，年际变率较低，跨流域调水水资源利用率可定为 100%；灌溉定额也按理论最小值计算，设为 193 米³/亩，在预留当前 5 万亩灌溉农田需水量和灌溉当前 503 万亩旱地基础上，可灌溉开垦宜农荒地 3 701 万亩，若 85% 得到开发可增加灌溉耕地 3 146 万亩，按照单产 369 千克/亩小麦计算可增产粮食 1 161 万吨。青海柴达木盆地周边河流径流量为 39.16 亿米³[12]，按 75% 利用率可开发利用 29.37 亿米³，当地降水稀少，最低灌溉需水量为 310 米³/亩，可灌溉耕地 947.32 万亩，预留当前 59.9 万亩灌溉需水量后可灌溉开垦宜农荒地 887.4 万亩，按照单产 360 千克/亩小麦计算可增产粮食 319 万吨。

表 3.7　2014 年大西北 5 省区水资源利用率

地区	全国	新疆	宁夏	内蒙古	甘肃	青海
水资源总量/亿米³	27 266.9	726.9	10.1	537.8	198.4	793.9
地表水资源/亿米³	22 892.9	484.8	8.2	349.6	138.1	610.2
地下水资源/亿米³	4 374.0	242.2	11.6	188.2	60.3	183.6
水资源总量利用率/%	22.4	80.0	698.5	33.8	60.8	3.3
地表水资源利用率/%	21.5	92.7	788.6	25.5	65.8	3.7
地下水资源利用率/%	25.5	54.2	47.1	48.2	46.6	2.0
2009—2014 年地下水资源利用率增加/%	−2.9	32.4	11.7	9.2	3.6	−3.5

另外，根据黄河可供水量分配方案、南水北调中线一期工程受水方案和南水北调东线一、二期工程受水方案，下游的河南、山东和河北由于是南水北调的受水区，可以将 15 亿米³ 的黄河水配额让渡给上游的甘肃、宁夏、内蒙古 3 地区。按达到最小灌溉定额值的 1.75 倍的灌溉定额计算，宁夏、内蒙古、甘肃的目标灌溉定额依次为 340 米³/亩、250 米³/亩、374 米³/亩。若宁夏、内蒙古、甘肃通过黄河水再分配分别增加 3.0 亿米³、7.0 亿米³ 和 5.0 亿米³ 的额外配额，总计可增加耕地面积 502 万亩，其中内蒙古可增加 280 万亩，甘肃可增加 134 万亩，宁夏可增加 88 万亩。

3.3.2　地下水开发潜力

为评价 2014 年大西北 5 省区各地市的地下水资源开发强度和开发潜力，利用各地市 2009 年普查的地下水可开采量和已开采量以及各省区 2014 年地下水利用率同 2009 年地下水利用率的比值估算 2014 年各地市的地下水开采量，利用估算的各地市 2014 年地下水开采量计算各地市地下水开采率达到 75% 时（以 2009 年为基数）的剩余可开采地下水量，进一步根据各地市的年降水量，按照灌溉补足 540 毫米水量计算地下水开采率为 75% 时的开采地下水灌溉宜农荒地的资源开发潜力[4-7]。计算结果表明内蒙古锡林郭勒、呼伦贝尔、阿拉善、赤峰 4 地区地下水开采程度 2009 年低于 23.0%，2014 年低于 38.1%，地下水灌溉宜农荒地资源开发潜力为 1 966.0 万亩。甘肃省甘南、陇南、白银、临夏、定西、平凉、天水、张掖、酒泉 9 地区地下水开采程度 2009 年低于 30.5%，2014 年低于 47.4%，地下水灌溉宜农荒地资源开发潜力为 1 093.3 万亩。新疆南部的巴音郭楞、和田、喀什、阿克苏、克孜勒苏 5 地区的地下水开采程度 2009 年低于 18.8%，2014 年低于 52.5%，地下水灌溉宜农荒地资源开发潜力为 1 920.7 万亩。新疆北部的伊犁州直属市县、阿勒泰、塔城、博尔塔拉 4 地区的地下水开采程度 2009 年低于 36.0%，2014 年低于 67.0%，地下水灌溉宜农荒地资源开发潜力为 2 017.1 万亩，其中伊犁州直属市县、阿勒泰的地下水开采程度最低，地下水灌溉宜农荒地资源开发潜力为 1 937 万亩，占北疆 4 地区总量的 96%。上述 3 省区的地下水灌溉宜农荒地资源开发潜力为 6 997.1 万亩，其中新疆占 56%，内蒙古占 28%，甘肃占 16%（表 3.8）。

表 3.8　新一轮全国地下水资源评价地下水开采潜力较大的地区

地区	年可开采总量/亿米³	估计2014年开采量/亿米³	利用率达到75%可开采量/亿米³	剩余可利用量/亿米³	最少灌溉定额/（米³/亩）	灌溉垦荒面积/万亩
内蒙古4地区	67.7	15.6	50.8	35.2	179	1 966.0
甘肃9地区	40.9	13.3	30.7	17.4	159	1 093.3
南疆5地区	135.4	38.9	101.6	62.7	326	1 920.7
北疆4地区	72.2	22.3	54.2	31.9	158	2 017.1
合计	316.3	90.0	237.2	147.2	210	6 997.1

综上所述，西北地区通过水资源和土地资源开发，在没有大规模跨流域调水的情况下，涉及旱作农田 10 935.3 万亩，可新增耕地 18 093 万亩，总计可增产粮食 13 234 万吨，其中地下水资源开发和节水开荒最有效，可增产 5 249 万吨和 4 811 万吨，分别占 39.7%和 36.4%；其次是地表水资源开发，可增产 1 882 万吨，占 14.2%；旱作地膜覆盖增产潜力最小，为 1 292 万吨，占 9.8%。其中旱作覆膜折合每亩增产粮食 118 千克；节水开荒、黄河水再分配和甘肃新疆地下水开发增加的灌溉耕地面积按每亩生产粮食 800 千克计算；受活动积温值较低的影响，呼伦贝尔地表水开发、柴达木盆地地表水开发和内蒙古地下水开发增加的灌溉耕地面积分别按每亩生产粮食 369 千克、360 千克和 400 千克计算。或种植油料作物，产量约为粮食产量的 1/3，总计可增产油料 4 295 万吨，其中地下水资源开发和节水开荒分别可增产 1 750 万吨和 1 604 万吨，地表水资源开发可增产 627 万吨，旱作地膜覆盖增产潜力为 314 万吨。

3.4　对策建议

农业是大西北地区经济发展的基础，同时大西北地区的农业又是支撑我国农业未来发展的关键地区。应当以农业可持续发展为基本原则，因地制宜地加强该地区的水资源和土地资源监测和管理，正确处理水资源开发与保护之间的关系，缓解各地区之间、各产业之间、流域上下游之间、农业生产与生态之间的用水矛盾。笔者对大西北地区水土资源开发与管理提出如下总体对策建议。旱作农业区：①大力推广地膜覆盖，广泛修建廉价田间集水场和水窖，并铺设滴灌设施进行补灌，充分利用雨水资源；②调整农作物结构，减少传统的低产旱作农作物面积，如荞麦、黍子等，增加高产高效农作物面积，如谷子、向日葵、马铃薯；③规范地膜厚度，禁止使用厚度在 0.008 毫米及以下地膜，鼓励使用厚度在 0.012 毫米以上的地膜，同时扶持地膜回收企业，增加地膜的回收利用率；④科学把握施肥时机，根据降水量适度增减有机肥和化肥施用量，多雨多施肥。灌溉农业区：①积极推广多种形式的高效节水灌溉，如渠道防渗，防护林下覆膜防止水分蒸发，在灌区修建田间水塘为覆膜滴灌提供水源保障，并实验推广遮阳球防止水面蒸发技术，有效降低灌溉定额；②因地制宜推广滴灌、喷灌和微灌等高效节水灌溉技术，特别是覆盖黑膜液态施肥滴灌技术，是最佳高效节水灌溉技术，应当逐步推广普及；③砂性土由于其特殊的土壤物理性质蒸发量小，可以采用滴灌、地面管喷灌不覆膜，这样既节省了成本，又减少了土壤污染；④垄膜沟灌和覆膜漫灌成本低，节水效果好，在资金缺乏的地区可作为向更高效节水灌溉方式过渡的节水技术，应在近期尽快推广普及。

　　基于多年来的实地考察经验，提出如下分省区对策建议。甘肃省：鼓励建立村级合作社，发展联户规模经营，加强政府投资支持力度，促进膜下滴灌的快速推广；建立节水激励制度，如高价收购农田节水余额用于非农业用水，实行阶梯农业灌溉用水价格，确保实现目标灌溉定额；以村为单位，精确测量渠水和地下水的取水量，在此基础上严密监视地下水动态，在逐步推广高效节水灌溉技术的同时，在地下水位不下降的前提下，应允许将节省下的灌溉用水定额用于开垦宜农荒地，以实现水资源可持续利用和农民增产增收双赢。新疆维吾尔自治区：中央及各级政府应加大支农投资力度，支持地方膜下滴灌的快速推广；适度发展井灌，科学合理地控制地下水位，多种措施综合运用治理耕地盐渍化；完善有关水资源可持续利用的法律和制度，加强水资源管理，基于可持续发展的理念，科学合理分配水资源，缓解各产业之间，河流上下游之间，农业生产与生态之间的用水矛盾；适度开发高效利用地下水资源，进行农业生产和改善生态环境。宁夏回族自治区：在旱作农业区推广廉价雨水收集技术，将地头夯实平整，覆盖较厚的塑料膜，以代替水泥地板作为水窖雨水收集场，这样造价大大降低，有利于大面积推广；大力推广黄羊滩农场滴灌灌溉模式，砂质耕地可以不覆盖地膜，黄土粉砂壤使用黑膜覆盖滴灌，以减少除草剂施用量，实现顶级高效节水灌溉；红寺堡区人均耕地面积少，推广膜下滴灌需建立合作社，政府应设立专项资金支持建立生产合作社，加大支持推广膜下滴灌的力度；加强水资源计量管理，在每户田头安装精密测流量仪器，在精准计量水资源基础上，实行定量供水政策；鼓励节水垦荒，以村为单位，在推广高效节水技术同时，在用水总量不变情况下鼓励开垦宜农荒地；全区统筹分配水资源，减少传统灌区灌溉定额，压缩平原区水田面积，扩大扬黄灌溉用水配额和通过跃进渠向平原西侧新灌区供水的配额。内蒙古自治区：在缓坡地上实验推广等高耕作和双垄覆膜相结合的耕作技术，提高雨养农业单产和抗旱能力；加强灌溉农业区水资源管理，按照水资源分布情况，在可持续利用前提下有效合理控制灌溉面积；加强地下水位检测，准确掌握水资源分布与变化情况，作为水资源科学管理的依据；推进水资源立法，授权权威部门统一管理水资源的利用和分配；通过灌溉电费涨价，控制井水灌溉成本，以遏制地下水位快速下降的局面，实现水资源可持续利用；实施呼伦贝尔北水南调工程，开发大兴安岭西麓丰富的宜农荒地资源。青海省：加快柴达木盆地的农业开发力度，利用较大内流河的水资源，在上游修筑大坝，拦蓄洪水和雪山融水，在河流冲积扇和山前洪积带修筑引水干渠，开垦宜农荒地，扩大绿洲面积；旱作农业区适于推广覆膜旱作，政府需大力支持；湟水谷地和黄河上游谷地水资源丰富，可通过发展滴灌不覆膜的高效节水灌溉方式并实行测土施肥和液体施肥提高单产，在发展生产的同时改善水源地的农业生态环境。

参考文献：

[1] I A 谢克洛莫罗夫．世界水资源和用水：当代评价和未来展望［J］．水科学进展，1999，10（3）：219-234.

[2] 国家统计局．中国统计年鉴［DB/OL］．2010，2015. http：//www. stats. gov. cn/tjsj/ndsj/.

[3] 梁书民．中西线联合南水北调的宜农荒地资源开发潜力［J］．水利发展研究，2013（12）：15-24.

[4] 国土资源部全国土地资源调查办公室．中华人民共和国土地利用图（1：250万，内部用图）［G］. 1999.

[5] 刘明光．中国自然地理集［M］. 3版．北京：中国地图出版社，2010：80.

[6] 中国地质调查局．1：250万中国地质图［DB/OL］. 2001. http：//gsd. cgs. cn/.

[7] van Engelen V W P, Wen T T. Global and National Soil and Terrain Digital Database (SOTER) Procedures Manual［R］. ISRIC—World Soil Information, Wageningen, Netherlands, 1995.

[8] 西北师范学院地理系，地图出版社．中国自然地理集［M］．北京：中国地图出版社，1984：103-104，115-116，167-168，179-180.

[9] 中国农业年鉴编辑委员会．中国农业年鉴［M］．北京：中国农业出版社，2014.

[10] 中华人民共和国水利部（《中国水利年鉴》编辑委员会）．中国水利统计年鉴［M］．北京：中国水利水电出版社，2001，2013.

[11] 中国科学院长春地理所．中国自然保护地图集［M］．北京：科学出版社，1989：88.

[12] 张家桢，刘恩宝．柴达木盆地河流水文特征［J］．地理学报，1985，40（3）：242-255.

第二篇 Part 2

农业生产发展与食物自给率

Chapter 4 第4章 农业生产条件

4.1 粮食增产因素分解

2003—2014 年是我国粮食产量增加较快的时期，本节对该时期的谷物增产因素进行分析。其间，谷物总产量由 2003 年的 37 429 万吨增加到 2014 年的 59 602 万吨，累计增产 22 173 万吨，增加 59.24%。若将谷物总产量增加分解为播种面积和单位面积产量的增加，总产量平均每年增加 3.88%，播种面积和单位面积产量每年增加 2.29% 和 1.59%，播种面积增加对总产量增加的贡献率为 59.03%，单产增加的贡献率为 40.97%[1]。粮食增产地区分布有以下特点：①从分省增产贡献来看，黑龙江贡献最大，一省贡献 19.1% 的增产量，其次为河南，增产贡献率为 10.4%，再次是内蒙古、山东、吉林、安徽、江苏、河北，增产贡献率均在 5.0% 以上，8 省区合计增产贡献率高达 66.1%，增产地区高度集中于东北北部、内蒙古和黄淮海大平原。②粮食总产量增加幅度较大的省区为黑龙江、内蒙古、青海、甘肃、新疆，年增长率为 6.0%~11.4%，集中于北方边疆和西北内陆地区。③粮食播种面积增加幅度最大的三省区是新疆、黑龙江、内蒙古，年增长率在 3.0%~4.5%，三省区合计粮食增产贡献率为 29.2%，三省区的共同特点是宜农荒地资源丰富，面积增加贡献率高于全国平均水平，新疆的播种面积增产贡献率高达 75.2%，居全国首位。④粮食播种面积下降的地区有 10 个，西藏、浙江、广西、广东、福建、海南、北京、重庆、宁夏、陕西，它们的合计粮食增产贡献率仅为 5.8%。

单位播种面积粮食产量的增加主要决定于化肥施用量、测土施肥推广情况、农家肥施用量、低产田有障碍土壤改良、农业劳动力投入量、灌溉率、高效节水灌溉率、农药施用量、地膜覆盖率、良种推广率、农业机械化水平、农业机械总动力、农业生产能源耗费量、役用畜力投入、高产栽培技术推广率等。毛泽东总结出的"土、肥、水、种、密、保、管、工"农业"八字宪法"高度概括了对农业生产起主要作用的农业生产条件，"土"指土壤改良以及测土施肥推广情况；"肥"指化肥施用量和农家肥施用量；"水"指农田灌溉和高效节水灌溉；"种"指优良品种推广情况；"密"指合理密植等高产栽培技术；"保"指植物保护，包括化学、物理或生物植物保护措施，其中农药施用量可衡量化学植物保护措施；"管"指田间管理，可以农业劳动力投入量衡量；"工"指农业机械化水平，可以机耕率、机播率、机收率和农业机械总动力表示，还有农业能源投入如农用柴油用量、农村灌溉用电量等，役用畜力投入是被取代的对象。在当前农业生产技术水平下，单位播种面积粮食产量增加的关键因素是化肥施用量、灌溉面积扩大、地膜覆盖面积扩大、机耕机播机收三率发展水平、优良农作物品种性能和推广面积、高产栽培技术的性能与推广率，其中发展农田水利、扩大灌溉面积尤为关键。农业科技进步融合于各大关键因素之中，其贡献率很难准确计算出来，若把单产增加笼统归结为农业科技进步的作用，11 年间中国粮食增产农业科技进步贡献率高达 74%。

4.2 水与肥是增产的关键

在计算中国历年灌溉率过程中，笔者发现 2004 年以来由于耕地面积的快速增加使灌溉率快速增长的势头趋于减缓，这主要是由于新增耕地多为旱地，位于降水量较大的地区，对灌溉的需求较弱。中国灌溉面积有水利部和自然资源部两套数据，而耕地面积只有自然资源部一套权威数据，尤其以国土资源普查年份的数据可信度最大。同一年份的水利部有效灌溉面积数据同自然资源部普查数据不一致，如 2009 年；按照原国土资源部 2008 年统计的耕地数据和 2009 年的普查数据计算出的灌溉率也有较大差异。为增加数据的可信度和可比性，笔者统一统计口径，利用 1996 年和 2009 年两次国土资源普查数据中的耕地面积和灌溉面积数据计算我国各地区灌溉率变化情况，其中灌溉面积计为水田和水浇地面积之和，1996 年的望天田和菜地均并入灌溉面积。

1996—2009 年，我国耕地面积由 195 059 万亩增加到 203 077 万亩，灌溉面积由 84 179 万亩增加到 91 614 万亩，灌溉率由 43.16% 增加到 45.11%，灌溉面积增加了 7 435 万亩，比 1996 年增加了 8.83%。各地区 2009 年的灌溉面积同 1996 年相比，黑龙江、内蒙古、甘肃、河南、宁夏、新疆的相对增幅最大，均增加 30% 以上，6 省区合计增加灌溉面积 8 404 万亩，占 17 个灌溉面积增加省区增量总和 11 803 万亩的 71.2%；上海、北京、广东、江苏 4 地区的灌溉面积相对减幅最大，相对减少幅度在 41.6% 与 18.7% 之间，合计减少 2 411 万亩，占 14 个灌溉面积减少省区减少量总和 4 368 万亩的 55.2%（表 4.1）。

表 4.1 全国各地区灌溉面积变化（1996—2009 年）

地区	2009 年耕地面积/万亩	2009 年灌溉面积/万亩	2009 年灌溉率/%	1996 年灌溉率/%	灌溉面积变化/万亩	灌溉率变化百分点/个
总计	203 077	91 614	45.1	43.2	7 435	2.0
黑龙江	23 916	3 743	15.6	9.1	2 142	6.6
河南	12 288	8 057	65.6	49.1	2 086	16.5
新疆	7 685	7 367	95.9	94.4	1 723	1.5
内蒙古	13 666	4 315	31.6	21.1	1 720	10.5
山东	11 502	7 935	69.0	61.9	794	7.1
河北	9 842	6 021	61.2	52.5	603	8.7
甘肃	8 110	2 033	25.1	19.7	547	5.4
湖北	7 985	4 836	60.6	58.2	516	2.4
湖南	6 203	4 959	80.0	76.7	410	3.2
安徽	8 861	4 741	53.5	49.2	331	4.3
山西	6 103	1 619	26.5	20.5	207	6.0
宁夏	1 937	752	38.8	29.8	185	9.0
陕西	5 996	1 856	31.0	21.7	184	9.3

（续）

地区	2009 年耕地面积/万亩	2009 年灌溉面积/万亩	2009 年灌溉率/%	1996 年灌溉率/%	灌溉面积变化/万亩	灌溉率变化百分点/个
吉林	10 546	1 312	12.4	13.7	167	−1.2
天津	671	541	80.6	65.2	66	15.4
辽宁	7 563	1 301	17.2	19.7	65	−2.5
西藏	664	462	69.6	74.4	57	−4.9
海南	1 095	593	54.2	53.1	−14	1.1
青海	882	279	31.6	31.5	−47	0.1
福建	2 013	1 754	87.2	83.9	−52	3.2
江西	4 634	3 793	81.9	86.2	−78	−4.4
北京	341	261	76.7	83.0	−167	−6.3
上海	285	276	96.9	100.0	−197	−3.1
四川	10 080	4 360	43.3	46.1	−219	−2.8
云南	9 366	2 257	24.1	25.9	−242	−1.8
重庆	3 658	1 466	40.1	45.5	−272	−5.4
贵州	6 844	1 946	28.4	30.5	−295	−2.0
浙江	2 980	2 298	77.1	81.6	−303	−4.5
广西	6 646	2 972	44.7	51.5	−436	−6.8
广东	3 798	2 689	70.8	73.9	−939	−3.1
江苏	6 919	4 819	69.6	78.1	−1 108	−8.4

为定量测定各地区灌溉面积增加同粮食产量增加之间的关系，笔者采用了 1996—2009 年的分地区面板数据进行回归分析，发现二者之间的相关系数平方值（R^2）高达 0.621 6，可以认为从省级面板数据分析，灌溉面积增加对粮食产量增加的贡献率高达 62.16%（图 4.1）。其中河南、黑龙江、新疆、内蒙古为明显的灌溉面积高增加和粮食产量高增加地区，浙江、广东、江苏为明显的灌溉面积大减少和粮食产量大减少地区。

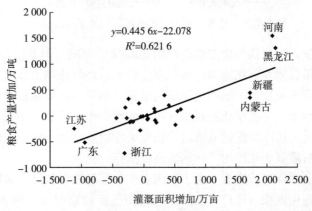

图 4.1　1996—2009 年全国各地区灌溉面积增加同粮食产量增加之间的关系

从生态学角度分析，由于气候条件、土壤自然肥力和光温潜力在短期内不会有较大变化，粮食播种面积单产主要决定于灌溉和化肥施用量。1978—1984 年中国普及了家庭联产承包责任制，土地制度改革通过增加劳动力投入对单产增加产生了巨大的促进作用，1984 年以来制度创新的效应逐步消失，物质投入成为单产提高的主导因素，科技投入也可以通过物质投入来表达，气候波动和农业灾害则是随机事件，对单产变化起扰动作用。笔者选用 1984—2013 年 30 年的粮食播种面积单产（y，千克/亩）数据为因变量，灌溉面积（I，万亩）和单位农作物播种面积的化肥施用量（F，千克/亩）为自变量。采用柯布-道格拉斯（C-D）生产函数进行回归分析，得出：$y=0.088\,57\times I^{0.711\,4}\times F^{0.129\,9}$，调整后判定系数 $R^2=0.952\,2$。按照微分公式：$\mathrm{d}y/y=0.711\,4\times\mathrm{d}I/I+0.129\,9\times\mathrm{d}F/F$，得出 1984—2013 年粮食单产增加 49.0%，其中灌溉面积增加 42.8%，对粮食单产增加的贡献率为 54.25%；单位面积的化肥施用量增加 197.7%，对粮食单产增加的贡献率为 45.75%。

若对粮食单产和灌溉面积进行单因素线性回归，得出每增加 158.57 万亩灌溉面积，对应全国粮食单产增加 1 千克/亩，$R^2=0.950\,5$。若对粮食单产和单位面积化肥施用量进行单因素线性回归，得出每增加 0.138\,3 千克/亩化肥施用量，对应全国粮食单产增加 1 千克/亩，$R^2=0.942\,5$（图 4.2）。R^2 的不同也从另一个侧面反映出灌溉对单产增加的作用强于化肥对单产增加的作用。

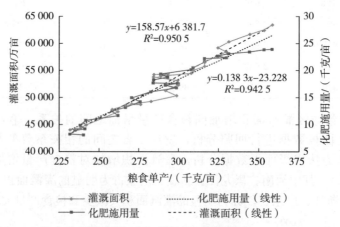

图 4.2　粮食单产同灌溉面积与化肥施用量的关系（1984—2013 年）

关于化肥施用量，一般认为化肥对单产的边际效应递减，但是由于 2003 年以来新开垦耕地面积较大，粮食播种面积增加，施肥强度较大的经济作物及设施农业面积也在逐渐增加，测土施肥逐步普及推广，虽然化肥施用增量增加较快，但是粮油作物的单位面积化肥施用量并未快速增加。又由于化肥对中低产田的增产作用明显，中低产田的化肥施用量对粮食单产还没有进入边际效应递减阶段，仍然可能继续增加。中国农民的"有水有肥就能高产"的谚语是对灌溉和化肥增产作用的高度概括。

从化肥施用强度国际比较来看，由于中国农作物复种指数较高，果园、茶园也需要施用化肥，不同化肥施用面积口径计算出的化肥施用强度差别很大。如 2013 年中国化肥施用折纯量为 5\,912 万吨，按照 2008 年国土资源部统计的耕地面积 182\,574 万亩计算，每亩施肥高达 32.4 千克；按照 2009 年国土资源普查的耕地面积 203 077 万亩计算，每亩施肥为 29.1 千克；按照 2013 年农作物播种面积 246 940 万亩计算，每亩施肥为 23.94 千克；按照 2013 年农作物播种面积、茶园和果园面积之和 269 201 万亩计算，每亩施肥仅为 21.96 千克，折合 329.4 千克/公顷，低于韩国的施肥水平 334 千克/公顷。根据笔者研究经验，以农作物播种面积、茶园和果园面积之和作为化肥施用面积来计算平均化肥施用强度较为符合中国国情。将按此法计算出的单位面积化肥施用量同主要国家比较发现，中国化肥施用强度平均水平居世界前列，但不是最高水平，低于新西兰、马来西亚、埃及、韩国，同韩国相近；天津、河南、海南、陕西等 17 个地区高于或接近全国平均水平，但是均低于新西兰、马来西亚、埃及；中国化肥施用强度较低的地区有贵州（同泰国相当）、青海（同印度和巴西相当）、黑龙江和甘肃（同巴基斯坦相当）、江西和四川（稍低于英国）、重庆（同越南和孟加拉国相当）、湖南和上海（稍高于日本）（表 4.2）。总体上讲，一方面中国的施肥强度较高，许多地区存在过量施肥问题，造成环境污染，推广测土施肥极为必要；另一方面中国也存在施肥不足的地区，如贵州、青海、黑龙江、甘肃、西藏、江西和四川等地，在测土配方施肥的基础上，通过增加化肥施用量来促进农业生产仍然具有较大潜力[2]。

表 4.2　2013 年中国总体及各地区同世界主要国家化肥施用量比较

国家或地区	化肥施用量/ (千克/公顷)	国家或地区	化肥施用量/ (千克/公顷)	国家或地区	化肥施用量/ (千克/公顷)
新西兰	1 610	**中国**	**329**	中国西藏	227
马来西亚	1 188	中国辽宁	329	以色列	222
埃及	588	中国浙江	328	波兰	210
中国天津	479	白俄罗斯	300	中国甘肃	205
中国河南	467	中国山西	293	巴基斯坦	202
中国海南	466	中国宁夏	288	中国黑龙江	200
中国陕西	434	斯里兰卡	279	印度尼西亚	198
中国北京	422	中国内蒙古	278	德国	191
中国广东	416	中国云南	275	委内瑞拉	177
中国江苏	412	中国上海	271	印度	177
中国山东	406	中国湖南	266	中国青海	174
中国湖北	400	日本	261	巴西	171
中国吉林	397	孟加拉国	253	中国贵州	164
中国福建	394	越南	252	泰国	162
中国安徽	367	中国重庆	251	意大利	142
中国广西	353	英国	239	法国	140
中国河北	337	荷兰	238	**世界**	**132**
韩国	334	中国四川	237	菲律宾	130
中国新疆	331	中国江西	235	美国	125

（续）

国家或地区	化肥施用量/ （千克/公顷）	国家或地区	化肥施用量/ （千克/公顷）	国家或地区	化肥施用量/ （千克/公顷）
捷克共和国	123	南非	54	俄罗斯	16
西班牙	122	阿根廷	46	缅甸	12
土耳其	90	澳大利亚	45	尼日利亚	4
加拿大	81	乌克兰	39	哈萨克斯坦	2
墨西哥	79	伊朗	26		
罗马尼亚	54	蒙古	18		

4.3 地膜覆盖和农业机械化

地膜覆盖可以通过增加农作物光温潜力增加农作物产量，通过保墒提高农作物水分利用效率，还有防止杂草和抗御农田盐渍化的作用，因而在中国西北地区得到迅速推广，是农业生产资料投入的后起之秀。露天蔬菜生产和大棚蔬菜生产均需要地膜覆盖，山东省由于蔬菜生产发展快速，地膜覆盖面积也较大。又由于地膜的增温效应随海拔高度增加而增加，近年来高海拔的青海农区的地膜覆盖也得到快速发展。我国地膜覆盖发展的具体情况是：全国地膜覆盖面积由 1993 年的 8 583 万亩增加到 2003 年的 17 950 万亩，2013 年进一步增加到 26 485 万亩；统一按照 2009 年的耕地面积计算，1993 年、2003 年、2013 年的农田地膜覆盖率分别为 4.23%、8.84%、13.04%，基本呈线性匀速发展的态势，后十年比前十年发展速度稍有减缓。2003—2013 年农田地膜覆盖率增长较快的地区有新疆、甘肃、宁夏、青海、山东、湖南和内蒙古，增幅均在 7.35 个百分点以上，这些地区 2013 年的农田地膜覆盖率除青海由于发展较晚数值较低之外，均高于或接近全国平均值，其中新疆的农田地膜覆盖率由 2003 年的 26.52% 增加到 2013 年的 51.81%，农田地膜覆盖率的数值和增值均高居全国首位。2013 年的农田地膜覆盖率超过或接近全国平均值的其他省份还有天津、河北、云南、四川、山西、河南、江苏；而天津、上海、北京、安徽 4 地区 2013 年农田地膜覆盖率较 2003 年有所下降，可能是由于城镇扩张造成城郊蔬菜种植面积下降（天津、上海、北京）或气候变暖（安徽）引起的［联合国粮食及农业组织（FAO）数据库］（表 4.3）。

表 4.3　全国各地区地膜覆盖率变化（2003—2013 年）

地区	2013 年覆盖率/ %	2003 年覆盖率/ %	1993 年覆盖率/ %	2003—2013 年变化 百分点/个
新疆	51.81	26.52	12.04	25.29
山东	31.05	22.37	9.47	8.69
甘肃	24.95	12.98	4.20	11.97
天津	17.33	22.17	5.03	−4.84
湖南	17.18	9.81	5.13	7.37

（续）

地区	2013 年覆盖率/%	2003 年覆盖率/%	1993 年覆盖率/%	2003—2013 年变化百分点/个
河北	17.07	13.18	3.10	3.89
云南	15.87	11.79	5.45	4.08
宁夏	15.05	5.74	1.11	9.31
四川	14.84	10.71	7.71	4.13
山西	14.36	9.54	5.99	4.82
河南	13.10	10.05	3.28	3.05
全国	**13.04**	**8.84**	**4.23**	**4.20**
江苏	12.97	10.56	4.99	2.42
内蒙古	12.66	5.31	0.00	7.35
上海	11.57	15.69	0.00	-4.12
陕西	11.27	7.99	6.81	3.29
福建	10.29	6.75	1.78	3.53
青海	10.19	1.13	1.00	9.06
重庆	9.45	8.16	5.88	1.29
广西	9.25	5.13	1.93	4.12
浙江	8.33	7.91	7.69	0.43
北京	8.11	11.81	10.17	-3.70
安徽	7.45	11.91	3.86	-4.46
湖北	7.41	6.96	9.63	0.45
辽宁	6.45	4.23	2.85	2.22
贵州	5.99	3.86	3.10	2.13
江西	5.26	2.01	5.39	3.24
广东	5.06	3.62	0.00	1.44
海南	4.81	1.56	0.00	3.25
吉林	2.51	1.71	0.71	0.80
黑龙江	2.13	1.90	0.93	0.23
西藏	0.77	0.14	0.00	0.64

　　表现农业机械化水平的指标很多，如单位播种面积拥有的农业机械总动力、农业机械和配套年均数量、农用柴油消耗量等，但是直接影响农作物产量的指标是农田机耕率、机播率和机收率，简化为单一指标为三率平均值。按照机耕面积、机播面积、机收面积和2009 年的耕地面积计算，我国 2012 年的机耕率、机播率、机收率和三率平均值依次为81.5%、56.7%、52.6%和 63.6%，比 2003 年的 45.0%、30.1%、20.2%和 31.8%均

有较大幅度增加，总体上10年实现了倍增。究其原因主要是10年间农村劳动力大量转移流失，使农田作业对农业机械的需求大大增强，由于中国城镇化进程正处于快速发展的时期，随着农业劳动力价格的快速上升，农业机械化对农业发展将起到越来越重要的作用，预计未来十年中国的农业机械化水平将进一步快速提高。

农业机械化受地形和农田坡度影响，一般山地和丘陵地区农业机械化发展较慢，平原或高原缓坡地发展迅速；发展水平还因农作物品种不同而异，一般旱地比水田容易推行机械化耕作，粮食作物比经济作物容易进行农业机械化生产；在作业环节上机耕易于机播和机收，机播又比机收稍微容易一些。按照2012年三率平均值衡量，我国分地区农业机械化水平高于全国平均值的有河南、上海、江苏、安徽、山东、河北、新疆、黑龙江、天津、湖南、江西、广东12个地区，三率平均值在66%以上；贵州、云南、四川、甘肃、西藏、重庆、福建农业机械化水平最低，三率平均值在34%以下。2003—2012年，三率平均值提高最快的地区有江西、湖南、安徽、河南、上海、广东，提高多于47个百分点；三率平均值提高最慢的地区有西藏、贵州、甘肃、云南、青海、四川、浙江，提高少于17个百分点，主要原因是农田坡度大或经济作物较多，不容易推广农业机械（表4.4）。

表 4.4 全国各地区农业机械化发展（2003—2012 年）

地区	2012 年三率平均值/%	2003 年三率平均值/%	2003—2012 年变化百分点/个
河南	111.2	61.8	49.4
上海	108.9	61.1	47.8
江苏	106.4	63.4	43.1
安徽	96.9	47.5	49.5
山东	92.8	57.8	35.0
河北	82.1	59.5	22.7
新疆	81.0	44.9	36.0
黑龙江	80.1	39.4	40.7
天津	79.8	51.7	28.1
湖南	74.7	22.7	51.9
江西	70.7	16.2	54.5
广东	66.1	19.0	47.1
全国	**63.6**	**31.8**	**31.8**
湖北	62.6	20.2	42.4
北京	62.0	42.7	19.2
内蒙古	59.4	31.6	27.8
吉林	55.9	17.5	38.4
辽宁	55.2	31.5	23.8
山西	53.5	34.5	19.0

（续）

地区	2012 年三率 平均值/%	2003 年三率 平均值/%	2003—2012 年变化 百分点/个
宁夏	53.3	26.4	26.9
陕西	50.8	31.4	19.4
青海	43.2	28.5	14.6
浙江	42.8	26.1	16.7
广西	41.6	7.8	33.8
海南	36.0	6.5	29.5
福建	33.4	11.2	22.2
重庆	30.6	3.7	26.9
西藏	28.9	26.1	2.9
甘肃	25.9	15.9	10.0
四川	24.5	8.8	15.7
云南	13.9	3.1	10.9
贵州	9.8	1.5	8.3

4.4　气候变化挑战与机遇

　　我国 1951 年以来的气候变化对农业生产有直接影响，《气候变化国家评估报告》揭示的 1951—2002 年中国气候变化趋势是东北、华北、西北地区增温在每 10 年 0.3℃ 以上，局部地区增温幅度高达每 10 年 0.5℃，甚至每 10 年 0.7℃，其余地区变化不大；降水变化趋势是华北每 10 年减少 5%，西北每 10 年增多 15%，其余地区变化不大[3]。这种气候变化格局对中国农业生产影响以有利为主，是中国由南粮北运转为北粮南运的因素之一，如寒冷的北方地区变暖，干旱的西北地区变湿，有利于黑龙江、内蒙古和新疆开垦宜农荒地，其中新疆可以通过增加灌溉面积开荒，1996 年和 2009 年的土地详查数据比较表明这三个地区耕地面积增加最多。不利影响是华北变干旱，由于发展了灌溉农业，粮食产量反而增加，但是地下水资源过度开发造成地下水位下降，促进了南水北调工程东线和中线的实施。研究发现中国降水量变化呈现出南北漂移的 60 年周期，笔者认为是由于西风急流南北摆动影响造成的，按此理论降水变化趋势具有周期性，目前华北干旱只是暂时的，今后华北地区有可能出现多雨湿润期，到时南水北调工程可以调节年际旱涝波动，仍将起到重要作用。

　　笔者计算了中国北方典型城市的活动积温变化，发现东北积温增加幅度最大，华北其次，西北较小，对农业生产作用最大的是东北和华北北部的增温，这使原先不可种植农作物的地区在水分条件较好的地区可以开垦宜农荒地增加耕地面积。如内蒙古海拉尔的积温由 1958 年的 1 940℃·日增加为 2008 年的 2 410℃·日，可以种植油菜和春小麦；内蒙古四子王旗的积温由 1958 年的 2 268℃·日增加为 2008 年的 2 634℃·日，北部的江岸苏木可以种植籽粒玉米和向日葵；内蒙古锡林浩特积温由1958年的2 314℃·日增加为2008年的2 780℃·日，临近的西乌旗高日罕镇可以种植大豆（中国气象科学数据共享服务网，http：//cdc. cma. gov. cn/home. do）（表4.5、图4.3、图4.4）。

表4.5 中国北方主要地区积温10年平均值增加情况（1958—2008年）

单位：℃·日，%

	内蒙古海拉尔	内蒙古东乌旗	内蒙古锡林浩特	内蒙古四子王旗	甘肃酒泉	新疆乌鲁木齐	新疆阿勒泰
1958	1 940	2 235	2 314	2 268	3 131	3 279	2 964
1968	2 101	2 406	2 501	2 380	3 025	3 703	2 966
1978	2 126	2 432	2 499	2 310	3 099	3 541	3 066
1988	2 156	2 402	2 576	2 417	3 060	3 313	2 902
1998	2 366	2 593	2 771	2 572	3 213	3 562	3 054
2008	2 410	2 721	2 780	2 634	3 333	3 679	3 073
增加值	470	486	466	366	201	400	108
增加百分比	24.2	21.7	20.1	16.1	6.4	12.2	3.7
年平均增加	9.069	8.467	9.190	7.183	4.376	3.847	1.835
R^2	0.930	0.874	0.926	0.858	0.827	0.160	0.240

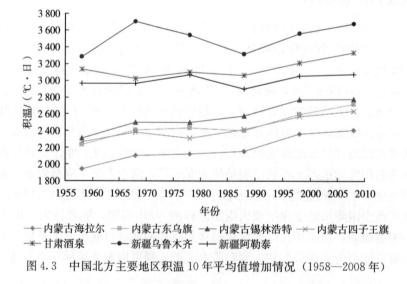

图4.3 中国北方主要地区积温10年平均值增加情况（1958—2008年）

目前我国大量进口油料，谷物进口也开始增加。为比较各国气候变化对粮食单产的影响，衡量主要谷物和油料生产国农业生产的稳定性，笔者利用2000—2011年的数据计算了世界主要国家的谷物单产变化相对于趋势单产的变差系数，这样可以剔除农业技术进步造成的单产增加对单产变化的贡献，使相对变差系数能够更好地表示气候波动对单产的影响。计算结果表明，中国谷物单产均值为348.4千克/亩，气候波动造成的产量波动（相

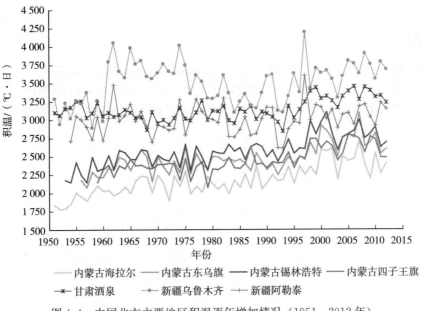

图 4.4　中国北方主要地区积温逐年增加情况（1951—2012 年）

对标准差）为 5.7 千克/亩，相对变差系数为 1.65%，是参与比较的国家中最低的；美国和法国单产均值高于中国，相对变差系数也高于中国，分别为 4.31% 和 5.97%；其余国家单产均值低于中国，相对变差系数高于中国，相对变差系数在 6%～12% 的有加拿大、巴西、赞比亚、阿根廷、俄罗斯、以色列，相对变差系数超过或接近 20% 的有哈萨克斯坦和澳大利亚。可见，中国的主要油料和谷物进口来源地美国、加拿大、巴西、阿根廷谷物生产稳定性均低于中国，其中美国最稳定，加拿大、巴西、阿根廷稳定性较差，但都在同一个档次上（表 4.6）。我国在大量进口农产品的情况下选择生产稳定性较强的国家作为来源地，实行了较为明智的农产品国际贸易政策。

表 4.6　世界主要国家谷物单产相对变差系数（2000—2011 年）

国家	均值/(千克/亩)	相对标准差/(千克/亩)	相对变差系数/%
中国	348.4	5.7	1.65
美国	429.9	18.5	4.31
法国	467.1	27.9	5.97
加拿大	202.5	12.7	6.27
巴西	223.7	14.8	6.63
赞比亚	128.6	10.1	7.87
阿根廷	260.9	21.4	8.20
俄罗斯	131.4	11.6	8.83
以色列	189.3	21.4	11.32
哈萨克斯坦	75.1	14.7	19.65
澳大利亚	114.7	26.9	23.42

参考文献：

［1］国家统计局．中国统计年鉴［DB/OL］．http：//www.stats.gov.cn/tjsj/ndsj/.

［2］国家统计局农村社会经济调查司．中国农村统计年鉴［M］．北京：中国统计出版社，2014.

［3］《气候变化国家评估报告》编写委员会．气候变化国家评估报告［M］．北京：科学出版社，2007.

Chapter 5 第5章
农产品生产与进口的空间布局

5.1 宜农荒地开发的地区分布

  自 1996 年第一次土地详查以来，自然资源部对各省的耕地面积的增减情况进行了逐年统计，到 2008 年统计得出的我国耕地面积为 182 574 万亩。统计项目有耕地增加诸因素包括土地整理、土地开发、撂荒耕地复垦、农业结构调整增加；耕地减少诸因素包括城镇扩张占用、生态退耕、水灾毁坏、农业结构调整减少。但是第二次土地详查公布的 2009 年耕地数据是 203 077 万亩，比 2008 年的统计面积增加了 20 503 万亩，比 1996 年的详查耕地数 195 059 万亩也增加了 8 018 万亩。笔者估计多出的耕地数主要来自以下几个方面：①私下进行土地开发开垦宜农荒地未上报，2009 年被统计为耕地，这是主要因素；②历年统计耕地面积时生态退耕地复垦未统计，使历年统计耕地数偏小；③2009 年将 1996 年以来开垦的季节性耕地统计为耕地，如黄河滩地的非汛期一熟耕地。

  进一步研究发现，2009 年各地区耕地面积数比 2008 年统计数增加情况具有明显的地域性。宜农荒地资源丰富的北方地区和边疆地区耕地增幅最大，黑龙江、内蒙古、吉林、新疆、辽宁、西藏、宁夏、甘肃增幅在 16% 以上；8 地区增加耕地 15 815 万亩，占耕地增加地区增加总量的 74.1%，其中黑龙江增幅高达 34.78%，一省增加耕地 6 171 万亩，占耕地增加地区增加总量的 28.9%。城镇化发展迅速和生态退耕面积较大的地区耕地面积减少，按照减少幅度由大到小排依次为上海、广东、江苏、北京和陕西，上海减少 22.22% 的耕地，为减幅最大的地区（表 5.1）。

表 5.1 全国各地区第二次土地调查耕地面积增加情况（2008—2009 年）

地区	2009 年耕地面积/万亩	2008 年耕地面积/万亩	增加/万亩	增加/%
总计	203 077	182 574	20 503	11.23
黑龙江	23 916	17 745	6 171	34.78
内蒙古	13 666	10 721	2 946	27.47
吉林	10 546	8 302	2 244	27.03
新疆	7 685	6 187	1 498	24.21
辽宁	7 563	6 128	1 435	23.42
西藏	664	542	122	22.49
宁夏	1 937	1 661	277	16.65
甘肃	8 110	6 988	1 122	16.06
湖北	7 985	6 996	988	14.13

（续）

地区	2009 年耕地面积/万亩	2008 年耕地面积/万亩	增加/万亩	增加/%
四川	10 080	8 921	1 159	12.99
江西	4 634	4 241	393	9.27
湖南	6 203	5 684	519	9.12
重庆	3 658	3 354	304	9.05
青海	882	814	68	8.35
广西	6 646	6 326	320	5.05
河北	9 842	9 476	366	3.86
浙江	2 980	2 881	99	3.43
河南	12 288	11 890	399	3.35
安徽	8 861	8 595	265	3.09
云南	9 366	9 108	258	2.83
山东	11 503	11 273	230	2.04
贵州	6 844	6 728	116	1.72
天津	671	662	9	1.38
福建	2 013	1 995	18	0.88
山西	6 103	6 084	19	0.31
海南	1 095	1 091	3	0.31
陕西	5 996	6 076	−79	−1.30
北京	341	348	−7	−1.96
江苏	6 919	7 146	−226	−3.17
广东	3 798	4 246	−448	−10.55
上海	285	366	−81	−22.22

　　若按自然条件将全国划分为 8 个大区，东北（黑、吉、辽）、中北（内蒙古、甘、宁）、新疆、华北（京、津、冀、豫、鲁、晋、陕）、青藏 5 个广义的北方大区总计增加耕地 16 818 万亩，占总量的 82.0%；西南（川、渝、云、贵）、华中（苏、沪、浙、赣、鄂、湘、皖）、华南（粤、闽、桂、琼）3 个广义的南方大区总计增加耕地 3 685 万亩，占总量的 18.0%（表 5.2）。展望宜农荒地资源开发的前景，华南、华中、华北、西南 4 个传统农业大区宜农荒地资源已经开发殆尽，进一步开发的潜力有限；东北地区的宜农荒地资源也剩余不多；西藏地区为高海拔的第一阶梯，农业生产条件较差，不宜大面积开发宜农荒地；唯有中北、青海和新疆，即大西北地区地处第二阶梯，光温条件较好，宜农荒地资源丰富，土壤肥沃，坡度平缓，是我国宜农荒地资源开发潜力最大的区域。随着全球气候变暖，内蒙古东北部、新疆北部高纬度地区的温度条件得到改善，水资源成为大西北地区宜农荒地资源开发的主要限制因素。在年降水量大于 500 毫米的地区宜农荒地资源开发不需要灌溉就可获得高产，在年降水量小于 350 毫米的地区没有灌溉就没有农业，而年降水量

在 350～500 毫米的地区灌溉可以保证稳产高产，发展灌溉也极为必要。总之，中国的宜
农荒地开发希望在大西北，关键在于"节流"和"开源"并举，充分利用水资源发展灌
溉，其中节流措施包括利用当地现有的地表水和地下水资源大力发展节水灌溉，提高水资
源利用效率，开展节水开荒运动，在水资源利用总量不变的情况下尽量多地开垦宜农荒
地。开源措施包括统筹规划，开展不同规模跨流域引水工程建设，高效合理配置水资源，
大面积开发宜农荒地资源，如当前建设的中小型跨流域调水工程，以及笔者设计的中西线
联合南水北调工程。

表 5.2　全国各大区第二次土地调查耕地面积增加情况（2008—2009 年）

大区	2009 年耕地面积/万亩	2008 年耕地面积/万亩	增加/万亩	增幅/%
东北	42 025	32 175	9 850	30.61
新疆	7 685	6 187	1 498	24.21
中北	23 714	19 370	4 344	22.43
青藏	1 546	1 357	190	14.00
西南	29 947	28 111	1 836	6.53
华中	37 865	35 909	1 956	5.45
华北	46 743	45 807	936	2.04
华南	13 551	13 659	−107	−0.79
总计	203 077	182 574	20 503	11.23

5.2　粮食生产区域漂移

为研究各地区粮食生产在 1952—2014 年的变化情况，笔者选用 1952 年、1978 年、
1990 年、2003 年、2009 年和 2014 年 6 个关键年份，计算各地区粮食产量占全国总产量
的比例，进行粮食产量比重变化比较研究[1]。研究发现各地区粮食产量比重变化曲线具有
规律性，可分为递增型、晚减型、中减型、波动型、早减型 5 种类型。递增型包括 6 地
区：甘肃、黑龙江、吉林、内蒙古、宁夏、新疆，变化特点是 1978 年以来粮食产量比重
持续增加；晚减型包括 8 地区：安徽、广西、海南、河北、河南、江西、辽宁、山东，变
化特点是 1978—2009 年粮食产量比重逐年上升并稳定，2009 年以来粮食产量比重开始明
显减少；中减型包括 10 地区：江苏、湖北、上海、四川、北京、湖南、青海、陕西、天
津、福建，变化特点是 1952—1978 年粮食产量比重明显上升，1978 年以来粮食产量比重
开始逐步减少；波动型包括 3 地区：贵州、西藏、云南，变化特点是 1978 年以来粮食产
量比重呈小幅波动，没有明显增减趋势；早减型包括 4 地区：浙江、广东、山西、重庆，
变化特点是 1952 年以来粮食产量比重开始逐步减少，1978 年以来粮食产量比重减少速度
加快（图 5.1）。

按自然条件将全国划分为 8 个大区进行分析，东北（黑、吉、辽）、中北（内蒙古、
甘、宁）、新疆 3 个大区属于递增型；华北（京、津、冀、豫、鲁、晋、陕）大区属于晚
减型；华中（苏、沪、浙、赣、鄂、湘、皖）大区属于中减型；华南（粤、闽、桂、琼）、

青藏、西南（川、渝、云、贵）3个大区属于早减型，其中西南地区掺杂有波动的成分（图5.2）。

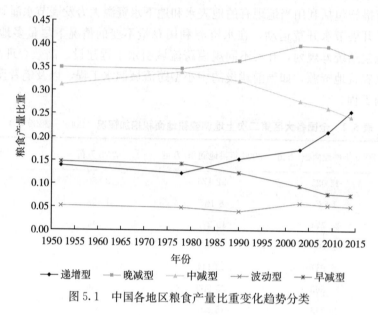

图5.1　中国各地区粮食产量比重变化趋势分类

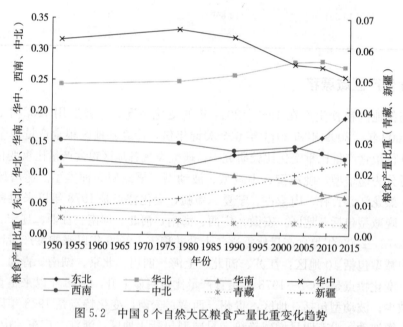

图5.2　中国8个自然大区粮食产量比重变化趋势

　　各大区的粮食产量比重2014年同1978年比较主要变化是华北区超过华中区成为第一大粮食生产区，东北区超过西南区成为第三大粮食生产区，中北区超过华南区成为第五大粮食生产区，新疆区比重增加，青藏区比重有所下降（图5.3）。综合分析大体可以得出中国粮食生产优势区域随时代不同的漂移规律，1952年华南区粮食生产具有多熟制优势，从人均水平来看优势明显；华中地区水田高产实现较早，到1978年粮食生产优势区向北漂移到华中区；之后，华北地区灌溉率增加，玉米、小麦高产品种先后得到推广，1978—1990 年华中份额下降，华北份额增加，南粮北运转换为北粮南运，2003 年华北跃居为第一产粮大区；东北土地资源丰富，气候变暖使玉米单产提高，种植北界北移，寒区水田面积增加，并推广了耐寒高产品种，目前东北地区成为第一粮食调出大区，成为全国粮食生产的重心。将来若开展中西线联合南水北调工程，中北区和新疆区以及华北区西北部可以增加灌溉耕地约 9 亿亩，可增加粮食产量 3 亿吨以上，将成为中华民族的最终大粮仓。

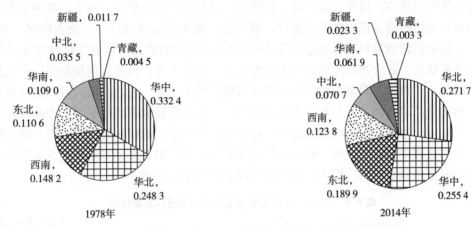

图 5.3　1978 年和 2014 年中国 8 个自然大区粮食产量份额

5.3　粮食油料进口空间格局

粮食生产格局的历史变化，人口迁移带来的食物消费需求沿海化变化，以及 1978 年以来的对外开放发展态势，共同决定当前粮食进口的区域分布。中国主要农产品进口地区集中于沿海地区（含北京），如沿海地区进口食糖的比重占全国进口量的 97%，进口大米产品、小麦产品、大豆、食用植物油的比重均占全国进口量的 93% 左右，进口原棉的比重占全国进口量的 89%，进口玉米产品的比重占全国进口量的 87%。而西部内陆地区主要农产品进口量很少，如新疆、内蒙古、贵州、云南、西藏、甘肃、青海、宁夏 8 地区对主要进口农产品大豆的进口量几乎全是 0，只有新疆进口 3 万吨，不足总进口量的 1/2 000[2]（表 5.3）。

表 5.3　中国主要农产品进口数量与沿海地区占比（2013 年）

项目	进口总计/万吨	沿海总计/万吨	沿海占比/%
食糖	454.59	438.95	97
大米产品	227.10	212.40	94
小麦产品	553.55	517.02	93
大豆	6 337.54	5 905.78	93
食用植物油	922.13	853.38	93
原棉	414.76	370.92	89
玉米产品	326.59	283.58	87

中国大豆和食用植物油进口量大，且高度集中，大豆进口量最大的 11 个地区占全国总进口量的 95.9％，食用植物油进口量最大的 11 个地区占全国总进口量的 97.9％。大豆进口主要集中于山东、江苏、广东、广西 4 地区，占全国总进口量的 62.6％；食用植物油进口主要集中于江苏、天津、广东 3 地区，占全国总进口量的 68.6％。华北沿海天津、山东，华中沿海江苏，华南沿海广东是油用大豆和食用植物油进口的主要区域（表 5.4）。若未来中国在内蒙古、甘肃、陕北、宁夏和新疆发展油料农作物如向日葵、大豆、花生、油菜等替代大豆进口，锦州、秦皇岛、京唐港、天津可作为主要转运码头，将内蒙古东部生产的油料通过铁路运抵这些沿海港口，然后运往南方沿海各地区；内蒙古西部、甘肃、陕北、宁夏和新疆的油料可以通过兰新-陇海铁路和众多的铁路运煤通道运往华北沿海和长江中下游地区。若大西北地区借机大力发展农产品加工业，出售食用植物油，运输量可以大大减轻，油料加工剩余的油粕也可留在当地发展畜牧业。大西北地区可以进一步发展屠宰业和肉食品罐头加工业，发展棉纺和毛纺工业以及服装鞋帽制造业等农产品深加工产业，由原料输出地转变为制成品工业区，将中北区建成中国的伊利诺伊州，将兰州、呼和浩特、银川建成中国的芝加哥，将新疆建设成中国的加利福尼亚，将乌鲁木齐和喀什建设成中国的旧金山和洛杉矶，使大西北地区的经济得到全面发展。

表 5.4　2013 年中国大豆和食用植物油进口主要地区

单位：万吨，%

区位	地区	大豆进口量	区位	地区	食用植物油进口量
	全国	6 337.54		全国	922.13
	前 11 名合计	6 076.63		前 11 名合计	902.51
	前 11 名比重	95.9		前 11 名比重	97.9
沿海	山东	1 398.54	沿海	江苏	344.80
沿海	江苏	1 126.17	沿海	天津	150.67
沿海	广东	826.36	沿海	广东	137.21
沿海	广西	617.07	沿海	山东	72.42
沿海	辽宁	434.94	内陆	云南	50.02
沿海	天津	428.94	内陆	上海	47.80
沿海	福建	412.28	沿海	福建	25.13
沿海	河北	310.19	沿海	浙江	22.65
沿海	浙江	256.09	沿海	广西	21.78
内陆	吉林	139.21	内陆	北京	16.62
内陆	河南	126.85	内陆	安徽	13.42

参考文献：

[1] 国家统计局. 中国统计年鉴 [DB/OL]. http://www.stats.gov.cn/tjsj/ndsj/.

[2] 中国农业年鉴编辑委员会. 中国农业年鉴 [M]. 北京：中国农业出版社，2014.

第6章
食物自给率国际比较

6.1 食物自给率变化

2004 年以来由于大豆进口配额的取消，大豆进口呈快速增长趋势，中国食物自给率在近十年来的变化完全超出了笔者在十年前的预测。究其原因主要来自两方面，一方面来自需求，近十年来由于城镇化加速发展，城乡居民的收入增加很快，对食物的需求持续增加，特别是基于饮食习惯的改变，中国人对食用植物油和畜产品的需求增加迅速；另一方面来自供给，主要农产品出口国瞄准中国食用植物油和精饲料的巨大市场，扩大大豆和油棕的种植面积，在政府农业支持政策的鼓励下刻意占领中国的大宗农产品市场，加之中国加入世界贸易组织（WTO）后基本取消了对农产品的关税保护，使中国的大豆、油籽和饲料粮市场完全承受着国际竞争的压力，迅速丧失竞争优势，产量增长停滞或下降，自给率急剧下降。

提供人体所需能量的大田农产品主要是谷物和油料，以热量计算的食物自给率取决于谷物自给率和油料自给率。油料自给犹如保护中国食物自给的外围阵地，谷物自给则为保护中国食物自给的核心阵地。1985 年中国的油料自给率、谷物自给率和食物自给率分别为99.23％、101.76％和101.49％；2000 年中国的油料自给率、谷物自给率和食物自给率分别为 79.09％、103.31％和 99.81％；2014 年中国的油料自给率已经下降为 30.2％，谷物自给率下降为 97.3％，食物自给率下降为 84.2％（图 6.1、图 6.2、图 6.3、图 6.4）。2018 年

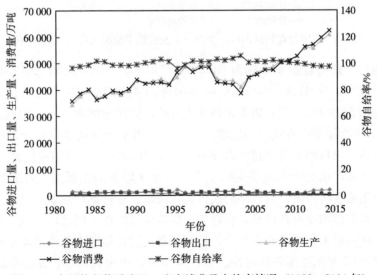

图 6.1 中国的谷物进出口、生产消费及自给率情况（1982—2014 年）

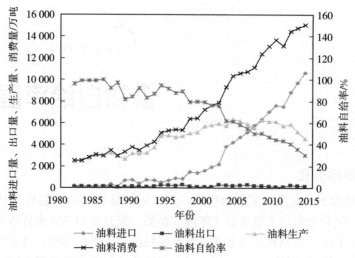

图 6.2　中国的油料进出口、生产消费及自给率情况（1982—2014 年）

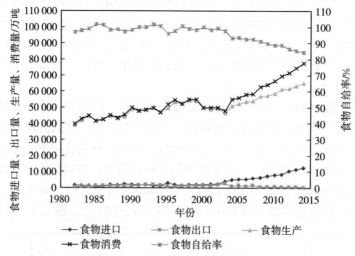

图 6.3　中国的食物进出口、生产消费及自给率情况（1982—2014 年）

我国谷物、油料、食物自给率分别为 94.37％、28.90％、82.59％，2019 年分别下降为 93.65％、26.88％、81.37％[1,2]。2020 年我国进口大豆 10 033 万吨，比 2019 年增加 1 182万吨，同比增加 13.35％；肉类进口 991 万吨，同比增加 60.4％；粮食产量为66 949 万吨，比 2019 年增加 565 万吨，同比增加 0.85％。由于产量增加率低于进口增加率，按照热量当量计算三项自给率均将进一步下降。2020 年中国食物自给率已经下降到了改革开放以来的最低点，也是中华农耕文明发祥一万多年以来的最低点。若遇到国际贸易纠纷，对方可以实施食物禁运，以较小的代价逼我就范。非食物产品禁运效果不大，很容易找到替代品；唯有食物没有替代品，食物禁运的效应可以在一周之内显现。而消除食物禁运的影响，短则需要来年增加农业生产，长则需要通过开垦宜农荒地增加食物产量，而新垦耕地则需要 2～3 年的生地熟化过程。2015 年 3 月，中央农村工作领导小组办公室副主任韩俊表示，中国制定粮食安全政策面临很多新的挑战，第一是国内粮食的价格已经普遍高于国际市场价格；第二是中国农业已经进入了一个高成本的时代；第三是现在实施的粮食补贴已经逼近了我们加入 WTO 时承诺的黄箱补贴的上线，并指出由于面临着资源和环境的约束，我国坚持自给自足已经无法保障现在的食物消费水平。

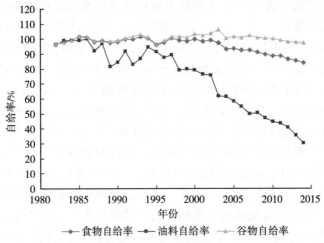

图 6.4　中国食物、油料和谷物自给率（1982—2014 年）

　　作为食物进口大国，主要食物生产国补贴农业、增加农产品出口的动机不得不认真研究。2008 年全球食物危机，油料价格在一年内上升 1.06 倍，并维持高价位 18 个月（2007 年 4 月—2008 年 9 月），就是很好的例证，多年的低价倾销和农业补贴给油料出口国带来的经济损失，可以在一年内赚回。中国 2001 年 12 月加入 WTO 后的 160 个月间，世界油料价格呈快速上升趋势，FAO 月度数据表明，2002 年 3 月到 2015 年 3 月油料正常价格上升趋势是每年提高 5.94%；以 2002—2004 年价格指数为 100，2015 年 3 月的油料价格指数是 152，按照正常价格波动，160 个月的油料平均价格指数应为 131，波动范围在 112～150；而实际平均价格为 162，比正常高 23.7%，160 个月中有 77 个月高于正常高价（图 6.5）。

图 6.5　FAO 油料价格指数（2001—2015 年）

6.2　食物自给率国际比较

从食物消费国际比较来看，中国的食物消费水平按摄入食物热量计算处于亚洲国家之首，但是低于欧美国家（表 6.1），未来随着城镇化发展和居民收入的增加，中国人的食物消费水平仍将持续增长 20 年。2011 年中国净进口谷物油料当量已经高达 10 032.9 万吨（表 6.2），占主要谷物油料出口国出口总量的 21.2%，未来若如笔者预测净进口谷物油料当量达到 2.1 亿吨，必将进一步推动世界油料和谷物价格上涨。加入 WTO 以来中国的农产品贸易额由 2002 年的 305.8 亿美元增加为 2014 年的 1 945.0 亿美元，其中农产品进口额由 124.1 亿美元增加为 1 225.4 亿美元，农产品出口额由 181.4 亿美元增加为 719.3 亿美元。2014 年的农产品进口额按 2014 年汇率计算折合 7 597 亿元人民币，笔者估计的中西线联合南水北调工程总造价约为 34 503 亿元，2014 年的农产品进口额相当于工程总造价的 22.0%；即使按 2014 年国际食物价格水平，2035 年进口 2.1 亿吨谷物油料当量也需 15 954 亿元，相当于工程总造价的 46.2%。进口食物同生产食物的关系就如同租房和自建房的关系一样，2035 年建成调水工程所需的"建房成本"仅相当于国际采购食物所交付的"年房租"的 2.16 倍。2014 年"建房成本"相当于"年房租"的 4.54 倍，已经是需要"建房"的时候了；若考虑到国际食物价格以每年 5.94% 的速度递增，2030 年的价格将是 2014 年价格的 2.52 倍，"年房租"将高于"建房成本"，是"建房成本"的 1.165 倍。

表 6.1　2011 年世界主要国家的人均食物消费情况

国家	人口/万人	人均消费/千克	摄入食物热量/[千卡[①]/(人·日)]	摄入蛋白质/[克/(人·日)]	摄入脂肪/[克/(人·日)]
美国	31 491.2	1 117	3 639	109	162
意大利	6 072.9	772	3 539	110	156
德国	8 289.3	641	3 539	103	146
法国	6 358.2	657	3 524	113	162
葡萄牙	1 059.8	834	3 456	111	143
加拿大	3 448.7	702	3 419	103	150
英国	6 267.2	657	3 414	103	138
俄罗斯	14 343.8	798	3 358	101	101
巴西	19 693.5	521	3 287	95	116
澳大利亚	2 274.1	600	3 265	106	153
西班牙	4 651.4	885	3 183	103	160
阿根廷	4 072.9	950	3 155	100	113
荷兰	1 666.6	310	3 147	106	117
乌克兰	4 580.3	1 098	3 142	86	89
中国	**136 844.0**	**486**	**3 075**	**95**	**93**
土库曼斯坦	510.7	433	2 883	92	82
吉尔吉斯斯坦	540.3	536	2 828	85	73

（续）

国家	人口/万人	人均消费/千克	摄入食物热量/[千卡①/(人·日)]	摄入蛋白质/[克/(人·日)]	摄入脂肪/[克/(人·日)]
泰国	6 657.6	321	2 757	59	61
日本	12 731.9	559	2 719	88	87
印度尼西亚	24 380.2	210	2 713	61	56
乌兹别克斯坦	2 815.2	432	2 675	81	71
蒙古	275.4	261	2 463	77	89
印度	122 115.6	268	2 459	60	52
塔吉克斯坦	781.5	370	2 101	53	59

注：①1千卡≈4.18千焦。
数据来源：FAOSTAT，2012。

表6.2 2011年世界主要国家的食物自给率比较

国家	人口/万人	生产/万吨	消费/万吨	自给率/%	净出口/万吨
美国	31 491.2	48 905.2	35 186.7	139.0	13 718.5
阿根廷	4 072.9	10 460.0	3 868.5	270.4	6 591.5
巴西	19 693.5	16 513.8	10 254.1	161.0	6 259.7
印度尼西亚	24 380.2	10 083.9	5 117.6	197.0	4 966.4
加拿大	3 448.7	7 175.8	2 420.2	296.5	4 755.5
澳大利亚	2 274.1	4 653.9	1 365.2	340.9	3 288.7
法国	6 358.2	7 453.5	4 179.8	178.3	3 273.7
乌克兰	4 580.3	7 422.2	5 027.0	147.6	2 395.1
泰国	6 657.6	3 633.5	2 137.0	170.0	1 496.4
俄罗斯	14 343.8	12 041.9	11 451.4	105.2	590.6
蒙古	275.4	49.8	71.9	69.3	−22.1
土库曼斯坦	510.7	196.4	221.4	88.7	−25.0
吉尔吉斯斯坦	540.3	196.8	289.4	68.0	−92.6
荷兰	1 666.6	381.7	517.2	73.8	−135.5
塔吉克斯坦	781.5	148.5	288.9	51.4	−140.5
乌兹别克斯坦	2 815.2	947.8	1 217.0	77.9	−269.1
德国	8 289.3	4 886.9	5 313.8	92.0	−426.9
葡萄牙	1 059.8	207.7	883.5	23.5	−675.7
西班牙	4 651.4	3 342.3	4 117.3	81.2	−775.0
印度	122 115.6	31 952.6	32 784.1	97.5	−831.4
英国	6 267.2	2 720.5	4 115.6	66.1	−1 395.1
意大利	6 072.9	2 391.8	4 689.9	51.0	−2 298.1
日本	12 731.9	1 353.5	7 119.4	19.0	−5 765.8
中国	**136 844.0**	**56 456.5**	**66 489.4**	**84.9**	**−10 032.9**

数据来源：FAOSTAT，2012。

6.3　政策建议

为保证我国食物生产和消费的基本平衡，应采取的对策为：①绝不能放松粮食生产，应大力加快农技推广，提高粮食单产水平，为实现中、高生产方案打下基础。②油料和蔬菜是同粮食生产争地的主要作物，应提高油料和其他经济作物的单产水平，用尽量少的耕地去生产油料和蔬菜，满足人们对油料和蔬菜的需求，以保证粮食播种面积不过快下降。③通过科学的土地规划和实施严格的土地管理制度加大对耕地的保护力度，鼓励建设高密度社区，提高城镇的土地利用效率，严防不合理地占用大量耕地，以减少因耕地流失而造成的粮食产量下降。④大的农业生产波动容易造成农产品价格和粮食库存的大幅波动和食物在生产、流通和贮藏领域的大量浪费，不利于整个国民经济的稳定发展，应加强农业宏观调控，防止农业的恶性波动，促进农业的稳定发展。⑤食物消费水平的提高是符合经济发展规律的，不应盲目反对食物的高消费，但应反对对食物的浪费，特别是在消费领域的食物浪费，由于是最终产品，单位价值较高，浪费的损失也较大。⑥结合我国土地资源贫乏而劳动力资源丰富的特点，在农产品国际贸易上应大力发展对劳动力密集型的农产品（如畜产品）的出口和对土地密集型的农产品（如豆类和食用植物油）的进口，以充分利用国外丰富的土地资源和中国大量的农村剩余劳动力。

参考文献：

[1] 国家统计局. 中国统计年鉴［M］. 北京：中国统计出版社，1983—2020.
[2] 中国农业年鉴编辑委员会. 中国农业年鉴［M］. 北京：中国农业出版社，1983—2020.

第三篇 Part 3

水资源是农业发展的关键因素

Chapter 7

第7章

雨养农业旱灾风险评价*

7.1 引言

干旱灾害是中国最大的农业自然灾害,是对中国粮食数量安全的主要威胁。近20年来,随着全球气候变化影响的加剧,中国的旱灾有增加的趋势。据统计,1990—2007年18年间中国的旱灾成灾面积和其占总成灾面积的比例均呈上升趋势,分别由前9年的平均值1142.7万公顷和44.6%上升为后9年的平均值1570.6万公顷和57.9%。2000年和2001年的旱灾成灾面积是18年中排在前两位的两年,造成了中国粮食总产量和单位面积产量的明显下降。其后,中国更是旱情不断:2006年夏季,重庆、四川持续高温少雨,两地夏季平均降水量只有常年同期的67%,使重庆遭受了百年一遇的特大伏旱,四川出现1951年以来最严重伏旱。2007年内蒙古中东部、东北西部和北部伏旱严重,导致内蒙古、吉林和黑龙江的玉米、大豆等旱地作物明显减产。2008年夏季,大西北地区降水量比常年同期偏少25%~80%,导致新疆北部、甘肃中东部、宁夏、内蒙古西部等地出现较为严重的干旱。2009年初北方发生大面积严重干旱,全国耕地受旱面积2.99亿亩,农作物干枯394万亩,有442万人、222万头大牲畜因干旱发生饮水困难;2009年夏季,中国东北大部分地区降水量比常年同期偏少五成至九成,导致辽宁西部、吉林中西部、内蒙古东中南部、黑龙江西南部等地区旱情迅速发展。2009年11月至2010年3月发生的西南地区60年一遇的旱灾,造成了巨大经济损失。

本部分将利用GIS对中国雨养农业区的旱灾发生程度和旱灾抗御潜力进行综合评价,评定出旱灾发生程度、旱灾抗御潜力和旱灾风险等级,提出相应的农业生产发展对策,以提高旱灾高风险区农业的旱灾抗御能力。涉及的研究区域为1996年全国土地详查1:250万土地利用图中的旱地(无灌溉的旱作农田)和望天田(无灌溉的水田),统称为雨养农业区。

7.2 旱灾风险研究方法

有关农业自然灾害的评价研究主要有风险评价、灾害分布和灾害区划研究。在农业灾害风险评价方面,张星等利用模糊数学方法构建了福建农业气象灾害产量灾损风险评估模型,对福建农业气象灾害的产量灾损进行了风险评估[1];杨春燕等构建了农业旱灾灾害系统及其脆弱性评价指标体系,建立了农业旱灾脆弱性综合评价模型[2];商彦蕊以县域为单

---

 * 本章由笔者已发表文章修改而来,原文章"中国雨养农业区旱灾风险综合评价研究"发表于《干旱区资源与环境》2011年第25卷第7期。

元对河北省不同时段的农业旱灾脆弱度进行了评估，揭示了农业旱灾脆弱度的时间和空间变化规律，分析了脆弱性动态变化的自然基础及社会、经济因素[3]；李世奎等从灾害风险分析的角度构建了一个由我国北方冬小麦干旱、江淮冬小麦渍涝、东北作物夏季低温冷害以及华南荔枝和香蕉冬季寒害组合的灾害风险评估体系，分别阐明了上述各灾种的孕灾环境、致灾因子和承灾体的灾情特征[4]。

在农业灾害特征和分布研究方面，刘玲等总结了我国主要气象灾害的地域分布规律及其对农业生产的重要影响，概括了农业气象灾害减灾调控体系及其基本原理和相关研究成果[5]；潘耀忠、史培军在地理信息系统支持下，从微观角度将湖南省农业自然灾害系统划分为 32 524 个基本单元，通过多因子逐步回归的方法，建立了反映湖南省多年平均状况的五种主要农业灾害灾情模型[6]；王春乙等根据中国主要作物产量、受灾面积和气象条件等相关资料，详细分析了全国主要农业气象灾害的分布地区、季节特点及变化特征[7]。

在农业灾害区划研究方面，侯琼等采用相关分析和回归分析等方法，建立了气候因子空间分布模型和产量与主要气象要素关系模型，分析确定了对农牧业生产布局有重要影响的区划指标，应用 GIS 分析技术对农牧交错区的典型案例进行了农牧业气候资源区划[8]；陈怀亮等通过构造灾度函数，在分析了河南省小麦生产中的 3 种主要农业气象灾害的发生规律及其对小麦产量的定量影响程度与风险概率的基础上，运用多因子综合风险指数模型，对河南省小麦生产农业气象灾害风险进行了综合区划[9]；王平、史培军以自然地理要素形成基本单元，结合自然灾害数据库系统，运用自下而上区域合并和自上而下区域划分相结合的方法，将全国农业自然灾害划分为个 5 大区、23 个区和 110 个小区，得到了全国农业自然灾害综合区划方案[10]。

自然规律决定旱灾发生程度重而旱灾抗御潜力弱的地区灾害发生风险大，旱灾发生程度轻而旱灾抗御潜力强的地区灾害发生风险小。为将雨养农业区旱灾风险的空间分布进行定量化评价，本章采用层次分析同地理信息系统相结合的方法，以雨养农业区 1 千米² 栅格为研究单元，以旱灾风险综合评价为目标，从旱灾发生程度和旱灾抗御潜力两方面对目标层进行评价。首先，选取 5 项旱灾发生程度和 6 项旱灾抗御潜力重要指标，利用模糊数学的方法，将模糊数学的 [0，1] 赋值范围调整为 [0，10] 整数赋值范围，对各项指标进行 10 分制赋值；然后通过地理信息系统将各单元的分值进行加总，利用各研究单元的旱灾发生程度总分值（Va）和旱灾抗御潜力总分值（Vb）分别对雨养农业区的旱灾发生程度和旱灾抗御潜力进行分级评价；最后利用旱灾发生和旱灾抗御潜力两个总分值之和（V）对雨养农业区的旱灾风险进行综合评价，参见公式（7-1）～公式（7-3）。

$$Va = Va1 + Va2 + Va3 + Va4 + Va5 \qquad (7-1)$$
$$Vb = Vb1 + Vb2 + Vb3 + Vb4 + Vb5 + Vb6 \qquad (7-2)$$
$$V = Va + Vb \qquad (7-3)$$

V：雨养农业旱灾风险综合评价总分值；Va：雨养农业旱灾发生程度总分值；Vb：雨养农业旱灾抗御潜力总分值；$Va1～Va5$：5 项雨养农业旱灾发生程度指标 10 分制分值；$Vb1～Vb6$：6 项雨养农业旱灾抗御潜力指标 10 分制分值。

被选用的 5 项旱灾发生程度指标分别为年降水量、年降水量变率、每茬作物在日平均气温≥5℃期间的降水量、干旱出现频率和干热风出现频率。在对指标赋值时按照旱灾发生程度越轻，分值越高的原则，其中年降水量和每茬作物日平均气温≥5℃期间的降水量同所赋分值呈正相关关系，同旱灾发生程度呈负相关关系；年降水量变率、干旱出现频率和干热风出现频率同所赋分值呈负相关关系，同旱灾发生程度呈正相关关系（表 7.1）。其中每茬作物在日平均气温≥5℃期间的降水量是日平均气温≥5℃期间的降水量同当地农作物复种指数的比值，该指标考虑了降水的时间分布和气温对旱灾造成的影响。如西南地区的干热河谷复种指数可高达 3，但是每茬农作物生长期降水量在 300 毫米以下，极容易发生旱灾，故该区虽属南方多雨区，但旱灾风险为中等偏高，2010 年发生的西南地区旱灾就是有力证明。

表 7.1　旱灾发生程度评价赋值方案

分值	年降水量/毫米	年降水量变率/%	每茬作物在日平均气温≥5℃期间的降水量/毫米	干旱出现频率/%	干热风出现频率/%
10	1 200~4 000	0~10	1 084~2 500	0~23.8	0~10
9	1 000~1 200	10~15	767~1 083		
8	900~1 000	15~20	613~766		10~30
7	800~900	20~25	542~612	23.9~47.6	
6	700~800	25~30	445~541		30~50
5	600~700	30~40	409~444		
4	500~600		356~408	47.7~71.4	50~100
3	400~500	40~50	306~355		
2	300~400		213~305		
1	0~300	50~100	0~212	71.5~100.0	

　　被选用的 6 项旱灾抗御潜力指标分别为年径流深度、年径流量变差系数、地貌类型、土壤地质背景、地面坡度和地下水富水强度。在对指标赋值时按照旱灾抗御潜力越大，分值越高的原则，其中年径流深度、地貌类型、土壤地质背景和地下水富水强度同所赋分值和旱灾抗御潜力呈正相关关系；年径流量变差系数和地面坡度同所赋分值和旱灾抗御潜力呈负相关关系（表 7.2）。其中年径流深度可以指示地表水资源量，年径流量变差系数可以指示地表水资源的可靠性，地貌类型可从宏观角度指示水资源利用难易程度，土壤地质背景可以指示地下水资源的土壤母质和开采潜力，地面坡度分布可以指示水资源利用难易程度，而地下水富水强度可以指示地下水开采的难易程度。

表 7.2　旱灾抗御潜力评价赋值方案

分值	年径流深度/毫米	年径流量变差系数	地貌类型	土壤地质背景	地面坡度（1 000 米）	地下水富水程度
10	1 000~4 000	0~0.2	平原	全新统	0°~2°	强
9	700~1 000	0.2~0.3	剥蚀平原		3°~8°	
8	500~700	0.3~0.4	塬台地	更新统	9°~12°	

（续）

分值	年径流深度/ 毫米	年径流量 变差系数	地貌类型	土壤地质 背景	地面坡度 （1 000 米）	地下水 富水程度
7	300～500	0.4～0.5	丘陵		13°～17°	中
6	200～300	0.5～0.6		第四系	18°～22°	
5	150～200	0.6～0.8	低山		23°～27°	
4	50～150	0.8～1.0			28°～32°	弱
3	25～50	1.0～1.2	中山		33°～37°	
2	10～25	1.2～1.4			38°～42°	
1	0～10	1.4～1.6	高山	其他	43°～90°	

　　本部分的降水量和径流深度等多项空间数据来源于《中国自然地理图集》（1984 年和 1998 年版），地貌类型来源于《中华人民共和国地图集》（1994 年版），土壤地质背景和地下水富水强度来源于中国国土资源科学数据中心地质调查分中心提供的 ArcGIS 数据，地面坡度来源于美国国家地理空间情报局（NGA）和美国国家航空航天局（NASA）提供的 SRTM 数据。在坡度计算中使用了 ArcGIS 中 Gird 模块的 Resample（用 Search 选项）和 Slope（用 Degree 选项）命令；在多指标分值空间加总中主要使用了 ArcGIS 中 Grid 模块的 Combine 命令。

　　笔者在挑选指标时较为谨慎，对指标进行了反复筛选，力图使各指标重要程度相当，并且尽量避免同时选用相关性强的指标，从而使指标体系能够全面反映研究区的旱灾发生程度和旱灾抗御潜力。在选取指标时，由于采取了指标重要程度相当的原则，本研究对指标的分值进行的是等权重加总，只对个别影响较小的因素在进行 10 分制赋值时进行了降低其权重的特殊处理（如干热风），从而避免了采用特尔斐方法决定权重造成的人为因素影响。为突出关键指标的重要性，选取 2 个相关性较强的指标，以增加其权重，如年降水量和每茬作物在日平均气温≥5℃期间的降水量被同时选作旱灾发生程度指标。笔者力图消除人为因素造成的因子权重的不确定性，从而使研究具有客观性和可重复性。但是，在指标选取和模糊赋值上仍然存在主观性，具有个性化的弊端，然而由于笔者选取了大量的具有代表意义的指标，大大降低了上述弊端对实现最终研究目的影响。

7.3　数据与结果

　　本部分采取 6 级自然断点分级法利用加总的分值分别对中国雨养农业的旱灾发生程度、旱灾抗御潜力和旱灾风险综合评价进行了分级。中国雨养农业的旱灾发生程度总值在 17 与 49 之间，总值越高，旱灾发生程度越轻，级别越低，对农业生产越有利，1～6 级的总值范围依次为 42～49、38～41、35～37、31～34、26～30 和 17～25；旱灾抗御潜力总值在 19 与 59 之间，总值越高，旱灾抗御潜力越大，级别越低，对农业生产越有利，1～6 级的总值范围依次为 48～59、43～47、39～42、35～38、31～34 和 19～30；旱灾风险综合评价总值在 42 与 108 之间，总值越高，旱灾风险越小，级别越低，对农业生产越有利，1～6 级的总值范围依次为 85～108、79～84、73～78、66～72、59～65 和 42～58。

为从空间统计上反映中国的农业旱灾综合评价等级的分布情况，笔者将全国分为 8 个自然经济大区，并计算了大区内的各风险等级的面积。8 个自然经济大区分别为：东北大区，位于我国的东北部，包括辽宁、吉林和黑龙江 3 省；华北大区，是我国传统概念的北方地区，包括北京、天津、河北、山东、河南、山西和陕西 7 省市；华中大区，是我国传统概念的南方地区，包括上海、江苏、浙江、安徽、江西、湖北和湖南 7 省市；华南大区，位于我国的南海之滨，包括广东、广西、海南、福建、台湾、香港和澳门 7 省区和特别行政区；西南大区，位于我国近西南部，包括重庆、四川、贵州和云南 4 省市；中北大区，位于我国中北部，包括内蒙古、甘肃和宁夏 3 省区；新疆大区，位于我国远西北部，包括新疆维吾尔自治区；青藏大区，位于我国青藏高原上，包括青海省和西藏自治区。

中国雨养农业毛面积为 16.49 亿亩（地图图斑面积，包括农村居民点用地、部分城镇用地和交通用地等，比实际面积 11.74 亿亩偏大 40%）。评价结果为：总体上中国的旱灾发生程度、旱灾抗御潜力和旱灾风险均为中下（中等偏轻或中等偏小，下同），但各地差异较大。其中：华南雨养农业面积较小，旱灾发生程度轻，旱灾抗御潜力中上（中等偏重或中等偏大，下同），旱灾风险小；华中雨养农业面积居中，旱灾发生程度中下，旱灾抗御潜力大，旱灾风险小；西南雨养农业面积大，旱灾发生程度轻，旱灾抗御潜力中下，旱灾风险小；东北雨养农业面积大，旱灾发生程度中下，旱灾抗御潜力中上，旱灾风险中下；新疆雨养农业面积最小，旱灾发生程度重，旱灾抗御潜力中上，旱灾风险中上；青藏雨养农业面积小，旱灾发生程度重，旱灾抗御潜力中下，旱灾风险中上；华北雨养农业面积最大，旱灾发生程度重，旱灾抗御潜力中上，旱灾风险中上；中北雨养农业面积大，旱灾发生程度中上，旱灾抗御潜力小，旱灾风险最大（表 7.3、表 7.4、表 7.5）。

表 7.3 分大区雨养农业旱灾发生程度评价

单位：万亩，%

地区	总计	1 级	2 级	3 级	4 级	5 级	6 级	1～3 级比重	发生程度
西南	38 486	21 508	13 313	2 500	1 127	39	0	97	轻
华南	6 202	186	2 452	2 677	887	0	0	86	轻
华中	15 757	1 940	2 262	5 513	5 718	324	0	62	中下
东北	39 861	1 988	10 528	11 480	12 909	2 956	0	60	中下
中北	22 656	136	1 780	3 431	7 256	7 193	2 861	24	中上
华北	41 048	128	597	4 873	11 647	17 685	6 117	14	重
青藏	1 260	13	93	65	1 084	5	0	14	重
新疆	237	0	10	10	54	164	0	8	重
全国	165 508	25 899	31 035	30 548	40 682	28 366	8 978	53	中下

表 7.4　分大区雨养农业旱灾抗御潜力评价

单位：万亩,%

地区	总计	1级	2级	3级	4级	5级	6级	1~3级比重	抗御潜力
华中	15 740	3 068	6 368	2 695	2 612	932	65	77	大
华南	5 960	1 212	1 225	1 752	1 561	202	7	70	中上
东北	39 725	5 491	12 695	8 750	4 328	6 477	1 983	68	中上
新疆	237	50	83	20	57	23	5	65	中上
华北	40 989	1 917	9 778	9 271	7 695	7 371	4 956	51	中上
青藏	1 260	56	180	220	419	278	106	36	中下
西南	38 378	272	2 763	8 140	15 754	10 889	560	29	中下
中北	22 656	337	1 551	2 987	4 131	5 661	7 990	22	小
全国	164 944	12 404	34 643	33 836	36 557	31 833	15 671	49	中下

表 7.5　分大区雨养农业旱灾风险综合评价

单位：万亩,%

地区	总计	1级	2级	3级	4级	5级	6级	1~3级比重	旱灾风险
华南	5 960	1 224	1 493	2 756	480	7	0	92	小
华中	15 740	2 098	4 988	7 051	1 576	27	0	90	小
西南	38 378	3 942	14 971	14 827	4 314	296	28	88	小
东北	39 723	5 082	9 522	14 907	8 660	1 538	15	74	中下
新疆	237	11	22	93	64	43	5	53	中下
青藏	1 260	30	97	258	642	232	1	30	中上
华北	40 989	141	2 298	8 232	16 330	9 641	4 346	26	中上
中北	22 656	16	526	3 496	7 192	6 421	5 005	18	大
全国	164 943	12 545	33 917	51 619	39 259	18 204	9 399	59	中下

　　通过分析旱灾风险等级的空间分布格局可见，中国各地的旱灾风险是由自然、经济和人文多种因素综合作用的结果，各大区均具有鲜明的特点。中北区毗邻人口稠密的华北区，经历史上长期开荒，旱地面积较大，旱灾风险最大。该区的旱地高旱灾风险区主要集中在内蒙古高原东南边缘和黄土高原西部，风险等级为5级和6级，以阴山大青山北麓为最大，唯有地处黄土高原中部的环江和泾河谷地旱灾风险稍低，居第3级。华北区人口稠密，人口对土地资源压力大，垦殖率高，旱地面积较大，旱灾风险也大。旱地和高旱灾风险区主要集中在坝上高原、山西山地、豫西丘陵和山东丘陵区，旱灾风险等级为5级和6级，陕北黄土高原的旱灾风险稍低，等级为4级和5级，海河平原和山东半岛的旱地旱灾风险较低，以4级为主。东北区地势平缓，降水较丰富，旱地面积大，旱灾风险较小。全区以风险较低的1~3级为主，旱灾风险较高的只有旱灾风险等级为4级和5级的辽西丘陵，以及分布于长白山西麓、长白山地北部和黑龙江中部的明水-肇州一带的4级旱灾风险区。西南区多山地丘陵，降水丰富，旱地和望天田面积大，总体上旱灾风险小，但区内

差异大。全区以风险较低的 1～3 级为主，旱灾风险较高的只有旱灾风险等级为 4 级和 5
级的滇中北山地和旱灾风险等级为 4 级的川中北丘陵。

7.4　结论与对策建议

从中国雨养农业旱灾综合评价的结果可见，中北区的雨养农业面积大，旱灾风险最
大，其次是华北区，二区应成为旱灾防御重点区域；青藏区和新疆的雨养农业旱灾风险较
大，但二区雨养农业面积很小，不能成为我国雨养农业旱灾防御的重点区域；东北区雨养
农业面积大，为中国著名的粮仓，旱灾风险虽然较小，但是仍应作为旱灾防御重点区域；
华南区、华中区和西南区雨养农业的旱灾风险小，但三大区雨养农业面积具有一定规模，
近年来旱灾时有发生，尤其是西南地区雨养农业面积大，而且由于坡耕地面积大，旱灾抗
御潜力偏小，也应作为中国旱灾防御的重点区域之一。

基于上述中国雨养农业旱灾风险分布的特点，应区别对待多雨区与少雨区、平原旱地
与坡耕地，因地制宜地采取旱灾防御和抗御措施。第一，加强农田水利基础设施建设，发
展渠灌、扬水灌溉、井灌和喷灌等多种灌溉设施。对紧邻丰水河流的雨养农业区，利用丰
富的水源发展渠灌，或发展扬水灌溉；在地下水丰富且地势平坦的地区发展井灌；在地下
水中等丰富区，在采取等高耕作的缓坡耕地上发展喷灌。第二，特旱区，发展滴灌、穴灌
等节水灌溉。在地下水不丰富，地表水资源缺乏的地区，发展滴灌，或同地膜覆盖结合进
行膜下滴灌；在无地下水，完全依靠地窖汇集雨水的地区发展膜下穴灌，这是最为节水的
人工灌溉方式。第三，中坡和陡坡耕地为梯田，对缓坡耕地实施等高耕作，提升农田持水
性能，防止水土流失。以各种形式的等高耕作为目的的农田工程措施建设是保障其他抗旱
措施实施的关键，等高耕作同灌溉和地膜覆盖相结合才能更有效地增强农田的抗旱能力。
第四，有一定降水量的雨养农业区推广宽垄地膜覆盖技术，通过覆盖地膜增温保墒，根据
降水量调整农作物的田垄宽度，以达到较好的旱作农业的抗旱效果。上述四种抗旱措施可
概括为农田水利基础建设、推广节水灌溉、等高工程建设和地膜覆盖保墒。实际上，有些
地区需要同时实施上述 2 种以上措施才能收到良好抗旱增产效果，而具体的抗旱措施还需
具有一定的投入产出效益才能被广泛推广应用。

参考文献：

[1] 张星，张春桂，吴菊薪，等．福建农业气象灾害的产量灾损风险评估［J］．自然灾害学报，2009，
　　18（1）：90-94．
[2] 杨春燕，王静爱，苏筠，等．农业旱灾脆弱性评价——以北方农牧交错带兴和县为例［J］．自然灾
　　害学报，2005，14（6）：89-93．
[3] 商彦蕊．河北省农业旱灾脆弱性动态变化的成因分析［J］．自然灾害学报，2000，9（1）：40-46．
[4] 李世奎，霍治国，王素艳，等．农业气象灾害风险评估体系及模型研究［J］．自然灾害学报，2004，
　　13（1）：77-87．
[5] 刘玲，沙奕卓，白月明．中国主要农业气象灾害区域分布与减灾对策［J］．自然灾害学报，2003，
　　12（2）：92-97．
[6] 潘耀忠，史培军．区域自然灾害系统基本单元研究（II）：应用部分——湖南省综合农业灾情区域分

异规律 [J]. 自然灾害学报，1998，7（1）：1-10.

[7] 王春乙，娄秀荣，王建林. 中国农业气象灾害对作物产量的影响 [J]. 自然灾害学报，2007，16（5）：37-43.

[8] 侯琼，乌兰巴特尔，宋学峰，等. 典型农牧交错区农牧业气候资源区划与减灾——以内蒙古赤峰市巴林左旗为例 [J]. 自然灾害学报，2007，16（6）：31-35.

[9] 陈怀亮，邓伟，张雪芬，等. 河南小麦生产农业气象灾害风险分析及区划 [J]. 自然灾害学报，2006，15（1）：135-143.

[10] 王平，史培军. 中国农业自然灾害综合区划方案 [J]. 自然灾害学报，2000，9（4）：16-23.

Chapter 8

第8章
宜农荒地的旱灾风险评价*

8.1 引言

20 世纪 80 年代是中国宜农荒地研究的黄金时期。当时出于对中国人口峰值到 2050 年将达到 16 亿人的过高预测和对未来粮食安全问题的悲观估计,学术界普遍认为开发宜农荒地是保障中国食物安全的根本途径。石玉林、康庆禹等的专著《中国宜农荒地资源》系统地介绍了中国宜农荒地资源的类型与特点、评价标准与分类系统和数量、质量地区分布特点,并论证了不同类型宜农荒地资源的合理开发利用途径和开垦潜力[1]。任国柱和蔡玉梅运用开发力度指标分析了后备耕地资源的空间演变特征,评价了后备耕地资源的开发结果[2]。近年来随着生物能源产业的兴起,开发荒地资源发展生物能源成为热门话题,寇建平等对中国的宜能荒地资源进行了调查与评价,对当前我国不同级别宜能荒地数量及区域分布、宜能荒地重点开发区进行了分析和论述[3]。学术界对宜农荒地分布的重点区域也有较深入的研究。裴夏等在分析了伊犁河流域各类土壤类型的特点与分布特征的基础上,对各类土壤类型在荒地开发利用中的适宜性及限制性进行了评估[4]。季方和樊自立的研究发现新疆北部的宜农荒地面积较大,但质量较差的三等宜农荒地面积占的比例大,主要分布于伊犁地区和阿勒泰地区[5]。郑伟琦综合考虑海拔、地貌、土壤和水利条件,研究了西藏"一江两河"中部流域宜农荒地资源及其合理开发利用问题[6]。郭盛昌通过研究认为黑龙江宜农荒地资源具有面积大、水热条件较好、分布集中连片、土壤质量好、无严重限制性因素等特点;可当年开垦、当年受益,开发的经济、社会和生态效益显著[7]。张兴有和申元村使用温度、地面坡度、土层厚度、土壤质地、土壤盐碱度、水源灌溉条件、开垦难易程度和改造难易程度 8 个因子调查评价了柴达木盆地宜农荒地资源的数量、质量和分布特征[8]。

中国的人口增长速度大大降低,对人口峰值的预测为到 2035 年前后达到 14.7 亿人,学术界对食物安全的关注逐渐从数量安全向质量和结构安全转移。蔬菜水果消费的持续增长、畜产品消费的快速增长与波动、食用植物油自给率的快速下降成为农业经济学界关注的热点问题。为保障新形势下的食物安全,需要弄清中国宜农荒地的农业和畜牧业开发潜力,并提出相应的开发战略。干旱灾害是中国最大的农业自然灾害,是对中国食物数量安全的主要威胁,近 20 年来,随着全球气候变化影响的加剧,中国的旱灾有增加的趋势。本部分将利用 GIS 对中国宜农荒地的旱灾发生程度和旱灾抗御潜力进行综合评价,评定

---

* 本章由笔者已发表文章修改而来,原文章"中国宜农荒地旱灾风险综合评价与开发战略研究"发表于《干旱区资源与环境》2011 年第 1 期。

出旱灾风险等级，提出相应的宜农荒地农业发展对策和旱灾防御和抗御措施，为中国的宜农荒地资源的农业综合开发提供决策参考。

8.2 旱灾风险评价方法

本章将采用层次分析同地理信息系统相结合的方法，以全国宜农荒地区 1 千米^2 栅格为研究单元，以旱灾风险综合评价为目标，从旱灾发生程度和旱灾抗御潜力两方面对目标层进行评价。首先，选取 5 项旱灾发生程度和 6 项旱灾抗御潜力重要指标，利用模糊数学的方法对各项指标进行 10 分制赋值；然后通过地理信息系统将各单元的分值进行加总，利用旱灾发生和旱灾抗御潜力两个总分值之和对宜农荒地区的旱灾风险进行综合评价，参见公式（8-1）～公式（8-3）。笔者在挑选指标时较为谨慎，对指标进行了反复筛选，力图使各指标重要程度相当，并且尽量避免同时选用相关性强的指标，从而使指标体系能够全面反映研究区的旱灾发生程度和旱灾抗御潜力。由于在选取指标时采取了指标重要程度相当的原则，本研究对指标的分值进行的是等权重加总，只对个别影响较小的因素（如干热风）在进行 10 分制赋值时进行了降低其权重的特殊处理，从而避免了采用特尔斐方法决定权重造成的人为因素影响。

$$Va = Va1 + Va2 + Va3 + Va4 + Va5 \tag{8-1}$$
$$Vb = Vb1 + Vb2 + Vb3 + Vb4 + Vb5 + Vb6 \tag{8-2}$$
$$V = Va + Vb \tag{8-3}$$

V：宜农荒地旱灾综合评价总分值；Va：宜农荒地旱灾发生程度总分值；Vb：宜农荒地旱灾抗御潜力总分值；$Va1 \sim Va5$：5 项宜农荒地旱灾发生程度指标 10 分制分值；$Vb1 \sim Vb6$：6 项宜农荒地旱灾抗御潜力指标 10 分制分值。

被选用的 5 项旱灾发生程度指标分别为年降水量、年降水量变率、每茬作物日平均气温≥5℃期间的降水量、干旱出现频率和干热风出现频率。在对指标赋值时按照旱灾发生程度越轻，分值越高的原则，其中年降水量和每茬作物日平均气温≥5℃期间的降水量同所赋分值呈正相关关系，同旱灾发生程度呈负相关关系；年降水量变率、干旱出现频率和干热风出现频率同所赋分值呈负相关关系，同旱灾发生程度呈正相关关系（表8.1）。被选用的 6 项旱灾发生程度指标分别为年径流深度、年径流量变差系数、地貌类型、土壤地质背景、地面坡度和地下水富水强度。在对指标赋值中按照旱灾抗御潜力越大，分值越高的原则，其中年径流深度、地貌类型、土壤地质背景和地下水富水强度同所赋分值和旱灾抗御潜力呈正相关关系；年径流量变差系数和地面坡度同所赋分值和旱灾抗御潜力呈负相关关系（表8.2）。

表8.1　旱灾发生程度评价赋值方案

分值	年降水量/毫米	年降水量变率/%	每茬作物日平均气温≥5℃期间的降水量/毫米	干旱出现频率/%	干热风出现频率/%
10	1 200～4 000	0～10	1 084～2 500	0～23.8	0～10
9	1 000～1 200	10～15	767～1 083		
8	900～1 000	15～20	613～766		10～30

（续）

分值	年降水量/ 毫米	年降水量 变率/%	每茬作物日平均气温≥5℃ 期间的降水量/毫米	干旱出现 频率/%	干热风出现 频率/%
7	800～900	20～25	542～612	23.9～47.6	
6	700～800	25～30	445～541		30～50
5	600～700	30～40	409～444		
4	500～600		356～408	47.7～71.4	50～100
3	400～500	40～50	306～355		
2	300～350		213～305		
1	0～300	50～100	0～212	71.5～100.0	

表 8.2　旱灾抗御潜力评价赋值方案

分值	年径流深度/ 毫米	年径流量 变差系数	地貌类型	土壤地质 背景	地面坡度 （1 000 米）	地下水 富水程度
10	1 000～4 000	0～0.2	平原	全新统	0°～2°	强
9	700～1 000	0.2～0.3	剥蚀平原		3°～8°	
8	500～700	0.3～0.4	塬台地	更新统	9°～12°	
7	300～500	0.4～0.5	丘陵		13°～17°	中
6	200～300	0.5～0.6		第四系	18°～22°	
5	150～200	0.6～0.8	低山		23°～27°	
4	50～150	0.8～1.0			28°～32°	弱
3	25～50	1.0～1.2	中山		33°～37°	
2	10～25	1.2～1.4			38°～42°	
1	0～10	1.4～1.6	高山	其他	43°～90°	

本章的降水量和径流深度等多项空间数据来源于《中国自然地理图集》（1984 年和 1998 年版），地貌类型来源于《中华人民共和国地图集》（1994 年版），土壤地质背景和地下水富水强度来源于中国国土资源科学数据中心地质调查分中心提供的 ArcGIS 数据，地面坡度来源于美国 NGA 和 NASA 提供的 SRTM 数据。在坡度计算中使用了 ArcGIS 中 Gird 模块的 Resample（用 Search 选项）和 Slope（用 Degree 选项）命令；在多指标分值空间加总中主要使用了 ArcGIS 中 Grid 模块的 Combine 命令。

8.3　数据与结果

本章涉及的研究区域为中国的宜农荒地，其空间图斑是基于土地利用类型、温度条件和土壤条件按照一定的备选标准通过空间相交得出的。其中土地利用类型以 1996 年全国土地详查 1∶250 万土地利用图中的天然草地、改良草地、人工草地、苇地、滩涂、荒草地、盐碱地和沼泽地为备选地块；选取活动积温≥1 250℃·日为温度条件；选取栗钙土或好于栗钙土的较易开垦的土壤作为土壤条件。其中活动积温空间数据来源于《中国自然地理图集》（1984 年版），土壤类型来源于《中华人民共和国地图集》（1994 年版）。

利用 GIS 求算宜农荒地区层面须经过以下三个步骤。①选取土地利用图中的天然草地、改良草地、人工草地、苇地、滩涂、荒草地、盐碱地和沼泽地地块作为最初备选层面；②选取活动积温≥1 250℃·日的区域作为温度条件层面同上述最初备选层面进行空间相交，从而获得中间备选层面；③从土壤图中选取符合条件的土壤（按照宜农程度从高到低依次选取潮土、黑土、垆土、砂姜黑土、水稻土和紫色土为一级备选土壤，白浆土、草甸土、灌淤土、褐土、黑钙土、黑垆土、黄绵土、黄棕壤、燥红土和砖红壤为二级备选土壤，赤红壤、红壤、黄壤、灰钙土、灰褐土、石灰土、盐土、沼泽土和棕壤为三级备选土壤，暗栗钙土、暗棕壤、灰色森林土、林灌草甸土和山地灌丛草原土为四级备选土壤，栗钙土为五级备选土壤），同上述中间备选层面进行空间相交，从而获得最终备选层面，作为旱灾风险评价的研究对象。

本章采取 6 级自然断点分级法，利用加总的分值对中国宜农荒地的旱灾风险进行了综合评价分级。中国宜农荒地的旱灾发生程度总值在 17 与 49 之间，总值越高，旱灾发生程度越轻，级别越低，对农业生产越有利，1~6 级的总值范围依次为 42~49、38~41、35~37、31~34、26~30 和 17~25；旱灾抗御潜力总值在 19 与 59 之间，总值越高，旱灾抗御潜力越大，级别越低，对农业生产越有利，1~6 级的总值范围依次为 48~59、43~47、39~42、35~38、31~34 和 19~30；旱灾风险综合评价总值在 42 与 108 之间，总值越高，旱灾风险越小，级别越低，对农业生产越有利，1~6 级的总值范围依次为 85~108、79~84、73~78、66~72、59~65 和 42~58。

为从空间统计上反映中国的农业旱灾综合评价等级的分布情况，笔者以不打破省区市界线为原则将全国分为 8 个自然经济大区，并计算了大区内的各风险等级的面积。8 个自然经济大区分别为：东北大区，位于我国的东北部，包括辽宁、吉林和黑龙江 3 省；华北大区，是我国传统概念的北方地区，包括北京、天津、河北、山东、河南、山西和陕西 7 省市；华中大区，是我国传统概念的南方地区，包括上海、江苏、浙江、安徽、江西、湖北和湖南 7 省市；华南大区，位于我国的南海之滨，包括广东、广西、海南、福建、台湾、香港和澳门 7 省和特别行政区；西南大区，位于我国近西南部，包括重庆、四川、贵州和云南 4 省市；中北大区，位于我国中北部，包括内蒙古、甘肃和宁夏 3 省区；新疆大区，位于我国远西北部，包括新疆维吾尔自治区；青藏大区，位于我国青藏高原上，包括青海省和西藏自治区。

计算结果表明，中国宜农荒地毛面积约为 15.82 亿亩（指地图图斑面积，实际垦殖率一般在 60% 以下）。总体评价结果为中国宜农荒地的面积大，地区分布极不均衡，旱灾风险为中等偏高，备选宜农荒地中高旱灾风险面积（5 级和 6 级）比重高达 51%。其中华南区和华中区宜农荒地面积较小，旱灾风险小，无高旱灾风险地块。西南区和东北区宜农荒地面积居中，旱灾风险小，高旱灾风险面积比重为 5%~6%。青藏宜农荒地面积居中，旱灾风险中等偏低，高旱灾风险面积比重为 34%。华北宜农荒地面积居中，旱灾风险高，高旱灾风险面积比重为 66%。中北区和新疆区宜农荒地面积大，旱灾风险高，高旱灾风险面积比重为 68%~69%（表 8.3）。

表 8.3　中国自然经济大区宜农荒地旱灾风险综合评价

单位：万亩，%

大区	面积总计	1 级	2 级	3 级	4 级	5 级	6 级	1～4 级合计	1～4 级占比
华南	5 415	202	1 417	2 975	819	1	0	5 413	100
华中	1 665	216	412	748	287	2	0	1 663	100
西南	12 678	601	3 546	4 578	3 279	578	97	12 004	95
东北	14 070	1 673	2 945	5 338	3 267	834	14	13 222	94
青藏	13 802	32	620	2 724	6 014	3 909	503	9 389	68
华北	17 554	2	34	862	5 099	6 407	5 150	5 997	34
中北	65 102	52	1 053	4 781	15 179	25 509	18 528	21 065	32
新疆	27 936	206	488	1 958	6 020	14 561	4 703	8 672	31
全国	158 222	2 983	10 514	23 965	39 964	51 802	28 995	77 425	49

假设 1 级旱灾风险区宜农荒地的垦殖率为 0.6，2 级为 0.55，3 级为 0.5，4 级为 0.4，5 级和 6 级为当前暂不考虑开垦的宜农荒地，中国总计可开垦宜农荒地 3.55 亿亩，其中中北 9 072 万亩，东北 6 599 万亩，西南 5 912 万亩，青藏 4 128 万亩，新疆 3 779 万亩，华南、华北、华中均在 3 000 万亩以下。由此可见，中北、东北、西南、青藏和新疆是我国未来宜农荒地开发的重点区域。中国旱灾风险较小的宜农荒地（1～4 级）具体分布情况如下：中北区内蒙古的呼伦贝尔高原、锡林郭勒高原、乌珠穆沁盆地、大兴安岭南麓及北部山间盆地、西辽河平原、闪电河谷地、达来诺尔湖流域、河套平原和伊金霍洛旗，宁夏的贺兰山东麓，甘肃的甘东南黄土高原、河西走廊、瓜州疏勒河平原和阿克塞苏干湖盆地；东北区的松嫩平原，霍林河流域，三江平原，小兴安岭山间谷地，辽西丘陵和辽河三角洲；西南区的川西和川西南山地，并分散分布于广大的云贵山地；青藏区的环青海湖地区，青海湖以南以东的共和盆地和黄河上游的干支流谷地，柴达木盆地的北缘及柴达木河、格尔木河、那仁郭勒河冲积扇，西藏的"一江两河"地区和藏东谷地；新疆区的伊犁谷地，塔城-阿勒泰地区，天山北麓，塔里木盆地北缘和西缘，巴里坤山南北麓，东南疆的库木库勒盆地；华北区的陕北黄土高原，河北坝上高原，黄河三角洲，海河下游沿海平原，冀东山地，大同-张家口一带谷地；华南区的桂西-桂北-粤北山地，闽南丘陵，琼中山地，台东山地；华中区的湖南衡阳-常宁-耒阳地区，湖北-江西交界处的幕阜山区，安徽的九华山区，江苏的里下河平原和射阳-大丰一带沿海滩涂，赣东及赣中南丘陵也有零散分布。

8.4　资源开发对策建议

基于上述中国宜农荒地旱灾风险分布的特点，应在荒地资源开发中因地制宜地采取旱灾防御和抗御措施，区别对待多雨区与少雨区，平原与坡地。第一，优先发展农田水利基础设施建设，发展渠灌、扬水灌溉、井灌和喷灌等多种灌溉设施。对紧邻丰水河流的宜农荒地区，利用丰富的水源发展渠灌，或发展扬水灌溉；在地下水丰富且地势平坦的地区发展井灌；在地下水中等丰富区，在采取等高耕作的缓坡耕地上发展喷灌。第二，对特旱区，发展滴灌、穴灌等节水灌溉。在水资源极其匮乏地区发展滴灌，或同地膜覆盖结合进行膜下滴灌（如塔里木盆地）；在无地下水、靠地窖集雨水的地区发展膜下穴灌（如黄土高原的干旱带）。第三，在中坡和陡坡宜农荒地上修筑梯田，对缓坡地实施等高耕作，增加农田持水性能，防止水土流失。以各种形式的等高耕作为目的的农田工程措施建设是保障其他抗旱措施实施的关键，等高耕作同灌溉和地膜覆盖相结合才能更有效地增强农田的抗旱能力。第四，在有一定降水量的宜农荒地区全面推广宽垄地膜覆盖技术，通过覆盖地膜增温保墒，根据降水量调整农作物的田垄宽度，以达到较好的旱作农业的抗旱效果。上述四种抗旱措施可概括为农田水利基础建设、推广节水灌溉、等高工程建设和地膜覆盖保墒。实际上，有些地区需要同时实施上述2种以上措施才能收到良好抗旱增产效果，而具体的抗旱措施组合还需具有一定的投入产出效益才能被广泛推广应用。

中国食物消费的总趋势是蔬菜、水果、食用植物油消费的持续增长，畜产品消费的结构调整和粮食消费的多样化；同时对农产品质量要求提高，对绿色农产品、有机农产品和特色农产品的需求增长迅速。宜农荒地资源的开发要以满足上述消费需求为目标，才能有效地开发土地资源，切实增加农民收入。多数中北区和新疆区的宜农荒地地处干旱气候区，适宜发展温带水果和果用瓜，如西瓜、哈密瓜、苹果、梨、柿子等。应积极开发这些地区的土地资源，发展具有地方特色的水果和瓜类，创建绿色和有机农产品品牌，促进当地农民增收。中国目前的食用植物油有豆油、花生油、菜籽油、玉米油、葵花籽油、茶油、橄榄油、芝麻油、胡麻油、棕榈油、核桃油等多种，其中进口较多的主要是大豆油。利用上述宜农荒地资源不但可以生产大豆直接替代进口，也可以发展花生、油菜籽、葵花籽、油茶、胡麻、棕榈等作为大豆油的替代品。如塔里木盆地北缘和西缘的山麓平原适宜发展花生，北疆和中北区适宜发展油菜籽、葵花籽、胡麻籽和大豆，东北适宜发展大豆和胡麻，华北适宜发展花生、大豆、油菜籽、葵花籽、胡麻和核桃，华中和西南适宜发展油茶、花生和油菜籽，华南适宜发展油棕和油茶。新疆和中北的宜农荒地资源丰富，但具有质量较差的特点。为适应畜牧业发展的需要，两区适宜发展人工草地和种植青饲料；同时为适应中国粮食消费多样化、出口创汇和增加农民收入，两区可以发展耐旱的谷子、糜子、荞麦、燕麦、小豆类等各种耐旱的小杂粮以及优质土豆和中药材等特色农产品。

参考文献：

[1] 石玉林，康庆禹，赵存兴，等.中国宜农荒地资源[M]. 北京：北京科学技术出版社，1985.

[2] 任国柱，蔡玉梅.中国耕地后备资源开发的特点和对策[J].资源科学，1998，20（5）：46-51.

[3] 寇建平，毕于运，赵立欣，等.中国宜能荒地资源调查与评价[J].可再生能源，2008，26（6）：3-9.

[4] 裴厦，章予舒，王立新.伊犁河流域荒地资源开发障碍性因素分析[J].新疆农业科学，2008，45（S3）：17-20.

[5] 季方，樊自立.新疆北部开发区域宜农荒地开发与粮食基地建设[J].干旱区研究，1998，15（1）：1-5.

[6] 郑伟琦.西藏"一江两河"中部流域宜农荒地资源及其合理开发利用[J].自然资源，1992（2）：8-14.

［7］郭盛昌．黑龙江宜农荒地资源的基本特征与开发潜力［J］．资源开发与市场，1997，13（2）：80 - 81．

［8］张兴有，申元村．柴达木盆地宜农荒地资源与开发利用研究［J］．干旱区资源与环境，1998，12（4）：55 - 64．

$\mathcal{C}$hapter 9

第9章
中美水资源开发比较*

9.1 从美国总库容数据谈起

中国长江三峡集团公司、中国水电工程顾问集团公司、中国水利水电建设集团公司、中国葛洲坝集团公司、中国大坝协会、巴西大坝委员会于 2009 年 10 月 18 日在四川成都举办了第一届堆石坝国际研讨会，中国大坝协会秘书处在会上提交了题为"中国 2008 年水库大坝统计、技术进展与关注的问题简论"的论文，介绍了截至 2007 年年底的中国大坝、世界大坝建设和水电发展进展，对截至 2007 年年底的水库大坝及水电发展进行了汇总。论文列出 2008 年美国水库总库容为 135 000 亿米³，并指出该数据"是美国大坝协会的确认数，但仍有疑问，数字过大"[1]。为了解决这个疑问，笔者对美国的大坝和水库库容进行了研究。

根据美国工程兵团国家大坝清单项目（the U. S. Army Corps of Engineers National Inventory of Dams，NID）统计，截至 2013 年美国境内及领地注册的水坝（坝高超过 7.6 米，库容超过 6.2 万米³，或者是发生溃坝后会对下游造成严重影响的坝）总数超过 87 000 座[2]。据 NID 的数据，截至 2004 年底美国领土和海外领地上总计建有 79 777 座水坝，其中按照坝高大于等于 15.24 米，或正常库容大于等于 616.74 万米³，或最大库容大于等于 3 083.71万米³ 的条件取舍，符合条件的大坝数为 8 121 座。这 8 121 座大坝的地理信息系统数据由美国国家地图册（National Atlas of the United States）项目于 2006 年在网上公布（The National Map Small Scale，http：//nationalmap. gov/small _ scale/index. html，http：//nationalmap. gov/small _ scale/atlasftp. html？ openChapters＝chpwater♯chpwater）。依据下载的 ArcView 地理信息系统文件，最大库容数据项的合计是 135 759.4 亿米³，十分接近美国大坝协会提供的总库容数 135 000 亿米³，其中包括苏必利尔湖的最大库容 119 648.0 亿米³，占总量的 88.13％；余数为 16 111.4 亿米³，占总量的 11.87％。笔者进一步研究发现，该库容数据普遍存在多个大坝对应一座水库、库容重复计算现象。

可见美国库容计算存在两个问题，一是苏必利尔湖死库容计入水库总库容；二是在多坝一库情况下，按大坝统计库容存在库容重复计算现象，二者均夸大了美国的库容量。统计口径上中国和美国也有不同，中国的总库容相当于美国的最大库容，中国的兴利库容和死库容之和相当于美国的正常库容；中国采用总库容、米制和十进制区分大、中、小型水库，美国则采用正常库容和最大库容用英制取舍不同大小的水库。为解决美国库容统计口

---

　　* 本章由笔者已发表文章修改而来，原文章"基于中美比较视角的中国水资源开发进展"，作者：梁书民，Jay R. Lund, Rui Hui，于智媛，发表于《水利水电科技进展》2016 年第 36 卷第 5 期。

径和方法问题，以便比较两国库容的历史发展情况，笔者统一按照中国的水库库容分类方法和口径，取总库容（美国最大库容）大于等于 1 000 万米³ 的大中型水库，来进行水库库容发展历史比较，苏必利尔湖的体积不计入美国总库容，并剔除美国库容的多坝重复计算量。

按照新方法得到的统计结果表明，美国 1800—2000 年 200 年间共建成大中型水库 2 715 座，总库容为 9 441.36 亿米³，正常库容为 6 079.49 亿米³，其中 1921 年修建的苏必利尔水库总库容和正常库容均按照兴利库容 86 344 万米³ 计算。20 世纪 30 年代、50 年代、60 年代是美国的三个大坝建设高峰期，分别建成总库容 1 349 亿米³、1 856 亿米³、2 593 亿米³，分别对应罗斯福新政时期、第二次世界大战后经济恢复期和冷战经济发展竞争期（图 9.1、图 9.2）。另外据美国地质调查局（USGS）估计，1990 年美国水库正常库容为 5 490 亿米³[3]，同笔者计算的结果 6 028 亿米³ 相近；据美国工程兵团统计，1982 年

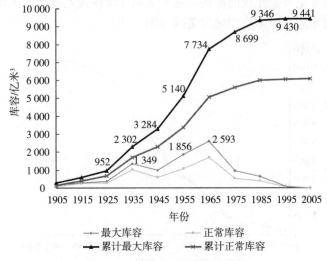

图 9.1　美国每十年水库库容变化（1905—2005 年）

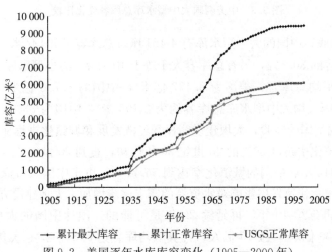

图 9.2　美国逐年水库库容变化（1905—2000 年）

美国拥有大坝 75 000 座，同上述大坝数量较为接近，其中 2 654 座库容大于 600 万米^3，50 000 座库容在 6 万～600 万米^3，1990 年美国还拥有 200 万座小水坝和农场池塘。

9.2　中美水库库容变化比较

1948 年中国大中型水库总库容仅为 200 亿米^3。新中国成立以来，中国的大坝建设经历了 3 个快速发展期，第 1 个快速发展期是 1951—1965 年，大中型水库总库容由 1951 年的 200 亿米^3 跃升为 1965 年的 2 187 亿米^3，其中 1958 年受"大跃进"运动影响曾经达到 2 385 亿米^3，1962 年受三年困难时期影响下降为 1 667 亿米^3；第 2 个快速发展期是 1966—1973 年，"文化大革命"中前期水利建设得到加强，中国大中型水库总库容由 1966 年的 2 273 亿米^3 跃升为 1973 年的 3 203 亿米^3；第 3 个快速发展期始于 1994 年底三峡大坝的动工修建，1998 年长江流域大洪水进一步促进了大坝建设步伐，已经延续 20 多年了，随着西南地区水电开发步伐的加快，这个大坝建设快速发展期还在延续中，预计十年之内中国的大中型水库总库容有望超过美国（图 9.3）。

图 9.3　中美两国大中型水库总库容变化比较

截至 2013 年底，中国的大中型水库有 4 461 座，总库容 7 599 亿米^3，为美国 2000 年大中型水库总库容的 80.5%，另有总库容大于等于 10 万米^3 的小型水库 93 260 座。比较每座大中型水库平均总库容，美国为 3.477 亿米^3，中国为 1.703 亿米^3，仅为美国的一半。2013 年，美国人均大中型水库总库容约为 2 995 米^3，中国为 558.45 米^3，仅为美国的 18.65%。根据美国的经验，大坝建设明显受经济发展和城镇化进程驱动，大坝建设快速发展期始于城镇化率超过 50% 的 20 世纪 30 年代初，直到 20 世纪 70 年代初期才结束，延续了 40 年。2014 年底中国的城镇化率达到 54.77%，由于中国人口众多，且仍然是发展中国家，受城镇化快速发展影响对水资源的需求逐步增加，大坝建设方兴未艾，快速发展期虽然不可能再延续 40 年，再延续 20 年是可能的。预计中国的大中型水库总库容 2035 年达到 12 000 亿米^3，按 15 亿人口计算人均库容达到 800 米^3；美国 2035 年人均大中型水库总库容约降为 2 592 米^3（假设总库容不变，人口增加为 3.643 亿人），到时中国约为美国的 31%（图 9.4，图 9.5）。

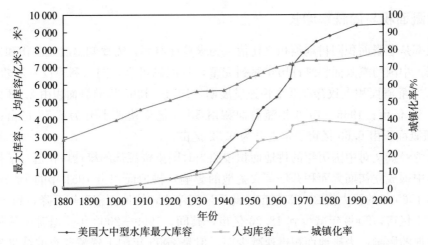

图 9.4　美国 1880—2000 年城镇化率、大中型水库总库容与人均库容变化

图 9.5　中国 1951—2013 年城镇化率、大中型水库总库容与人均库容变化

库容调节系数（β）等于本级电站调节库容除以本级水库多年平均年径流量，调节库容应是正常蓄水位至死水位之间的水库容积；$\beta = 8\% \sim 20\%$ 为不完全年调节，$\beta = 20\% \sim 30\%$ 为完全年调节，β 大于 30% 为多年调节。美国国土面积为 962.9 万千米^2，多年平均地表径流量为 29 705 亿米^3。2035 年若美国大中型水库库容不变，仍然为 9 441.36 亿米^3，为多年平均径流量的 31.78%；按调节库容约相当于总库容的 64.4%，美国调节库容约为6 080 亿米^3，库容调节系数 0.205，可实现完全年调节。中国国土面积为 960.0 万千米^2，多年平均地表径流量为 26 706 亿米^3。2013 年中国大中型水库总库容合计为 7 599 亿米^3，蓄水量（同调节库容数值相近）合计约为 3 967.5 亿米^3，蓄水量占库容量的 52.21%，库容调节系数为 0.148 6，仅可实现不完全年调节。按此估计，2035 年中国大中型水库库容若达到 12 000 亿米^3，为多年平均地表径流量的 44.93%，调节库容约为 6 265.2 亿米^3，

库容调节系数将达到 0.234 6，稍高于美国，上升为完全年调节。

9.3 灌溉面积与灌溉率增长

灌溉率是灌溉面积同耕地面积之比值。为求算灌溉率，需要知道灌溉面积和耕地面积两组数据。中国的灌溉面积统计历年序列完整，且准确可靠，同水利建设发展轨迹相似，1949 年以来灌溉面积大致存在 3 个快速发展期：1951—1965 年灌溉面积由 2.78 亿亩波动上升为 4.96 亿亩；1966—1976 年灌溉面积由 5.05 亿亩快速上升为 6.75 亿亩；1988—2013 年灌溉面积由 6.66 亿亩稳定上升为 9.52 亿亩。

笔者曾经撰文对中国历年的耕地面积按照当时国土资源部的统计口径进行了校正，大致是受新中国成立初期大面积开垦宜农荒地的影响，耕地面积由 1951 年的 16.23 亿亩波动增加到 1965 年的极大值 20.83 亿亩，此后垦荒停止，耕地面积逐年下降，到 2003 年减少到 18.51 亿亩，2008 年减少到 18.26 亿亩，其间，1999—2003 年受退耕还林和城镇扩张占用耕地的影响，为耕地面积迅速减少期。但是 2009 年国土资源普查的结果是中国拥有耕地面积 20.31 亿亩，明显多于国土资源部统计的 2008 年 18.26 亿亩，增加了 2.05 亿亩；比 1996 年国土资源详查数据 19.51 亿亩增加了 0.8 亿亩。伴随这次耕地面积增加的是 2003 年以来农作物播种面积的波动增加。为还原这次耕地面积增加的逐年数据，笔者假设中国耕地面积在 2003 年之前与原国土资源部 1996 年以来的历年统计值相同；2004 年退耕还林基本完成后开始逐年均匀增加到 2009 年的 20.31 亿亩；2010 年以来随着农作物播种面积的增加而等面积增加到 2013 年的 21.17 亿亩，于是可以得到 1951—2013 年完整的耕地面积变化序列数据（序列 1），有别于国土资源部 2003—2008 年的历年统计数据（序列 2）。这样计算得出的中国农田灌溉率的历年变化情况类似于灌溉面积变化的趋势，由 1951 年的 17.1% 上升到 1966 年的 24.3%、1976 年的 33.4%，1977—1988 年变化不大。基于耕地面积序列 1 的数据计算得出的中国 2013 年的灌溉率为 45.0%，基于耕地面积序列 2 的数据计算得出的中国 2013 年的灌溉率估计已经超过了 50%（图 9.6）。

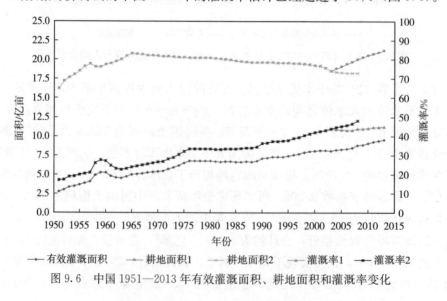

图 9.6 中国 1951—2013 年有效灌溉面积、耕地面积和灌溉率变化

　　原英国在北美洲的殖民地通过独立战争于 1776 年建立美利坚合众国。早在北美殖民地时期，美国就开始了向西部地区的移民垦荒活动。独立以来，1783 年英美议定的和平解决方案中，英国把阿巴拉契亚山以西至密西西比河这一大片印第安人所有的土地，开放给了美国。美国于 1785 年通过的土地条例按低价出售公有土地，于 1787 年通过《西北准州地区条例》，从而使"旧西北部"（包括今俄亥俄州、印第安纳州、伊利诺伊州、密歇根州、威斯康星州）的土地得到迅速殖民开发。1830 年美国通过了《印第安人迁移法》，把印第安人迁到密西西比河以西，西进殖民事业开始迅速发展，"旧西南部"（包括今肯塔基州、田纳西州、亚拉巴马州、密苏里州、密西西比州、阿肯色州、路易斯安那州）的土地得到种植园奴隶主的开发，成为棉花的主要产地。美国南北战争期间林肯总统通过了《宅地法》，接近于无偿分配美国西部国有土地给广大移民，大大促进了西进垦荒运动。受西进垦荒运动的影响，美国耕地面积由 1820 年的 1.17 亿亩增加到 1870 年的 6.22 亿亩和 1929 年的峰值 21.81 亿亩。1930 年之后，受 1929 年经济大萧条和 30 年代沙尘暴影响，耕地面积于 1934 年一度下降到 17.94 亿亩，之后美国的耕地面积在波动中稳定到 2012 年的 19.12 亿亩。1929 年之前，美国西部的移民把精力集中于开垦荒地，农田灌溉未受到重视，1910 年灌溉面积仅为 0.68 亿亩，灌溉率仅为 4.34%；30 年代沙尘暴以来，美国开始重视在西部干旱半干旱区发展农田灌溉，1949 年灌溉面积达到 1.57 亿亩，灌溉率达到 7.48%；之后又经历了第二次世界大战后 20 年的灌溉面积快速增长期，到 1969 年灌溉面积达到 2.37 亿亩，灌溉率达到 14.33%。进入 70 年代，由于水资源过度开发，出现了奥加拉拉地下含水层（Ogallala aquifer）水位快速下降、地下水资源枯竭现象，灌溉面积增加速度变缓，然而由于采取了一系列的水资源管理措施，如加强取水许可审批和水权管理，采取严格措施加强地下水管理，加强生态水权保护，积极开展地下水回灌等，水资源得到了可持续合理利用，2007 年灌溉面积达到峰值 3.44 亿亩，灌溉率达到 18.28%。2012 年美国的灌溉面积为 3.39 亿亩，灌溉率为 17.72%（FAO 数据库，http：//faostat3. fao. org/faostat - gateway/go/to/home/E）（图 9.7）。

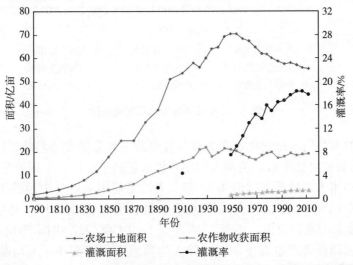

图 9.7　美国 1790—2012 年农场土地面积、农作物收获面积、灌溉面积与灌溉率变化

9.4 用水结构演化

2013 年中国总用水量为 6 183 亿米³，其中农业用水量为 3 922 亿米³，工业用水量为 1 406 亿米³，生活用水量为 750 亿米³，生态用水量为 105 亿米³[4]。2005 年美国总用水量为 5 671 亿米³，其中农业用水量为 1 921 亿米³，工业用水量为 3 086 亿米³，生活用水量为 664 亿米³，生态用水量无全国数据（Statistical Abstract，http：//www.census.gov/compendia/statab/）（图 9.8）。比较两国用水量变化，可以发现具有如下特征：①总用水量中美两国相当，但是美国已由 1980 年的峰值 6 133 亿米³ 下降并稳定下来，中国仍在逐年增加，2013 年已经超过了美国总用水量的峰值；②中国的农业用水量高于工业，工农业用水都在逐年增加，而美国的工业用水量高于农业，工农业用水量均由 1980 年的峰值下降并稳定下来；③中美两国的生活用水量相当，且都在缓慢增长，美国每年增加 8 亿米³，中国每年增加 14 亿米³；④中美均有生态用水，中国自 2003 年以来有生态用水量统计值，笔者目前还找不到美国全国的生态用水统计值，但据笔者对加利福尼亚州水资源利用的研究，美国生态用水量较大，但多可被下游的社区重复利用，统计口径较难统一，故缺乏全国数据。

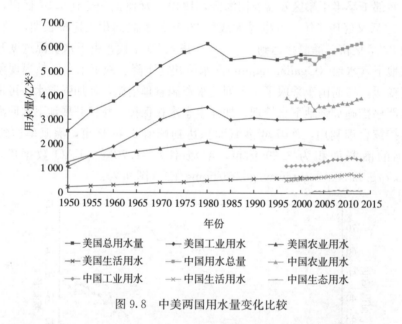

图 9.8　中美两国用水量变化比较

中美两国的人均用水量变化趋势大致与各自的用水总量变化趋势相同（图 9.9，图 9.10），从人均数量对比来看，美国人均用水量远远高于中国。中国是美国人口的 4.60 倍，而美国人均用水总量是中国的 4.22 倍，人均工业用水量是中国的 10.14 倍，人均生活用水量是中国的 4.09 倍，人均农业用水量也明显高于中国，是中国的 2.25 倍（表 9.1）。比较人均灌溉面积，美国 2005 年是 1.084 亩/人，中国 2013 年是 0.700 亩/人，可见美国人均粮食产量高于中国，除人均耕地面积因素外，人均灌溉面积也是关键因素。

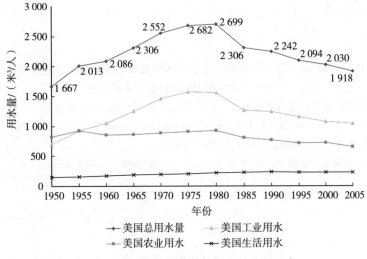

图 9.9　美国人均用水量变化 1950—2005 年

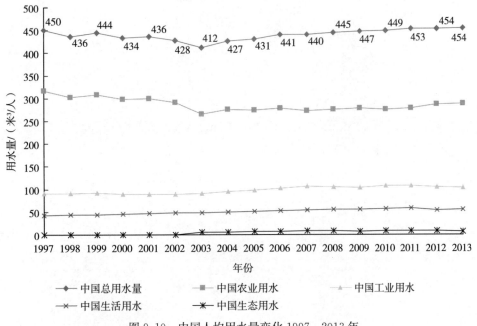

图 9.10　中国人均用水量变化 1997—2013 年

表 9.1　中美两国人均用水量比较

项目	中国（2013 年）	美国（2005 年）	美国/中国	中国/美国
总用水量	454 米³/人	1 918 米³/人	4.22	0.24
农业用水	288 米³/人	649 米³/人	2.25	0.44
工业用水	103 米³/人	1 044 米³/人	10.14	0.10
生活用水	55 米³/人	225 米³/人	4.09	0.24
人口总量	136 072 人	29 575 人	0.22	4.60

参考文献：

［1］贾金生，袁玉兰，郑璀莹，等．中国2008年水库大坝统计、技术进展与关注的问题简论［C］//现代堆石坝技术进展：2009——第一届堆石坝国际研讨会论文集：847-855.

［2］郭军．美国大坝的建设与安全管理概要［J］．水力发电，2013，39（11）：107-108.

［3］Mac M J，Opler P A，Haecker C E P，et al. Status and Trends of the Nation's Biological Resources［J］. Journal of Wildlife Management，1998，65（2）．

［4］国家统计局．中国统计年鉴［DB/OL］．http：//www. stats. gov. cn/tjsj/ndsj/.

Chapter 10

第10章
国内外跨流域调水与灌溉

10.1 国内跨流域调水与灌溉

为发展工农业生产，促进当地的经济建设，各地建设了大量的跨流域调水工程，如山西的万家寨引黄入晋，陕西的引汉济渭，内蒙古的引黄入呼、引黑济额，宁夏的清水河固海扬黄、同心红寺堡扬黄，甘肃的引大入秦，青海的引大济湟，新疆引额济克济乌。由于地处干旱半干旱地区，这些工程多数以发展灌溉为主要目标，并且大部分已投入使用并发挥了良好的效益。

笔者收集了有关北方和青藏地区跨流域调水和大型灌溉工程的新闻和互联网信息，整理得到 43 项重大水利工程（表 10.1）。影响跨流域调水投入产出效益的因素有是否提灌，是否自流，农业用水比重，建设年份等。尽管在不同情况下跨流域调水的投入产出情况较难比较，单方（每立方米水）投资、调水量至少可以作为参考值用于效益对比。从 23 项可以计算出单方调水量、投资额的调水工程来看，不同工程的单方调水量投资额差异很大，从 1.1 元到 39.5 元不等，且没有地区分布规律和规模分布规律。其中单方调水量投资额较高的有甘肃敦煌引哈济党工程和内蒙古引绰济辽，在 35 元以上；其次是南水北调西线（规划）工程和甘肃定西的引洮工程，在 17～18 元；再次是山西的万家寨引黄入晋工程和陕西的引汉济渭工程，在 11～13 元；其余均在 8 元以下。

表 10.1 北方和青藏地区的跨流域调水和大型灌溉工程

编号	大区	调水工程	总引水量/亿米³	总投资/亿元	单方投资/元
101	东北	东北北水南调引嫩济辽	95.5	129.2	1.4
102	东北	黑龙江引嫩扩建	28.9	57.1	2.0
103	东北	吉林引嫩入白	6.0	23.7	4.0
104	东北	辽宁大伙房输水工程	17.0	103.0	6.1
105	东北	辽宁引碧入连	3.3	12.0	3.6
106	东北	吉林引松入长	3.7	26.8	7.3
201	华北	南水北调中线	130.0	589.7	4.5
202	华北	河北引黄济淀			
203	华北	河北引黄入卫			
204	华北	河南小浪底			
205	华北	南水北调东线	148.0	420.0	2.8
206	华北	山东引黄济青	5.5	9.5	1.7

（续）

编号	大区	调水工程	总引水量/亿米³	总投资/亿元	单方投资/元
207	华北	山西万家寨引黄入晋	12.0	152.8	12.7
208	华北	陕西引汉济渭	15.0	168.0	11.2
209	华北	陕西引红济石	0.9	7.1	7.8
210	华北	陕西黑河引水	4.0	21.4	5.3
211	华北	天津引黄援津			
212	华北	天津引滦入津	10.0	11.3	1.1
301	新疆	乌鲁瓦提水利枢纽			
302	新疆	新疆引额济克济乌	27.0	182.4	6.8
401	中北	1958—1961年西部调水6线路			
402	中北	甘肃引大入秦	4.4	28.1	6.3
403	中北	甘肃定西引洮工程	2.2	37.2	17.0
404	中北	甘肃敦煌引哈济党	1.0	39.5	39.5
405	中北	甘肃景电二期向民勤调水	0.6		
406	中北	甘肃景泰川电力引黄提灌工程	1.1		
407	中北	甘肃疏勒河流域灌溉移民综合开发			
408	中北	甘肃引大济西	2.5		
409	中北	内蒙古绰勒水利枢纽	2.8	3.5	1.3
410	中北	内蒙古引黄入呼			
411	中北	内蒙古李井滩扬水灌溉工程	0.5		
412	中北	内蒙古尼尔基水利枢纽	39.7	53.8	1.4
413	中北	内蒙古东台子水库			
414	中北	内蒙古引绰济辽	2.9	101.8	35.1
415	中北	内蒙古引哈济锡			
416	中北	内蒙古引黑济额			
417	中北	内蒙古扎罗木得水利枢纽			
418	中北	宁夏黄河扬水灌溉工程			
419	中北	宁夏、甘肃、陕西盐环定扬水工程			
420	中北	宁夏扶贫扬黄灌溉工程			
501	青藏	青海引大济湟	7.5	12.4	1.7
502	青藏	南水北调西线（规划）	170.0	3040.0	17.9
503	青藏	青海引忠曲河援尕海			

主要工程简介：

101-东北北水南调引嫩济辽

唐晶云等（2003）设想将引调黑龙江干流水量进入嫩江干流取水口选定在黑河市孙吴

县四季镇上游—架山渔房子附近[1]。该江段距卡伦山断面 57 千米，距结雅河入河口 75 千米，距黑河市 80 千米。该处江段中方一侧为凹岸，地形和地质条件优越，畅流期平均水位为 113.89 米，有利于取水口的整体布置。

输水路线选择：引调黑龙江干流水量要穿越黑嫩分水岭-小兴安岭山脉，经初步比较，选择的引水线路为沿辰青河西侧线路，即由孙吴县四季镇上游—架山处黑龙江干流江段布设取水口，越过二道河、大阳河分水岭至额雨车站，越过卧牛河谷至额雨尔水库、二门山水库、伏虎山水库、卡西春水库直至分水岭进入嫩江支流科洛河源头。该引水路线长为 70 千米，分水岭高程 435 米。为减小对环境影响，输水建筑物以隧洞为主要形式，过分水岭后，通过科洛河河道自流输入将黑龙江水引入尼尔基水库。此线路输水距离短，扬程低，工程布置比较容易，供水可靠程度高。

引调黑龙江干流水量是一项大型跨流域调水工程，在黑河市孙吴县四季镇处取水引调黑龙江干流水量，经小兴安岭，沿科洛河进入嫩江干流，到达尼尔基水库，为北水南调构想的中线工程，每年将为用水区提供 95.5 亿米^3 的水量，输水线路总长 69.76 千米，总扬程 406 米，建 9 级抽水站，引水流量 650 米^3/秒，总功率 319.48 万千瓦。建 4 座中型水库，输水电站 2 座，常规水电站 1 座，水电站总装机容量 10 万千瓦。初估工程量：土石方 3 500 万米^3，混凝土方 600 万米^3，工程总投资 129.201 亿元。

102-黑龙江引嫩扩建

来源：东北网-齐齐哈尔日报，作者：芦志刚，赵亮，编辑：陈莉，http：//www.qqhrnews.com，2010-08-16。

黑龙江省引嫩扩建骨干工程从黑龙江呼玛筑坝引水，通过提水入嫩江，水资源较有保证。黑龙江水源引入嫩江以后，可以根据需要向松辽平原调配。该工程是全国新增千亿斤粮食产能工程在黑龙江省的重点水利项目，是黑龙江省"八大经济区建设规划"及"十大工程"中的重点项目之一，是多目标开发的引、蓄、提相结合的综合利用的大型引水输水工程，具有城市供水、农业灌溉及改善生态环境等综合效益。

引嫩扩建骨干一期工程位于嫩江干流左岸松嫩低平原区，行政区划包括大庆市和齐齐哈尔市郊区及讷河、富裕、依安、林甸、青冈、明水、安达、杜蒙等 10 个市县和齐齐哈尔农管局。包括北引渠首工程、北引干渠、东城水库工程、东湖水库及干渠工程、友谊干渠、中引工程等，工程估算总投资 57.1 亿元，于 2008 年 9 月开工建设，将于 2015 年完工。工程建成后总供水量可达到 28.9 亿米^3，灌溉面积 452 万亩，年增加效益 19.5 亿元。

103-吉林引嫩入白

来源：吉林省水利厅，http：//slt.jl.gov.cn，2011-12-30。

引嫩入白工程位于白城市洮北区和镇赉县境内，建设目的是优化配置嫩江水资源，解决白城地区干旱缺水问题。供水区包括白城市城区、镇赉县城及八家子、大岭 2 个乡镇和白沙滩灌区、五家子灌区、莫莫格湿地。

该工程由新建白沙滩泵站工程、扩建新建输水总干渠工程、整修洋沙泡调蓄水库及新建灌区和城市供水分项工程组成。白沙滩泵站设计流量 65 米^3/秒，设计扬程 9.23 米。利用白沙滩总干渠自流输水至洋沙泡，其中：白沙滩总干渠长 53.6 千米，其中上段 24.5 千米利用现有渠道进行扩建，设计流量 65 米^3/秒（包括向白沙滩灌区供水 35 米^3/秒），下段新建总干渠 29.1 千米，设计流量 30 米^3/秒，并设置向莫莫格湿地应急供水分水口；经洋沙泡水库调蓄后（总库容 7 860 万米^3），分为两条路线：一条通过长 11 千米、设计流量 30.5 米^3/秒的白音河引水渠和五家子泵站向五家子灌区供水，另一条采用长 66.2 千米、设计流量 3.13～2.49 米^3/秒的压力管道向镇赉县城和白城市区及周边乡镇供水。

引嫩入白工程设计水平年总引水量为 5.95 亿米^3。其中向白沙滩灌区供水 2.29 亿米^3，向五家子灌区供水 1.97 亿米^3，向城镇供水 0.91 亿米^3，蒸发、渗漏损失 0.78 亿米^3。该工程概算总投资为 23.67 亿元。

工程建成后，一是可以解决白城市城区、镇赉县城区工业、生活用水问题，使镇赉县 16.56 万人摆脱水氟超标困扰。二是可以使项目区新增水田面积 41 万亩，年增产粮食 2.2 亿千克。三是改善莫莫格湿地的生态环境状况，恢复湿地 42.9 万亩，芦苇产量近 10 万吨，鱼产量达到 3 000 吨，使项目区农村 20 万人告别贫穷、走向富裕。

104 -辽宁大伙房输水工程

来源：辽阳新闻网，http：//ly. nen. com. cn，2009 - 04 - 16。

大伙房水库输水工程投资 103 亿元，包括从辽东地区向抚顺市大伙房水库调水的一期工程和从大伙房水库向受水城市输水的二期和三期工程，担负着今后每年为辽宁中部和南部城市供水 17 亿米^3 的重任。

整个工程分三期，其中一期工程从辽宁东部山区引水至抚顺大伙房水库，二期工程从大伙房水库建设输水管道到沈阳、鞍山等辽宁中部城市，三期工程从鞍山修建输水管道至大连。全部工程建成后，将使 1 000 多万人和众多工业企业的用水得到保证。

东起辽宁省桓仁县，西至辽宁省新宾县的世界最长隧道，即为大伙房水库输水工程一期工程。该隧道完全靠自流引水，地表到隧道顶端距离最大为 630 米，最小 60 米，它从桓仁满族自治县浑江上游的桓仁水库将水引至新宾满族自治县苏子河，再在重力的作用下流入抚顺市境内的大伙房水库，从而向抚顺、沈阳、辽阳、鞍山、营口、盘锦、大连等七座严重缺水的城市供水。

来源：新华社，作者：姚剑锋，责任编辑：刘子嘉。

新华社抚顺 4 月 15 日电，一条长 85.32 千米的隧道在辽宁山区全线贯通。贯通误差仅为 3 厘米。这条隧道首尾高差 36 米，可完全实现自流引水。隧道东起辽宁省桓仁县，西至辽宁省新宾县，穿越了 50 余座山峰、50 多条河谷、29 条断层。地表到隧道顶端距离最大为 630 米，最小 60 米。

这项名为"大伙房输水工程"一期工程的输水隧道，旨在引用优质充沛的辽东山区水源，供给辽宁省老工业基地的中部城市群，解决该地区百年内用水问题，受益人口近 1 000 万。工程总投资达 103 亿元，是中国东北地区迄今最大的输水工程，也是国家重点工程。据悉，这条直径 8 米的隧道，已经超过长 53.86 千米的日本青函隧道，成为世界最长隧道。这条辽宁的"水生命线"将在 2009 年底全面完工并初步通水。

105 -辽宁引碧入连

来源：水资讯网，http：//project. cjk3d. net/viewnews - 98 - proj. html，2009 - 07 - 10。

引碧入连工程是以大连城市供水为主，兼顾沿途农业用水、中小城镇用水的跨流域调水工程。大连市是沿海缺水城市之一，1986 年竣工的碧流河水库位于大连市东北 170 千米处，总库容 9.34 亿米³，年调节水量 4.03 亿米³，是大连市重要水源地。为缓解城市供水困难，先后建设了引碧入连一期、二期应急供水工程，每年只能为城市供水 2 亿米³，远不能满足城市用水需求，已成为大连市经济及社会发展的制约因素。

引碧入连工程分为北、南两段。北段始于碧流河水库坝下，止于洼子店水库左坝头受水池，为主要的引水工程；南段为进入城区的受水工程。工程主要由取水头部及输水总干线、防洪工程、分水枢纽等组成。输水总干线全长 67.75 千米，天然落差 25 米，包括暗渠、倒虹吸、隧洞等主要建筑物。地震设计烈度为Ⅶ度，供水流量为 13.89 米³/秒，总干渠渠首最大供水流量为 15.05 米³/秒，年总供水量为 3.33 亿米³。

工程总投资 12 亿元，决算投资 98 545.54 万元。工程于 1995 年 6 月开工，1997 年 10 月竣工，提前供水 1 年 2 个月。

106 -吉林引松入长

来源：吉林省建设信息网，2005 - 12 - 14。

引松入长工程引松花江水入长春市。一期工程 1993 年 10 月开工建设，由引水、供水、污水处理 3 部分组成。总投资 22.02 亿元，主要是利用世界银行贷款。引水工程从松花江上游距吉林丰满水库 15 千米处马家江段取水，送入长春市石头口门水库，新建马家取水泵站和大绥河加压泵站，新建 2 座永久性变电所，铺设地下管道 55 千米，开凿山体隧洞 8 千米，引水工程于 1998 年 11 月完成。供水系统工程于 1996 年 5 月完成。铺设原水输水管线 63 千米和城区供水管网 67 千米，新建、扩建提水、加压泵站 5 座。新建日净水能力 22 万米³ 的第三净水厂。1999 年 5 月，一期工程正式运行通水，日引水 50 万米³。有效地缓解了长春市供水紧张局面，保证了市区西部和一汽供水。引松入长二期工程。2000 年 10 月开工建设，当年 12 月 31 日建成通水。工程总投资 4.76 亿元，铺设引水管线 55 千米，在 2 个泵站安装 4 台（套）机组设备，从一水厂到三水厂铺设 1.2 米直径输水管线 105 千米。引松二期工程全面建成，引水能力达到 100 万米³，解决了长春市缺水的现状。

207 -山西万家寨引黄入晋

来源：山西省万家寨引黄工程管理局（总公司），2013 - 08 - 08。

引黄入晋是从根本上解决山西水资源短缺的大型跨流域调水工程，是促进经济社会可持续发展、改善生态环境和提高人民群众生活水平的重大战略工程，寄托着山西人民千百年的夙愿，凝聚了几代人不息的奋斗与追求。

引黄入晋由万家寨水利枢纽和引水工程两大部分组成。万家寨水利枢纽作为引黄入晋的水源工程，主要任务是供水，兼有发电、防洪、防凌等作用。水库总库容 8.96 亿米³，年均发电量 27.5 亿千瓦时。1993 年经国家批准立项，由水利部、山西省、内蒙古自治区三方投资兴建，1998 年首台机组发电。2000 年 6 台机组全部投产发电。

引黄工程从黄河万家寨水库取水，分别向太原、大同和朔州供水。工程由总干线、南干线、联接段和北干线四部分组成，设计年引水量为 12 亿米³。引水线路总长 442.3 千米，其中，总干线 44.4 千米，南干线 101.8 千米，联接段 139.4 千米（其中利用汾河河道输水 81.2 千米），北干线 156.7 千米。

工程分期实施：一期工程经总干线、南干线及联接段实现向太原年引水 3.2 亿米³；

二期工程经总干线、北干线向朔州、大同年引水 5.6 亿米^3 和最终实现向太原年引水 6.4 亿米^3。

引黄工程的主要特点,一是远距离、长隧洞,隧洞占线路总长的 46%;二是高扬程,五级提水,提水扬程 636 米;三是利用 TBM(Tunnel Boring Machine,隧道掘进机)掘进、PCCP 管道输水、自动化控制;四是引进世界银行贷款,面向国际招标,建设管理与国际接轨。

一期工程主要包括总干线、南干线、联接段的输水工程、泵站和输变电系统、全线自动化系统及相应的配套项目。引水线路全长 286 千米,主要建筑物包括:25 条输水隧洞,共 160.9 千米;5 座大型泵站(总扬程 636 米);1 座调节水库;11 座渡槽、埋涵;43.5 千米 PCCP 管道。工程投资 103.54 亿元。资金主要来源为销售煤、电所收取的水资源补偿费以及国债资金、世行贷款。工程于 1993 年 5 月 22 日奠基,1997 年 9 月 1 日主体工程开工建设,2003 年 10 月 26 日投入试运行,向太原供水。

北干线是引黄入晋工程的重要组成部分,是面向大同、朔州两市、为晋北能源基地可持续发展提供支撑和保障的重大基础设施。引水线路全长 161.1 千米。主要建筑物有:输水隧洞 1 座,长 43.7 千米;PCCP 压力管道 2 座,长 117.4 千米;调节水库 4 座(大梁水库、耿庄水库、金沙滩水库、墙框堡水库),总库容 3 761 万米^3,其中调节总库容 3 158 万米^3。地下泵站 1 座,总装机容量 5 750 千瓦。工程概算投资为 49.3 亿元,所需资金全部由国家批准山西省征收的水资源补偿费加以解决。北干线在最终年引水总规模 5.6 亿米^3 不变的前提下,分期实施。近期年引水规模为 2.96 亿米^3(各供水区供水量为:大同市 17 032 万米^3、怀仁县 3 826 万米^3、山阴县 1 823 万米^3、朔城区 4 244 万米^3、平鲁区 2 651 万米^3)。北干线于 2009 年 2 月 27 日开工,2011 年 9 月 16 日建成通水。

208 -陕西引汉济渭

来源:陕西省水利厅水利信息中心,2011 - 12 - 08。

引汉济渭工程地跨黄河、长江两大流域,穿越秦岭屏障,主要由黄金峡水利枢纽、秦岭输水隧洞和三河口水利枢纽等三大部分组成。工程规划在汉江干流黄金峡和支流子午河分别修建水源工程黄金峡水利枢纽和三河口水利枢纽蓄水,经总长 98.3 千米的秦岭隧洞送至关中。工程供水范围为西安、宝鸡、咸阳、渭南等沿渭大中城市,主要解决城市生活、工业生产用水问题。工程总调水规模 15 亿米^3,其中从汉江支流子午河自流调水 5 亿米^3,从汉江干流黄金峡水库提 117 米引水 10 亿米^3;工程设计最大输水流量 70 米^3/秒,水库总库容 9.39 亿米^3,泵站总装机功率 15.65 万千瓦,电站总装机容量 18 万千瓦,工程建设总工期 99 个月,静态总投资 168 亿元。

黄金峡水利枢纽是引汉济渭工程的两个水源之一,也是汉江上游梯级开发规划的第一级。坝址位于汉江干流黄金峡锅滩下游 2 千米处,控制流域面积 1.71 万千米^2,多年平均径流量 76.17 亿米^3。拦河坝为混凝土重力坝,最大坝高 68 米,总库容 2.29 亿米^3。坝后泵站总装机功率 12.95 万千瓦,设计扬程 117 米。电站装机容量 13.5 万千瓦,多年平均发电量 3.63 亿千瓦时。

秦岭输水隧洞全长 98.30 千米,设计流量 70 米^3/秒,纵坡 1/2 500,分黄三段和越岭段。黄三段进口位于黄金峡水利枢纽坝后左岸,出口位于三河口水利枢纽坝后约 300 米控制闸处，全长 16.52 千米，断面为 6.76 米×6.76 米的马蹄形。越岭段进水口位于三河口水利枢纽坝后右岸控制闸，出口位于渭河一级支流黑河右侧支沟黄池沟内，全长 81.779千米，其中进口段 26.14 千米及出口段 16.55 千米采用钻爆法施工，断面为马蹄形，穿越秦岭主脊段 39.08 千米采用 TBM 法施工，断面为圆形。

三河口水利枢纽为引汉济渭工程的两个水源之一，是整个调水工程的调蓄中枢。坝址位于佛坪县与宁陕县交界的子午河峡谷段，在椒溪河、蒲河、汶水河交汇口下游 2 千米处，坝址断面多年平均径流量 8.70 亿米³。拦河坝为碾压混凝土拱坝，最大坝高 145 米，总库容 7.1 亿米³。坝后泵站总装机功率 2.7 万千瓦，设计扬程 97.7 米。电站总装机容量4.5 万千瓦，多年平均发电量 1.02 亿千瓦时。

209 - 陕西引红济石

来源：http://www.cnwest.com，记者：秦延安，2008 - 10 - 09。

2008 年 10 月 8 日，在鞭炮和掌声中，随着 345 米长的双护盾 TBM 机的转动，总投资 7.14 亿元的陕西目前最大水利工程——引红济石调水工程全面开始建设。引红济石调水工程是《陕西省水资源开发利用规划》和《渭河流域近期重点治理规划》中推荐优先实施的陕西省内南水北调工程。该工程位于陕西省宝鸡市太白县，自秦岭南麓汉江水系褒河支流红岩河上游取水，通过穿越秦岭的长隧洞自流调入秦岭北麓渭河支流石头河，经石头河水库调节后向西安、咸阳、宝鸡、杨凌等城市供水，并向渭河干流补充一定的生态水量。工程主要由位于红岩河上的关山低坝引水枢纽和穿越秦岭五里坡梁与太白盆地南缘山区的 19.76 千米长输水隧洞两大部分组成。工程设计最大引水流量 13.5 米³/秒，设计年调水量 9 210 万米³，其中向渭河生态补水 4 696 万米³，计划总工期 66 个月。

210 - 陕西黑河引水

来源：陕西省水利电力勘测设计研究院网。

陕西黑河引水工程是一项跨流域引水、综合利用的大型水利工程。该工程以西安市城市供水为主，兼有农业灌溉、发电、防洪等综合效益。

黑河引水工程是以拟建的黑河水库为主要水源，以已建成的石头河水库为补充水源，以石砭峪水库作为备用水源，最远引水距离 143 千米，工程全部建成后每年可向西安市供水 4.0 亿吨，日供水规模 110 万吨，相当于西安市现有供水能力的 1.6 倍。

黑河引水工程由五大部分组成：①金盆水库枢纽工程：在黑河金盆峡谷处修建一座高130 米的拦河大坝，总库容 2.0 亿米³，为西安市年供水 3.05 亿米³，日平均供水量 76 万米³，每年为农灌供水 1.23 亿米³，电站装机容量 2.0 万千瓦，年发电量 7 308 万千瓦时。②输水工程：输水暗渠总长 19 千米，其中隧洞、渡槽、倒虹、桥涵等建筑物多达 174 座。③水处理工程：在市区南郊曲江池畔修建日处理能力分别为 80 万吨和 30 万吨的现代化净水厂两座。④城市配水管网系统：由曲江池水厂向市区埋设三条直径 2 000 毫米的配水干管，加上支管，总长 121 千米。⑤农灌工程：利用黑河水库供水，灌溉周至、户县农田37 万亩。按 1994 年价格水平，全部工程建设总投资 21.36 亿元。

301 - 乌鲁瓦提水利枢纽

来源：中国网，china.com.cn，2008 - 05 - 08。

乌鲁瓦提水利枢纽工程位于新疆维吾尔自治区南部的和田县境内，是一座具有灌溉、防洪、发电、生态保护等综合效益的大（二）型水利建设项目，是和田河西支流——喀拉喀什河流域的控制性骨干工程，是国家"九五"期间重点建设项目。工程距和田市71千米，距乌鲁木齐市1 931千米。坝址控制流域面积19 983千米^2，总库容3.47亿米^3，兴利库容2.24亿米^3，电站装机容量6万千瓦。工程具有灌溉、发电、防洪、供水、生态保护等综合利用效益。

枢纽工程由混凝土面板堆石（砂砾石坝料）主坝及副坝、右岸开敞式岸边溢洪道、泄洪排沙洞（由导流洞改建而成）、左岸冲沙洞、发电引水系统（包括发电引水隧洞、压力竖井、钢岔管）、主副厂房、110千伏户内式开关站等建筑物组成。拦河建筑物为混凝土面板沙砾堆石坝，最大坝高138米，是我国已建、在建同类坝中的第一高坝。

工程总投资为8.56亿元，由国家、新疆维吾尔自治区、新疆生产建设兵团共同投资兴建。

工程建成后可将喀拉喀什河50年一遇洪峰削减至890米^3/秒，可新增灌溉面积4.6万公顷，改善灌溉面积7.53万公顷，并可使下游2个径流式电站——喀拉格尔及排孜瓦提电站年增加有效电量0.45亿千瓦时，电站保证出力1.65万千瓦，多年平均年发电量1.97亿千瓦时。通过水库的调节，可确保向塔里木河干流供水10.57亿米^2。工程建成投产后将为新疆和田地区摆脱贫困面貌发挥巨大的作用。

该工程于1993年经国家计委审定立项，同年12月开始施工准备工作，1994年7月在岸导流泄洪洞破土动工，1995年10月主体工程正式开工。截止到1997年底完成工程投资4.21亿元。主体工程除厂房、溢洪道工程外，其他工程相继开工。2003年1月10日至13日通过了初步验收。

402－甘肃，引大入秦

来源：http：//www.gscn.com.cn，2008－11－27。

甘肃省引大入秦工程是一项跨流域引水的大型自流灌溉工程。将发源于青海省的大通河由天堂寺引水东调，跨庄浪河灌溉秦王川地区。

秦王川是甘肃省中部干旱地区之一。秦王川位于兰州市以北，景泰县以南，皋兰县以西，总面积1 000多千米^2，地势平坦、土层厚度一般为1~2.5米，适宜发展灌溉农业及林、牧业等。该区域年平均降水量285毫米，而年蒸发量高达1 888毫米。该地区共有22个乡、157个村、28.3万人口。其中永登县辖20个乡、151个村，余为皋兰县所辖。由于长期干旱缺水，生产力水平低下，农业产量低而不稳，平均亩产量60千克左右，自然条件艰苦，群众生活困难，各项事业的发展受到严重制约。大通河发源于祁连山脉的木里山，由青海流经甘肃境内汇入湟水，属黄河二级支流，年径流量25亿~29亿米^3，年均流量为88.6米^3/秒，水量丰沛而稳定，水质良好。

为了引水开发秦王川这片千古旱塬，早在1956年，甘肃省就组织人员开始对引大入秦工程进行踏勘。1970年，甘肃省水利水电设计研究院会同兰州市勘测设计和规划，于1973年完成了规划和初设报告。1976年由甘肃省批准立项，正式开工兴建。

引大入秦工程地跨甘青两省四地（市）五县（区），穿越崇山峻岭，工程艰巨，施工条件复杂，战线长，跨度大。支渠以上渠道设计总长880千米，其中总干渠、干渠、抽水分干渠合计总长205.7千米，支渠45条总长675千米；建筑物繁多，且以隧洞群为主，干渠以上工程合计有隧洞 71 座，总长 110 千米，其中 1 千米以上的 31 座；另有渡槽 38 座，倒虹吸 3 座。主体工程总量 2 740 万米³。总干渠从天祝县境内的天堂寺渠首引水，全长 87 千米，其中隧洞 33 座，总长 75.14 千米。工程设计流量为 32 米³/秒，加大流量 36 米³/秒。总干渠到香炉山后设总分水闸，将水分至东一、东二干渠经 45 条干渠流入灌区。东一干渠全长 49.5 千米，设计引水流量 14 米³/秒；东二干渠全长 54.3 千米，设计引水流量 18 米³/秒，加大流量 21.5 米³/秒。工程规划灌溉面积为 86 万亩。灌区计划安置干旱地区移民 8 万人。

引大入秦工程是新中国水利史上规模最大的跨双流域调水自流灌溉工程，是西北"都江堰"。它在许多方面处于中国乃至世界水利建设的先进水平。

工程总干渠、干渠和支渠共长 880 千米，相当于京杭大运河长度的 49.5%，干渠以上工程穿过了 71 座总长 110 千米的隧洞，其中 1 千米以上的隧洞 31 座。是中外罕见的"人工地下长河"；全长 15.723 千米的总干渠盘道岭隧洞，是居世界第七位、我国第一位的长隧洞，长度在引水隧洞中目前仍居世界第一位，并在施工中解决了一些世界性的难题；设计水头 107 米的总干渠先明峡倒虹吸，全长 524.8 米，长度居亚洲第一位。总干渠水磨沟倒虹吸设计水头 67 米，全长 567.96 米。这两座倒虹吸均由直径 2.65 米的双排钢管组成，是国内最大的钢制倒虹吸；总干渠 30A 隧洞施工中，双护盾全断面掘进机创造了日进尺 65.5 米和月进尺 1 300 米的世界纪录，还创造了一年掘进 10 千米的优异成绩，开创了一头进、一头出、一举贯通的先例和 10 千米以上隧洞一条风管通风的先例；总干渠 38♯隧洞掘进中，TBM 又创了日进尺 75.2 米和月进尺 1 400 米的世界新纪录；东二干渠庄浪河渡槽全长 2 194.8 米，最大净空高度 43 米，横跨兰新铁路、312 国道，同时横跨汉、明长城，设计新颖，雄伟壮观；东一干渠庄浪河埋式箱形倒虹吸，全长 711 米，被称为"河下之河"。

403 - 甘肃定西引洮工程

来源：甘肃省引洮工程建设管理局，http://www.gsytgc.com/InfoReader.aspx?GID=07951a58-679f-4165-9a01-3aac0d6bcc2b，2011-06-11。

引洮工程是以城乡生活、工业、生态供水为主，兼有灌溉、发电、防洪等综合功能的大型跨流域调水工程。引洮工程分九甸峡水利枢纽和引洮供水工程两部分。受益区总面积 1.97 万千米²，涉及兰州、定西、白银、平凉、天水 5 个市辖属的榆中、渭源、临洮、安定、陇西、通渭、会宁、静宁、武山、甘谷、秦安等 11 个国家扶贫重点县（区），154 个乡镇，总人口约 330 多万人。

引洮供水工程分两期建设，正在建设的引洮供水一期工程属大（二）型水利工程，受益区为定西、兰州、白银 3 个市辖的安定、陇西、渭源、临洮、榆中、会宁（通渭）6（7）个县区、54（68）个乡镇，涉及 133.05 万人（154.65 万人），发展高新农业灌溉面积 19 万亩，初步设计总投资 37.216 7 亿元，其中，国家定额补助 19.82 亿元，省内配套资金 17.396 7 亿元。主体工程主要包括：110.47 千米的总干渠、3 条总长 146.18 千米的干渠、20 条总长 256.52 千米的支渠、2 条总长 47.02 千米的县城以上城市供水专用管线、10 条总长 70.25 千米的乡镇专用供水管线及地方配套工程水厂及管网。总干渠以隧洞工程为主，有隧洞 18 座、长 96.35 千米，占总干渠全长的 87.22%，其中 3♯、6♯、7♯、

9#隧洞的长度分别为 13.33 千米、15.14 千米、17.29 千米、18.27 千米，合计长度为 64.03 千米，占总干渠长的 58%。引洮工程总干渠按一、二期总需水量建设，总干渠设计引水流量 32 米³/秒，加大流量 36 米³/秒，年调水总量 5.5 亿米³，其中一期工程年调水量 2.19 亿米³，配置非农业用水 1.53 亿米³，占年调水量的 70%，农业用水 0.66 亿米³，占年调水量的 30%。

截至 2011 年 12 月 10 日，引洮总干渠 18 座隧洞已贯通 15 座，完成隧洞衬砌 11 座。

规划的引洮供水二期工程供水范围涉及会宁、通渭、安定、陇西、静宁、秦安、甘谷、武山等 8 县（区）、100 个乡镇、1 701 个行政村，设计水平年受水区总人口 272 万人。建设 94.95 千米的总干渠、7 条总长 381.89 千米的干（分干）渠、47 条总长 847.096 千米的灌溉支（分支）渠工程、9 条总长 161.45 千米的专用输水管线、16 处非农业供水水厂及对应的配套供水管网系统，覆盖受水区 8 个县区的输供水渠（管）网体系及农业灌溉，设计水平年调水量 3.31 亿米³。

404 - 甘肃敦煌引哈济党

来源：每日甘肃网-科技鑫报，记者：唐华伟，2013 - 01 - 06。

记者从省水利厅获悉，水利部部长办公会议研究正式通过敦煌生态规划引哈济党工程项目建议书，并将审查意见报送国家发展改革委。引哈济党工程是国务院批准的《敦煌水资源合理利用与生态保护综合规划》中确定的重要的水资源配置保障工程。工程的主要任务是从苏干湖水系调水至党河水系，以缓解敦煌生活、生产和生态用水之间的矛盾。工程设计年调水量 1.0 亿米³，总投资 39.53 亿元，建设总工期 67 个月。

在党河流域西南部的苏干湖水系，有与党河流向（从东南流向西北）平行的大哈尔腾河、小哈尔腾河，产流面积 7 720 千米²，年径流量 3.64 亿米³，其中大哈尔腾河集水面积 5 967 千米²，径流量 2.98 亿米³，与党河流域只有一山之隔，两河距约 30 千米。大哈尔腾河、小哈尔腾河尾闾大苏干湖、小苏干湖是鸟类保护区，沿河低洼地带的泉水逸出带为牧民的饲料基地。引哈济党工程就是从大哈尔腾河调出水量 1.57 亿入党河，其中 0.1 亿分给阿克塞县新县城及郊区，0.2 亿分给肃北县，1.27 亿分给敦煌市。

406 - 甘肃景泰川电力引黄提灌工程

来源：甘肃省水利网站，http：//www.gssl.gov.cn/gsslxmkml/aszhbmhf/sjtcdltg-glj/2014/11/14/1415955393507.html，2014 - 11 - 14。

景泰川电力提灌工程位于甘肃省中部，河西走廊东端，省城兰州以北 180 千米处；跨甘肃、内蒙古两省区的景泰、古浪、民勤、阿拉善左旗等四县（旗）；灌区东临黄河，北与腾格里沙漠相接，干旱少雨、风沙多，灌溉从黄河提水。景电工程是大（二）型提水灌溉工程，总体规划、分期建设。工程设计流量 28.6 米³/秒，加大流量 33 米³/秒，兴建泵站 43 座，装机容量 27 万千瓦，设计灌溉面积 97.67 万亩，分期建设。

一期工程：1969 年开工建设，1971 年上水。建成泵站 13 座，安装机组 103 台（套），装机容量 7.75 万千瓦，总扬程 472 米；建成总干渠、干渠 3 条，支渠 16 条，渠道总长 228 千米。设计流量 10.6 米³/秒，加大流量 12 米³/秒，年提水量 1.48 亿米³，设计灌溉面积 30.42 万亩。二期工程：1984 年开工建设，1986 年投入运行。建成泵站 30 座，安装机组 204 台（套），装机容量 19.25 万千瓦，总扬程 713 米；建成总干渠、干渠 3 条，支渠 43 条，渠道总长 451 千米。设计流量 18 米³/秒，加大流量 21 米³/秒，年提水量 2.66 亿米³，设计灌溉面积 52.05 万亩。景电二期延伸向民勤调水工程：1995 年开工，2001 年 3 月开始向民勤调水。建成明渠 14.14 千米，沙漠输水暗渠 84.90 千米。设计流量 6 米³/秒，年调水量 6 100 万米³，恢复灌溉面积 15.2 万亩。

景电灌区经过 45 年的开发建设，产生了显著的经济、社会和生态环境效益。经济效益：景电一、二期工程建成后，从根本上改变了灌区农业生产条件。截至 2013 年底，灌区灌溉面积已发展到 108 万亩，累计生产粮食 77.51 亿千克，油料等经济作物 29.12 亿千克，农业生产总值 138.38 亿元，是工程总投资的 16.09 倍。社会效益：上水后在灌区安置甘肃、内蒙古两省区景泰、古浪、左旗等 7 县（旗）农民 40 万人，灌区新建 10 个乡镇、178 所学校和 123 所医院，保证了灌区 40 万人生产和生活用水，解决了 100 多万头牲畜的饮水问题。昔日荒凉的戈壁沙漠，现已成为百业兴旺、人民安居乐业的米粮川。生态效益：景电灌区现有林地面积 11 万亩，林木覆盖率达到 14%，百万亩灌区与三北防护林带连成一片，有效地阻止了腾格里沙漠的南侵。据工程上水前后的气象资料对比，年平均降水量由 185 毫米增加到 201.6 毫米，相对湿度由 46% 增加到 47%，平均风速由 3.5 米/秒降低到 2.4 米/秒，8 级以上大风天数由 29 天减为 16.7 天，年蒸发量由 3 390 毫米降低到 2 361 毫米，灌区小气候得到明显改善。2001 年，景电二期开始向民勤跨流域调水，尤其是自 2010 年起，逐年加大向民勤调水力度，年调水量由 6 100 万米³ 增加到 9 300 万米³，截至 2014 年 8 月，已累计调水 8.36 亿米³，对缓解民勤水资源危机、遏制土地沙化、生态环境恶化等问题发挥了不可替代的水利支撑作用。

景泰川电力引黄提灌工程是新中国成立以来，甘肃省首次兴建的大型高扬程电力提灌工程。工程总体规划面积 100 万亩，提水流量每秒 40 米³，分期建设。1969 年决定兴建景泰川电力提灌一期工程，1974 年建成。设计提水流量为每秒 10.56 米³，灌溉面积 30.42 万亩，工程效益显著，使景泰川发生了翻天覆地的变化。二期工程于 1984 年开工建设，1999 年竣工。设计灌溉面积 52.05 万亩。景电二期延伸民勤调水工程是一项利用景电二期工程的灌溉间隙和空闲容量向民勤调水，以缓解民勤水资源枯竭、生态环境恶化趋势的应急工程。1995 年开工建设，2000 年基本建成，2001 年 3 月开始向民勤输水。工程设计流量 6 米³/秒，年调水量 6 100 万米³，恢复灌溉面积 15.2 万亩。

407 - 甘肃疏勒河流域灌溉移民综合开发

新华网，编辑：范晓娟。2008-07-28，来源：武威市委宣传部。

疏勒河水系以疏勒河为干流，在玉门昌马峡以下又称昌马河，发源于疏勒南山的沙果林那穆吉木岭。流域面积 10.2 万千米²，多年平均年径流量 9.94 亿米³，其主要支流有党河、榆林河、石油河、白杨河等。

疏勒河流域灌区位于河西走廊西端，灌区开发历史悠久。20 世纪 80 年代中期，全流域人口密度仅为每平方千米² 人。已发展灌溉面积 106 万亩，人均占有水地 4.6 亩，是全河西乃至全省人均占有水地面积最多的灌溉区。资源开发利用程度相对黑河及石羊河两大水系而言为最低，水量浪费严重，目前灌溉毛定额平均每亩都在 1 000 米³ 以上，大水漫灌又引起了土壤盐渍化现象。甘肃省政府已决定在 21 世纪加大这一水系灌区的开发力度，通过引进外资，进行疏勒河流域综合开发治理，因而也是全省最有希望的地区之一。

　　昌马河灌区：昌马河灌区是 20 世纪 50 年代兴建的一项大型自流灌溉工程，处于河西走廊西部疏勒河中游冲积扇区域；东与花海灌区相通，西和安西榆林河冲积扇相接，南临祁连山北麓昌马戈壁，北至马鬃山南麓；海拔自昌马大坝 1 888 米至乱山子为 1 278 米，地势由南东向北西倾斜，唯青山子至四墩门由南西向北倾斜（东干渠）。灌区气候干旱多风，多年平均降水量 56.6 毫米，蒸发量达 3 033 毫米，年内平均 8 级以上大风 78 天，日照 3 280 小时，年平均温度 7～8℃，无霜期平均 134～157 天。干旱、干热风、风灾和霜冻是本灌区的主要自然灾害。灌区控制面积 3 330 千米^2，辖玉门市的玉门镇、下西号、黄闸湾、柳河乡，瓜州县的三道沟、河东、布隆吉和腰泉子移民乡，甘肃省农垦局酒泉分局的黄花、饮马、七道沟、农垦建筑公司农场以及机关单位和铁路农林牧场等灌溉单位，灌溉面积 41.52 万亩，总人口 7.78 万人，其中农业人口 6.41 万人。主要农作物有春小麦、玉米、蚕豆、胡麻等。灌区水源为疏勒河，发源于肃北疏勒南山以东，经花儿地出祁连山到玉门市昌马乡一带称昌马河，又纳小昌马河从鹰嘴山水峡口流出。以上河道流程约 338 千米，通过昌马峡的多年平均径流 9.94 亿米^3，7 月、8 月水量占全年总量的 45%。昌马河灌区多年平均用水 3 亿米^3，每年向花海灌区调水 0.38 亿米^3，工业用水 0.5 亿米^3，因无调蓄工程，其余水量下流双塔灌区，或渗入昌马戈壁，一部分在下游溢出地面形成泉水。昌马灌区工程从兴修、改建、扩建以及渠系配套，共耗资 4 174.3 万元，其中国家投资 3 919.3 万元，水费和群众自筹 255.0 万元，灌区群众投劳力 2 214.9 万工日，完成总工程量 1 200 万米^3，灌溉面积发展到 41.52 万亩，效果显著。

　　双塔堡水库灌区：双塔堡水库灌区位于疏勒河流域下游的瓜州县境内，东起乱山子（双塔堡水库），与昌马灌区相连，西至西湖南梁，南依截山子北麓，北靠马鬃山南戈壁边缘，东西长 120 千米，南北宽 21 千米，总面积达 2 520 千米^2。灌区地貌大体为东、南、北三面高，中部和西部偏低，东窄西宽的狭长冲积平原，海拔高程在 1 060～1 300 米。灌区内辖环城、瓜州、南岔、西湖四乡和甘肃农垦局酒泉分局的小宛农场及敦煌农场的西湖分场，还有瓜州县林场、园艺场等单位，总人口 3.6 万人，其中农业人口 2.6 万人。灌溉面积 18.9 万亩，其中有林草地 4.6 万亩。主要农作物有春小麦、玉米、胡麻、棉花和瓜菜等。灌区范围内土资源丰富，有宜农荒地 41.2 万亩，宜林荒地 4 万亩，宜牧荒地 73.8 万亩。本灌区属疏勒河流域，其主要灌溉水源是疏勒河经昌马灌区引用后进入双塔水库的尾水，据水库上游潘家庄水文站记载，多年平均年入库径流量为 2.97 亿米^3，其中河水占 57%，泉水占 43%。由于上游昌马灌区耕地面积逐年扩大，用水增加，渠系利用率逐步提高，地下水补给量减少，进入双塔堡水库的水量处于下降趋势，多年平均的年径流量 20 世纪 50 年代为 3.3 亿米^3，60 年代为 2.8 亿米^3，70 年代为 2.51 亿米^3。灌区内地下水比较丰富，埋深由东向西随地形变化而异。自双塔堡水库建成至 1990 年，国家给本灌区的投资共 4 722 万元，地方和群众自筹资金 211.3 万元，使灌区的面貌有了很大的改善，灌区内水的利用率由水库建成前的约 30% 提高到现在的 41.8%，耕地面积逐年扩大，由 1959 年的 16.8 万亩增加到 1990 年的 18.9 万亩，亩产由 1959 年的 110 千克提高到 1990 年的 310.6 千克，总产由 1959 年的 1 523 万千克提高到 1990 年的 3 648 万千克，增长近 1.4 倍，每年给国家提供的商品粮也大幅度提高，1990 年达到 1 843.6 万千克，商品棉 1990 年达到 136.5 万千克。

408 -甘肃引大济西

来源：甘肃省水利水电勘测设计研究院，www. gswdi. com. cn，2011 - 04 - 26。

1978 年甘肃省武威地区水电局提出了高线自流"引大济西工程"踏勘报告。引水枢纽选在吴松塔拉（与甘肃省引大济黑的引水枢纽相近），引水线路沿大通河左岸而行，经二道沟至硫磺沟开凿隧洞至石羊河流域支流西大河上游。该工程拟分三期实施。一期工程引二道沟和硫磺沟水，年引水量 0.7 亿～1.2 亿米^3，二期工程修建引水渠首及总干渠，三期工程修建吴松塔拉水库。1986 年水利部兰州勘测设计院编制《甘肃省引大济西跨流域调水初步可行性研究报告》。引大济西工程为蓄引提相结合的工程，水利枢纽设在大通河干流青海省境内纳子峡处，年引提水量 2.5 亿米^3，即向金昌市调水 1.5 亿米^3，向民勤调水 1.0 亿米^3。一期工程为引硫济金工程，年调水量 4 000 万米^3。

1994 年 5 月水利部兰州勘测设计院编制《甘肃省大通河流域水资源利用规划报告》。关于甘肃省从"引大济黑"及"引大济西"调入的水量，拟定由大通河上游吴松塔拉年调水 7.3 亿米^3。在 1985 年提出"引大济西"工程年调水量 2.5 亿米^3 后，统筹考虑不致影响青海省"引大济湟"水量，本次规划将"引大济黑"水量减为 4.8 亿米^3，仍维护甘青两省关于大通河上游水量分配协议。1998 年水利部以 518 号文印发大通河水量分配方案的通知中，同意甘肃省"引大济西"工程引用大通河水量 2.5 亿米^3。

引大济西工程规划分三期建设，2002 年"引硫济金"年引水 0.4 亿米^3；2010 年建成引大济西二期工程，调引二道沟、菜斯图河水，年调水量达到 0.93 亿米^3；在南水北调实施后，再安排三期工程，年调水量达到 2.5 亿米^3。引硫济金工程由引水枢纽和引水隧洞组成，输水入西大河水库上游。1996 年 1 月开工，2003 年 5 月建成通水，发挥了效益。

409 -内蒙古绰勒水利枢纽

来源：新华网内蒙古频道，www. nmg. xinhuanet. com，2010 - 06 - 10。

绰勒水利枢纽工程位于扎赉特旗绰尔河中下游交接处，总库容 2.6 亿米^3，工程由主坝、副坝、溢洪道和电站等组成，总投资 3.488 亿元。工程于 2001 年 11 月经国家发改委审批，2002 年 5 月开工建设，2008 年底主体工程完工。工程是以灌溉为主，结合防洪、发电等综合利用的大（二）型水利枢纽工程，每年可向下游灌区提供 2.8 亿米^3 有效灌溉水量，可发展稻田 32 万亩；下游防洪标准由 30 年一遇提高到 50 年一遇；保护下游 40 万人及 270 万亩耕地；年可发电 3 490 万千瓦时，有效缓解当地电力供求矛盾，带动相关产业，为当地经济发展注入新活力。

来源：中国水利网站，作者：李建国，王海军，责任编辑：郑秀云，2005 - 01 - 21。

绰勒水利枢纽工程是内蒙古自治区境内继尼尔基水利枢纽后嫩江流域上第二个枢纽项目。绰勒水利枢纽工程是一座以灌溉为主，结合防洪、发电等综合利用的大（二）型水利工程，水库正常蓄水位为 230.5 米，总库容为 2.6 亿米^3。该工程 2001 年 11 月经国家计委批准开工建设，2002 年 5 月主体工程开工，2005 年 10 月二期围堰截流，2006 年 9 月下闸蓄水，2008 年 11 月完成工程建设。

绰勒水利枢纽下游灌区位于绰尔河中游干流右岸兴安盟扎赉特旗境内，是绰勒水利枢纽的配套工程。绰勒水利枢纽下游内蒙古灌区工程主要任务是农业灌溉。工程建成后，绰勒水库向灌区多年平均供水量 1.78 亿米^3，改善和增加灌溉面积 41.02 万亩。工程主要建设内容是新建、扩建灌溉引水枢纽、骨干灌排渠系、山洪沟治理等工程。该工程为Ⅲ等工程。五道河子、好力保引水枢纽主要建筑物级别为 3 级，设计洪水标准为 30 年一遇，校核洪水标准为 100 年一遇；索格营子引水枢纽主要建筑物级别为 4 级，设计洪水标准 20 年一遇，校核洪水标准为 50 年一遇；总干渠、干渠、分干渠、支渠等渠道和渠系建筑物级别为 3~5 级，3 级渠道设计洪水标准为 20 年一遇，4 级、5 级渠道设计洪水标准为 10 年一遇，排水沟及山洪沟建筑物级别为 5 级。工程总投资为 76 113 万元，其中，骨干工程投资 59 145 万元，田间工程投资 16 968 万元。中央财政安排 35 500 万元，其余由自治区筹资。总工期为 42 个月。

绰勒下游灌区的建设，能够充分发挥枢纽工程的灌溉效益，对改善扎赉特旗农业生产条件，合理利用水资源，提高灌溉保证率，促进当地经济社会可持续发展，乃至全区"四个千万亩"节水灌溉工程和自治区百亿斤粮食生产能力规划的实施具有重要意义。

410 - 内蒙古引黄入呼

来源：光明网内蒙古地方频道，责任编辑：金英花，2012 - 08 - 31。

呼和浩特市引黄工程是国家、自治区重点工程，同时也是呼和浩特市人民的生命线工程。呼和浩特市区饮用水源现状为地下水井群和引黄水源，城区深层承压水可开采量为 9 395 万米^3 左右，深层承压水质优良，首先考虑作为城市生活饮用水源，为实现可持续利用，年开采量应控制在 8 650 万米^3 左右，实现采补平衡。黄河水是呼和浩特市城区最重要的水源，中心城区引黄配额为 1.46 亿米^3，一期工程已用配额 0.73 亿米^3，二期工程仍有 0.73 亿米^3 的用水配额。

此次引黄供水扩建工程主要包括三个部分。第一部分是完善原引黄入呼二期工程。第二部分是金河水厂的深度处理工程。第三部分是如意南区引黄供水工程。上述工程建成后，可确保呼和浩特市中心城区在"十二五"期间供水安全，基本实现工业用黄河水，二环以内主城区居民饮用优质地下水，同时努力通过节水和中水回用设施的逐步完善，使黄河水逐步退出主城区，造福子孙后代。

411 - 内蒙古孪井滩扬水灌溉工程

来源：腾格里经济技术开发区管理委员会，http：//www.als.gov.cn/luanjingtan/zjljt/deba47b8 - 5390 - 4d56 - 8a0c - 2955ead686c6/default.shtm，2010 - 09 - 10。

1990 年 12 月 1 日，水利部以《关于内蒙古阿拉善盟孪井滩扬水灌溉工程设计任务书的批复》文件形式，"同意兴建阿拉善盟孪井滩扬水灌溉工程"，将孪井滩扬水灌溉工程列入国家发展西部黄河流域经济战略和拟建的大柳树扬黄工程范围，并作为内蒙古自治区"八五"期间"生态示范农业综合开发"的重点项目付诸实施。自此，孪井滩扬黄灌溉工程建设拉开了帷幕，正式进入组织实施阶段。其间，国家副主席乌兰夫同志对此项工程的进展给予了高度的关注和支持，多次听取阿盟领导同志的汇报并做了重要指示。

孪井滩扬水灌溉工程于 1991 年正式破土动工，从宁夏中卫市北干渠引水（扬黄源头），经四级泵站扬水到灌区，输水干渠全长 43.51 千米，总扬程 238 米，净扬程 208 米，设计提水流量每秒 5 米^3，加大流量每秒 6 米^3。1993 年 11 月 3 日水电主体工程一次性通电试水成功。1994 年 4 月 19 日至 20 日，盟搬迁领导小组召开"孪井滩牧民搬迁工作会议"，安排部署孪井滩牧民搬迁具体工作，阿拉善左旗、阿拉善右旗、巴彦浩特镇和指挥部的负责同志参加了会议，会后，与会人员到孪井滩灌区勘察落实划分的土地范围。同年，阿左旗、阿右旗 33 个苏木镇 87 个嘎查的贫困牧民和困难企业下岗职工 8 000 余人落户孪井滩灌区，成了这片"新土地"的新主人。

412-内蒙古尼尔基水利枢纽

来源：内蒙古人民政府网，《2014 年内蒙古水利工程投资计划及重大项目建设情况》，2014-07-02。

尼尔基水利枢纽位于黑龙江省与内蒙古自治区交界的嫩江干流上，坝址右岸为内蒙古自治区莫力达瓦达斡尔族自治旗尼尔基镇，左岸为黑龙江省讷河市二克浅乡，下距工业重镇齐齐哈尔市公路里程约 189 千米。嫩江发源于大兴安岭伊勒呼里山，由北向南流经黑龙江、内蒙古、吉林三省区，在黑龙江省肇源县三岔河汇入松花江，干流全长 1 370 千米，流域面积 29.7 万千米^2。枢纽坝址以上控制流域面积 6.64 万千米^2，占嫩江流域总面积的 22.4%，多年平均径流量 104.7 亿米^3，占嫩江流域的 45.7%。

尼尔基水利枢纽是国家"十五"计划批准修建的大型水利工程项目，也是国家实施西部大开发战略的标志性工程项目之一，具有防洪、工农业供水、发电、航运、环境保护、鱼苇养殖等综合效益，是嫩江流域水资源开发利用、防治水旱灾害的控制性工程，也是实现"北水南调"的重要水源工程。尼尔基水利枢纽水库总库容 86.11 亿米^3，其中防洪库容 23.68 亿米^3，兴利库容 59.68 亿米^3，总装机为 25 万千瓦，多年平均发电量 6.387 亿千瓦时。工程建成后，可使齐齐哈尔市防洪标准由 50 年一遇提高到 100 年一遇，枢纽至齐齐哈尔河段的防洪标准由 20 年一遇提高到 50 年一遇，齐齐哈尔以下到大赉段的防洪标准由 35 年一遇提高到 50 年一遇。

在设计水平年时，水库为下游城市工业生活供水 10.29 亿米^3，可满足齐齐哈尔、大庆、哈尔滨等重要城市用水；农业灌溉供水 16.46 亿米^3，可使下游灌溉面积发展到 454 万亩；为航运供水 8.2 亿米^3，环境供水 4.75 亿米^3，湿地供水 3.28 亿米^3，改善下游航运条件及生态环境。同时可增加黑龙江省电网调峰容量，缓解电网调峰容量紧缺和水火电比例严重失调问题。

根据水利部初设批复意见，工程静态总投资为 51.51 亿元，总投资为 53.80 亿元。枢纽建设资金的筹措方式为：黑龙江省出资 5 亿元，内蒙古自治区出资 3.89 亿元，申请银行贷款 13.39 亿元，其余由中央水利基建投资安排。工程施工总工期 5 年。工程经济内部收益率 20.4%，远大于 12%，国民经济评价可行。根据拟定的资金筹措条件和投资分摊方案，按贷款偿还要求测算，发电工程上网电价约为 0.566 元/千瓦时，工业和城市供水出库水价约为每立方米 0.20 元。农业用水按成本水价测算出库水价约为每立方米 0.02 元。测算工程财务内部收益率为 5.68%。

尼尔基水利枢纽下游内蒙古灌区工程位于呼伦贝尔市莫力达瓦达斡尔族自治旗南部，是尼尔基水利枢纽工程直灌区，工程等级为Ⅲ等，灌区设计灌溉面积 30.27 万亩，概算总投资 91 679 万元。经自治区积极争取，国家发展改革委于 2013 年 8 月批复了灌区项目的可行性研究报告，2014 年 1 月核定了初步设计概算，并明确国家补助投资 4.14 亿元。2014 年 3 月水利厅对尼尔基水利枢纽下游内蒙古灌区工程初步设计进行审查，目前设计单位正在按照技术审查意见对报告进行修改。工程今年能够开工建设，计划完成投资

2 亿元。

413 - 内蒙古东台子水库

来源：内蒙古人民政府网，《2014 年内蒙古水利工程投资计划及重大项目建设情况》，2014 - 07 - 02。

东台子水库位于西拉沐沦河中上游、林西县林西镇东南约 50 千米处，坝址处左岸为林西县新城子镇下场村，右岸为翁牛特旗五分地镇胡角吐村。水库总库容 3.2 亿米^3，为大（二）型水库。设计洪水标准为 100 年一遇，校核洪水标准为 2000 年一遇。东台子水库工程建成后可将西拉木伦河下游地区的防洪标准由 10 年一遇提高到 30 年一遇，可为林西工业园区供水约 5 000 万米^3，补偿下游海日苏灌区农业灌溉用水约 9 000 万米^3，并可充分开发西拉木伦河水能资源，向电网提供清洁能源，对促进地区经济社会可持续发展具有重要作用。

414 - 内蒙古引绰济辽

来源：内蒙古人民政府网，《2014 年内蒙古水利工程投资计划及重大项目建设情况》，2014 - 07 - 02。

"引绰济辽"文得根水利枢纽至乌兰浩特供水段工程。"引绰济辽"工程是一项从绰尔河引水到西辽河，向沿线城市及工业园区供水的大型引水工程，由文得根水利枢纽及输水工程组成。文得根水利枢纽工程地处扎赉特旗境内嫩江支流绰尔河上，是绰尔河流域的骨干性控制工程。

引绰济辽工程的水源工程，已列入《全国大型水库建设总体安排意见（2013—2015年）》，工程主要任务为调水、灌溉、发电等，规模为大（一）型 I 等，水库总库容初步确定为 20 亿米^3，灌溉面积为 71.29 万亩，电站装机容量 45 兆瓦，年调水总量为 2.9 亿米^3。文得根水利枢纽至乌兰浩特输水段全长 70 千米。工程总投资 101.8 亿元。

417 - 内蒙古扎罗木得水利枢纽

来源：内蒙古人民政府网，《2014 年内蒙古水利工程投资计划及重大项目建设情况》，2014 - 07 - 02。

Z866 项目（即扎罗木得水利枢纽工程）。工程位于内蒙古自治区呼伦贝尔市海拉尔区境内，是海拉尔河干流上唯一一座拟建的大型控制性水利枢纽工程，已列入《全国大型水库建设总体安排意见（2013—2015 年）》。主要任务以供水为主，结合防洪，兼顾灌溉、发电等综合利用，规模为大（二）型 II 等，水库总库容为 7.01 亿米^3，总装机容量为 13兆瓦，总投资为 45.94 亿元。

418 - 宁夏黄河扬水灌溉工程

来源：宁夏回族自治区水利厅，《宁夏经济社会发展"十一五"规划》专题研究——宁夏水资源供求形势及合理利用研究，2004 年 5 月。

宁夏黄河扬水灌溉工程主要有固海扬水、盐环定扬水、陶乐扬水、扶贫扬黄灌溉工程、自流灌区边缘小扬水等。固海扬水：由固海、同心扬水工程组成，是目前宁夏最大的电力扬水灌区。固海扬水工程设计灌溉面积 50 万亩，实际灌溉面积达 57 万亩，设计供水能力 25.0 米^3/秒，现状供水能力 20.0 米^3/秒。盐环定扬水：属在建的陕、甘、宁三省共用的大型扬水灌区，设计引水流量 11 米^3/秒，设计灌溉面积 33 万亩（其中宁夏 20.4 万亩），1995 年已部分通水，目前灌溉面积达 14.6 万亩。固海扩灌扬水工程：灌区土地面积 85.65 万亩，设计灌溉面积 55 万亩，设计引水流量 25.0 米^3/秒，2003 年实际灌溉面积 1.84 万亩。红寺堡扬水工程：灌区土地面积 132.11 万亩，设计灌溉面积 75 万亩，设计引水流量 12.7 米^3/秒，2003 年实际灌溉面积 17.0 万亩。陶乐扬水：为独立扬水灌区，由多处小型提水泵站从黄河提水供灌溉之用，设计供水能力 9.4 米^3/秒，现状供水能力 11.9 米^3/秒，灌溉面积达 10.0 万亩。边缘扬水：在灌区边缘，有甘城子、五里坡、扁担沟、狼皮子梁、南山台子等中小型扬水灌区，扬水能力 15 米^3/秒。目前灌溉面积已达 50 万亩。在卫宁灌区边缘尚有小型提水工程 8 处，供两岸台地灌溉和厂矿用水。

419 - 宁夏甘肃陕西盐环定扬水工程

来源：宁夏盐环定扬水管理处，http：//www.nxyhd.com/list.asp? classid=2。

盐环定扬黄工程是 20 世纪 80 年代国家为解决陕西定边、甘肃环县和宁夏盐池、同心县部分地区人畜饮水困难、防治地方病、改善生态环境、发展农业灌溉而兴建的一项扶贫工程。工程分 3 省共用工程和专用工程。共用工程于 1988 年 7 月开工建设，1992 年陆续建成投入运行。建成泵站 12 座，安装水泵机组 101 台（套），装机容量 6.59 万千瓦，变电所 10 座，干渠长 123.8 千米，最高扬程达 651 米，设计流量 11 米^3/秒，分配宁夏区流量 7 米^3/秒，陕西和甘肃省各 2 米^3/秒。

截至 2014 年，已累计供水 10 亿米^3。供水范围已辐射陕、甘、宁 3 省区的定边、环县、盐池、同心、利通、红寺堡、太阳山 7 县（区），面积达 1 万千米^2。供水领域由过去的向人饮、农业供水，发展到向人饮、城镇、农业、工业、生态等多领域、全方位供水。近两年，年引水量已突破 1 亿米^3，最大流量达到 10 米^3/秒，达到了工程原设计供水规模的 90%。

工程解决了受水区 40 万人民群众、60 万头牲畜的饮水困难问题，受水区百姓告别了祖祖辈辈饮用高氟水、苦咸水的历史，实现了饮用自来水的梦想，当地群众健康状况和生活水平显著提高。受水区发展农田灌溉 23.8 万亩，改写了靠天吃饭的历史，抗旱减灾效益显著。盐池县粮食产量由灌区开发前的 4 010 吨增加到 2013 年的 96 595 吨，增长 23 倍，农牧民人均收入由 338 元增加到 2013 年的 5 521 元，增长了 15 倍。建成林网达 10 万亩，近 55 万亩沙化草原得到控制，昔日的荒漠变成绿洲，盐环定扬黄工程为推进生态文明建设、美丽宁夏建设发挥了积极的作用。

420 - 宁夏扶贫扬黄灌溉工程

来源：中国网，http：//guoqing.china.com.cn/zhuanti/2008 - 09/01/content _ 16368836. htm，2008 - 09 - 01。

宁夏扶贫扬黄一期工程主要建设内容由水利、供电、通信、移民和农田开发五大部分组成，包括红寺堡和固海扩灌两片灌区。概算总投资 36.69 亿元，开发土地 80 万亩，搬迁安置移民 40 万人。泵站总装机容量 19.97 万千瓦。水利、供电和通信等骨干工程已基本建成，红寺堡和固海扩灌两片灌区已全线通水，开发土地 68.7 万亩，搬迁安置移民 30 万人。主要建成泵站 39 座、干渠及支干渠 592 千米。

到 2005 年，位于宁夏中部干旱荒漠地带的红寺堡灌区粮油播种面积 30 万亩，粮油总产 9.56 万吨。以旱改水为主的固海扩灌区粮食亩增产 225 千克，受益群众人均纯收入增加 320 元。基本实现了"一年搬迁,两年定居,三年解决温饱"的工程目标,部分移民已向小康迈进。建设高标准农田防护林 10.52 万亩,荒山荒坡种植柠条 57 万亩,种草 14.1 万亩,围栏封育 49.1 万亩,加上全面贯彻国家退耕还林还草和自治区封山禁牧政策,有效促进了生态系统的恢复,已开发区域林草覆盖率达到 27%,新的人工生态绿洲逐步取代半荒漠生态系统,区域内环境气候得到明显改善。工程建成后,将使宁夏南部山区农村的数十万贫困人口通过自愿搬迁、异地安置脱贫致富。

来源:中国水利网站,http://www.chinawater.com.cn/newscenter/df/nx/ 201306/t20130626_282249.html,作者:谢海宁,责任编辑:郑秀云,2013-06-26。

宁夏固海扬水工程是全国扬程最高、灌溉面积最大的公益性扶贫扬黄工程。位于宁夏中部干旱带回族聚居地区,灌区包括吴忠市同心县、红寺堡开发区,中卫市沙坡头区、中宁县、海原县,固原市原州区和国营长山头机械化农场、中卫市山羊场等 3 市 6 县(区)2 场。承担着固海灌区农业灌溉和高效节水补灌、人畜饮水、生态用水等供水任务,是近 61 万群众赖以生存的"生命保障线"和灌区经济社会发展的"水利支撑线"。2012 年,固海灌区在大旱之年粮食、林草、瓜果作物获得全面丰收,实现"九连增",粮油总产量达 73.32 万吨,农林牧总收入达 29.19 亿元,再创历史新高。

宁夏固海灌区 2013 年实际灌溉面积达到 158.58 万亩,生态移民增加面积 9.35 万亩。今年秋粮玉米种植面积 83 万亩,占灌溉面积的 83.39%。面对水指标紧缺和灌溉形势严峻的实际,固海扬水管理处及时采取多项措施,把"保灌溉、保民生、保增长、保稳定"作为第一要务,努力缓解灌区用水紧张的局面,为夺取灌区粮食"十连增"打下了坚实的基础。

来源:黄河报黄河网,http://www.yellowriver.gov.cn/xwzx/lylw/201503/t20150330_152234.html,责任编辑:徐倩,记者:谢海宁,2015-03-30。

宁夏固海扬水工程承担着灌区 170.64 万亩农业灌溉和高效节水补灌、人畜饮水、生态用水等供水任务。2014 年,固海扬水灌区粮食实现"十一连丰"。

501-青海引大济湟

来源:人民网,2008-10-20。

记者从青海省发改委获悉:备受人大代表、政协委员关注的青海省一号水利工程——"引大济湟"调水总干渠项目已获得国家发改委的批复立项。湟水河为黄河上游一级支流,流域面积 3.29 万千米²。湟水干流人口占全省总人口的 57%,耕地面积 441 万亩,占全省耕地面积的 49%。长期以来,湟水干流两岸广大浅山地区干旱少雨,农业生产仍没有摆脱靠天吃饭的被动局面,人畜饮水困难,群众生活贫困,流域内生态环境脆弱,水土流失严重。对西宁市和下游城镇的生产、生活用水造成了严重影响。而与湟水干流毗邻的大通河水量却相对较丰,用水需求较小,从大通河引水至湟水干流和东部浅山地区,对于促进湟水流域乃至青海全省的社会经济可持续发展,满足城镇工业和生活用水,改善流域内生态环境都具有十分重要的作用。"引大济湟"调水总干渠项目是一项跨流域调水工程。这个工程从大通河引水穿越大坂山隧洞进入黑泉水库,经黑泉水库调节后,向西宁市和北川工业区供水,最后汇入湟水河,为河道基流补水。

"引大济湟"工程是集城镇工业生活供水、农业灌溉、改善生态环境和发电等综合效益为一体的重大水利工程。据了解,"引大济湟"工程水资源规划范围为湟水干流民和以上地区,面积为 1.6 万千米^2。工程供水范围为湟水流域的西宁市、湟源县、湟中县、大通回族土族自治县、平安县、互助土族自治县、乐都县和民和回族土族自治县。该工程由水库工程、输水工程和灌溉干渠组成,分三期建设。工程总投资 12.39 亿元,建设工期为四年半。初拟引水线路全长 24.65 千米,调水总干渠工程由渠首枢纽和大坂山引水隧洞两部分组成。渠首枢纽位于大通回族土族自治县上铁迈村附近,长约 625 米,渠首枢纽由泄洪闸、溢流堰和土石坝段组成。引水隧洞长 24.3 千米,隧洞工程由隧洞进水闸、洞身段和出水口消能段组成。

目前,青海省水利厅已确定了调水规模和工程调度方案,并细化了移民安置方案(郅振璞、毛翠香)。从湟水河一级支流大通河上游石头峡建库引水,将 7.5 亿米^3 大通河水,经 29.6 千米调水干渠调入湟水河一级支流北川河上游的宝库河,解决湟水两岸山区和干流资源性缺水问题。工程实现后,可扩大农田灌溉面积 118.44 万亩,新增生态林草灌溉面积 89.38 万亩,向城市和工业用水增加供水量 2.78 亿米^3,河道生态用水增加 1.85 亿米^3。

"引大济湟"工程因工程量大、投资大,本着"先易后难、分期实施、尽快见效"的原则,分三期实施。一期为黑泉水库和湟水北干渠一期工程,二期为石头峡水利枢纽、调水总干渠和北干渠二期工程,三期为南岸提灌工程。调水总干渠作为"引大济湟"的骨干工程,由引水枢纽、引水隧洞组成,承担着从大通河流域向湟水河流域输水的任务。总调水量近期 3.6 亿米^3,远期 7.5 亿米^3,设计引水流量 35 米^3/秒。

10.2　国外跨流域调水与灌溉

王光谦等于 2009 年编著了《世界调水工程》一书[2],该书全面介绍了世界各地主要调水工程的建设情况,书中表 1.6(世界已建和在建主要调水工程)列举了世界各国主要调水工程的调水量,可用于统计分析。据笔者统计,世界上调水总量超过 50 亿米^3 的国家有 26 个,其中北美洲 3 个:美国、加拿大、墨西哥;南美洲 3 个:巴西、秘鲁、智利;非洲 3 个:埃及、苏丹、南非;欧洲 4 个:芬兰、罗马尼亚、乌克兰、俄罗斯;中亚 3 个:乌兹别克斯坦、土库曼斯坦、哈萨克斯坦;东亚 2 个:中国、日本;东南亚 2 个:泰国、马来西亚;南亚 2 个:印度、巴基斯坦;西亚 3 个:伊拉克、土耳其、阿塞拜疆;大洋洲 1 个:澳大利亚。

北美洲 3 国的调水总量均超过了 100 亿米^3,但是加拿大调水量较大的工程以发电和防洪为主,墨西哥国土面积比中国小,调水工程数量少,对中国调水的借鉴意义不大。美国水资源丰富,国土面积同中国相当,总调水量为 344.80 亿米^3,其大规模跨流域调水工程多建造于 1986 年以前,对当时的经济发展起到了关键作用,尤其是西部干旱区调水工程的经验更值得中国西部大开发借鉴。如中央河谷工程、加利福尼亚水道工程、加里森调水工程、全美灌溉系统、芝加哥引水工程、纽约调水工程、中亚利桑那工程、洛杉矶水道工程、科罗拉多水道工程的调水量均在 15 亿米^3 以上(表 10.2),其中中央河谷工程年调水量 84.00 亿米^3,为全美最大的调水工程,该工程解决了加州中央谷地农田灌溉问题,使加州成为美国重要的水果和蔬菜基地。

表 10.2　美国主要跨流域调水工程

工程名称	受水区	年调水量/亿米³	首次送水年份	主要用途
中央河谷工程	加利福尼亚南部	84.00	1940	供水、灌溉
加利福尼亚水道工程	加利福尼亚南部	52.20	1973	供水、灌溉
加里森调水工程	里德河	44.00	1965	供水、灌溉
全美灌溉系统	加利福尼亚南部	42.00	1940	供水、灌溉、发电等
芝加哥引水工程	芝加哥	28.60	1900	供水、灌溉等
纽约调水工程	纽约	22.00	1916	供水
中亚利桑那工程	亚利桑那中南部	18.50	1985	灌溉、供水
洛杉矶水道工程	洛杉矶	18.00	1913	供水
科罗拉多水道工程	圣迭戈、洛杉矶	15.00	1941	供水、灌溉
特拉基渠道工程	卡森河	8.10	1905	灌溉、供水
赫齐赫齐水道工程	旧金山	4.10	1934	供水
科罗拉多-大汤普森工程	洛杉矶	3.20	1959	灌溉、供水、发电等
煎锅-阿肯色工程	阿肯色流域	2.00	1975	供水、灌溉
中央犹他工程	大盆地	1.70	1967	供水、灌溉
圣胡安-查玛工程	格兰德河	1.40	1964	灌溉、供水
总计		344.80		

中亚的乌兹别克斯坦和土库曼斯坦分别调水 341.54 亿米³ 和 258.00 亿米³，虽然不足中国调水总量高，但是人均调水量远高于中国。乌兹别克斯坦的安集延大灌渠和土库曼斯坦的卡拉库姆运河调水量均超过 100 亿米³，卡拉库姆运河跨越沙漠地区长达 1 100 千米，对我国大西北干旱地区跨流域长距离大流量调水工程建设具有重要参考价值（表 10.3，表 10.4）。

表 10.3　乌兹别克斯坦主要跨流域调水工程

工程名称	受水区	年调水量/亿米³	首次送水年份	用途
安集延大灌渠	北巴格达	104.07	1970	灌溉
吉扎克干渠	吉扎克	60.23	1976	灌溉
费尔干纳大灌渠	卡拉达里亚河、锡尔河流域	53.00	1939	灌溉
卡尔希干渠	泽拉夫尚河	36.00	1974	灌溉
谢拉巴德干渠	谢拉巴德	34.69	1966	灌溉
南饥饿草原灌渠	锡尔河流域	34.00	1961	灌溉
纳曼干大灌渠	阿尔马萨河	19.55	1974	灌溉
总计		341.54		

表 10.4　土库曼斯坦主要跨流域调水工程

工程名称	受水区	年调水量/亿米³	首次送水年份	用途
卡拉库姆运河	土库曼斯坦南部	130.00	1980	灌溉
阿姆布哈尔运河	泽拉夫尚河	58.00	1977	灌溉
克兹特根灌渠	阿姆河流域	36.00		灌溉
苏维埃十月灌渠	阿姆河流域	20.00		灌溉
克雷奇尼亚拜灌渠	阿姆河流域	14.00		灌溉
总计		258.00		

印度和巴基斯坦是世界上通过调水工程发展灌溉最多的国家。印度跨流域调水总量高达 2 472.76 亿米³，多以灌溉为主要目的，拥有超过和接近 100 亿米³ 年调水量的工程 10 处，最大的萨达尔萨罗瓦工程年调水量为 350.00 亿米³。巴基斯坦跨流域调水总量达 1 301.96 亿米³，超过 100 亿米³ 年调水量的灌溉工程有 3 处（表 10.5，表 10.6）。

表 10.5　印度主要跨流域调水工程

工程名称	受水区	年调水量/亿米³	首次送水年份	用途
萨达尔萨罗瓦工程	古吉拉特邦	350.00	在建	灌溉、供水
拉贾斯坦渠道工程	拉贾斯坦哈里亚纳	220.00	1957	灌溉
萨尔达-萨哈伊克	恒河平原	154.00	1982	灌溉
贝加里工程		136.87	1962	
纳尔默达高水头渠道	吉吉拉特拉贾斯坦	130.00	在建	灌溉
邦牙里工程		127.09	1955	
富莱利工程		121.73	1955	
东纳拉调水工程		118.26	1932	
沙漠工程		113.84	1962	
罗里调水工程		99.02	1932	
甘地纳哈工程	拉贾斯坦邦	93.67	1986 年之前	灌溉供水发电
水稻灌溉工程		90.19	1932	
凯里伯卡尔工程		79.47	1955	
波占帕得工程	瓦兰加尔	76.71	1964 年开工	
帕特调水工程		73.16	1962	
三角洲灌溉系统		50.00	1983	
拉牟刚嘎供水工程	恒河渠道、德里	47.00	1985	灌溉、供水
西北调水工程		45.10	1932	
三角洲灌溉系统		45.00	1855	
纳格尔朱纳萨格尔		45.00	1974	
达达胡捷里工程	阿拉伯海沿岸河流	40.00	在建	发电

（续）

工程名称	受水区	年调水量/亿米³	首次送水年份	用途
莱恩得工程		36.27	1955	
恒河渠道	拉贾斯坦	30.00	1854	灌溉
达杜调水工程		28.38	1932	
达布蒂工程		26.00	1985	
三角洲灌溉系统		25.00	1877	
上因德拉沃蒂工程		25.00	在建	发电、灌溉
马希工程	相邻流域	15.00	在建	
卡努尔-古德伯渠道	本纳努河流域	11.00	1866	
佩里亚尔工程	韦盖河	10.00	1897	
帕拉姆布库拉姆-阿利亚尔工程	阿利亚尔、帕拉尔	10.00	1959 年开建	
总计		2 472.76		

表 10.6　巴基斯坦主要跨流域调水工程

工程名称	受水区	年调水量/亿米³	首次送水年份	用途
家济巴洛塔引水渠	哈洛斯河	504.58	2001	发电
巴克拉-南加尔工程		178.81	1963	灌溉
西水东调工程	拉维河萨特莱杰河等	148.00	1977	灌溉、发电
巴洛克-索莱曼科林克		135.60		灌溉
穆扎法加尔调水工程		64.33	1958	灌溉
下巴里多阿布运河		61.81	1913	灌溉
巴格波登工程		58.34	1927	灌溉
杰卢姆工程		46.67	1915	灌溉
查什马右岸大渠工程		43.58	1958	灌溉
上杰纳布河工程		36.27	1912	灌溉
论格布尔工程		23.97	1939	灌溉
总计		1 301.96		

　　受自然条件、经济发展状况和调水与灌溉技术水平的影响，世界各国灌溉发展情况差异很大。据联合国粮食及农业组织 2003 年的统计，世界共有 2 594 835 万亩耕地，占地表总面积 14 900 万千米²（含南极洲）的 11.6%，即全球垦殖率为 11.6%；其中灌溉面积总计 415 647 万亩，耕地灌溉率为 16.0%。2003 年灌溉面积 3 000 万亩以上的国家有 25个，其中印度和中国灌溉面积最大，在 80 000 万亩以上；其次是美国和巴基斯坦，灌溉面积在 30 000 万亩左右；再次是伊朗和墨西哥，灌溉面积在 10 000 万亩左右；灌溉面积在 5 000～8 000 万亩的国家有土耳其、泰国、孟加拉国、俄罗斯、印度尼西亚、乌兹别克

斯坦、西班牙、哈萨克斯坦、伊拉克（表 10.7）。

表 10.7　2003 年灌溉面积 3 000 万亩以上国家

地区	垦殖率/%	耕地面积/万亩	灌溉面积/万亩	灌溉率/%
世界	11.6	2 594 835	415 647	16.0
印度	51.6	230 259	83 712	36.4
中国	16.1	225 653	81 894	36.3
美国	18.2	250 395	33 578	13.4
巴基斯坦	25.3	29 529	27 345	92.6
伊朗	11.1	33 210	11 475	34.6
墨西哥	13.9	40 211	9 480	23.6
土耳其	33.2	38 384	7 823	20.4
泰国	34.5	26 461	7 479	28.3
孟加拉国	58.5	11 745	7 088	60.3
俄罗斯	7.3	185 594	6 900	3.7
印度尼西亚	18.1	49 506	6 750	13.6
乌兹别克斯坦	11.3	7 191	6 422	89.3
西班牙	37.0	27 747	5 670	20.4
哈萨克斯坦	8.3	33 359	5 334	16.0
伊拉克	13.7	8 900	5 288	59.4
罗马尼亚	41.4	14 308	4 616	32.3
越南	27.1	13 211	4 500	34.1
巴西	7.8	99 195	4 380	4.4
意大利	35.5	15 657	4 125	26.3
法国	35.5	34 073	3 900	11.4
日本	12.5	7 049	3 888	55.2
澳大利亚	6.2	70 733	3 818	5.4
乌克兰	55.3	50 077	3 312	6.6
阿根廷	10.4	42 651	3 300	7.7

2003 年灌溉率在 35% 以上的国家有 22 个，这些国家的灌溉率超过或接近中国的灌溉率。其分布规律是沙漠地区国家的灌溉率高，降水丰富地区的灌溉率低，如智利、巴基斯坦和中亚国家的灌溉率较高；亚洲人口稠密地区的灌溉率高，如印度、中国、孟加拉国的灌溉率高，非亚洲国家人口稀疏地区的灌溉率低；发达国家的灌溉率高，如荷兰、以色列和日本的灌溉率较高，发展中国家的灌溉率较低；农耕文明古国的灌溉率高，如伊拉克、印度、中国、希腊和秘鲁的灌溉率高，畜牧业大国的灌溉率低。这种灌溉率分布规律充分体现了灌溉对发展农业生产，维持食物自给的重要性（表 10.8）。

表 10.8　2003 年灌溉率 35% 以上国家

地区	垦殖率/%	耕地面积/万亩	灌溉面积/万亩	灌溉率/%
世界	11.6	2 594 835	415 647	16.0
巴基斯坦	25.3	29 529	27 345	92.6
乌兹别克斯坦	11.3	7 191	6 422	89.3
智利	3.1	3 426	2 850	83.2
吉尔吉斯斯坦	6.8	1 960	1 608	82.0
土库曼斯坦	4.6	3 404	2 700	79.3
荷兰	22.7	1 155	848	73.4
阿塞拜疆	23.2	3 000	2 183	72.7
塔吉克斯坦	7.4	1 586	1 083	68.3
孟加拉国	58.5	11 745	7 088	60.3
伊拉克	13.7	8 900	5 288	59.4
日本	12.5	7 049	3 888	55.2
朝鲜	24.1	4 346	2 190	50.4
以色列	19.3	590	291	49.4
尼泊尔	16.9	3 634	1 755	48.3
韩国	18.6	2 738	1 317	48.1
格鲁吉亚	15.3	1 600	704	44.0
沙特阿拉伯	1.8	5 675	2 430	42.8
斯里兰卡	29.2	2 836	1 115	39.3
希腊	29.0	5 698	2 180	38.3
印度	51.6	230 259	83 712	36.4
中国	16.1	225 653	81 894	36.3
秘鲁	3.4	5 025	1 800	35.8

参考文献

[1] 唐晶云，姚仲元，王荣臣. 引黑入嫩，北水南调工程构想 [J]. 水利科技与经济，2003，9（3）：220-221.
[2] 王光谦，欧阳琪，张远东，等. 世界调水工程 [M]. 北京：科学出版社，2009.

第四篇 Part 4
我国南水北调的农业开发潜力

Chapter 11

第11章
中西线联合南水北调

11.1 西线南水北调研究现状

自然资源特别是土地资源极为丰富是中国大西北的最大特点，而中国正处于经济快速发展时期，通过向大西北调水促进当地的资源开发对全国经济发展意义重大。向大西北调水的具体效益可从经济、社会和生态三方面描述。在经济方面，以大西线南水北调为契机建设大西北，发展西北地区的经济，可以促进中国经济的空间均衡发展；通过调水开发当地的土地资源，可以实现中国耕地的占补平衡，促进全国的城镇化建设；开发大西北的宜农荒地资源，有利于保障中国的食物安全；在调水开垦荒地过程中推广节水灌溉，可以提高水资源利用效率。在社会方面，开发边疆的土地资源，增加农民收入，有利于维护边疆社会稳定；利用调水开荒组织生态移民，可以加快贫困山区的脱贫致富步伐；向大西北调水可以实现黄河上中下游及西北内流区水资源优化配置，一劳永逸地解决省际水资源矛盾。在生态方面，大西线调水有助于防治沙漠化扩张，改善西北干旱区的生态环境；大西线调水使沿途各大水系连通，可以实现防洪、排沙、发电、灌溉的协调发展，有效地维护河流的自然生态环境和保护河口生态系统；最终可以实施全国性的农业、城镇、工业和生态用水联合调度，从而实现经济发展与生态保护的双赢。

大西线南水北调的设计方案很多，韩亦方、曾肇京于 2000 年[1]，杨洪润、李明生于 2001 年[2]对诸方案分别进行了总结。笔者将大西线南水北调方案归纳为 8 种，分述如下。①水利部规划的西线自流调水方案[3]，分大渡河达曲-贾曲联合自流线路，雅砻江阿达-贾曲自流线路，通天河侧坊-雅砻江-贾曲自流线路，共调水 170 亿米^3。②黄河水利委员会南水北调西线工程后续水源方案[4]，延伸规划的南水北调西线工程，用怒江-澜沧江-贾曲调水方案，从怒江东巴水库开始引水，将澜沧江、怒江的 200 亿米^3 水自流调入黄河，使西线总调水量达到 370 亿米^3。③长江水利委员会林一山方案[5]，从怒江东巴水库到穿过巴颜喀拉山的阿坝隧洞，也是从贾曲入黄河，但中途采用了自流和抽水相结合的方式，可调水 800 亿米^3，其中 530 亿米^3 为自流。并主张以黄河大柳树枢纽为总灌渠渠首，分别修建南、北干渠引水到河西走廊、内蒙古西部、新疆东部各地。④中国科学院陈传友方案[6]，从雅鲁藏布江海拔 3 670 米的永达开始提水，过易贡藏布上游的松曲口、怒江上游热玉、澜沧江囊谦、金沙江上游的治家，注入黄河上游的鄂陵湖、扎陵湖。远景引水量为435 亿米^3，可调往柴达木和塔里木盆地。⑤电力部方案，由电力部贵阳勘探设计院提出，设想以自流为主调水，在雅鲁藏布江、怒江、澜沧江、金沙江、雅碧江、大渡河上筑高坝，从阿坝以西过巴颜喀拉山分水岭入黄河，其中雅鲁藏布江和大渡河需提水，其余自流。五江一河年最大可调水量 920 亿米^3，其中 400 亿米^3 来自雅鲁藏布江。⑥郭开-袁嘉祖方案[7]，从雅鲁藏布江中游桑日县朔玛滩海拔 3 500 米等高线筑坝截流，由加查峡到怒江夏里，过澜沧江昌都、金沙江白玉、雅砻江甘孜、大渡河阿坝，翻分水岭沿海拔 3 440 米贾曲入黄河，调水 2 006 亿米³。⑦郭开方案修正，郭开方案由于在有效调水量、工程技术可行性、经济合理性及投资估算等方面缺乏科学根据，遭到专家质疑[8,9]。崔荃、刘刚通过技术可能性分析认为最大可调水量为 1 480 亿米³[10]。⑧黄河水利委员会的旧调水方案[11]，1958 年至 1961 年黄河水利委员会在中国科学院的配合下，进行了西线调水的查勘工作，范围涉及怒江、澜沧江、金沙江、雅砻江、大渡河等，曾提出上百条备选线路，以低海拔线路为主，典型线路有翁水河-定西线、沙布-洮河线、金沙江的恶巴-洮河线、石鼓-渭河线、玉树-积石山线等。

根据从大西线调水的目的可以确定对调水线路的要求。首先，需要较大的调水量，调水线路要有一定的海拔高度，以利于向土地资源丰富的河西走廊、内蒙古和新疆调水；必须依靠自流输水以节省运营成本和电力损耗；调水线路海拔越高调水量越少，且存在调水线路施工困难、维护成本高的问题，以及冰冻期长供水期短的问题，所以线路不宜过高；线路越低调水量越大，但线路越低坡降越小，隧洞工程量越大，向大西北调水越困难，于是存在引水线路的合理海拔高度问题；由于从雅鲁藏布江调水需修建超长隧洞或逐级提水，工程浩大，且运营成本高，在能满足一定的调水量的情况下应当排除从雅鲁藏布江调水选项。通过上述分析可见，水利部和黄河水利委员会的规划偏于保守，据本人利用地理信息系统和径流深度分布图的计算，该线路最大调水量为 436 亿米³，由于三江上游径流深度值较低，该方案的调水量同工程造价的比值最低；林一山方案估计调水量偏大，也存在性价比偏低问题，在高寒区提水也不经济，并且总灌渠渠首黄河大柳树枢纽水位偏低，不利于向大西北引水。陈传友方案海拔过高，未考虑柴达木盆地热量条件较差以及高原湖泊结冰期长的问题。电力部方案也存在调水量估计偏大和提水问题。郭开及其修正案最大的问题是工程浩大，修正以后仍存在高坝长隧问题。黄河水利委员会的旧调水方案中翁定线较为可行，对引水量的估计也较准确，缺点是线路偏低，工程量大，且由于线路海拔低影响向大西北调水；恶巴-洮河线较为适宜，可惜未设计向澜沧江、怒江的延伸调水；石鼓-渭河线线路比翁定线的海拔还低，也存在工程量大的问题；玉树-积石山线向柴达木盆地引水，未考虑柴达木盆地有效积温低的问题。

11.2　联合调水方案总体设计

研究黄河流域水资源利用状况和当前的南水北调规划调水量是设计大西北调水工程的基础。根据 1919—1975 年 56 年水文资料统计，黄河流域多年平均天然年径流总量为 580 亿米³。为了保证黄河下游河道年平均淤积量不大于 4 亿吨，多年平均需要输沙水量 200 亿米³ 以上，扣除此项输沙用水后年平均可利用水量小于 380 亿米³[12]。水利部黄河水利委员会制定的 370 亿米³ 黄河可供水量（流域内地表水耗水量和流域外引走水量）分配方案为上游青海、四川、甘肃、宁夏和内蒙古 144 亿米³；中游山西和陕西 81 亿米³；下游河南、河北和山东 145 亿米³。根据《黄河水资源开发利用规划》的预测，到 2030 年前后黄河流域需耗用河川径流量 520 亿米³，同 370 亿米³ 黄河可供水量相比，缺水达 150 亿米³ 左右[13]。

本研究设计的南水北调中线延伸与大西线联合调水方案是：废止规划的西线高海拔调水方案，而采用中海拔调水线路以增大调水量；在现有南水北调中线工程基础上，通过延伸南水北调中线至长江三峡水库，扩大中线的北调水量，保证黄河下游的用水需求；利用现有的黄河中上游水利工程和小浪底水利枢纽工程，使黄河水除调沙入海外，均留于中上游使用，同时通过增加中线调水量作为替代水源，用于满足黄河下游的用水需求；建设大西北引水干渠，在满足现有规划供水量的基础上，利用刘家峡水库尽可能多地将大西线北调的水源引向河西走廊、内蒙古高原西部和新疆东南部。本方案在现有的南水北调规划基础上进一步将长江水北调和西调，涉及中线工程、三峡水库工程和丹江口大坝加高工程等重大工程，需要中止目前尚未开工的西线工程。

本研究设计的大西线调水方案的核心工程包括：西藏左贡县东坝-洮河线调水方案，每年可从怒江、澜沧江和长江流域向黄河流域自流调水 1 198 亿米^3，9 条尾洞（西线 9 条龙）总设计流量为 3 797 米^3/秒；南水北调中线延伸香溪-浪河隧洞调水方案，可从三峡水库自流调水 250 亿米^3 到丹江口水库，采用 5 隧洞输水（中线 5 条龙），单洞输水 50 亿米^3，设计流量 158 米^3/秒；大西北供水干渠工程，可向中国最为干旱的大西北内流区甘肃、内蒙古和新疆调水 1 059 亿米^3，渠首设计流量为 3 357 米^3/秒。

本方案设计的大西线调水线路海拔适中，输水线路水位海拔从 2 920 米降为 2 320 米，全程长 1 107 千米，落差 600 米，具有可观的发电潜力；全程自流，可以利用刘家峡水库向河西走廊、内蒙古和新疆调水；避免了从雅鲁藏布江调水，工程量适中，涉及最大坝高为 295 米，最长隧道 106 千米，最大隧洞半径 6.57 米，工程技术上是可行的，是天赐中国的优良调水线路。同当前规划的南水北调方案相比，本章设计的南水北调方案维持东线方案不变；放弃了当前规划的高海拔西线 170 亿米^3 调水方案，而改用调水量较大的中海拔自流调水方案；设计延伸了南水北调中线，从长江三峡水库向丹江口水库调水，连同原规划的 130 亿～220 亿米^3 的汉江水北调量[14]，使中线南水北调最大调水量增加到 470 亿米^3，从而要求中线陶岔渠首的设计流量由现在的 350 米^3/秒加大到 1 489 米^3/秒。设计的中西线北调水量总计为 1 668 亿米^3，加上规划的东线调水 148 亿米^3，总计可向北方调水 1 816 亿米^3，约为黄河径流量 580 亿米^3 的 3.1 倍。

当前黄河流域规划增加用水量 150 亿米^3 可在 1 198 亿米^3 的西线总调水量中预留扣除，按分水配额估计规划分配给山东、河南、河北和天津配额为 59 亿米^3。若用中线调水替代下游原用水和规划用水配额，将配额拨给黄河中上游，扣除规划增加的用水量，黄河中上游地区可净增规划外配额 54 亿米^3，从而使黄河中上游和西北内流区可新增计划外用水量 1 253 亿米^3。设计的大西北供水总干渠总长 6 794 千米，其中甘肃 1 750 千米，内蒙古 2 132 千米，新疆 2 912 千米，加上辅助工程陕西引洮河入渭河输水线路长约 462 千米，山西万家寨引黄入晋输水线路长约 452 千米，宁夏黄河干流长约 325 千米，输水干线长度共计为 8 033 千米。

11.3　主要工程技术指标

11.3.1　西线引水线路东坝-洮河线

东坝-洮河线具体线路起始于西藏左觉县东坝乡的怒江东坝水库，经他念他翁山隧洞输水到仁果乡入澜沧江；在芒康县如美镇北偏西 14 千米处筑坝建澜沧江水库，开凿隧洞引水到四川省巴塘县拉哇乡北 10 千米处的金沙江洛必共水库；开凿隧洞经莫多乡引水到四川省新龙县和平乡的雅砻江；在雅江县北 18 千米处筑坝建雅砻江水库，在道孚县南 18 千米的鲜水河东岸开凿隧洞引水至丹巴县边耳乡的草什扎河水库；在草什扎河水库东岸开凿隧洞引水到位于大渡河上游的金川县集沐乡大金川水库；在阿坝州附近的梭磨河开凿隧洞引水到黑水县城东 7 千米的黑水河水库；从黑水河水库开凿隧洞经扎窝乡跨毛儿盖河至茂县叠溪镇岷江水库；从岷江水库开隧洞，经 6 处辅助大坝跨涪江上游支流至九寨沟县白水江（嘉陵江支流）上游的漳扎镇漳扎水库；从漳扎水库开隧洞，经 3 处辅助大坝跨白水江上游支流至甘肃迭部县阿夏镇进入白龙江（嘉陵江支流）流域；从阿夏开凿隧洞至尼敖乡白龙江尼敖水库；从尼敖水库开凿隧洞经腊子口附近的 4 处辅坝引水至岷县入洮河。最后自洮河流入刘家峡水库。

沿途有大坝 25 处，其中主坝 10 处，辅坝 15 处；有 38 条隧洞，单洞总长 821 千米，多段复合洞总长 4 719 千米。最高主坝岷江大坝坝高为 295 米，白龙江涪江大坝和怒江大坝坝高为 290 米，金沙江大坝坝高为 260 米，是全线 4 座最大大坝。隧洞半径在 5.76~6.57 米；最长单洞为沙鲁里山隧洞，长 120 389 米；大折多山隧洞由 84 601 米和 71 860 米两段组成；其他长隧洞主要有芒康山隧洞 78 341 米，邛崃山隧洞 73 695 米和他念他翁山隧洞 61 309 米（表 11.1，图 11.1）。针对长隧洞是工程的难点，建议使用 TBM 挖掘隧洞，并在有条件的线路上多开支洞、导洞和竖井，如开凿沙鲁里山隧洞时可开凿 1 个沿河导洞、2 处支洞施工口和 2 处通风竖井，以保证 10~20 千米设置一出口（图 11.2）。

表 11.1 东坝-洮河线隧洞和大坝工程与技术参数

工程顺序	工程名称	半径/米	隧洞个数/个	单洞长/米	主隧洞长/米
1	迭山隧洞	6.35	9	68 188	26 112
2	岷山隧洞	6.57	8	219 151	43 903
3	邛崃山隧洞	6.43	8	104 233	73 695
4	大折多山隧洞	6.07	4	159 314	84 601
5	沙鲁里山隧洞	6.44	4	120 389	120 389
6	芒康山隧洞	6.07	3	78 341	78 341
7	他念他翁山隧洞	5.76	2	61 309	61 309

工程顺序	工程名称	最大坝高/米	水面海拔/米	主坝数	辅坝数/个
1	白龙江涪江大坝	290	2 335	3	11
2	岷江大坝	295	2 430	2	2
3	大渡河大坝	190	2 460	1	1
4	雅砻江大坝	90	2 725	1	0
5	金沙江大坝	260	2 840	1	1
6	澜沧江大坝	195	2 885	1	0
7	怒江大坝	290	2 920	1	0

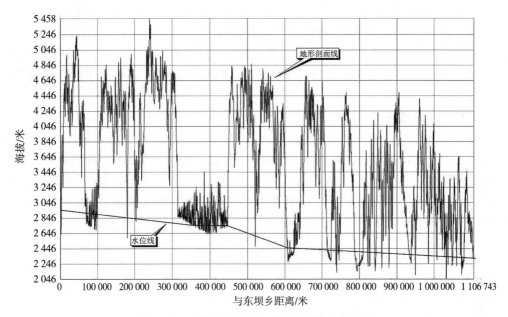

图 11.1　东坝-洮河线地形剖面与设计水位线

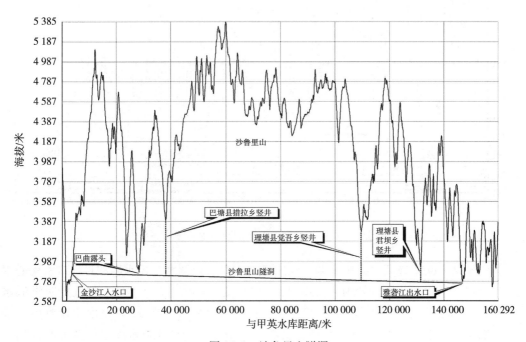

图 11.2　沙鲁里山隧洞

　　利用全国径流深度图通过 ArcGIS 计算的全线最大调水量为 1 198.2 亿米^3，按流域分布状况为嘉陵江（白龙江和涪江）流域 30.4 亿米^3，岷江流域 64.6 亿米^3，大渡河（大金川）流域 153.6 亿米^3，雅砻江 200.0 亿米^3，金沙江 269.1 亿米^3，澜沧江（湄公河）201.4 亿米^3，怒江（萨尔温江）279.2 亿米^3。可分为六期逐步建设，从嘉陵江流域和岷江流域调水为第一期，大渡河流域、雅砻江、金沙江、澜沧江和怒江依次为第二至六期。

本章在大坝和隧洞设计中依据的数字高程模型（DEM）数据来自美国国家航空航天局奋进号航天飞机采集的 SRTM - V3 数据，地面分辨率为 100 米，相当于 1∶15 万的地形图。隧洞的调水量是根据谢才公式和曼宁公式计算得出的，洞壁的粗糙系数取 0.012（水泥砂浆衬里）。

11.3.2 中线引水线路与水库水位调节方案

中线引水线路起始于湖北省兴山县香溪河畔的水田坝村，经兴山县东河畔的平水村、神农架林区新华乡郭家垭村、保康县多桥镇和寺坪镇、房县沙河乡北河河畔的畈上村，至丹江口市浪河镇注入丹江口水库，全长 133 403 米。隧洞半径 6.5 米，5 洞复合总长为667 015 米。在海拔较低的平水村、多桥镇、寺坪镇和畈上村可以开支洞辅助挖掘，在郭家垭村等 8 处可开凿通风竖井（图 11.3）。

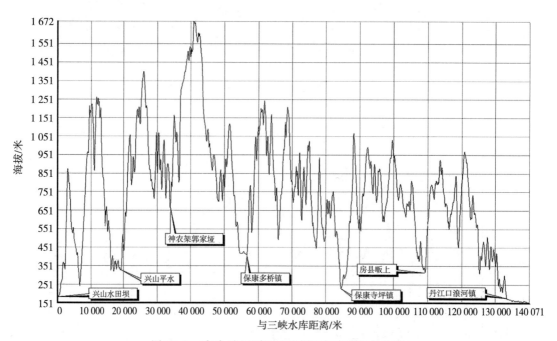

图 11.3　香溪-浪河隧洞地形剖面与支洞竖井分布

为便于从三峡水库调水，中线调水线路延伸需要联合调度三峡水库和丹江口水库的水位。三峡水库水位调节原计划为 12 月维持正常水位 175 米，7—11 月上旬维持防洪低水位 145 米，不利于从三峡水库向丹江口水库自流输水，应改为在 11 月至次年 4 月半年维持正常水位 175 米，夏季 7—9 月维持防洪低水位 145 米。丹江口水库水位调节原计划为10 月下旬至次年 5 月中旬维持正常水位 170 米，7—9 月上旬维持防洪低水位 160 米，不利于从三峡水库大流量过境向中线干渠自流输水，应改为在 11 月至次年 4 月将水位降为155 米，与三峡水库形成 26 米的水位差，从而使三峡水库向中线顺畅自流输水。

本章设计的南水北调中线延伸工程特点是：充分利用三峡水库正常蓄水位 175 米同现有南水北调中线渠首（河南省淅川县九重镇陶岔村）水位 149 米之间的 26 米水位落差；

直线长隧洞，以维持较高比降，隧洞长 133 403 米，坡降为 0.000 146，隧洞半径 6.5 米，设计流量为 319 米³/秒，半年取水期的输水量为 50 亿米³；可采取多支洞、多竖井的方式挖掘，以加快施工速度，保障通风和施工安全；设计为 5 洞，总输水量最高可达 250 亿米³，可分期分批挖掘；工程完成后可以实现三峡水库和丹江口水库水资源的联合调度，互相调剂，提高取水保证率。

汉江最大可调出 220 亿米³，中线延伸后五隧洞可输水 250 亿米³，南水北调中线总计可调水 470 亿米³，比原计划 130 亿米³ 增调 340 亿米³，设计干渠渠首流量 1 490 米³/秒，远大于当前设计方案 350 米³/秒（年调水量 110 亿米³）。五洞方案可置换黄河下游的当前用水配额 145.4 亿米³，并置换黄河流域规划新增的 150 亿米³ 用水量中分配给下游的 58.95 亿米³，总计为黄河中上游增加用水配额 204.35 亿米³。

11.3.3　大西线引水干渠

大西线引水干渠总长度为 6 794 千米，设计按五期进行建设，依次为：第一期黄河流域段水面海拔（下同）1 735～1 710 米，东河西走廊海拔 1 710～1 690 米；第二期中河西走廊海拔 1 690～1 670 米，腾格里沙漠东南缘海拔 1 710～1 400 米，西河西走廊海拔 1 670～1 650 米；第三期北山南麓海拔 1 660～1 390 米，北山西麓海拔 1 390～1 325 米，北天山东麓海拔 1 325～1 200 米，博格达山北麓海拔 1 200～1 170 米；第四期瀚海盆地南缘西段海拔 1 680～1 330 米，哈密盆地北缘海拔 1 325～1 000 米，吐鲁番盆地北缘海拔 1 000～900 米；第五期阿尔金山北麓海拔 1 650～1 640 米，西昆仑山北麓海拔 1 640～1 630 米，瀚海盆地南缘东段海拔 1 330～1 250 米。在西北总干渠工程建设顺序安排上，本章考虑了当前经济带优先、土地资源丰富区优先、水资源缺乏区优先、重点风沙源治理优先的原则，有利于实现城镇、工业、农业和生态用水的合理配置。

西北总干渠工程特点是：以明渠为主，辅助以少量隧洞和虹吸与倒虹吸管道，用于翻山过河和取直线路，便于沿途水资源利用和土地资源开发；利用海拔 1 735～900 米的 835 米水位落差，可维持较高比降，以保证流速；设计时可尽量增加干渠深度，缩短干渠宽度，或可将干渠封顶，以减少水面蒸发；设计为 5 期 15 段，可由近至远分期分批修建；建设明渠可采取各县分段包干建设的方式，以加快施工速度，缩短工期；渠首为刘家峡水库，加上南水北调大西线来水，水源供应稳定。

按照分期建设的原则，水源区与受水区的对应关系大致为从嘉陵江、岷江向洮渭线和洮祖线西安和定西方向供水，以及用于宁夏增加引黄灌溉；从大渡河通过万家寨工程扩容向山西供水，并开始向西北干渠黄河流域段和东河西走廊输水；从雅砻江向中河西走廊、腾格里沙漠东南缘和西河西走廊供水；从金沙江向北山南麓、北山西麓、北天山东麓和博格达山北麓段乌鲁木齐方向供水；从澜沧江向瀚海盆地南缘西段（巴丹吉林沙漠）、哈密盆地北缘和吐鲁番盆地北缘供水；从怒江向阿尔金山北麓、西昆仑山北麓和瀚海盆地南缘东段供水。

11.4　造价估计与成本效益对比

本章设计的大西线南水北调东坝-洮河线是多条线路比选的最终结果，为类似线路中单位线路长度引水量最大的，全长 1 107 千米，引水 1 198.0 亿米³，千米引水量 1.08 亿米³，高于海拔较低的东坝-定西线 0.96 亿米³ 和海拔较高的萨达-洮河线 0.98 亿米³，远高于当前南水北调规划西线延伸线的单位线路长度引水量 0.47 亿米³（表 11.2）。在地质和环境方面，本方案将低海拔方案线路适度上移，基本避开了地震多发区；线路的大水库多在植被较差的西南干热河谷地，比低海拔方案淹没的耕地和森林少。

表 11.2 大西线调水五种方案比较

线路	线路长度/千米	引水量/亿米³	千米引水量/亿米³
东坝-定西	1 352	1 293.6	0.96
东坝-洮河	1 107	1 198.0	1.08
萨达-洮河	1 084	1 065.0	0.98
白达-洮河	1 061	919.0	0.87
东巴-贾曲	928	436.0	0.47

只有进行南水北调中线延伸和大西线联合调水工程详细规划才能精确计算总造价，本章仅参照现有水利工程的工程量和造价的关系对整个工程总造价进行估计。东坝-洮河线主体工程大坝造价主要参照了西南地区在建和已建的大坝造价，如建于 1995 年的四川大桥大坝，坝高 93 米，总投资 10 亿元；建于 1991 年的云南漫湾大坝，坝高 132 米，总投资 66 亿元；建于 1997 年的贵州天生桥大坝，坝高 178 米，总投资 104 亿元；建于 2007年的贵州龙滩大坝，坝高 217 米，总投资 258 亿元；建于 2008 年的四川二滩大坝，坝高 240 米，总投资 277 亿元；四川溪洛渡大坝，坝高 278 米，规划总投资 636 亿元。经估算，东坝-洮河线主体工程 24 座大坝总造价为 5 632 亿元，其中 6 座主坝总造价为 2 824亿元，3 座次主坝总造价为 1 908 亿元，15 座辅坝总造价为 900 亿元。外加 3 个辅助工程，即引玉曲入怒江、引洮河入渭河和引洮河入祖厉河工程的 6 座大坝总造价约 360 亿元，联合调水工程共须修建 30 座大坝，大坝总投资约为 5 992 亿元。隧道造价估计参照2006 年完工的秦岭终南山公路隧道，挖掘土石方 219.2 万米³，总投资 31.9 亿元，折合1 457 元/米³。西线主体工程隧洞总长度 4 719 千米，按土石方量估计造价为 8 824 亿元，西线辅助工程隧洞总长度为 109 千米，估计造价为 124 亿元；中线单洞造价 258 亿元，5条复合总造价为 1 290 亿元；估计联合调水工程的隧洞总投资为 10 238 亿元。西北干渠造价参照在建的南水北调中线陶岔渠首至平顶山市沙河南段工程，渠长 239 千米，总投资162 亿元，平均 6 791 万元/千米；根据调水量和地形变化适当调整单位造价，使每千米造价维持在 5 000 万～8 000 万元，估计联合调水工程 6 794 千米的西北干渠总造价为 3 985亿元（表 11.3）。

估计中西线联合调水工程总投资为 20 216 亿元，可联合调水 1 668 亿米³，折合单位调水量投资为 12.1 元/米³，其中中线延伸工程 3.8 元/米³，东坝-洮河线 15.8 元/米³；分阶段建设的中西线联合调水工程金沙江及以北工程总投资为 13 108 亿元，可联合调水1 188 亿米³，单位调水量投资为 11.0 元/米³，其中中线延伸工程仍然为 3.8 元/米³，东坝-洮河线为 16.5 元/米³。对比起来，当前规划的南水北调东线总投资 420 亿元，调水148 亿米³，单位调水量投资 2.8 元/米³，但需逐级抽水，运营成本高；中线总投资 920 亿元，调水 130 亿米³，单位调水量投资 7.1 元/米³；西线总投资 3 040 亿元，调水 170 亿米³，单位调水量投资 17.9 元/米³，中西线联合调水工程优于当前规划的中西线调水工程，中线延伸工程的性价比最高（单位调水量造价最低）。

表 11.3　中西线联合调水工程造价估计

单位：亿元

项目	全工程造价			金沙江及以北工程造价		
	大西线	中线延伸	合计	大西线	中线延伸	合计
西北干渠	3 985	0	3 985	2 179	0	2 179
大坝	5 992	0	5 992	5 096	0	5 096
隧洞	8 948	1 290	10 238	4 542	1 290	5 832
总计	18 926	1 290	20 216	11 818	1 290	13 108

要估算联合调水工程的效益需有一套完整的水资源分配方案。大西北调水的省际分配可作为一个单独的课题研究，本部分仅介绍一种简单的分配方案。若按照输水线路长度决定供水配额，每千米输水线路可分配用水量 1 553 万米³。分配结果为，在新增计划外用水量 1 253 亿米³ 中，各省区可获得的配额分别为新疆 454 亿米³、内蒙古 332 亿米³、甘肃 273 亿米³、陕西 72 亿米³、山西 70 亿米³、宁夏 51 亿米³。从发展农业保障粮食安全角度分析，西北干渠的效益在于可以开垦沿线的宜农荒地资源。假设联合调水工程调入西北内流区的水按照农业、城镇和生态用水 5∶3∶2 的比例分配；联合调水工程调入宁夏、山西、陕西的水按照农业和城镇用水按 5∶3 分配，可得到一套完整的大西线南水北调供水分配方案，以便计算联合调水工程的农业效益（表 11.4）。

表 11.4　中西线联合调水工程供水分配方案与农业和生态效益

地区	总配额/亿米³	农业用水/亿米³	城镇用水/亿米³	生态用水/亿米³	开垦荒地/万亩	生态移民/万人	绿化沙漠/千米²
甘肃	273	136	82	54	2 719	272	27 186
内蒙古	332	166	99	66	3 312	331	33 123
新疆	454	226	136	90	4 523	452	45 235
宁夏	51	32	19	0	631	63	0
山西	70	44	26	0	878	88	0
陕西	72	45	27	0	897	90	0
总计	1 253	648	389	211	12 960	1 296	105 544

经估算，联合调水工程可以在满足当前用水规划的基础上每年给黄河中上游和西北内流区增加供水 1 253 亿米³，其中 648 亿米³ 用于农业，按每亩灌溉需水 500 米³ 计算可开荒和增加水浇地 12 960 万亩（若使用覆膜滴灌耗水量可降为 200 米³/亩，可开荒 3.24 亿亩）；按每人 10 亩水浇地进行生态移民计算，可移民 1 296 万人。中国西部环境与生态科学数据中心 2006 年公布的全国流动沙丘面积为 51.51 万千米²，大西线调水的生态用水可

用于固定流动沙丘，改善生态环境，参照新疆沙漠公路的固沙绿化耗水量，按 133.3 米^3/亩计算，211 亿米^3 生态用水可绿化沙漠 10.55 万千米^2，约占全国流动沙丘面积的 20.5%，可以有力地缓解威胁中国华北和东北地区的风沙源（表 11.4）。通过目前中国的粮食作物、经济作物、蔬菜和水果生产的每亩净利润可以估算新开垦水浇地的价值，四种农业生产方式的每亩平均净利润分别为 180 元、520 元、2 200 元和 2 400 元，按 4% 贴现率计算每亩售价分别为 4 500 元、13 000 元、55 000 元和 60 000 元，按照 58%、30%、5% 和 7% 面积权重（当前新疆、内蒙古和甘肃三地区的农业种植结构）计算的加权平均值为 13 214 元/亩，开垦的 12 960 万亩水浇地的总价值为 17 125 亿元。

联合调水工程效益巨大，本部分仅核算了灌溉效益、生态移民效益和治理沙漠化的生态效益；其他效益如城镇和工业用水效益可以根据售水收入和拉动国内生产总值增长数量、发展城镇数量和可新增城镇人口数量估算；沿线 30 座水库的防洪效益和 600 米落差和 1 198 亿米^3 过水量的发电效益也较为明显，可由专业人士进一步核算估计，鉴于篇幅限制本部分不再详细描述。

11.5 结论与对策建议

综合上述各节的设计和论证可以得出如下结论：中西线联合调水方案工程设计是基于当前的建坝和凿洞技术，技术上是可行的，且具有巨大的经济、社会和生态效益，可以缓解中国的城镇化占地、旱涝灾害、贫困、粮食安全和生态恶化等诸多重大问题。关于中国建设联合调水工程的承受能力，在三峡工程论证时按当时物价（1978 年）估算三峡工程静态投资高达 300 多亿元，为国内生产总值的 8.3%，到 1992 年开始实施时规划的静态总投资为 901 亿元，降为国内生产总值的 3.4%；中西线联合调水工程估计总造价 20 216 亿元，为 2007 年中国国内生产总值的 8.0%，金沙江及以北工程总造价 13 108 亿元，降为国内生产总值的 5.2%，均低于三峡工程论证阶段的核算。可见中西线联合调水工程并未超出中国的承受能力。

笔者对中西线联合调水方案工程的规划和实施提出以下具体建议。联合调水工程建设应当遵从总体分期规划、分批建设、逐步延伸原则。中线延伸的单位投资调水效益最佳，应当作为第一阶段建设的工程，引洮入渭和引洮入祖工程有利于黄河流域内部水资源的合理调配，工程量较小，可以与中线延伸工程同时进行建设，从而争取尽早实现南水北调中线向黄河下游替代供水和黄河流域上、中、下游水资源的联合调配；第二阶段开始建设东坝-洮河线一期工程，并依次建设东坝-洮河线二、三、四期工程和西北干渠一、二、三期工程，完成从金沙江向乌鲁木齐调水；第三阶段建设东坝-洮河线五、六期工程和西北干渠四、五期工程，以及引玉入怒辅助工程，最终完成从怒江向大西北调水。

21 世纪是人类开发地下空间的世纪。目前西欧、美国、日本等发达地区和国家已建成了一批大型隧道，隧道方面的技术比较先进，但是我国的 TBM 制造水平还很低下，国产掘进机目前还不能满足我国国民经济快速发展的要求[15-17]。中西线联合调水工程中隧洞投资约为全工程隧洞总投资的一半，长隧洞挖掘技术是全工程的关键，建议通过引进世界先进技术大力发展国产隧洞掘进机产业，以提高中国的隧洞掘进能力。在施工中也应多开竖井、导洞和支洞，以加快联合调水工程的建设速度。

在加强联合调水工程硬件建设的同时，也应加强配置规划和水资源管理研究等软件建设。使跨流域、流域和次流域多级规划有机结合、相互衔接，开发多流域水资源协调管理系统，从而使长江流域防洪、发电与调水相互协调，黄河上、中、下游水资源利用与调沙相互协调，实现多流域农业、城镇、工业和生态用水的联合调度。

利用耕地占补平衡政策向全国各城市城镇建设用地占用耕地征收联合调水开荒基金，可以为联合调水工程筹集大量资金，同时可以缓解城镇化过程中的耕地流失问题。国土资源部于 2008 年发出通知要求建设占用耕地不得跨省域易地补充，该项政策不利于西部荒地资源的开发利用。在联合调水工程建设中，国家应当鼓励中东部城市对口支援西北干渠的建设和土地资源开发，易地补偿建设占用耕地，解决城市扩张占地问题。

目前对中国食物数量安全最大的威胁来自自给率极低的油料作物（含大豆）和食用植物油产业。充分利用建设联合调水工程的契机，在沿线开垦的荒地，广泛采用节水灌溉技术，因地制宜地大力发展大豆、花生、向日葵等油料作物，可以缓解中国的食用植物油危机。如联合调水工程覆盖的塔里木盆地南缘的山麓平原适宜发展花生，北疆、东疆和内蒙古中西部适宜发展油菜籽、葵花籽、胡麻籽和大豆，黄土高原适宜发展花生、大豆、油菜籽、葵花籽、胡麻和核桃。

参考文献：

[1] 韩亦方，曾肇京 . 对"大西线"调水的几点看法 [J]. 水利规划与设计，2000 (2)，22 - 25.

[2] 杨洪润，李明生 . 大西线调水与西南三江水能利用探讨 [J]. 三峡大学学报（自然科学版），2001，23 (2)：112 - 115，119.

[3] 水利部黄河水利委员会 . 南水北调西线工程规划简介 [EB/OL]. （2003 - 8 - 25）. http：//www. nsbd. gov. cn/zx/gcgh/20091021/.

[4] 牛景宾，曹廷立，李庆中，等 . 南水北调西线工程后续水源初步研究 [J]. 人民黄河，2001，23 (10)：19 - 20.

[5] 林一山 . 南水北调大西线工程简介 [J]. 水利水电快报，1998，19 (9)：14 - 16.

[6] 陈传友，马明 . 21 世纪中国缺水形势分析及其根本对策——藏水北调 [J]. 科技导报，1999 (2)：7 - 11.

[7] 中国黄河文化经济发展研究会，大西线南水北调工程论证委员会 . 大西线南水北调工程建议书 [J]. 当代思潮，1999 (2)：2 - 18.

[8] 鲁家果 . "朔天运河——大西线南水北调构想"质疑 [J]. 社会科学研究，2001 (2)：49 - 52.

[9] 潘家铮，张泽祯 . 中国北方地区水资源的合理配置和南水北调问题 [M]. 北京：中国水利水电出版社，2001：283 - 308.

[10] 崔荃，刘刚 . 朔天运河技术可能性分析 [J]. 人民黄河，1999，21 (6)：39 - 42.

[11] 水利部黄河水利委员会 . 南水北调西线 [EB/OL]. http：//www. yellowriver. gov. cn/ziliao/lygh/.

[12] 水利部黄河水利委员会 . 黄河水资源利用与规划 1986—2000 [EB/OL]. http：//www. yellowriver. gov. cn/ziliao/lygh/.

[13] 水利部黄河水利委员会 . 黄河水资源开发利用规划 1997—2010 [EB/OL]. http：//www. yellowriver. gov. cn/ziliao/lygh/zonghe/.

[14] 水利部长江水利委员会 . 南水北调中线工程规划（2001 年修订）简介 [EB/OL]. http：//www. nsbd. gov. cn/zx/gcgh/20091021/.

［15］白洪海. TBM 在长隧道施工中存在的问题及发展趋势［J］. 科技资讯，2006（2）：32-33.

［16］黄今，苏华友. TBM 在长大隧道开挖中应用前景初探［J］. 山西建筑，2007，33（2）：276-277.

［17］Stephen Murdoch. The NiagaraTunnel Project［J］. *Bulletin of Canadian Dam Association*，2006，17（4）.

Chapter 12

第12章
从怒江向雅鲁藏布江延伸*

12.1 大规模调水的必要性

历史发展经验表明，国家强盛同边疆开发密切相关。中国历史上对北方和西北边疆地区的开发历经汉、唐、元、明、清五朝，越强盛的王朝开发的力度越大。晚清及民国时期汉人在东北、华北和陕甘宁青及内蒙古有垦荒活动[1]。新中国成立初期实行军垦、民垦开发北大荒，使新疆、黑龙江和内蒙古的农牧业得到空前发展，成为当前我国重要的农牧业生产基地。世界大国兴衰演化史亦表明农业是决定国家兴衰的关键产业[2]。

国内外对比表明中国水利工程还有很大发展空间，特别是大型水利工程。通过国际水利发展比较可以得出的结论是中国水利建设总量位居世界前列，但是人均水平远低于发达国家。1986 年美国 1 亿米^3 以上大型水库总库容为 7 789 亿米^3，中国仅为 2 373 亿米^3[3]；中国 2010 年 1 亿米^3 以上大型水库总库容为 5 594 亿米^3，人均总库容 416 米^3，仅有美国 1986 年 2 508 米^3 的 16.6％。世界各大洲农业资源开发有很多成功的先例，大多数都伴随大规模跨流域调水[4]，其中美国、印度、巴基斯坦和中亚国家的调水经验，以及以色列的节水灌溉技术最值得中国的联合调水工程借鉴。

中国北方土地资源丰富，农业开发效益高于南方丘陵山地。中西线联合南水北调的受水区主要有黄土高原、河西走廊、南疆盆地、吐鲁番-哈密盆地、北疆盆地和瀚海盆地边缘，具有土地资源丰富、土壤肥沃、光照资源丰富的特点[5]。在灌溉条件下西北地区适宜种植除油棕外的主要油料作物，如花生、油菜籽、向日葵籽、大豆、棉籽，是理想的农业发展后备区。从水资源和土地资源开发角度来看，我国农业生产潜力较大的有西北地区和南方丘陵两个地区。南方丘陵坡耕地较多，需修建梯田，且不利于农业机械化发展。北方土地资源开发可以通过节水灌溉和跨流域调水两种方式相结合大幅提高农业单产，投入产出效益远优于南方的坡耕地改造；由于地势平坦，北方更有利于发展农业机械，进行大规模农业生产。黄土高原坡耕地面积广大，发展灌溉需要建造梯田，但是由于黄土土质疏松，生土层的土壤肥力较高，修建梯田投入少、效果好，投入产出效益明显高于南方的石质丘陵和山地。

中国农业生产重心北移使西北地区对跨流域调水的需求日益增大。在土地资源分布格局和农业技术进步共同作用下，新中国成立以来中国的农业主产区出现了接力式漂移，逐步由长江中下游向黄淮海平原，进而向东北平原和西北地区移动。虽然长江中下游和黄淮海平原仍然是粮食生产比重较大的区域，但是东北平原和西北地区的贡献份额在逐年增

---

* 本章由笔者已发表文章修改而来，原文章"基于 DEM 的南水北调大西线藏木至洮河调水工程研究"发表于《水利规划与设计》2011 年第 6 期。

加。特别是西北地区，宜农荒地资源丰富，单产水平低下，增产潜力较大，将成为继东北地区之后的中国后备粮仓。然而水资源短缺是西北地区农业发展的主要瓶颈。为发展农业生产，各地建设了大量的跨流域调水工程，凸显了北方地区水资源贫乏问题的严重性，有力地说明西北地区对跨流域调水的需求在日益增加。

12.2　向雅鲁藏布江延伸

大西线南水北调高海拔调水线路短，但调水量少；低海拔调水线路长，但调水量大。由于我国耕地流失严重，食物危机日益加剧，需要大流量调水来大规模开发西北地区的土地资源，所以笔者舍弃了高海拔调水方案。又由于低海拔不利于向西北地区输水，且线路坡降小，隧洞工程量大，所以笔者舍弃了低海拔调水方案。利用中海拔方案调更多的水只有从怒江向雅鲁藏布江流域延伸调水，本部分研究了中海拔自怒江延伸到西藏米林县比定的雅鲁藏布江自流调水方案。本方案的主要特点是利用了 31 米分辨率的高精度数字高程模型；设计的 V 形谷河流大坝高度低于 327 米，最长隧洞不超过 90 千米，保证具有技术可行性；在大西线线路设计上同陈昌杰方案相近，并沿用了陈清波的中线补偿调水和本人的中西线联合调水的基本方针。

笔者对大西线南水北调工程有过系统研究，也研读了其他学者的方案设计[6-8]。为减少调水工程投资额，笔者对原先的联合调水工程设计进行了修改。本次修改主要研究了修建渡槽的可行性和不同衬砌方式对隧洞内径和建设成本的影响，同时对大坝高程、调水线路和隧洞走向进行了微调，对隧洞长度进行了精确测量，从而保证了隧洞调水线路的比降最大化和洞径最小化。同以往设计不同的地方主要是将雅鲁藏布江主坝下移到西藏米林县比定村，设计添加了白龙江亚日倒虹吸渡槽（图 12.1、图 12.2），对隧洞采用夹砂玻璃钢

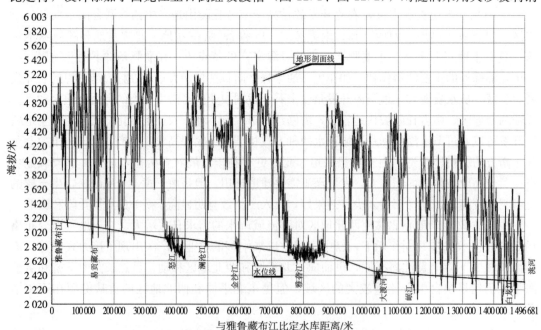

图 12.1　比定-洮河大西线南水北调工程地形剖面

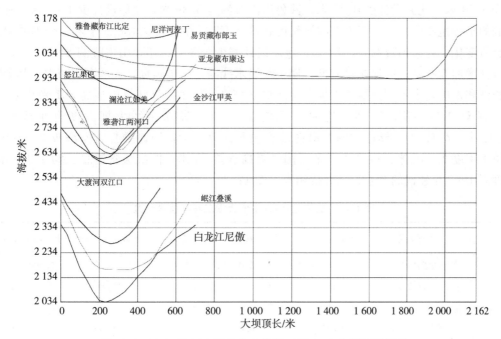

图 12.2　比定-洮河大西线南水北调工程 11 座主坝地形剖面

管衬砌，并在水力计算中采用了巴甫洛夫斯基公式同谢才公式的组合。

在水力学计算中，隧洞自流输水属于无压圆管均匀流，可利用谢才公式和曼宁公式或谢才公式和巴甫洛夫斯基公式计算不同隧洞半径、糙度系数和比降下的隧洞输水能力[9,10]。曼宁公式较为简单，但精度较差，且仅适于较小洞径隧道。巴甫洛夫斯基公式精度较高，适用范围较广，但是水力最优充满角不固定，随隧洞半径变化而变化。为提高计算精度，本研究改用了巴甫洛夫斯基公式，计算结果表明，洞径越大，最优充满角越小，流量最大值同满流流量比值越低。

联合调水工程在大西线修建倒虹吸渡槽有三个备选项：位于甘肃省迭部县藏旺乡亚日村的白龙江渡槽，位于西藏自治区波密县八盖乡塔鲁村的易贡藏布渡槽，位于巴宜区八一镇仲萨村的尼洋河渡槽。易贡藏布塔鲁渡槽太深，尼洋河仲萨渡槽太长，笔者认为不具有工程技术可行性，不考虑修建。笔者对是否修建白龙江亚日渡槽，无衬砌、混凝土衬砌和夹砂玻璃钢管衬砌三种衬砌方式，理想衬砌效果、实际可行的衬砌效果 12 种方案进行逐一计算[11-14]。理想衬砌效果夹砂玻璃钢管衬砌糙率系数为 0.008 4，混凝土衬砌糙率系数为 0.012，TBM掘进无衬砌糙率系数为 0.016；实际可行的衬砌效果夹砂玻璃钢管衬砌糙率系数取 0.009，混凝土衬砌糙率系数取 0.012 5，TBM 掘进无衬砌糙率系数取 0.016 75。通过比选，不建渡槽造价高被排除，理想衬砌效果难以实现被排除，无衬砌、混凝土衬砌造价高被排除。最终选择修建亚日渡槽和可行的夹砂玻璃钢管衬砌效果方案，糙率系数取 0.009。

夹砂玻璃钢管衬砌和修建亚日渡槽在工程技术上是可行的，又明显减少了中西线联合南水北调工程的工程量和投资。新方案隧洞内半径大幅降低，增加了开凿隧洞的工程技术可行性[15,16]。隧洞最大内半径三峡-丹江口隧洞为 5.96 米，比原设计少 0.54 米；迭山隧洞为 5.83 米，比原设计少 0.74 米；沙鲁里山隧洞为 5.39 米，比原设计少 1.04 米；其余隧洞的半径也相应减少。新方案隧洞长度较藏木-洮河方案减少 183.5 千米，个别隧洞长度有所变化，芒康山隧洞 89 382 米，比原设计减少 898 米；邛崃山主隧洞 84 190 米，比原设计增加 590 米；修建亚日渡槽，使主线引水线路走向更顺直，长度有所减少；其余隧洞长度和走向基本不变。最高大坝白龙江尼傲坝高 327 米、怒江果巴坝高 301 米均未变；大渡河双江口坝高 300 米，比原设计增加 55 米；其余主线大坝高度有小幅调整（表 12.1，表 12.2）。新增加的甘肃迭部县白龙江亚日倒虹吸渡槽管管面海拔 2 260 米，大桥主跨度为 440 米，拱高 150 米，倒虹吸高程差 75 米，倒虹吸管道总长约 1 000 米，跨度同 1997 年建成的万县长江大桥相当（图 12.3）。

表 12.1　比定-洮河线主要大坝工程与技术参数

顺序	主坝名称	水面海拔/米	河底海拔/米	坝高/米	上游隧洞比降	下游隧洞比降
1	嘉陵江尼傲	2 335.0	2 008.0	327.0	0.000 562	0.000 313
2	岷江叠溪	2 436.2	2 165.0	271.2	0.000 562	0.000 562
3	大渡河双江口	2 515.0	2 215.0	300.0	0.001 456	0.000 562
4	雅砻江两河口	2 725.0	2 588.0	137.0	0.000 694	0.001 456
5	金沙江甲英	2 813.6	2 528.0	285.6	0.000 694	0.000 694
6	澜沧江如美	2 875.7	2 654.0	221.7	0.000 694	0.000 694
7	怒江果巴	2 920.0	2 619.0	301.0	0.000 714	0.000 694
8	易贡藏布郎玉	3 068.0	2 777.0	291.0	0.000 714	0.000 714
9	雅鲁藏布江比定	3 150.0	2 929.0	221.0		0.000 714

表 12.2　比定-洮河线隧洞工程与技术参数

顺序	穿越山脉	注入河流	半径/米	复合洞数/个	单洞长/米	尾洞总出水量/亿米³
1	迭山	洮河	5.83	13	47 892	1 771
2	岷山	白龙江	5.33	12	180 107	1 730
3	邛崃山	岷江	5.26	12	140 292	1 674
4	大雪山	大渡河	4.94	8	144 204	1 521
5	沙鲁里山	雅砻江	5.39	8	120 389	1 321
6	芒康山	金沙江	5.20	7	89 382	1 052
7	他念他翁山	澜沧江	5.09	6	63 808	851
8	念青唐古拉山横	怒江	5.07	4	78 289	570
9	念青唐古拉山纵	波都藏布	4.84	4	129 029	506
10	抗拉热山	易贡藏布	4.98	3	66 694	409
11	郭喀拉日居山	尼洋河	5.11	2	48 131	291
	辅洞 6 处	主线	4.06	1	244 598	
	三峡-丹江口	丹江口水库	5.96	5	133 403	250

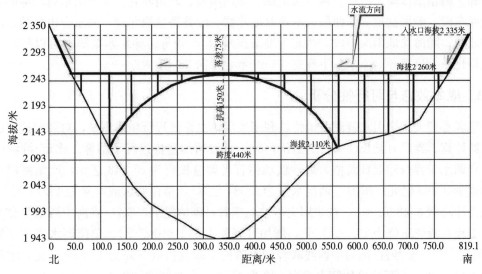

图 12.3　大西线南水北调甘肃迭部白龙江亚日倒虹吸渡槽示意

　　修改后的比定-洮河中西线联合南水北调工程主线起点在西藏米林县米林乡比定村雅鲁藏布江大坝，终点在甘肃省岷县十里镇迭山隧洞洮河出口。主线主体工程自甘肃省岷县十里镇向西南依次为：甘肃迭部-岷县迭山隧洞，亚日倒虹吸渡槽，岷山隧洞，叠溪水库，红岗山隧洞，邛崃山隧洞，双江口水库，大雪山隧洞，折多山隧洞，雅砻江两河口水库，新龙洛古乡纳都村-理塘绒坝乡段雅砻江深挖，沙鲁里山隧洞，金沙江甲英水库；芒康山隧洞进入西藏芒康县，澜沧江如美水库，他念他翁山隧洞，怒江果巴水库，怒江入水口深挖，念青唐古拉山横穿隧洞，念青唐古拉山纵穿隧洞，易贡藏布郎玉水库，抗拉热山隧洞，尼洋河麦丁水库，郭喀拉日居山隧洞，雅鲁藏布江比定水库。主线隧洞单洞总长 1 115.5 千米，复合洞总长 8 776.2 千米。辅线有 7 处：①洮河九甸峡水库和引洮入祖鸟鼠山隧洞；②洮河梅川水库和引洮入渭石川隧洞；③白龙江尼傲水库和尼傲隧洞；④白龙江多儿河白古水库和白古隧洞；⑤岷江松坪沟新磨水库和青龙寺短隧洞；⑥怒江玉曲左贡水库和左贡-如美隧洞；⑦波密曲宗藏布毛江水库，沙村隧洞，帕隆藏布沙村水库，波密仲坝-八宿珠巴伯舒拉岭隧洞，注入怒江冷曲。辅洞为单洞，总长 244 598 米。三峡-丹江口隧洞为五复合洞，单洞长 133 403 米，复合总长 667 015 米。联合调水隧洞复合总长约为 9 687.8 千米。

　　工程共需建大坝和渡槽 88 座。其中 44 座大坝和渡槽同调水工程直接相关，包括主线主坝 10 座（含亚日渡槽和尼傲坝），主线辅坝 21 座，辅线大坝 7 座，主坝串联坝 6 座，用于增加兴利库容。利用现有规划进行上游兴利库容调节的大坝有 36 座，其中白龙江 1 座，大渡河 3 座，金沙江 6 座，澜沧江 4 座，岷江 4 座，尼洋河 1 座，怒江 1 座，雅砻江 9 座，雅鲁藏布江 7 座。新增上游兴利库容调节大坝 8 座：怒江白达、新荣、当堆、沙丁和赤多 5 座，雅鲁藏布江吞巴、新尖和康来 3 座。需废弃现有规划大坝 2 座：雅砻江的龚坝沟和怒江的怒江桥。已规划和未规划的主线上游调节坝和主坝串联坝，由于有自身的发电效益，不在联合调水成本计算之列。

　　引水干渠总长 6 794 千米。干渠线路按建设顺序依次为黄河流域、东河西走廊、中河西走廊、腾格里沙漠东南缘、西河西走廊、北山南麓、北山西麓、北天山东麓、准噶尔盆地南缘东段、瀚海盆地南缘西段、哈密盆地北缘、吐鲁番盆地北缘、阿尔金山北麓、西昆仑山北麓、瀚海盆地南缘中段。西北干渠渠首采用60°角等边梯形水渠输水可以使建渠成本最低化，上口宽66.84米，下底宽33.42米，渠深28.94米。

12.3 成本效益与可行性分析

笔者参照大伙房引水隧洞的造价，利用地理信息系统进行精确测量，对隧洞造价进行了重新计算；参照万县长江大桥的造价，对亚日渡槽的造价进行了估算。比定-洮河中西线联合调水工程修建亚日渡槽，夹砂玻璃钢管衬砌总投资为27 918亿元，比无渡槽混凝土衬砌少3 399亿元；增加可调配水量为2 384亿米^3，单位调水成本降为11.71元/米^3，比原设计降低3.48元/米^3。在采用夹砂玻璃钢管衬砌情况下，怒江-洮河中西线联合调水阶段工程总投资下降为19 549亿元，增加可调配水量1 810亿米^3，单位调水成本下降为10.80元/米^3；金沙江-洮河中西线联合调水阶段工程总投资下降为13 356亿元，增加可调配水量1 328亿米^3，单位调水成本下降为10.06元/米^3（表12.3）。

表 12.3　中西线联合南水北调工程成本效益核算

修建亚日倒虹吸渡槽/夹砂玻璃钢管衬砌	三峡-丹江口	金沙江-洮河	怒江-洮河	比定-洮河
干渠/亿元	2 343	4 522	6 328	8 133
大坝/亿元	0	4 527	5 252	6 620
隧洞/亿元	1 142	4 307	7 969	13 165
总计/亿元	3 485	13 356	19 549	27 918
调水量/亿米^3	340	1 055	1 537	2 111
可调配水量/亿米^3	613	1 328	1 810	2 384
单位成本/(元/米^3)	5.69	10.06	10.80	11.71
边际成本/(元/米^3)	10.25	13.81	12.84	14.57

为计算我国对联合调水投资的承受能力，国内生产总值年增长率按9.86%计算，固定资产投资年价格指数按102.55%计算。夹砂玻璃钢管衬砌修建亚日渡槽中西线联合调水方案总投资27 918亿元（2010年价格）折合为2011年价格后为中国2011年国内生产总值47.156 4万亿元的6.07%。2011年12月末中国外汇储备为31 811.48亿美元，折合人民币200 508亿元，联合调水总投资仅占其14.28%，恰为1/7。从单方调水成本来看，联合调水工程的平均调水成本为11.71元/米^3，介于规划中线南水北调7.1元/米^{3}和规划西线17.9元/米^{3}之间，低于现有的中小型调水工程，如引额济乌一期、引黄入晋、甘肃省引洮一期和引大入秦工程。可见比定-洮河中西线联合南水北调工程未超出中国的承受能力，在技术经济上是可行的。

关于水库库容调节问题。西南诸河的径流特点是年内变化大，年际变化小。中西线联合南水北调工程大西线年调水总量为1 771亿米^3，笔者计算出的总多年调节库容为835.1亿米^3（包括年完全调节库容618.5亿米^3），总多年调节库容系数为47.2%，其中普列什柯夫线解图调节系数取 0.9，用水保证率取 80%。地质灾害预防是决定工程技术可行性的关键问题，如地震、活动断层、岩爆等对大坝和深埋长隧洞施工和使用寿命都会产生影响。我国已经积累了高坝和深埋长隧洞的建设经验，并对工程地质灾害的防治有深入研究[17-21]，笔者认为联合南水北调工程技术上是可行的。

学者们十分关心国际水资源利用问题。大西线南水北调涉及国际河流的下游水资源丰富：比洮线中西线联合调水工程北调澜沧江水量 201 亿米³，为湄公河入海径流量的 4.2%；北调怒江水量 282 亿米³，为萨尔温江入海径流量的 11.2%；北调雅鲁藏布江水量 570 亿米³，为布拉马普特拉河径流量 6 180 亿米³ 的 9.22%。西南地区的河流地处印度洋季风区，旱季河流径流量不大，雨季非常容易形成洪灾。孟加拉国于 2001—2011 年 11 年间有 8 年出现洪水；2011 年南亚、东南亚水灾波及印度、孟加拉国、缅甸、泰国、柬埔寨、老挝和越南 7 国。中国将上游洪水截取可以部分减轻下游的洪灾。大西线南水北调工程以下的河段水力资源仍然十分丰富，开展水利开发有利于下游的防洪抗旱，如中国可在雅鲁藏布江大拐弯处建设大坝进行水电开发，同时利用兴利库容在枯水季节向下游输水，为下游国家兴利除弊。

比定-洮河中西线联合南水北调工程完成后，以洮河岷县至刘家峡水库为节点，可对大西线来水和黄河刘家峡以上来水进行统一调配。比洮线上游来水有大西线每年来水 1 771 亿米³，由岷县十里镇入洮河，以及黄河上游经龙羊峡水库调节的刘家峡水库入库径流每年 273 亿米³，加上三峡-丹江口水库调水 340 亿米³，联合南水北调总计可调配年径流量为 2 384 亿米³，是黄河年径流量 580 亿米³ 的 4.1 倍。按照黄河流域水资源规划，需通过黄河主河道向万家寨-小浪底区间的黄河中游供水 219 亿米³，以工业和城镇生活用水为主，大西线剩余的 1 825 亿米³ 水可在黄土高原和西北内陆缺水地区统一分配。行业间用水量分配可以按照《2008 中国水资源公报》公布的西北诸河的用水量分配比例进行分配。同时按照干渠长度决定分省区供水配额，在新增计划外用水量 1 825 亿米³ 中各省区可获得的配额分别为：新疆 662 亿米³，内蒙古 485 亿米³，甘肃 396 亿米³，陕西 105 亿米³，山西 103 亿米³，宁夏 73 亿米³。中线延伸增加调水 340 亿米³，以工业和城镇生活用水为主，供给中线干渠以下的河南、河北、山东、北京和天津。

按照上述分配方案，比洮线中西线联合调水的可调配水量的主要用水效益为：①售水收入 1 223 亿元；②新增耕地 6.645 亿亩，价值 87 806 亿元；③农业效益为可生产大豆 19 935 万吨；④工业效益为可增加 33 208 亿元工业 GDP；⑤城镇生活用水效益为可增加 39 833 万城镇人口；⑥发电效益为可发电 3 298 亿千瓦时，价值 1 649 亿元；⑦防洪和抗旱效益主要是控制长江宜昌总径流量的 21.3%；⑧扶贫效益为可容纳生态移民 6 645 万人；⑨生态效益为可增加绿洲 47.0 万千米²。

按膜下滴灌耗水 280 米³/亩计算，通过发展水浇地和开垦宜农荒地可增加灌溉面积 5.843 亿亩，约为当前耕地面积的 32.5%。若将城镇居民生活用水和工业用水产出的污水用于农业灌溉，按 68.7% 的污水产出率（北京 2010 年数据）计算可增加灌溉用水 224.6 亿米³，灌溉耕地 0.802 亿亩，从而使联合调水和污水灌溉的最大可灌溉耕地面积达到 6.645 亿亩，为 2010 年中国有效灌溉面积的 73.4%。

农业效益。从发展农业保障粮食安全角度分析，西北干渠的农业效益在于可以开垦沿线的宜农荒地资源和灌溉黄土高原的旱地。西北地区适于发展大豆、花生、棉花、玉米、小麦、牧草、蔬菜、水果等多种农作物。在西北地区采用膜下滴灌种植大豆亩产可达 300 千克，6.645 亿亩水浇地可生产大豆 19 935 万吨；采用膜下滴灌种植玉米亩产可达 500 千克，6.645 亿亩水浇地可生产玉米 33 225 万吨。若按 20% 新增灌溉面积用于种植玉米、80% 种植大豆计算，粮油混合总产量可达 22 593 万吨，可使中国 2030 年的食物自给率由预测的 76.3% 上升为 103%。

生态移民。按照每人分配 10 亩水浇地进行生态移民，可进行生态移民 6 645 万人。西北地区移民来源可以是国家级贫困县移民，长江中上游和西南诸河水电开发的水库移民，青藏高原和北方牧区游牧民定居，以及为防止水土流失和过度放牧而实施的生态移民。

生态效益。按照 200 米³/亩营造城镇防护林和扩大城镇绿地面积，80.73 亿米³ 的生态用水可建设 26 910 千米² 的城镇防护林带。增加 6.645 亿亩耕地相当于建设了 44.32 万千米² 的绿洲。二者合计可以增加绿洲面积 47.01 万千米²，从而使西北地区的生态环境大大改善。

12.4 存在的问题解析

调水比例、国内国际水资源分配问题。藏洮线中西线联合调水北调长江水量 1 337 亿米³，为长江入海径流量的 13.7%；北调澜沧江水量 201 亿米³，为湄公河入海径流量的 4.2%；北调怒江水量 282 亿米³，为萨尔温江入海径流量的 11.2%；北调雅鲁藏布江水量 570 亿米³，为布拉马普特拉河径流量的 9.22%。长江上游及支流水源区人口稀少，受调水直接影响的地区主要为土地资源极为贫乏的贫困山区，正是需要生态移民的地区。将西南地区的贫困人口随大西线南水北调移民至大西北，符合通过调水实现水土结合、随水移民的资源和人口优化配置原则。国家河流澜沧江、怒江、雅鲁藏布江下游均为水资源丰富地区，调水量小，对下游影响不大，且有助于下游的防洪。袁嘉祖[22]为了解决大西线南水北调有关国际问题，查阅了有关法规和文献，认为实施大西线南水北调不存在国际惯例的障碍。

水库库容调节与均匀供水问题。由于大西南水电开发规划了许多梯级电站和大坝，水源区输水线路上游有水库链调节库容，较容易保证隧洞的均匀水流输水。据高精度 DEM 计算大西线沿线 10 座主要水库的 50 米深调节库容为 133 亿米³，若将沿线隧洞取水口和出水口下移 50 米，该调节库容可用于水源区均匀流调节。刘家峡水库以下的西北干渠本身也可承担部分蓄水功能，更重要的是在西北干渠下游的河谷利用有利地形建设众多的蓄水水库和田间地头蓄水池，从而保证冬季蓄水，以满足春夏秋三季的灌溉用水。另外，洮河干流岷县-刘家峡段除梅川和九甸峡外还可以建梯级水库，以增加向大西北季节性供水的调节库容。

水面蒸发损失问题。按沿途水面蒸发平均为 2 000 毫米计算，明渠输水蒸发损失每年最多只有 9 亿米³，水面蒸发不是大问题，所以西北干渠可采用明渠输水，不必通过封顶防止水面蒸发。若采用 60° 角等边梯形水渠输水可以使建渠成本最低化，渠深为 28.94 米，上口宽为 66.84 米，下底宽为 33.42 米，纵坡度为 1:10 512，可达到 5 601.6 米³/秒的径流量。西北地区泡地水和播前水耗水量较大，最高为 150 米³/亩，按每 100 亩耕地修建一处田间蓄水池，除利用西北干渠本身的蓄水作用外，仍需建 446 万个库容为 14 263 米³ 地头水囤，每年的水面蒸发量为 77 亿米³，为西北内流区调水量的 5.2%，蒸发损失不可忽视。为防止水面蒸发损失，地头水囤应建成密封式，当直径等于柱高时最为经济，要产生 14 263 米³ 库容需建直径和高均为 26.3 米的水囤。

生态问题与生态移民问题。水源区河谷植被以生态价值较低的灌丛为主[23]，水库淹没的森林面积较小，对自然生态环境的破坏也较小。纳水区主要是黄土高原旱作农业区，河西走廊山前洪冲积扇，内蒙古西部沙漠、毛乌素沙地，内蒙古中部干草原，新疆山前洪冲积扇，塔里木盆地南缘，土哈盆地北缘，准噶尔盆地南缘东段。纳水区气候干旱，环境恶劣，所以调水的生态效益十分显著。中国的西南山区、黄土高原、干旱半干旱草原、沙漠边缘是贫困人口集中地区，大规模生态移民和土地资源开发，有利于解决贫困问题。

水库淹没移民问题。水源区人口稀少，水库淹没人口少，较容易解决水库移民问题。洮河干流岷县-刘家峡水库之间的河谷地区将建设大型蓄水水库，移民较多，可采取移民就水的总体思路进行跨县、跨市甚至跨省移民。将西南贫困山区的居民移往西北开垦宜农荒地也存在跨省远程移民问题，应遵从自愿原则，并有赖于政府的大力动员与支持。据青海省已有的生态移民经验，可采取分村落半数集体移民的方式，在大西北另建新村，从而使留下的村民的耕地面积加倍，实现移民一人，富民两人。

沿线的交通条件。由于在大西线选取了中海拔线路，沿线的交通条件有很好的基础，并在迅速改进。比定-洮河沿线有 317 国道、318 国道和 214 国道为大西线建设提供了便利的交通条件；拉萨-林芝铁路、成都-兰州铁路、成都-雅安铁路和重庆-兰州铁路正建设中；已经建成的机场有 6 座，西藏的林芝和昌都，四川的康定、成都、马尔康和九寨沟，甘肃陇南机场也将在 10 年内修建，不久的将来将在大西线形成发达的立体交通网络。

沿线地质灾害问题。比定-洮河线避开了五都-马边地震带（汶川地震带）和喜马拉雅地震带，但是需要横穿康定-甘孜地震带[24]，工程设计中应考虑大坝和长大隧洞的抗震与抗活动断层问题。汶川地震强震区的 4 个不同类型百米以上高坝保持了结构整体稳定和挡水功能；西南地区正在建设和准备建设的一批 200 米甚至 300 米高的超高大坝都处在地震烈度较高的地区，可见中国的大坝抗震技术已经十分成熟，居世界前列。根据中国地壳垂直运动图[25]，怒江-洮河线处于地壳下降 4 毫米/年和上升 4 毫米/年的区域内；延伸线雅鲁藏布江比定-怒江段，地壳活动强烈，大部分在每年上升 8 毫米以上的地域，最高可达 20 毫米/年。但是地壳上升速度变化剧烈的区域恰好是怒江德曲果巴之间利用自然河流输水的地段以及念青唐古拉山南麓多段短隧洞地段，地壳变化对引水工程的影响不会太大，且较容易修复。

基岩岩性与 TBM 掘进。基于 1∶250 万地质图[26]，利用 GIS 计算各类岩性的图斑面积发现大西线沿线以砂岩和板岩为主，砂岩硬度居中，板岩硬度较差，二者均属于 TBM 掘进的较佳岩层。目前深埋长大隧洞掘进技术已经成熟，如台湾在同类岩层上利用 TBM 隧洞掘进机挖掘隧洞，平均月进度为 319 米[27]，90 千米的隧洞双向掘进 12 年可以完成，若利用有利地形多开辅助掘进口多头并进，还可以大大缩短施工期。

输水线路结冰问题。由于采用了较低海拔调水方案，比定-洮河线沿线水面温度南高北低，南部地段1月平均气温在0℃以上，水在冬季自南向北流到刘家峡水库反而会缩短冰封期，有利于向大西北调水。调水线路多隧洞有利于给流经的水流增温，抗击冰害。密封水圈可以防止冰害，有利于保障来年的春耕灌溉。

关于数据的可靠性，笔者认为本研究的径流量和工程技术数据可信度较强，依据的中国多年平均径流深度图是根据2 200多个水文站1956—1979年的资料绘制的[28]，通过GIS计算的径流量同统计的径流量误差很小。ASTER GDEM的31米分辨率DEM数据可信度最大，该数据采集所使用的热辐射波可以穿透水体，反映的是河底的海拔高度，同实际建坝设计所依据的海拔高度相同。据藏木、双江口和两河口3处坝址对比，提取的河床海拔平均比实测仅少4.7米；比按SRTM-V3的93米分辨率DEM数据估计的怒江以北7主坝坝高平均值提高了30米，有效校正了低分辨率和水面反射对河床海拔的高估与对大坝高度的低估。对效益的估算参照的是现实的数据，可信度也较好。对建设成本的估计，虽然笔者倾尽所能，仍感觉较为粗略，特别是坝高与造价关系回归的可信度较差，需做进一步研究。但笔者认为本研究的系统误差不是很大，总体上不会影响是否实施大西线建设的决策。

12.5 结论与对策建议

笔者对南水北调工程的多年研究表明，大西线自流调水工程技术上是可行的；选择海拔适中的比定-洮河线，以洮河和刘家峡水库为主要分水节点，可以向黄土高原和西北内陆大量输水；通过节水灌溉在西北大面积扩大绿洲面积是数千年农业开发经验的结晶，是对自然资源的最佳利用，不违背自然规律；通过大西线调水可大大缓解我国由于收入增长带来的日益加剧的食物危机。

中国食物危机有多种解决办法，但一定要遵从市场规律，自由贸易和资源开发并不矛盾。农产品国际贸易可以有效弥补中国水土资源匮乏的缺点，在短期内保障粮食和油料的有效供给；水土资源开发可提高综合国力，扩大国家战略空间，从长远角度保障中国未来的食物均衡。在世界食物危机日益加剧的大形势下，国际农产品价格将越来越高，进口农产品将越来越不经济，联合调水工程的必要性将越来越明显。在经济快速发展的大背景下，中国的综合国力将越来越强，水利工程技术进步将越来越快，联合调水工程的可行性将越来越强。

对比定-洮河中西线联合南水北调工程进行分阶段技术经济分析表明，按施工期分别为11年、15年和21年计，按总投资的1%计算运营成本，以发电收入和售水收入计算收益，金洮、怒洮和藏洮联合调水工程的财务内部收益率分别为8.92%、9.19%和8.88%，在经济上是可行的。比定-洮河中西线联合调水工程总投资巨大，但可以分阶段进行，中国综合国力不断增强，可以承受。同三峡工程1992年开始施工时静态总投资占国内生产总值的3.4%相比，2010年金沙江-洮河中西线联合调水工程静态总投资13 356亿元，占国内生产总值的3.3%；2015年怒江-洮河中西线联合调水工程静态总投资22 172亿元，占国内生产总值的3.2%；2020年比定-洮河中西线联合调水工程静态总投资35 912亿元，占国内生产总值的3.3%。2010年开工建设金沙江-洮河中西线联合调水工程的时机已经被错过，但可利用三年时间加紧论证和规划设计，争取2015年开工建设怒江-洮河中西线联合调水工程，2030 年建成；并于 2020 年在怒江-洮河线基础上开工建设比定-洮河中西线联合调水工程向雅鲁藏布江延伸调水，全部中西线联合南水北调工程可在 2035 年完工。

中国城镇化的发展使农业劳动力价格的上涨、农业机械化的推广成为制约农业现代化发展的关键因素。由于华北平原、东北地区的土地资源已被充分开发利用，内蒙古、黄土高原和广大的西北地区成为中国未来粮食生产增加潜力最大的地区。中国的大西北地区土地平坦，石油资源丰富，适合大规模推广农业机械，发展劳动力效率较高的现代农业。现代农业技术和农业生产资料工业的快速发展为中国开发宜农荒地资源提供了坚实的技术和物质基础，通过大规模跨流域调水工程建设开发中国北方的宜农荒地资源来增加大量耕地面积的时机已经成熟。

跨流域调水在干旱地区的效益巨大，通过大规模跨流域调水实现全国水资源的优化配置，为全体国民谋福利是国家的职责，中央政府应尽早积极组织论证实施南水北调大西线与中线联合调水，以解决我国的水土资源分布不均衡问题，开发北方丰富的土地资源，保障较高的食物自给率，实现经济的均衡发展。联合调水不仅可以有力地缓解中国食物危机问题，还可以缓解中国的城镇化占地、旱涝灾害、贫困人口和生态恶化等诸多重大问题。笔者建议我国政府遵从总体规划、分期建设、逐步延伸原则，尽快开工建设中西线联合调水工程。

参考文献：

[1] 屠思聪. 中华最新形势图 [M]. 上海：世界舆地学社，1932.

[2] 齐世荣. 15 世纪以来世界九强的历史演变 [M]. 广州：广东人民出版社，2005.

[3] 濮培民. 全世界库容大于 $10^8 m^3$ 的水库数量与容量的增长动态 [J]. 湖泊科学，1992 (1)：95.

[4] 王光谦，欧阳琪，张远东，等. 世界调水工程 [M]. 北京：科学出版社，2009.

[5] 陈曦. 中国干旱区自然地理 [M]. 北京：科学出版社，2010.

[6] 王建华. 解决我国北方水资源短缺问题的米卓调水河道工程构想 [J]. 安阳师范学院学报，2011 (2)：37-54.

[7] 黄河，谢文静. 海水淡化工程与调水工程比较分析 [R/OL]. (2005-03-22). http：//www.szwrb. gov.cn/cn/zwgk_show.asp? id=627.

[8] 刘祖川. 解读黄河水路大通道 [J]. 中国西部科技，2011，10 (18)：7，14-15.

[9] 郭维东，裴国霞，韩会玲. 水力学 [M]. 北京：中国水利水电出版社，2005 (1)：238-262.

[10] 李居坤，于华峰，尹建军. 无压圆管的水力分析研究 [J]. 灌溉排水学报，30 (1)：134-135.

[11] 林立，史艳华，梁平，等. 玻璃钢夹砂管的应用现状及展望 [J]. 当代化工，38 (5)：515-518.

[12] 徐培，吴文彬. 夹砂玻璃钢管在旧输水洞衬砌工程中的应用 [J]. 广东水利水电，2007 (3)：63-65.

[13] 梁玉进. 不衬砌与衬砌有压隧洞的设计 [J]. 水利水电技术，1990 (12)：56-58，64.

[14] 王学潮，等. 南水北调西线工程：TBM 施工围岩分类研究 [M]. 郑州：黄河水利出版社，2011.

[15] 毛文莉. TBM 在大伙房水库输水工程隧洞施工中的应用 [J]. 水利建设与管理，2010 (9)：4-5，12.

[16] 山西省万家寨引黄工程管理局. 双护盾 TBM 的应用与研究 [M]. 北京：中国水利水电出版社，2011 (1).

［17］刘美山，杨建，葛文辉，等．锦屏二级水电站引水隧洞岩爆灾害的工程治理方法研究［J］．贵州水力发电，24（5）：11-15．

［18］沈凤生，刘新．南水北调西线一期工程深埋长隧洞技术研究［J］．建筑机械，2002（5）：39-40．

［19］林皋．混凝土大坝抗震安全评价的发展趋向［J］．防灾减灾工程学报，26（1）：1-12．

［20］邓良军，李双宝，吴佘生．金安桥水电站大坝抗震分析和抗震措施设计［J］．水力发电，37（1）：26-28．

［21］陈厚群，徐泽平，李敏．汶川大地震和大坝抗震安全［J］．水利学报，39（10）：1158—1167．

［22］袁嘉祖．实施大西线调水解决有关国际问题的思考［J］．河北林果研究，17（3）：191-195．

［23］中国科学院．1∶1 000 000 中国植被图集［M］．科学出版社，2001．

［24］傅马利，杨守一．中华人民共和国地图集［M］．2 版．北京：中国地图出版社，1994：8．

［25］潘家铮，张泽祯．中国北方地区水资源的合理配置和南水北调问题［M］．北京：中国水利水电出版社，2001：292-293．

［26］中国地质调查局．1∶2 500 000 中华人民共和国地质图［M］．北京：中国地图出版社，2004．

［27］李明雄，李鸿洲，李庆龙，等．台湾水利隧道工程 TBM 开挖首次贯通案例［J］．岩石力学与工程学报，2001，30（1）：2-9．

［28］中国科学院长春地理研究所．中国自然保护地图集［M］．北京：科学出版社，1989：88-89．

第13章
南水北调西线优化方案

13.1 研究背景

1952年毛泽东主席首先提出了南水北调的伟大构想，并于1953年提出西线调水1 000亿米³的建议。60多年来，以水利部门为主的各界学者研究了许多方案，2017年底由王浩院士提出的红旗河工程是目前国内影响较大的调水方案。按照起始海拔的高低和调水线路的特点可以将南水北调西线工程线路分为4大类：高海拔线、中高海拔线、中低海拔线和低海拔线。此外还有在青藏高原开凿超长隧洞的调水方案，该类方案在工程技术上是不可行的，故不在本章研究范围。

高海拔线3条。以向柴达木和青海湖调水为特征。典型的有：①中国科学院陈传友方案[1]，从雅鲁藏布江海拔3 670米的永达（曲水县涌德村）开始提水，注入黄河上游的鄂陵湖、扎陵湖，远景引水量为435亿米³，可调往柴达木和塔里木盆地；②杨力行方案[2]，分别从楚玛尔河与通天河汇流处的海拔4 260米曲麻莱水库引水至格尔木河，从雅鲁藏布江海拔3 800米尼木水库引水至那仁郭勒河，然后沿柴达木盆地南缘向西入新疆；③胡长顺方案[3]，从青海称多县尕朵乡通天河与细曲汇流处筑坝，沿细曲扬水到海拔4 500米处向鄂陵湖引水，过青海湖东南缘和湟源县，穿过乌鞘岭抵达古浪县，调水到河西走廊和新疆。

中高海拔线4条。多以黄河贾曲为调水目的地，主要由水利部门提出，有的已有工程规划。①水利部规划的西线自流调水方案[4]，自金沙江侧坊水库（水面海拔3 770米）调水至黄河贾曲，共调水170亿米³，该方案是基于1958—1961年黄河水利委员会的玉树-积石山线调水方案进行的规划[5]。②黄河水利委员会南水北调西线工程后续水源方案[6]，延伸规划南水北调西线工程到西藏索县色昌乡亚冲村怒江东巴水库（水面海拔3 932米），使西线总调水量达到370亿米³。③原电力工业部方案，由原电力工业部贵阳勘探设计院提出，设想以自流为主调水，在雅鲁藏布江、怒江、澜沧江、金沙江、雅碧江、大渡河海拔3 500米以上筑高坝，从阿坝以西过巴颜喀拉山分水岭入黄河，最大可调水量920亿米³[7]。④郭开方案（修正），郭开方案为自西藏桑日县藏嘎村雅鲁藏布江朔马滩水库水位3 588米调水至黄河贾曲，崔荃、刘刚对该方案进行了修正，通过技术可能性分析认为最大可调水量为1 480亿米³[8]。

中低海拔线6条。主要特征是以洮河为出水口。①黄河水利委员会的旧调水方案金沙江的恶巴-洮河线，起点为金沙江贡觉县恶巴（俄巴）村[5]。②长江水利委员会林一山方案[9]，从西藏洛隆县怒江嘉玉桥水库引水，逆河扬水与修建运河和隧洞相结合，经金沙江岗托水库、岷江黑水水库，抵达白龙江上游，最后开凿隧道进入洮河干流，自流入黄河刘家峡水库，总引水量设计为可调水 1 000 亿米^3。③杨永年的米林派镇-洮河调水方案，起点为米林派镇多雄水库，水面海拔 2 950 米，总调水量 1 000 亿米^3，其中 600 亿米^3 调入洮河，400 亿米^3 用于沿途河流下游梯级发电[10]。④陈昌杰的米林羌纳-洮河调水方案，起始点羌纳水库水面海拔 3 000 米，以隧洞调水为主，经白龙江和洮河上游，终点为黄河龙羊峡水库，总调水量 1 200 亿米^3[11]。⑤王建华的米林比定-洮河卓尼调水方案，起点为米林比定水库，水面海拔 3 140 米，设计调水量为 2 000 亿米^3[12]。⑥本研究主张选用的米林桑白-洮河岷县铁关门线，起点为米林桑白水库，水面海拔 3 180 米，以桑白-铁关门为主线，沿途修建几处辅线以增加调水量，同时进行高海拔线楚玛尔河-格尔木调水，中高海拔线规划西线及延伸调水[13]。

低海拔线 5 条。主要特征是起点和终点海拔低，调水线路纵向坡降最缓。①黄河水利委员会的旧调水方案石鼓-渭河线，起点为云南玉龙县金沙江石鼓镇，经西汉江上游入渭河；②翁水河-定西线，起点为云南香格里拉金沙江翁水河，经渭河河源地区至定西市；③怒江沙布-定西线，起点为西藏察隅县察瓦龙乡怒江沙布村，经渭河上游至定西市；④怒江-洮河线，起点仍为察隅县沙布村，终点由岷县入洮河[5]；⑤红旗河（大拐弯-定西线），起始于西藏米林县派镇白马葛琼水库（水面海拔 2 558 米），经察隅县入怒江，在德钦县过澜沧江入长江，经金沙江石鼓大拐弯，在木里县入雅砻江，在安顺场沿大渡河西侧山坡北上，经宝兴、汶川、九寨沟，在礼县通过隧洞抵达渭河上游，在通渭到达祖厉河上游，最后折向西进入黄河刘家峡水库[14]。

根据西线调水的目的可以确定对调水线路的要求。①西北地区干旱缺水，土地资源丰富，需要较大的调水量方能满足土地资源开发需要，线路设计应尽量实现较大的调水量。②扬水调水耗费大量电力，运营成本和管护费用大大增加，调水线路应采取自流调水为主的原则，尽量避免扬水，以节省调水成本和电力损耗。③调水线路要有一定的海拔高度，以利于向土地资源丰富的黄土高原、河西走廊、内蒙古和新疆自流调水。④调水线路海拔越高调水量越少，且存在调水线路施工困难，维护成本高的问题，以及冰冻期长供水期短的问题，所以线路不宜过高；线路越低调水量越大，但线路越低纵向坡降越小，隧洞工程量越大，向大西北调水越困难，于是存在引水线路的最优海拔高度问题。⑤高水高走，调水距离较短，调水量少，工程量小，单位调水成本中等，工程较为可行，如楚玛尔河-柴达木调水，规划西线及延伸。⑥低水低走，可调水量大，但是线路长度大，纵向坡降低，流速慢，工程量大，建设费用高；低海拔调水经过人口稠密地区，移民费用也较大，单位调水成本最高。⑦高水低走，纵向坡降高，流速快，工程量小，建设费用低，最大调水量中等偏上，单位调水成本最低。

通过上述分析可见，高海拔和中高海拔方案，属于高水高走，若选择最便捷的路线进行近距离调水，经济上是可行的，但是由于调水量有限，且存在海拔高施工难问题，不可成为西线调水的主要线路。低海拔线路属于低水低走，工程量最大，单位调水成本最高，有的线路由于出水口太低，不能向遥远的新疆调水，受水区仅为渭河平原和华北平原，远远不如建设引汉济渭工程、引白龙江嘉陵江入汉江工程和三峡水库-丹江口水库隧洞增加中线调水量便捷。中低海拔线路属于高水低走，工程费用和移民费用较低海拔线路大大降低，可调水量减少幅度不大，经济效益最佳；以洮河和黄河刘家峡水库为水源区终点和受水区起点，海拔较高，自流调水区可以覆盖黄土高原、内蒙古高原、河西走廊、塔里木盆地和准格尔盆地；向受水区延伸自流调水可以远到中亚的巴尔喀什湖和锡尔河流域，便于通过调水干渠修建欧亚运河，开辟丝绸之路廉价水路交通。中低海拔线路是最优线路，本部分对中低海拔线路进行了进一步优化设计，通过加高水源区首坝，调整沿途大坝高程，增加洮河出水口河段深挖工程，实现了全程纵向坡降相等和隧洞工程量最小化。

13.2　研究方法与最优调水方案

13.2.1　研究方法

本研究使用的西线南水北调的选线原则为：①利用地球引力自流调水，节省运营维护成本。自流调水节省扬水费用，降低运营维护成本，还可以利用水力发电弥补调水造成的河流下游的水力损失。②高水低走，减少隧洞施工量。高水低走线路落差大，可以增加输水线路纵向坡降，提高水流速度，减少隧洞横截面，大大降低隧洞施工量。③设计建成最大均一纵向坡降，消除输水瓶颈地段。实现纵向坡降最大化和各段纵向坡降等量化，使水流快速顺畅无输水瓶颈，可比非均一化纵向坡降调水方案明显降低隧洞施工量和建设成本。④通过上游阶梯水库库容调节实现线路调水量最大化。我国西北严重缺水，调水量应当是多多益善；梯级开发水库可以单独进行成本核算，不增加调水成本；调水线路上游阶梯式水电开发可以增加调节库容，建设多年调节水库群，使水流均匀化，充分利用隧洞空间实现最大量调水[15]。⑤上游优先，高水高走，缩短调水距离，减轻下游调水负荷。通过仔细观察河流走向可以发现长江上游距离柴达木盆地和黄河上游河段很近，怒江、澜沧江、金沙江距离黄河贾曲大拐弯也不太远，遵循上游调水优先原则可以大大缩短调水距离，减轻桑白-铁关门线的调水负荷和施工量，这正是高海拔线和中高海拔线调水所依托的最大优势因素。

具体研究方法如下。

（1）利用高精度 DEM 数据和 GIS 确定线路走向。经过利用 GIS 空间分析功能的多年研究，确定了中低海拔线路水源区的起点和终点，以及调水线路的大致走向和各段隧洞的距离。在确定线路均一化最大纵向坡降后，可以精细化设计水面高程，最后通过微调隧洞出入口位置确定调水最终线路走向。联合使用了 ASTER‐GDEM 和 STRM3 DEM 空间数据，前者垂直精度为 7～14 米，水平精度为 30 米，相当于 1∶5 万地形图；后者垂直精度为 10 米，水平精度为 20 米，相当于 1∶15 万地形图[16]。

（2）利用水力公式计算理论技术参数。利用水力公式可以计算理论技术参数，主要公式有谢才公式、巴甫洛夫斯基公式，用于计算明渠均匀流输水量的梯形断面水力半径计算公式和用于计算无压隧洞均匀流输水量的圆形断面水力半径计算公式[17]。

（3）利用微软 Excel 软件工具栏计算隧洞和输水渠的技术参数。利用规划求解功能计算隧洞的技术参数、输水能力[18]。已知隧洞纵向坡降，根据当前技术可行性确定隧洞直径和糙率，利用规划求解可以计算出单洞每年最大输水量和最大输水量的水面中心角（充满角）。利用单变量求解计算输水渠的技术参数和输水能力。根据当前自然河流水面宽度确定深挖或渠化河道的渠底宽度 b 值和边坡倾斜系数 m 值，根据当前技术可行性确定渠化河道糙率，利用单变量求解可以计算出目标输水量所需要的水深 h 值。

13.2.2　最优调水方案

依据上述调水原则和研究方法，设计出最优调水方案如下。根据高精度径流深度分布图，利用GIS空间分析功能可以计算出水源区的可调水量自北向南依次为：白龙江和白水江共计25.8亿米³；岷江为60.3亿米³；大渡河为149.5亿米³；雅砻江为200.0亿米³；金沙江为268.9亿米³（含楚玛尔河）；澜沧江为201.4亿米³；怒江为279.2亿米³；雅鲁藏布江及支流（包括尼洋河、易贡藏布、帕隆藏布）为565.9亿米³；西藏隆子县洛曲、浪卡子县羊卓雍错、定日县朋曲共计26.4亿米³。西线总计调水1 777.4亿米³。西线南水北调目的地分为高海拔线、中高海拔线和中低海拔线3股，以中低海拔线为主，具体为高海拔线楚玛尔河调水入格尔木河为13.2亿米³，中高海拔线，即水利部和黄河水利委员会规划西线及延伸调水，入黄河贾曲为422.8亿米³，中低海拔线米林桑白-岷县铁关门主线及辅线调水入洮河1 341.4亿米³（表13.1）。

表 13.1　桑白-铁关门调水方案的水源地径流量与目的地受水量

水源区与目的地	地区	流域面积/千米²	径流深度/毫米	径流量与受水量/亿米³
水源区1	白龙江、白水江	8 199.4	314.6	25.8
水源区2	岷江	9 067.9	664.6	60.3
水源区3	大渡河	40 478.2	369.3	149.5
水源区4	雅砻江	65 540.9	305.2	200.0
水源区5	金沙江	181 211.7	148.4	268.9
水源区6	澜沧江	73 093.7	275.5	201.4
水源区7	怒江	91 637.6	304.7	279.2
水源区8	雅鲁藏布江及支流	200 766.7	281.9	565.9
水源区9	隆子县洛曲	10 777.2	82.9	8.9
水源区10	浪卡子县羊卓雍错	8 455.1	75.3	6.4
水源区11	定日县朋曲	11 639.2	95.3	11.1
合计				1 777.4
目的地1	高海拔线入格尔木河			13.2
目的地2	中高海拔线入黄河贾曲			422.8
目的地3	中低海拔线入洮河岷县			1 341.4

西藏米林桑白-甘肃岷县铁关门调水为主线。通过调整水库水面高程以获得最大均一纵向坡降。调水起点位于西藏米林桑白水库水面3 180米处，终点位于甘肃岷县铁关门洮河，河床海拔高度约为2 320米，深挖20米至输水隧道上部水面海拔2 300米，深挖32.8米至输水隧道底部海拔2 287.2米，经12千米过渡到洮河干流渠化河道。桑白-铁关门主线的隧洞全长1 175.2千米，落差880米，平均纵向坡降为0.748 8‰，也就是设计的最大均一纵向坡降值。适当增加首库坝高，以实现最大纵向坡降。桑白水库原设计水面高程为3 174.0米，现提高为3 180.0米。桑白大坝坝高增加6.0米。易贡藏布郎玉水库水面高程增加10.4米。怒江果巴水库、澜沧江如美水库、金沙江拉哇水库、雅砻江两河

口水库水面高程下降，其中雅砻江两河口水库水面高程下降最多，达 33.0 米。大渡河白湾、毛儿盖河晴朗、白龙江卡坝水库水面高程增加，分别替代大渡河双江口、岷江叠溪、白龙江尼傲水库，其中毛儿盖河晴朗水库水面高程增加最多，达 76.8 米（表 13.2）。调水的尾部是洮河出水口，位于岷县铁关门，需深挖洮河河床以实现最大均一纵向坡降 0.748 8‰。

表 13.2　桑白-铁关门调水方案的主要水库水面海拔调整情况

单位：米

顺序	主坝名称	水面海拔	原设计水面海拔	水面海拔增加
1	白龙江卡坝	2 343.2	2 335.0	8.2
2	毛儿盖河晴朗	2 513.0	2 436.2	76.8
3	大渡河白湾	2 579.4	2 515.0	64.4
4	雅砻江两河口	2 692.0	2 725.0	−33.0
5	金沙江拉哇	2 794.8	2 813.6	−18.8
6	澜沧江如美	2 859.6	2 875.7	−16.2
7	怒江果巴	2 907.6	2 920.0	−12.4
8	易贡藏布郎玉	3 078.4	3 068.0	10.4
9	雅鲁藏布江桑白	3 180.0	3 174.0	6.0

主线沿途经历长大隧洞有巴曲莫多-鲜水河隧洞，长 120.4 千米，为桑白-铁关门方案的最长隧洞，在 318 国道和日阿乌曲地下穿过，便利每 20 千米开凿一处施工辅助隧洞；岷江五里堡-白河喇嘛岗隧洞，长 106.3 千米，沿松潘古道南北向延伸，与 213 国道和四川 301 省道以及成兰铁路近距离平行，利于开凿施工辅助隧洞；易贡藏布郎玉-波得藏布玉仁隧洞，长 99.0 千米，是短洞相连，最长洞段仅为 39 千米；亚龙藏布波密县康达村-怒江八宿县瓦巴乡隧洞，长 92.0 千米，可借助波密县曲宗藏布和康玉曲开凿施工辅助隧洞；澜沧江如美-金沙江拉哇隧洞，长 86.4 千米，可借助芒康县金沙江宗曲和澜沧江比曲的上游支流开凿施工辅助隧洞。主线沿途需建造大坝 20 座，其中 9 座为高坝或大型坝，按照惯例设计坝顶高程均在正常水位以上 5 米，设计坝高在 300 米以上的有 3 座，最高为易贡藏布郎玉大坝 306.4 米，其次为白龙江卡坝大坝 303.2 米和岷江毛儿盖河晴朗大坝 303.0 米；坝高在 270～300 米的大坝有 3 座，分别为怒江果巴 293.6 米、大渡河白湾 286.4 米和澜沧江如美 274.5 米；其余 3 座大坝独曲温古和金沙江拉哇坝高在 250～270 米，雅鲁藏布江桑白大坝设计坝高 218.0 米，但是坝顶长 1 502 米，为最长主坝（表 13.3）。另外需建设上游库容调节梯级水库 60 座，主要分布在岷江、雅砻江、金沙江、澜沧江、怒江和雅鲁藏布江上游干流上[19]。调水线路关键地段隧洞设计如下。

（1）中低海拔主线，雅鲁藏布江-怒江隧洞群，即念青唐古拉山隧洞群。隧洞长为 91 979 米，平行隧洞数为 4 条，输水量为 592.5 亿米^3/年。设计单隧洞半径为 6.11 米，糙率为 0.015，纵向坡降为 0.748 8‰，单洞最大输水量为 148.69 亿米^3，最大流量时隧洞水面中心角为 303.729°。

表 13.3　纵向坡降均为 0.748 8‰时水库水面高程和隧洞长度

单位：米

顺序	主坝名称	水面海拔	河底海拔	坝高	坝高+5	下游隧洞长
0	岷县深挖	2 300.0	2 320.0			
1	白龙江卡坝	2 343.2	2 045.0	298.2	303.2	57 627
2	白水江香扎	2 372.1	2 349.0	23.1	28.1	38 618
3	白河喇嘛岗	2 395.6	2 250.0	145.6	150.6	31 384
4	岷江五里堡	2 475.1	2 464.0	11.1	16.1	106 262
5	小黑水河知木林	2 508.2	2 302.0	206.2	211.2	44 190
6	毛儿盖河晴朗	2 513.0	2 215.0	298.0	303.0	6 345
7	黑水河足木	2 529.4	2 383.0	146.4	151.4	21 935
8	大渡河白湾	2 579.4	2 298.0	281.4	286.4	66 791
9	独曲温古	2 582.9	2 330.0	252.9	257.9	4 681
10	革什扎河边耳	2 643.3	2 573.0	70.3	75.3	80 622
11	雅砻江两河口	2 692.0	2 580.0	112.0	117.0	65 073
12	巴曲莫多	2 782.2	2 728.0	54.2	59.2	120 389
13	金沙江拉哇	2 794.8	2 539.0	255.8	260.8	16 893
14	澜沧江如美	2 859.5	2 590.0	269.5	274.5	86 405
15	怒江果巴	2 907.6	2 619.0	288.6	293.6	64 246
16	亚龙藏布康达	2 976.5	2 944.0	32.5	37.5	91 979
17	波得藏布玉仁	3 004.2	2 985.0	19.2	24.2	37 030
18	易贡藏布郎玉	3 078.4	2 777.0	301.4	306.4	98 975
19	尼洋河麦丁	3 129.6	3 103.0	26.6	31.6	68 375
20	雅鲁藏布江桑白	3 180.0	2 967.0	213.0	218.0	67 355
	合计	880.0				1 175 175

（2）中低海拔主线，金沙江巴曲莫多-雅砻江隧洞群，即沙鲁里山隧洞群。隧洞长为120 389 米，平行隧洞数为 6 条，输水量为 906.2 亿米^3/年。设计单隧洞半径为 6.15 米，糙率为 0.015，纵向坡降为 0.748 8‰，单洞最大输水量为 151.26 亿米^3，最大流量时隧洞水面中心角为 303.738°。

（3）中低海拔主线，米林桑白-岷县铁关门调水方案尾洞，即迭山隧洞，单洞长度为57 627 米，纵向坡降为 0.748 8‰，迭山隧洞群有 8 条隧洞，总计年输水量 1 341.4 亿米^3。设计单隧洞半径为 6.4 米，糙率为 0.015，利用 Excel 规划求解得出，输水隧道最大输水量单洞每年 167.92 亿米^3，最大流量时隧洞水面中心角 303.792°。

（4）中低海拔主线，洮河岷县铁关门-龙潭村深挖过渡段，总长 12 千米，纵向坡降为0.600 0‰，糙率取 0.015[20]；洮河岷县水文站多年平均年径流量 35.4 亿米^3，即占洮河总径流量 49.2 亿米^3 的 72%，总输水能力增加为 1 376.8 亿米^3；利用 Excel 单变量求解得出，输水渠设计底宽 b 为 50 米，边坡 m 为 0.577 35，水深 h 为 12.02 米，接近 6.4 半径隧洞最大流量充满高度 12.04 米（图 13.1）。

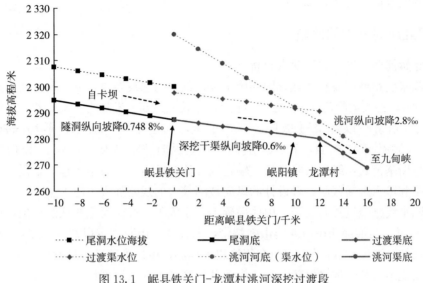

图 13.1　岷县铁关门-龙潭村洮河深挖过渡段

（5）中低海拔主线，洮河岷县龙潭村-九甸峡段洮河干流渠化，长度为 93 千米，平均纵向坡降为 2.800 0‰，糙率取 0.015，总输水能力约为 1 382.9 亿米^3，其中洮河流域增加径流量 6.1 亿米^3/年。利用 Excel 单变量求解得出，干渠底宽 b 为 80.0 米，边坡 m 为 0.577 35，水深 h 为 5.43 米。

（6）中低海拔主线，洮河九甸峡-刘家峡段干流渠化，长度为 166 千米，平均纵向坡降为 2.800 0‰[21]，糙率取 0.015。受水区黄土高原-毛乌素沙地需水量可以利用迈阿密生产力模型计算，总面积 33.76 万千米^2，垦殖率 0.4，灌溉需水量 360 毫米，本地径流量 60 毫米，实际调水需求 300 毫米，总计实际调水量需求 405 亿米^3/年，由九甸峡水库引向定西方向；洮河流域再增加径流量 7.7 亿米^3/年，总输水能力约为 985.6 亿米^3。利用 Excel 单变量求解得出，渠化河道底宽 b 为 80.0 米，边坡 m 为 0.577 35，水深 h 为 4.39 米。

（7）中低海拔辅线 6 条，将中低海拔主线沿途径流量较大的支流径流通过隧洞引入主线。引水水库正常水位海拔分别为：恒河朋曲 4 280 米，内流湖羊卓雍错 4 441 米，布拉马普特拉河洛曲 3 550 米，雅鲁藏布江帕隆藏布 3 350 米，怒江玉曲 3 835 米，白龙江多儿河 2 380 米。

（8）中高海拔线，南水北调规划西线及延伸隧洞群，即巴彦喀拉山隧洞群。起点水库为怒江东巴水库，水面海拔 3 932 米，隧洞出水口为黄河贾曲，水面海拔 3 442 米，线路隧洞长 758 千米。终端隧洞长 42 615 米，平行隧洞数为 3 条，输水量 422.8 亿米^3/年。设计单隧洞半径 6.16 米，糙率为 0.015，纵向坡降取东巴-贾曲全段隧洞纵向坡降的平均值为 0.646 4‰，单洞最大输水量为 141.13 亿米^3，最大流量时隧洞水面中心角为 303.740°。

（9）高海拔线，楚玛尔河-格尔木河隧洞，即昆仑山隧洞。起点水库为曲麻莱水库，水面海拔 4 310 米，隧洞出水口为格尔木河，水面海拔 3 750 米。隧洞长 76 902 米，纵向坡降为 7.282 0‰，设计输水量 13.2 亿米³/年，隧洞半径为 1.60 米，糙率为 0.015，最大流量时隧洞水面中心角 302.599°。

13.3 同红旗河方案的比较

13.3.1 红旗河西线调水方案缺点分析

（1）调水线路纵向坡降太低，增加施工量。红旗河主线全线长 6 188 千米，平均纵向坡降 0.210‰，首段大拐弯-怒江段 509 千米，水位由 2 558 米降为 2 380 米，平均纵向坡降 0.350‰；刘家峡以南渠隧总长 2 303 千米，水位下降 823 米，平均纵向坡降为 0.357‰；大渡河-岷江段 417 千米，落差 77 米，纵向坡降仅为 0.185‰。根据谢才公式和巴甫洛夫斯基公式，纵向坡降越低，输送同样流量所需的水力半径越大，需要开凿较大的输水隧洞和输水渠横截面，较设计的纵向坡降较大的线路加大了施工量。

（2）调水线路经过强震地带，山体破碎不利于施工。红旗河主线从汶川地震震源以西 10 千米处经过，需横穿四川省龙门山断裂带，并在龙门山断裂带以北 30 千米与断裂带平行向东北延伸。途经地区经历了 2008 年汶川大地震，山体破碎，容易发生滑坡和泥石流，不利于建设盘山渠和开凿输水隧洞。红旗河共计穿越了 5 条地震带：喜马拉雅，金沙江元江，康定甘孜，武都马边，兰州天水。

（3）计划在水源区采取以明渠为主的方式输水，对当地植被和环境破坏程度较大。明渠输水在纵向坡降小的情况下需要较大的横断面输水，红旗河在刘家峡以南多沿半山腰森林密布的地区，修建大截面明渠不但工程量浩大，而且破坏了护坡植被，容易造成水土流失，对当地的生态环境影响较大。

（4）雅鲁藏布江大拐弯处及调水线路水源区降水量大，采取明渠方式容易遭受洪灾，加大了护坡工程投入。雅鲁藏布江大拐弯处，南部地段年平均降水量在 2 000 毫米以上，如墨脱降水量为 2 358 毫米。调水线路经过泥石流带：雅鲁藏布大峡谷、大渡河、青衣江、岷江上游、涪江白龙江上游。雅江大峡谷多冰川型泥石流，金沙江以北多暴雨型泥石流，沿线山坡陡峭，谷地切割较深，水土流失严重。地质灾害对工程施工和维护带来严峻挑战。

（5）从大拐弯处调水，需要向北绕过易贡藏布江谷地，使调水线路加长，造成大量损失水头。由于取水点较低，位于雅鲁藏布江米林县派镇下游 55 千米的白马葛琼附近[22]，为向北绕过大拐弯大峡谷、赤隆藏布大峡谷、拉月曲-鲁朗河大峡谷、易贡藏布大峡谷、波都藏布大峡谷，从而使调水线路加长，水头损失加大。根据巴甫洛夫斯基公式规划求解计算得出，首段大拐弯-怒江段平均纵向坡降 0.350‰，开凿半径为 6.21 米的隧洞最大流量流速仅为 2.84 米/秒，最大流量充满角 303.75°，年最大输水量 106.1 亿米³，若从雅鲁藏布江流域调水 200 亿米³，需建造 2 条平行隧洞。

（6）大拐弯处为无人区，交通条件极差，增加了施工难度。调水线路西藏段经过林芝县排龙乡、拉月乡，波密县易贡乡，墨脱县甘登乡、加热萨乡、帮辛乡、达木乡、格当乡、察隅县上察隅镇，沿 2 558～2 380 米等高线延伸，施工区地处无人区，临近人口稀少的偏远乡村，交通条件极差，必然造成工程施工困难，工程维护费用极高。

（7）调水线路南绕到丽江附近，大大增加了线路长度，降低了调水线路的纵向坡降。

调水线路采取低海拔方案，从南部绕过横断山区，使线路向北绕到波密县易贡乡后向南绕到云南丽江石鼓镇的金沙江大拐弯处再向北延伸，增加了调水线路长度，使线路纵向坡降降低，工程量加大。

（8）调水线路穿越国家级自然保护区，对当地的生态环境和自然景观造成较大破坏。调水线路在刘家峡水库以南穿越 8 处国家级自然保护区，包括雅鲁藏布大峡谷、察隅慈巴沟、白马雪山、贡嘎山、蜂桶寨、卧龙、王朗、九寨沟。线路采取渠隧集合的方式，对山坡破坏强度大，对自然保护区的生态环境和自然景观造成不利影响。

13.3.2　桑白-铁关门调水方案优点分析

（1）调水线路纵向坡降大大提高。通过多次调整大坝高度和连接水库的隧洞长度得出了等纵向坡降大坝-隧洞方案，纵向坡降最终调整为 0.748 8‰，是红旗河刘家峡以南平均纵向坡降 0.357‰的 2.1 倍。按照 0.748 8‰纵向坡降计算，半径为 6.21 米的隧洞最大径流流速可达 4.16 米/秒，年最大流量为 155.2 亿米^3；按照 0.357‰纵向坡降计算，半径为 6.21 米的隧洞最大径流流速可达 2.87 米/秒，年最大流量为 107.1 亿米^3，年最大流量前者是后者的 1.45 倍。

（2）调水线路避开了强震地带，沿途山体完整，利于施工。米林桑白-岷县铁关门隧洞调水方案避开了喜马拉雅、金沙江元江、武都马边、兰州天水 4 条地震带，以最短距离垂直穿越康定甘孜地震带，大大降低了地震可能造成的危害。调水线路远离龙门山断裂带，受地震造成的山体破碎、滑坡和泥石流影响较小，大大降低了地质灾害的风险。

（3）以隧洞输水为主，大大减少了对地表植被和环境破坏。调水方案通过线路上移和建造长大隧洞，避开了自然保护区；调水方案以隧洞输水为主，大大减少了对地表植被和自然景观的破坏。

（4）隧洞调水可有效规避洪水对调水线路的冲击，大大减少护坡工程投入。调水线路通过上移避开了暴雨多发的高降水量地带，受洪水和泥石流影响较小，隧洞调水还大大降低了护坡费用和维护费用。

（5）调水线路的西藏首段平直，避免了绕路。调水线路首段平直向东北方向，避免了北绕易贡藏布江谷地，保持了较大固定纵向坡降，降低了藏水北调的工程量。

（6）川藏铁路和成兰铁路的建设为调水线路施工提供了便利交通条件。拉林铁路路过桑白大坝，川藏铁路康定至林芝段同本研究设计的调水线路两次相交，并有局部地段近距离平行；成兰铁路在四川叠溪以北同调水线路近距离平行向北延伸，铁路建设的加速将为未来调水施工带来极大的交通便利。

（7）水源区调水线路呈西南-东北走向，线路平直便捷，大大降低了工程量。调水线路南部沿北纬 30°向东，北部沿东经 104°向北，线路平直，避免了绕路，将大大降低工程量和施工难度。桑白-铁关门线隧洞总长度为 1 175.2 千米，纵向坡降为 0.748 8‰；红旗河刘家峡以南渠隧总长度为 2 303.4 千米，平均纵向坡降为 0.357 3‰。同样输水能力情况下，线路长度方面，红旗河施工量是桑白方案的 1.96 倍；低纵向坡降造成的施工量差异方面，红旗河是桑白方案的 1.45 倍，二者叠加造成的施工量差异，红旗河是桑白方案的 2.84 倍。

13.4 结论与讨论

本研究得出的主要结论是：①中低海拔桑白-铁关门线具有纵向坡降大，距离短，工程量小的优点，性价比在高海拔、中高海拔、中低海拔、低海拔 4 类线路中最高。②桑白-铁关门线避开了自然保护区，采用隧洞输水大大减少了对沿途植被的破坏，经过的地区人口稀少，工程移民少，是环境友好和人文和谐的双优工程。③桑白-铁关门线尽量少地穿越地层断裂带、地震带和地质灾害频发地带，从而使工程建设难度降低，海拔适中，受冻土危害较轻，工程建成后的维护费用较少，从工程地质角度评价是优化线路。④桑白-铁关门线调水方案以自流调水为最高原则，采用上游建设梯级水库对径流进行多年调节，可实现调水量最大化和隧洞利用率最大化，以及运营费用最小化。⑤本研究设计的调水方案是高海拔、中高海拔、中低海拔联合调水，受水区涵盖了柴达木盆地和广阔的西北内陆中低海拔地区，为未来建设欧亚运河打下基础，有利于"一带一路"沿线省区和国家的区域合作和经济发展，具有重要的现实意义。

中国最强盛的汉代、唐代和清代前期均得益于对西北地区的经营。新中国成立初期实施的对西北地区以建设兵团为主的农业开发，为当代全面开发西部地区的水资源和土地资源打下了坚实的基础。近年来我国在建设大型水库、长距离输水隧洞、长距离大型引水渠、大型桥梁、大型引水渡槽等方面的工程技术进步和设备制造发展迅速，超高水坝、长距离隧洞、大跨度桥梁等技术瓶颈被不断突破，2018 年 3 月中铁装备集团完成了直径为 15 米的硬岩隧洞掘进机的研发，为大规模远距离调水工程提供了技术保障。向土地资源丰富的大西北地区调水是我国实现民族振兴的关键工程，是各学科专家和各行业人士通过 60 多年来的探索取得的共识。期盼未来有更多的专家参与西线南水北调线路比选，选出科学合理的优化方案，促进西线调水全面详细规划尽早开展，西线工程早日开工。

参考文献：

[1] 陈传友，马明. 21 世纪中国缺水形势分析及其根本对策——藏水北调 [J]. 科技导报, 1999 (2): 7-11.
[2] 杨力行，郑祖国，姜卉芳，等. 南水西调初步设想——兼论水资源的高效利用与合理调配 [J]. 八一农学院学报, 1995, 18 (1): 36-41.
[3] 胡长顺. 南水北调西线工程新构想：南水西调及其资金筹措 [J]. 甘肃社会科学, 2005 (4): 200-206.
[4] 水利部黄河水利委员会. 南水北调西线工程规划简介 [EB/OL]. (2003-8-25). http://www.nsbd.gov.cn/zx/gcgh/20091021/.
[5] 水利部黄河水利委员会. 南水北调西线 [EB/OL]. http://www.yellowriver.gov.cn/ziliao/lygh/.
[6] 牛景宾，曹廷立，李庆中，等. 南水北调西线工程后续水源初步研究 [J]. 人民黄河, 2001, 23 (10): 19-20.
[7] 韩亦方，曾肇京. 对"大西线"调水的几点看法 [J]. 水利规划与设计, 2000 (2): 22-25.
[8] 崔荃，刘刚. 朔天运河技术可能性分析 [J]. 人民黄河, 1999, 21 (6): 39-42.
[9] 林一山. 西部南水北调工程概述 [J]. 科技导报, 1995, 13 (6): 19-22.
[10] 杨永年. 南水北调西线工程和西水北调初探 [J]. 四川水力发电, 2002, 21 (4): 26-31.

[11] 陈昌杰. 西南调水大西北的初步设想 [J]. 人民黄河, 2003, 25 (1): 11 - 12.

[12] 王建华. 解决我国北方水资源短缺问题的米卓调水河道工程构想 [J]. 安阳师范学院学报, 2011 (2): 37 - 54.

[13] 梁书民, 于智媛. 欧亚草原跨流域调水与内河航道工程技术分析 [J]. 水资源与水工程学报, 2017, 28 (4): 107 - 118.

[14] 红旗河西部调水课题组. 积极筹划红旗河西部调水保障可持续发展 [EB/OL]. (2017 - 12 - 1). http://www.xinhuanet.com/politics/2017 - 12/05/c_129757481.htm.

[15] 徐淑琴, 刘晓燕, 等. 水利计算 [M]. 北京: 中国水利水电出版社, 2011: 47 - 70.

[16] 郭笑怡, 张洪岩, 等. ASTER - GDEM 与 SRTM3 数据质量精度对比分析 [J]. 遥感技术与应用, 2011, 26 (3): 334 - 339.

[17] 郭维东, 裴国霞, 韩会玲. 水力学 [M]. 北京: 中国水利水电出版社, 2005: 238 - 262.

[18] 史义雄. 在 AutoCAD 中精确绘制无压圆管均匀流水力特性曲线 [J]. 西南给排水, 2008, 30 (4): 39 - 41.

[19] 梁书民. 中国城镇化的资源瓶颈与破解方略 [M]. 北京: 中国农业出版社, 2015: 462 - 471, 552.

[20] 王光谦, 黄跃飞, 魏加华, 等. 南水北调中线工程总干渠糙率综合论证 [J]. 南水北调与水利科技, 2006, 4 (1): 8 - 14.

[21] 周侃. 甘肃河湖: 洮河 [J]. 甘肃水利水电技术, 2015, 51 (2): 62 - 64.

[22] 马明, 关志华. 雅鲁藏布大峡谷地区水环境评价及保护研究 [J]. 地理研究, 2000, 19 (2): 194 - 201.

Chapter 14

第14章
灌溉九亿亩增粮三亿吨

14.1　食物危机与政府面临的挑战

城镇化和城乡居民收入增加是中国食物危机的主要驱动因素。1978年中国实行改革开放以来，随着收入的增加和向城镇的迁移，人们对食用植物油和肉、蛋、奶、水产品等动物食品的需求迅速增加，而粮食和油料的产量增加越来越缓慢，致使食物危机正在日益加剧。美国学者莱斯特·布朗曾经于1994年发表文章《谁来养活中国》[1]指出中国未来的经济发展可能带来食物危机，又于1998年发表文章《中国的水资源短缺将影响世界粮食安全》[2]，从而使中国的粮食安全问题在近20年来一直成为全世界的资源经济和农业经济领域专家的关注焦点，典型的文章有1996年N.亚历山德拉托斯的《从全球角度看对中国未来粮食的预测》[3]，1997年宋健的《也论"谁来养活中国"》[4]，1999年李佩成的《中国能够解决自己的水资源和粮食问题》[5]。中国政府于1996年有针对性地发表了《中国的粮食问题》白皮书[6]，国家发展改革委员会于2008年发布了《国家粮食安全中长期规划纲要（2008—2020年）》[7]，提出了将粮食（含大豆）自给率保持在95%以上的目标。

本研究涉及的食物自给率为谷物油料自给率，是按照谷物和油料当量折算农畜产品的生产、消费和净进口数量而进一步计算获得的，由于是逐年计算，未考虑库存变动情况，其中大豆归并为油料，畜产品按料肉比折算为谷物当量，食用植物油按热量值折算为谷物当量。2001年中国加入世界贸易组织以来，大豆和食用植物油进口量逐年增加，中国的食物自给率已经由2001年的98.2%下降为2012年的86.4%，其中油料自给率由2001年的76.4%下降为2012年的40.8%，谷物自给率由2001年的102.2%下降为2012年的97.9%。2012年是中国粮食和油料连续增产的第九个年头，增产速度变缓，而城镇化和收入增长带来的刚性食物需求增加加快，致使食物自给率大幅度下降。尤其是谷物自给率打破了1997—2010年连续14年超过100%的趋势，2011年和2012年呈加速下降趋势。2012年中国粮食（含大豆）的自给率下降为88.9%，已经远低于2020年95%的目标值。2013年和2014年大豆和食用植物油进口继续增加，谷物进口也开始大量增加，中国的油料自给率已经低于40%，谷物油料自给率已经跌破85%。

食物自给率下降有很多弊端。第一，由于国际农产品价格波动较大，对油籽和食用植物油的大量进口使食用油价格不稳定，威胁着中国的食物安全。第二，中国大量进口农产品虽然具有足够的支付能力，但是大量进口转基因大豆使我国的大豆产业濒临崩溃，加速了作为国民经济基础产业农业的产业空心化过程，致使经济结构本末倒置，经济基础动摇，中国的综合国力降低。第三，饱和脂肪酸含量极高的棕榈油的大量进口给人们的健康带来了不良影响，使我国国民膳食结构恶化，食品质量下降，而转基因大豆对人体健康是否有危害仍存在争议。第四，中国人口众多，大量进口农产品将对国际市场带来巨大压力，国际农产品价格也将随着中国进口量的增加而上涨，使中国的食物价格长期居高不下，城乡居民的恩格尔系数长期在高位徘徊，影响人们生活水平的提高。第五，中国大量进口食用油籽和食用植物油使美国、巴西和阿根廷的大豆面积逐年扩大，形成了同生物能源农作物争地现象，使近年来国际食用植物油和油籽价格同石油价格密切相关，使中国的食物进口越来越不稳定和不经济。第六，中国大量进口农产品使出口国如巴西、印度尼西亚和马来西亚盲目扩大生产，大面积的热带雨林自然植被遭到破坏，不利于全球的生态环境保护，容易造成全球恐慌，加剧中国经济增长威胁论的蔓延。第七，大量进口农产品使中国的食物过度依赖海外市场，运输线路长，运费高，在对外战争时期容易被敌国封锁，风险大大增加。

为增加食物的有效供给和保持较高的食物自给率，我国政府采取了一系列的政策和措施，取得了显著的效果，但在经济快速发展的新形势下面临着越来越艰巨的挑战。第一是执行最严格的耕地保护制度。目前我国制定了确保耕地面积 18 亿亩的红线，强制推行县域内的耕地占补平衡和耕地保护问责制，加大对违法占地的惩治力度，取得了显著成绩，但是随着经济发展和城镇化的快速推进，在利益驱动下违规占地行为屡禁不止，实现耕地保护目标的困难越来越大。第二是大力发展农田水利。我国是世界上农田灌溉面积最大的国家。2011 年中央 1 号文件指出，2011—2020 年投资 40 000 亿元用于水利建设，保证"十二五"期间新增农田有效灌溉面积 4 000 万亩，然而其增加速度远低于过去 60 年的平均水平。在当前水资源开发接近饱和的情况下，节水灌溉是扩大灌溉面积的根本措施，但是鼓励节水灌溉的政策和机制远未形成，目前高效节水的喷灌和微灌面积仅占耕地有效灌溉面积的 9.4%。第三是废止农业税和增加农业补贴。我国于 2006 年废除了历时 2600 年的农业税。中央财政用于农业的支出由 1996 年的 700.4 亿元，增加到 2006 年的 3 517.2 亿元，2012 年达到 12 286.6 亿元。2012 年中央和地方财政用于"三农"的支出合计已经超过 30 000 亿元。从国际比较来看中国的财政支农事业仍然处于初级阶段，相对于发达国家仍有较大发展余地。2012 年中央和地方财政用于农业的支出占农林牧渔业总产值的比例为 16.26%，而 2007—2009 年主要发达国家和地区相应的农业支持率分别为欧盟 32.2%，美国 35.9%，日本 63.9%，韩国 64.2%，加拿大 25.8%。第四是促进农业科技推广。以发展高产、优质、高效、生态农业为目标，大力推广优良农作物品种；增加农业生产资料投入，如化肥、农药、农膜；推行农业机械化，鼓励农民购置各种农业机械；推广测土施肥、节水灌溉和先进的农作物栽培技术，但是物质投入效益递减效应和良种培育滞后使我国粮油作物单产提高的难度越来越大。第五是通过土地制度的演化与改革促进农业生产发展。1978—1984 年家庭联产承包责任制在全国推广普及，粮食产量迅速增加，此后 30 多年农户家庭经营成为中国农业土地制度的主体形式。2000 年以来，随着现代农业的发展，小规模农户经营逐渐无法适应农业机械化和规模化发展的需要。随着农民工进城数量的增加，机械租赁、雇佣代耕现象十分普遍，土地经营权流转逐渐发展普及，中小型租赁经营农场的数量逐步增加。当前我国土地制度改革急需进一步深化，明晰土地产权，规范租赁行为，鼓励社会资金投资农业，以适应农业现代化和规模化发展的需要。第六是不断促进粮食流通体制改革。1978—1984 年恢复了对粮食的议价收购，缩小粮食统购统销的范围；1985—1990 年废除粮食统购统销制度，实施对粮食的合同订购和粮食价格的双轨制；1991—2000 年发展粮食批发市场，引入粮食期货交易，粮食市场完全市场化；2001 年以来逐步建立宏观调控下的粮食市场经济，建设多种多样的粮食储备和调控体系。但是流通领域的改革对增加食物自给率作用有限，中国加入世界贸易组织反而使食物自给率下降。

14.2　解决食物危机的途径

未来 20 年是中国城镇化快速推进和经济迅速发展的时期，农业发展失衡将使食物危机进一步加剧，不利于经济的整体快速稳定发展。在国家政策层面支持发展农业生产和提高粮食自给率的大背景下，在农业技术经济层面解决中国食物危机的途径有六种：通过推广农业技术提高农作物单位面积产量；增加耕地面积；抑制耕地面积减少；增加农作物复种指数；通过增加有效灌溉面积提高农作物单产；增加食物进口量。只有通过前 5 种途径增加粮食和油料生产才能有效提高食物自给率。

第一，通过增加物质投入和推广农业技术提高农作物单位面积产量。中国的种植业单位面积产量水平已经位居世界前列，发展潜力越来越小，成本越来越高，而且提高单位面积产量需要增加单位耕地面积的物质投入，必然会增加农业环境污染程度。

第二，通过调整农业结构增加耕地面积。农业结构调整增加耕地可以通过退园还田和退塘还田实现，但是其过程是可逆的，近年来水果种植面积的增加和水产养殖业的发展使耕地在农业结构调整中处于净减少状态。

第三，阻止耕地面积的减少。当前多数耕地流失是由于城镇扩张引起的，减少城镇化发展造成的耕地流失是维持耕地面积的关键。虽然通过抑制城镇扩张减少占用耕地对耕地保护的作用很小，且限制城镇发展将对整个经济产生负面影响，但是城镇郊区多为上等耕地，经济区位条件优越，耕地保护不容忽视。

第四，挖掘复种潜力。2010 年中国的农作物复种指数为 1.56，已经接近理论最大复种指数 1.90，进一步提高的潜力不大。反而在复种潜力较大的中国南方丘陵地区和山地，由于农业机械化发展受到限制，随着农业劳动力的流失和价格上涨，出现了农田荒芜、复种指数下降现象。

第五，推广节水灌溉，增加灌溉面积。中国雨养农业面积占耕地面积的一半左右。雨养农业的单位面积产量增加潜力较大，但是需增加农田水利建设投入，大力推广节水灌溉设备和节水灌溉技术。东北和大西北地区大部分地区地势平坦或平缓，黄土高原现有旱地面积较大，这四个地区发展灌溉潜力最大。黄淮平原灌溉面积扩大的潜力较大，但是由于气候湿润增产效果不明显。南方坡耕地上修筑梯田发展渠灌或喷灌，可显著提高农作物单产，但造价较昂贵。

总之，依靠现有的耕地资源，继续推广农业技术和加大农业投入，可以提高农作物单产，进一步提高农产品产量，然而农作物单产潜力提高的空间越来越小；通过提高复种指数扩大农作物播种面积的潜力也越来越小；而上等耕地却由于城镇扩张而正在快速减少，随着需求的快速增加，中国的食物自给率将会越来越低。

笔者通过分析研究对 1990—2009 年我国粮食和油料的增产因素进行分解，并采取趋势外推法进行预测，量化计算了 2009—2030 年粮食和油料增产和减产因素，发现农业科技推广和灌溉为增产主要因素，两种因素将分别使中国粮食和油料增产 9.0% 和 8.6%；农业结构调整减少耕地和城镇扩张占用耕地为减产主要因素，将分别造成减产 4.2% 和 3.5%；农作物复种指数增加的增产贡献所占比重最小，仅可增产 2.6%。五大因素总计可增产 12.5%，使中国粮食和油料（含棉籽）产量由 2009 年的 5.73 亿吨增加到 2030 年的 6.45 亿吨。据笔者预测，2030 年中国食物消费总量按粮食和油料当量计算将达到 8.46 亿吨，常规的技术进步和政策措施带来的粮食和油料增产只能使 2030 年的食物自给率不低于 76.3%，无法有效缓解食物危机，净进口粮食将达 2.01 亿吨。

14.3　联合调水可扩大的灌溉面积

根据日本的农业发展经验，当宜农荒地开发不能补偿城镇扩张占用耕地时，耕地面积开始净减少，食物自给率下降速度大大加快。中国在常规的技术进步和政策措施无法有效缓解食物危机的情况下，农业水资源和土地资源开发成为提高食物自给率的唯一选择。中国的土地资源能否为未来中国提供足够的食物供应是一个跨学科的重大命题。1978—1989 年中国进行了农业自然条件、自然资源和农业区划工作，并于 1990 年完成了《1∶1 000 000 中国土地利用图》[8] 的编制。1985 年石玉林、康庆禹等的专著《中国宜农荒地资源》[9] 系统地介绍了中国宜农荒地资源的类型与特点、评价标准与分类系统和数量、质量地区分布特点，并论证了不同类型宜农荒地资源的合理开发利用途径和开垦潜力；1998 年任国柱和蔡玉梅运用开发力度指标分析了后备耕地资源的空间演变特征[10]；2010 年张甘霖、吴运金等基于 SOTER 土壤地形数据库对中国的后备耕地资源的自然质量适宜性进行了评价[11]；2011 年梁书民采用层次分析同地理信息系统相结合的方法对中国宜农荒地开发的旱灾风险进行了综合评价[12]。

中国大西北地区的农业开发具有得天独厚的条件。

第一，气候条件优越。该地区光照资源丰富，有利于提高农作物的品质，受全球气候变暖的影响，大西北地区的水热条件有所改善，新疆进入了历史上的多雨时期，内蒙古中东部的活动积温增加显著。

第二，土地资源丰富，地形条件有利于自流灌溉连片开发。该地区土壤肥沃，地势平坦，通过大西线南水北调可以实现自流灌溉，以青藏高原的径流灌溉黄土高原、内蒙古高原和新疆的内陆盆地，调水过程中可以通过修建梯级水库调节形成均匀径流，通过开凿隧洞穿越青藏高原东缘的山脉；在西北地区沿山麓修引水渠，并充分利用现有河流分配灌溉用水。

第三，畜牧业发达，有利于农副产品的综合利用。在该地区开发宜农荒地，发展灌溉农业产生的农作物秸秆可以用作牲畜的草饲料，而动物粪便可以用于生产有机肥，有利于农牧结合，形成良性循环。

第四，农业开发同西部大开发相结合，相互促进，相得益彰。中国正在实施西部大开发战略，许多能源和交通项目已经先行，公路铁路建设和风能太阳能发电产业发展迅速，新疆、甘肃、宁夏和内蒙古农牧业发达，农产品品质优良，已经成为中国重要的优质农产品基地，为进一步发展打下了坚实的经济基础。

第五，现代水利工程技术进步为大规模长距离跨流域调水提供了技术支持。如长大隧洞掘进技术，隧洞抗岩爆及活动断层技术，隧洞衬砌和减阻技术，大跨度桥梁和渡槽技术，大型水库和高坝建设与抗震技术，水库调节技术等。

第六，现代农业技术进步为大西北地区的宜农荒地资源开发提供了技术支持。如测土施肥，土壤改良，盐碱地治理，节水灌溉，地膜覆盖，人工消雹，耐旱耐寒耐盐碱农作物和牧草品种选育，人工固沙，防护林建设，育苗移栽，梯田修建技术，间作套种和复种栽培技术，以及各种农业机械的推广。

第七，经济和财政状况有利于开展大规模基础设施工程建设。中国当前房地产开发增速减缓，高速铁路骨架网络已经初步形成，高速公路建设已接近尾声，钢铁和水泥等建筑材料生产能力过剩，外汇储备充足，建设联合调水工程可以开辟新的经济增长点，使中国经济继续保持稳定快速增长。

通过综合考虑地形、坡度、植被、土壤、积温和降水量等自然因素，以满足自流灌溉，坡度平缓，保证可一熟的积温，适宜农牧业开发的植被和土壤，活动积温超过 1 750℃·日，降水量小于 550 毫米，降水量和灌溉用水量之和等于 540 毫米（折合 360 米³/亩）等条件为前提，充分利用城镇和工业废水发展灌溉，在大西北地区因地制宜发展节水灌溉，可以最大限度地扩大灌溉面积和开垦宜农荒地。

利用地理信息系统三维分析和空间分析方法，可以核算中西线联合南水北调在大西北地区的灌溉发展潜力，具体步骤如下：①绘制干渠走向图。利用 30 米、90 米和 1 000 米分辨率的数字高程模型[13-15]及其导出的坡度图，根据地形、地貌、海拔高度和坡度分布情况，按照干渠坡度均匀原则确定灌溉干渠走向，渡槽的跨度和隧洞的长度均应符合工程技术可行性，避免出现大跨度渡槽和长距离隧洞。②绘制灌区范围图。根据干渠的走向，按照自流灌溉原则，充分利用自然河道输水，从而勾画出灌区范围，在局部地区利用有利地形建设扬水工程以增加灌溉面积，如灌溉阴山北坡需扬水 120 米，灌溉坝上高原需扬水50 米。③绘制灌区活动积温和降水量图。利用活动积温分布图[16]和降水量分布图[17]的地理信息系统层面相交，确定活动积温大于等于 1 750℃·日，但是降水量小于 550 毫米的地域，再同上述灌区层面相交，同时将活动积温和年降水量值赋给灌区的每个地块。④绘制灌区灌溉垦荒土地利用图。根据 1∶250 万土地利用图[18]确定灌区范围内适宜发展灌溉垦荒的目标土地利用类型，笔者选定的适宜灌溉和开垦利用的土地利用类型为天然草地、荒草地、盐碱地、裸土地、改良草地、苇地、滩涂和人工草地，灌区范围内的旱地也被当作灌溉发展备选地块。⑤绘制灌区灌溉草地分布图。土壤表土层太薄的地块不适于开垦为耕地，但是若土壤母质为第四纪地层在灌溉条件下仍然可以开垦为耕地，如黄土高原和沙地，根据 1∶250 万地质图[19]和 1∶100 万 SOTER 土壤图[20]确定土壤发生层（表土层）厚度小于等于 15 厘米，而且地层年龄早于第四纪的地块，用于发展灌溉草地。

为求算中西线联合南水北调的灌溉潜力，首先需计算中西线联合南水北调可用于大西北地区农业灌溉用水水源总量。据笔者已完成的研究[21,22]，比定-洮河大西线来水 1 771亿米³；黄河上游流入刘家峡水库 273 亿米³；三峡水库北调水 340 亿米³，中西线南水北调总计向北方调水 2 384 亿米³。根据黄河流域工业和城镇化发展用水的需要，必须预留华北平原非农业用水 340 亿米^3；黄河中游非农业用水 219 亿米^3；剩余的 1 825.0 亿米^3 可作为大西北综合用水，按照大西北地区当前的行业间用水结构，其中农业用水配额为 1 637.0 亿米^3，生态用水配额为 80.3 亿米^3，工业与城镇生活用水配额为 107.7 亿米^3。按照这种水资源分配方案，大西北灌溉用水合计为 1 861.5 亿米^3，包括大西北农业用水 1 637.0 亿米^3，大西北工业与城镇生活用水再利用水量 74.0 亿米^3，黄河中游非农业用水再利用水量 150.5 亿米^3，其中非农业用水不包括生态用水，再利用率按 68.7% 计算。

　　利用地理信息系统软件对满足上述假设条件地块的面积进行逐一计算，然后利用 Excel 软件进行分类汇总。通过单变量求解得出在垦殖率取 81.15% 的条件下利用 1 861.5 亿米^3 的水资源发展灌溉的最大潜力为 9.016 6 亿亩，其中灌溉旱地 1.097 0 亿亩（包括 0.057 0 亿亩旱地，由于表土层较薄，转为灌溉草地），垦荒新增灌溉耕地 6.926 8 亿亩，垦荒新增灌溉草地 0.992 8 亿亩。2011 年中国的耕地总面积为 18.257 4 亿亩，有效灌溉面积为 9.252 2 亿亩；中西线联合南水北调垦荒新增灌溉耕地和新增灌溉草地面积合计为 7.919 6 亿亩，相当于中国耕地面积的 43.38%；新增灌溉面积总计为 9.016 6 亿亩，相当于有效灌溉面积的 97.45%。中西线联合南水北调新增灌溉面积分布的主要省区是内蒙古，面积为 5.011 0 亿亩，占总面积的 55.58%，其次为新疆，面积为 2.121 1 亿亩，占总面积的 23.52%，再次为甘肃和宁夏，合计面积为 1.009 2 亿亩，占总面积的 11.19%，其余是陕西、河北和山西，合计面积为 0.875 3 亿亩，占总面积的 9.71%（表 14.1）。中西线联合南水北调新增灌溉区域覆盖的主要土地利用类型是天然草地，面积为 6.779 9 亿亩，占总面积的 75.19%；其次为旱地，面积为 1.097 0 亿亩，占总面积的 12.17%；再次为荒草地、盐碱地，面积为 1.011 3 亿亩，占总面积的 11.22%；其余是裸土地、改良草地、苇地、滩涂、人工草地，面积为 0.128 3 亿亩，占总面积的 1.42%（表 14.2）。其中罗布泊地区的盐碱地开发难度最大，但是可以通过开发位于其西部的塔里木河下游以东和孔雀河以南的沙地来弥补，这个三角形地区虽然是流动沙地，但地势平坦，沙丘高度不大，在灌溉条件下适宜开垦为耕地种植花生、棉花和向日葵等喜温作物。

表 14.1　联合调水的分省灌溉潜力

省区	灌溉需水量/ 亿米^3	可灌溉面积/ 万亩	灌溉需水量 比重/%	灌溉面积 比重/%	需水量/ (米^3/亩)
内蒙古	986.76	50 110	53.01	55.58	196.9
新疆	651.90	21 211	35.02	23.52	307.3
甘肃	103.09	6 327	5.54	7.02	162.9
宁夏	56.19	3 765	3.02	4.18	149.2
陕西	21.43	3 218	1.15	3.57	66.6
河北	25.58	2 805	1.37	3.11	91.2
山西	16.38	2 730	0.88	3.03	60.0
总计	1 861.33	90 166	100.00	100.00	206.4

表 14.2　联合调水的分土地利用类型灌溉潜力

省区	灌溉需水量/ 亿米³	可灌溉面积/ 万亩	灌溉需水量 比重/%	灌溉面积 比重/%	需水量/ (米³/亩)
天然草地	1 447.51	67 799	77.77	75.19	213.5
旱地	99.05	10 970	5.32	12.17	90.3
荒草地	121.19	5 204	6.51	5.77	232.9
盐碱地	162.85	4 909	8.75	5.44	331.7
裸土地	18.61	641	1.00	0.71	290.4
改良草地	4.54	333	0.24	0.37	136.3
苇地	4.88	156	0.26	0.17	312.6
滩涂	2.63	142	0.14	0.16	185.1
人工草地	0.06	11	0.00	0.01	57.8
总计	1 861.33	90 166	100.00	100.00	206.4

垦区可细分为 34 个，其中开垦面积较大的 14 个垦区依次是内蒙古浑善达克沙地、内蒙古大青山南北麓、内蒙古西拉木伦河、北新疆东、内蒙古毛乌素沙地、甘肃黄土高原南、北新疆西、内蒙古巴丹吉林沙漠、内蒙古锡林浩特草原、内蒙古河套平原、内蒙古狼山西北麓、陕西黄土高原东、宁夏黄土高原北和内蒙古阴山北麓，它们的新增灌溉面积均在 2 993 万亩以上，相当于浙江省的耕地面积（表 14.3）。14 个垦区的新增灌溉面积合计为 6.463 1 亿亩，占新增灌溉面积总计的 71.68%。

表 14.3　34 个灌溉区可发展的灌溉面积与比重

地区	灌区名称	面积/万亩	面积比重/%	地区	灌区名称	面积/万亩	面积比重/%
内蒙古	浑善达克沙地	8 767	9.72	新疆	南新疆东	2 254	2.50
内蒙古	大青山南北麓	6 283	6.97	新疆	叶尔羌河	2 231	2.47
内蒙古	西拉木伦河	6 178	6.85	新疆	罗布泊	2 179	2.42
内蒙古	毛乌素沙地	4 842	5.37	新疆	渭干河	1 987	2.20
内蒙古	巴丹吉林沙漠	3 992	4.43	新疆	哈吐盆地	1 259	1.40
内蒙古	锡林浩特草原	3 985	4.42	新疆	和田河	902	1.00
内蒙古	河套平原	3 968	4.40	新疆	南新疆中	677	0.75
内蒙古	狼山西北麓	3 728	4.13	新疆	北天山东麓	227	0.25
内蒙古	阴山北麓	2 993	3.32	新疆	北山西麓	207	0.23
内蒙古	腾格里沙漠	2 203	2.44	甘肃	黄土高原南	4 263	4.73
内蒙古	乌珠穆沁盆地	2 018	2.24	甘肃	河西走廊西	893	0.99
内蒙古	雅布赖山南麓	1 153	1.28	甘肃	河西走廊中	681	0.76
新疆	北新疆东	5 265	5.84	甘肃	河西走廊东	491	0.54
新疆	北新疆西	4 023	4.46	宁夏	黄土高原北	3 123	3.46

（续）

地区	灌区名称	面积/万亩	面积比重/%	地区	灌区名称	面积/万亩	面积比重/%
宁夏	宁夏平原	642	0.71	山西	晋北谷地	1 589	1.76
陕西	黄土高原东	3 218	3.57	山西	晋中北谷地	1 141	1.27
河北	坝上高原	1 515	1.68	合计		90 166	100.00
河北	冀西北谷地	1 290	1.43				

由于设计的西北干渠长度较原来有所增加，投资加大，改变了原来估算的中西线联合南水北调工程投资规模和结构。总投资由 27 918 亿元增加到 34 503 亿元，其中干渠总长为 12 295 千米，投资为 14 718 亿元，占总投资的 43%；大坝为 44 座，投资为 6 620 亿元，占总投资的 19%；隧洞总长为 9 688 千米，投资为 13 165 亿元，占总投资的 38%（表 14.4）。单方调水成本上升为 14.47 元，按每亩灌溉用水平均值 206.4 米^3 计算，每亩调水成本上升为 2 986.6 元，但是仍然低于许多现有的中小型跨流域调水工程。

表 14.4　中西线联合南水北调成本效益表

项目	三峡-丹江口	金沙江-洮河	怒江-洮河	比定-洮河
干渠/亿元	2 343	8 183	11 452	14 718
大坝/亿元	0	4 527	5 252	6 620
隧洞/亿元	1 142	4 307	7 969	13 165
总计/亿元	3 485	17 017	24 673	34 503
累计调水量/亿米^3	340	1 055	1 537	2 111
可调配水量/亿米^3	613	1 328	1 810	2 384
单位成本/(元/米^3)	5.69	12.81	13.63	14.47
边际成本/(元/米^3)	10.25	18.93	15.88	17.13

利用同样方法计算得出的中国宜农荒地总面积为 22.91 亿亩，联合调水开发开垦的灌溉耕地和灌溉草地的面积（7.919 6 亿亩）仅占总量的 34.57%。中国其他宜农荒地开发区域可分为北方和南方两大区域，这些地区农业土地资源的开发可用于满足 2030 年以后的中国食物消费增长。其中位于北方地区的黑龙江和吉林西部，内蒙古呼伦贝尔地区，青海柴达木盆地，新疆北部的阿勒泰和塔城地区，新疆西部的伊犁谷地，地势平坦低下，仍有大面积连片宜农荒地，唯降水量不足，但大都可以通过中小尺度跨流域调水保障灌溉用水，发展节水灌溉、地膜覆盖、育苗移栽和盐碱地治理是开发这些地区宜农荒地的关键。南方地区包括西南山地和江南丘陵，降水量充足，以丘陵和山地为主，开展坡改梯，充分利用冬闲田，可以增加复种指数；推广适宜当地地形条件的小型农业机械，可促进农业机械化发展；通过挖鱼鳞坑覆盖地膜收集雨水可以为果树保墒，有条件地区可在坡耕地上直接发展喷灌或滴灌；政府应鼓励发展企业承包或建立合作社开发荒山，在荒坡地上建设果园。但总体上南方土地较为分散，坡度大，不宜机械化，再加上劳动力流失，更增加了开

发难度。

14.4 适宜农作物的选择和生产潜力

在水土资源分布格局和农业技术进步共同作用下，新中国成立以来中国农业生产地域经历了显著变化，逐步由南粮北运向北粮南运转换。农业主产区出现了接力式漂移，逐步由长江中下游向黄淮海平原，进而向东北平原和西北地区移动。目前虽然长江中下游和黄淮海平原仍然是粮食生产比重较大的区域，但是东北平原和西北地区的贡献份额在逐年增加。特别是西北地区，宜农荒地资源丰富，单产水平低下，增产潜力较大，将成为未来我国的后备粮仓。由于华北平原、东北地区的土地资源已被充分开发利用，内蒙古、黄土高原和广大的西北地区成为中国未来粮食生产增加潜力最大的地区。中国的大西北地区土地平坦，石油资源丰富，适于大规模推广农业机械，发展劳动生产率较高的现代农业。特别是黄土高原、河西走廊、内蒙古高原、吐鲁番-哈密盆地、北疆盆地和南疆盆地，具有土地资源丰富、土壤肥沃、光照资源丰富的特点，在灌溉条件下适宜除油棕和油茶外主要油料作物生长，如花生、油菜籽、向日葵籽、大豆、棉籽，是理想的农业发展后备区。特别是花生和向日葵具有含油率高、抗逆性强的特点，花生耐盐碱、耐干旱，向日葵耐贫瘠、抗风沙，最适宜在西北地区大面积发展。

中西线联合南水北调受水区具有光照条件好，空气污染小，土壤原始肥力高等特点，在灌溉用水有保障、土壤可进行人工改良和施用化肥的情况下，活动积温、气象灾害和土壤厚度是农作物生长的主要限制因子。通过综合考虑热量条件、土壤条件和气象灾害，选择种植抗寒耐寒的适宜农作物，可以实现农业生产力的最大化；节水灌溉、地膜覆盖、垄作栽培和育苗移栽等大田农作物栽培新技术可以有效地增加对水分和热量的利用效率并抗御霜冻灾害；选择适宜的乔木和灌木建造农田防护林，可以有效防止风沙危害，建成稳定的农田生态系统，实现农业的可持续发展。

笔者在近年来的野外考察中发现美国的麦当劳公司在锡林浩特市郊区发展时针式喷灌种植马铃薯用于炸薯条；英国的英糖公司在坝上兼并甜菜糖厂，在当地发展甜菜糖业；日本人的公司收购河北省围场县北部生产的红萝卜，这些国外食品公司认真研究了当地的土地资源、气候条件和适应作物，从而为商业经营的成功提供了保障。为计算联合调水的农业生产潜力，首先应选择适宜的农作物。通过分析灌溉条件下中国北方不同积温带备选农作物的单产分布，可以发现大致规律为活动积温较低的地区块根块茎农作物、饲草、青饲料的单产较高，如马铃薯、甜菜、紫花苜蓿、青贮玉米；油料单产较低，如油菜籽；除春小麦以外，多数高产谷物籽粒无法成熟。活动积温居中等的地区适宜种植多种谷物和油料，如谷子、大豆、高粱、玉米和向日葵籽。活动积温较高的地区适宜种植喜温的花生和棉花，以及高产谷物如玉米和高粱（表14.5）。

根据北方油料作物在灌溉条件下的单产，按照单位面积的食用植物油产量排序，由大到小依次为油葵籽、带壳花生、油菜籽、中国大豆，它们均高于进口转基因大豆的单位面积食用油产量，尤其是油葵籽和带壳花生，比大豆单位面积的产油量高一倍以上（表14.6）。但是，大豆榨油的副产品豆粕是上等精饲料，其单产高于油菜籽，其单位面积的产值应当同油葵籽相当，总体优于油菜籽。

表 14.5 灌溉条件下不同积温带备选农作物的单产水平

农作物	活动积温/(℃·日)	活动积温范围/(℃·日)	灌溉亩产/千克	备注
马铃薯	1 750	1 500～2 000	2 350	鲜重
甜菜	1 750	1 500～2 000	2 500	鲜重
紫花苜蓿	1 700	1 600～2 000	2 760	鲜重
油菜籽	1 750	1 500～2 000	150	
青贮玉米	1 800	1 500～2 000	3 750	鲜重
春小麦	1 750	1 500～2 000	250	
谷子	2 100	2 000～2 500	300	
大豆	2 200	2 000～2 600	250	
高粱	2 250	2 000～2 500	500	
玉米	2 400	2 000～2 900	650	
向日葵籽	2 500	2 100～3 000	250	
带壳花生	3 000	3 000～3 500	300	
棉花	3 300	3 000～3 500	200	棉籽

表 14.6 主要油料作物出油率比较

名称	出油率/%	农作物亩产/千克	食用油亩产/千克
油葵籽	41.0	250.0	102.5
带壳花生	33.6	300.0	100.8
油菜籽	38.0	150.0	57.0
中国大豆	18.0	250.0	45.0
转基因大豆	21.0	210.0	44.1

　　为计算联合调水工程新增谷物、油料、饲草和农作物秸秆的生产潜力，笔者做如下假设：①根据甘肃和内蒙古的调研数据，在雨养农业情况下旱地的当前最大生产潜力，按照其同年均降水量成正比的规律，假设其同灌溉情况下生产潜力的比例等于当地降水量毫米数除以 550；②油料谷物种植结构同人们食用植物油和肉类的消费水平变化趋势有关，本研究假设油料谷物等面积种植，种植结构优化有待进一步研究；③青饲料折干草按照内蒙古中部草原经验值 4.6∶1 计算；④参照主要谷物的草谷比，粗略估计谷物秸秆干重同谷物籽粒重量之比为 1∶1；⑤除去根部适口性较差的部分，假设谷物秸秆饲料利用率为 0.8；⑥由于大多数油料作物秸秆不能被用作饲料，假设油料秸秆的饲料利用率为 0。

　　在上述假设条件下，根据用笔者实地调研数据整理得出的灌溉条件下不同积温带农作物单产的分布规律（表 14.7），利用地理信息系统逐个地块计算增产潜力，最后通过分类汇总得出的结果为：联合调水工程新增油料产量 1.012 59 亿吨，新增谷物产量 2.306 80亿吨，新增可饲用农作物干秸秆 1.845 44 亿吨，新增青饲料和鲜草 4.482 14 亿吨，折合干草 0.974 38 亿吨（表 14.8，表 14.9）。据笔者预测，2030 年中国谷物油料需求量为

8.46 亿吨，常规生产发展可实现的谷物油料产量为 6.45 亿吨。2030 年以后中国人口增加缓慢，甚至可能出现负增长，而根据日本的经验，当收入增加到一定高度后，其对食物消费绝对量的弹性拉动作用大大降低，故预计 2030 年的谷物油料需求量将接近最大值。联合调水可增产油料和谷物 3.32 亿吨，从而使谷物油料总产量达到 9.77 亿吨，可以使中国的食物自给率达到 115.5%；灌溉耕地增产可利用谷物秸秆干重和灌溉草地增产干草重二者合计为 2.819 8 亿吨，按内蒙古天然草地干草平均亩产 60.36 千克计算，相当于增加草原面积 46.72 亿亩，为当前全国草原面积 39.28 亿亩的 118.9%。可见实施中西线联合南水北调的农业生产潜力巨大，按照保守估计，如果能够实现油料和谷物增产目标值的 60.54%，即可增产 2.01 亿吨，从而能够使未来我国油料和谷物自给有余；同时灌溉草地增产的干草和灌溉耕地增产的可利用农作物秸秆将有力缓解草原过度放牧问题，大大改善草原的生态环境。

表 14.7　灌溉条件下不同积温带农作物单产的分布规律（根据实地调研数据整理）

活动积温/(℃·日)	活动积温范围/(℃·日)	油料灌溉亩产/千克	谷物灌溉亩产/千克	青饲料灌溉亩产/千克
1 750	1 501~2 000	150	250	3 000
2 250	2 001~2 500	250	400	3 750
2 750	2 501~3 000	275	650	4 500
3 250	3 001~3 500	300	750	5 250

表 14.8　联合调水工程新增谷物和油料生产潜力（油料和谷物等面积种植方案）

项目	面积/万亩	油料/万吨	谷物/万吨	谷物秸秆干重/万吨
灌溉耕地总计	79 668.9	11 173.1	25 343.6	20 274.9
其中垦荒新增	69 268.3	9 749.7	22 271.1	17 816.9
其中旱地增产	10 400.6	376.2	796.8	637.5
其中旱地原产	10 400.6	1 047.2	2 275.6	1 820.5
合计增产	79 668.9	10 125.9	23 068.0	18 454.4

表 14.9　联合调水工程新增青饲料或干草生产潜力

项目	面积/万亩	青饲料/万吨	折合干草/万吨
灌溉草地总计	10 497.4	46 841.7	10 183.0
其中垦荒新增	9 927.7	44 208.7	9 610.6
其中旱地增产	569.7	612.6	133.2
其中旱地原产	569.7	2 020.3	439.2
合计增产	10 497.4	44 821.4	9 743.8

2030 年中国总人口约为 15 亿人，若谷物油料总产量达到 9.77 亿吨，人均产量可达到 651 千克，是 2014 年人均谷物油料产量的 146.6%，虽不及明清前期盛世，但超过了汉唐前期盛世，相当于宋代盛世水平。

14.5 关键工程

14.5.1 大坝

中西线联合南水北调工程共需建大坝 87 座，其中 43 座大坝同调水直接相关，计入成本核算，其中包括 9 座主要大坝；经最新研究发现一些坝址已经开始建设大坝，有的在建大坝可以用于调水工程。由于河底高程数据更新，尼傲大坝坝高降低，亚日渡槽方案可以被隧洞连接大坝的输水模式替代，总工程成本可能降低。考虑到坝顶高程应当比正常蓄水位高 5～10 米，笔者调整了坝高设计，其中嘉陵江尼傲大坝地处迭部县尼傲峡，河底海拔为 2 020.0 米（据已建小型水电站参数），比原先测定（30 米分辨率 DEM）的提高了 12 米，正常蓄水位不变，坝顶高程比正常蓄水位高 5 米，最大坝高由 327.0 米调整为 320.0 米，技术上可行性更强；岷江叠溪大坝正常蓄水位不变，坝顶高程比正常蓄水位高 10 米，最大坝高调整为 281.2 米；大渡河双江口大坝正常蓄水位不变，坝顶高程比正常蓄水位高 10 米，河底海拔为 2 196.0 米（据大坝规划），比原先测定（30 米分辨率 DEM）的降低 19 米，最大坝高调整为 329.0 米，在建大坝正常蓄水位太低，不能满足调水需求；雅砻江两河口在建大坝坝高 295.0 米，正常蓄水位 2 865.0 米，参数远比笔者设计的高，能满足调水需求；金沙江甲英大坝可以用规划在其上游的叶巴滩大坝替代，由于坝址向上游移动，坝高仅为 224.0 米；澜沧江如美大坝可以用规划的大坝替代，坝高 315.0 米；怒江果巴大坝坝顶高程比正常蓄水位高 10 米，大坝坝高比笔者原来的设计高 10 米，提高为 311.0 米；易贡藏布郎玉大坝和雅鲁藏布江比定大坝也同样比笔者原来的设计高 10 米，分别调整为 301.0 米和 231.0 米。综上所述，9 座主要大坝有三座已经开始规划建设，可以直接用于调水工程。其余 6 座大坝坝高超过 300 米的有 5 座，大渡河双江口大坝（坝高 329.0 米）和嘉陵江尼傲大坝（坝高 320.0 米）是联合调水工程的 2 座最高坝，雅鲁藏布江比定大坝虽然坝高只有 231.0 米，但是坝长最长，达 2 162 米，也是工程量较大的大坝之一（表 14.10，表 14.11）。

表 14.10 主要大坝及其建设情况

顺序	主坝名称	水面海拔/米	河底海拔/米	坝高/米
1	嘉陵江尼傲	2 335.0	2 008.0	327.0
	新坝参数	2 335.0	2 020.0	320.0
2	岷江叠溪	2 436.2	2 165.0	271.2
	新坝参数	2 436.2	2 165.0	281.2
3	大渡河双江口	2 515.0	2 215.0	300.0
	新坝参数	2 515.0	2 196.0	329.0
	在建大坝（太低）	2 500.0	2 196.0	314.0
4	雅砻江两河口	2 725.0	2 588.0	137.0
	新坝参数	2 725.0	2 588.0	147.0
	在建大坝（可用）	2 865.0	2 580.0	295.0
5	金沙江甲英	2 813.6	2 528.0	285.6

（续）

顺序	主坝名称	水面海拔/米	河底海拔/米	坝高/米
	新坝参数	2 813.6	2 528.0	295.6
	在建叶巴滩（可用）	2 889.0	2 675.0	224.0
6	澜沧江如美	2 875.7	2 654.0	221.7
	新坝参数	2 875.7	2 654.0	231.7
	规划大坝（可用）	2 895.0	2 590.0	315.0
7	怒江果巴	2 920.0	2 619.0	301.0
	新坝参数	2 920.0	2 619.0	311.0
8	易贡藏布郎玉	3 068.0	2 777.0	291.0
	新坝参数	3 068.0	2 777.0	301.0
9	雅鲁藏布江比定	3 150.0	2 929.0	221.0
	新坝参数	3 150.0	2 929.0	231.0

表 14.11　87 座相关大坝及其位置

流域自北向南	名称	类型	位置
1 白龙江	尼傲	主坝	甘肃迭部县尼傲乡
1 白龙江	尼石卡	主坝串联坝	甘肃迭部县卡坝乡尼石卡村
1 白龙江	牛路沟	主线辅坝	甘肃迭部县腊子口乡牛路沟
1 白龙江	老龙沟	主线辅坝	甘肃迭部县腊子口乡老龙沟
1 白龙江	桑坝	主线辅坝	甘肃迭部县桑坝乡
1 白龙江	尼巴	主线辅坝	甘肃迭部县藏旺乡尼巴村
1 白龙江	阿夏	主线辅坝	甘肃迭部县阿夏乡
1 白龙江	玉杏	主线辅坝	四川九寨沟县玉瓦乡玉杏村
1 白龙江	漳扎	主线辅坝	四川九寨沟县漳扎镇
1 白龙江	长海子	主线辅坝	四川九寨沟县九寨沟管理局长海子
1 白龙江	白古	辅线坝	甘肃迭部县多儿乡白古村
1 白龙江	亚古	上游已规划	甘肃迭部县电尕镇亚古村
2 涪江	观音岩	主线辅坝	四川松潘县黄龙乡观音岩村
2 涪江	柏杨坝	主线辅坝	四川松潘县施家堡乡柏杨坝村
2 涪江	平坝	主线辅坝	四川平武县虎牙乡平坝村
2 涪江	俄若	主线辅坝	四川平武县泗耳乡俄若村
3 岷江	叠溪	主坝	四川茂县叠溪镇
3 岷江	知木林	主线辅坝	四川黑水县知木林乡
3 岷江	扎窝	主线辅坝	四川黑水县扎窝乡
3 岷江	红岩	主线辅坝	四川黑水县红岩乡
3 岷江	新磨	辅线坝	四川茂县叠溪镇新磨村

（续）

流域自北向南	名称	类型	位置
3 岷江	红桥关	上游已规划	四川松潘县青云乡红花屯村
3 岷江	西宁关	上游已规划	四川松潘县青云乡西宁关村
3 岷江	龙潭	上游已规划	四川松潘县岷江乡龙潭堡村
3 岷江	五里堡	上游已规划	四川松潘县镇江关乡五里堡村
4.1 大渡河	双江口	主坝	四川金川县集沐乡两河汇口处以下 2 千米河段
4.1 大渡河	卜寺沟	主坝串联坝	四川马尔康市蒲市口村
4.1 大渡河	下尔呷	上游已规划	四川阿坝茸县安乡夏尔尕村
4.1 大渡河	巴拉	上游已规划	四川马尔康市日部乡巴朗村
4.1 大渡河	达维	上游已规划	四川马尔康市康山乡达维村
4.2 草什扎河	磨子沟	主线辅坝	四川丹巴县边耳乡磨子沟村
5 雅砻江	两河口	主坝	四川雅江县呷拉乡亚德村北 3.7 千米
5 雅砻江	温波寺	上游已规划	四川石渠县温波乡
5 雅砻江	仁青岭	上游已规划	四川德格县温托乡仁青岭村
5 雅砻江	热巴	上游已规划	四川德格县年古乡热巴村
5 雅砻江	阿达	上游已规划	四川甘孜县扎科乡安达村
5 雅砻江	格尼	上游已规划	四川甘孜县仁果乡
5 雅砻江	通哈	上游已规划	四川新龙县沙堆乡德都村
5 雅砻江	英达	上游已规划	四川新龙县乐安乡
5 雅砻江	新龙	上游已规划	四川新龙县
5 雅砻江	共科	上游已规划	四川新龙县和平乡
5 雅砻江	龚坝沟	需废弃规划	四川理塘县绒坝乡
6 金沙江	甲英	主坝	四川巴塘县甲英乡
6 金沙江	叶巴滩	主坝串联坝	四川白玉县盖玉区降曲河口以下约 5 千米
6 金沙江	莫多	主线辅坝	四川巴塘县莫多乡
6 金沙江	西绒	上游已规划	四川石渠县真达乡南 9 千米
6 金沙江	晒拉	上游已规划	四川石渠县奔达乡下游约 12 千米
6 金沙江	果通	上游已规划	四川石渠县正科乡下拉村
6 金沙江	岗托	上游已规划	西藏江达县岗托镇佐如
6 金沙江	岩比	上游已规划	西藏江达县岩比乡花荣
6 金沙江	波罗	上游已规划	西藏江达县波罗乡
7 澜沧江	如美	主坝	西藏芒康县如美镇上游 14 千米
7 澜沧江	班达	主坝串联坝	西藏左贡县仁果乡邦达
7 澜沧江	果多	上游已规划	西藏昌都市柴维乡古强村
7 澜沧江	侧格	上游已规划	西藏昌都市南偏东加卡村
7 澜沧江	约龙	上游已规划	西藏察雅县新卡乡约隆

（续）

流域自北向南	名称	类型	位置
7 澜沧江	卡贡	上游已规划	西藏察雅县卡贡乡
8 怒江	果巴	主坝	西藏八宿县林卡乡果巴村
8 怒江	左贡	辅线坝	西藏左贡县拉达村
8 怒江	同卡	上游已规划	西藏八宿县同卡镇?
8 怒江	白达	上游需新增	西藏洛隆县白达乡白托村
8 怒江	新荣	上游需新增	西藏洛隆县新荣乡板丁村扎组
8 怒江	当堆	上游需新增	西藏丁青县当堆乡干全卡堆组
8 怒江	沙丁	上游需新增	西藏边坝县沙丁乡格尼村
8 怒江	赤多	上游需新增	西藏索县赤多乡吞达村宗巴卡组
8 怒江	怒江桥	需废弃规划	西藏八宿县林卡乡 318 国道怒江桥
9.1 波都藏布	康达	主线辅坝	西藏波密县倾多镇康达村
9.1 波都藏布	许木	主线辅坝	西藏波密县许木乡
9.1 波都藏布	沙村	辅线坝	西藏波密县玉普乡沙村
9.1 波都藏布	毛江	辅线坝	西藏波密县松宗镇毛江村
9.2 易贡藏布	郎玉	主坝	西藏波密县八盖乡郎玉村
9.2 易贡藏布	日卡	主坝串联坝	西藏波密县八盖乡日卡村
9.2 易贡藏布	崩果	主线辅坝	西藏波密县易贡乡崩果村
9.2 易贡藏布	忠玉	上游已规划	西藏嘉黎县忠玉
9.3 尼洋河	麦丁	主线辅坝	西藏巴宜区更章乡麦丁村
9.3 尼洋河	老虎嘴	上游已规划	西藏工布江达县巴河镇欧巴村
9.4 雅鲁藏布	比定	主坝	西藏米林县比定村
9.4 雅鲁藏布	申木	主坝串联坝	西藏朗县朗镇申木村
9.4 雅鲁藏布	街需	上游已规划	西藏桑日县街需村上游 2 千米
9.4 雅鲁藏布	藏木	上游已规划	西藏加查县上游 13 千米
9.4 雅鲁藏布	加查	上游已规划	西藏加查县上游 5.5 千米
9.4 雅鲁藏布	冷达	上游已规划	西藏加查县冷达
9.4 雅鲁藏布	仲达	上游已规划	西藏朗县仲达
9.4 雅鲁藏布	朗镇	上游已规划	西藏朗县朗镇
9.4 雅鲁藏布	吞巴	上游需新增	西藏尼木县吞巴乡吞达村昌古组
9.4 雅鲁藏布	新尖	上游需新增	西藏昂仁县多白乡拉过村新尖组
9.4 雅鲁藏布	康来	上游需新增	西藏萨嘎县夏如乡康来村

　　世界大坝建设技术发展很快，已建成的 280 米以上大坝有锦屏一级大坝（坝高 305 米）、塔吉克斯坦努列克坝（坝高 304 米）、小湾大坝（坝高 294.5 米）、溪洛渡大坝（285.5 米）、瑞士大迪克桑斯坝（285 米）；在建和规划的超过 300 米高的大坝有塔吉克斯坦罗贡坝

（坝高 335 米）、伊朗巴赫蒂亚里坝（坝高 315 米）、双江口大坝（坝高 314.0 米）、松塔大坝（坝高 313 米），上述调整过的主坝坝高也未超出世界规划和在建大坝的最大坝高。其中在建的双江口大坝是心墙堆石坝，地处 V 形峡谷，具备加高到 329 米以便用于调水工程的自然和技术条件。总之，联合调水工程设计的大坝高度在技术上是可行的。

14.5.2　隧洞

世界隧洞掘进技术发展也很迅速，已完成或在建的超过 85 千米的隧洞有 5 条，最长的是美国纽约州德拉瓦输水道，长 137 000 米，第 2 位是芬兰派亚特海梅输水隧道，长 120 000 米，第 3 位是在建的陕西引汉济渭工程秦岭输水隧洞，长 98 299 米，第 4 位是在建的美国纽约第三供水隧道，长 96 560 米，第 5 位是辽宁大伙房输水工程引水隧道，长 85 320 米。规划的长隧道有渤海海峡隧道，长 123 000 米，芬兰湾赫塔海底隧道，长 105 000 米。世界上最大直径的全断面隧道掘进机（TBM）挖掘的隧洞是尼亚加拉隧洞工程（The Niagara Tunnel Project），尼亚加拉隧洞总长 10.4 千米，开挖直径 14.44 米，衬砌后直径 12.5 米。中国锦屏二级水电站 3 号引水隧洞具有埋深大、洞线长、洞径大的特点，开挖洞径 12.4 米，衬砌段洞径 11.2 米，喷锚段洞径 12.0 米，最大埋深约为 2 525 米。

中西线联合南水北调工程隧洞复合总长为 9 687.8 千米，设计的长度超过 100 千米的隧洞有 2 处，其中中线延伸工程香溪-浪河隧洞长 133 403 米，西线工程沙鲁里山隧洞长 120 389 米。调水工程设计半径较大的隧洞有香溪-浪河隧洞，半径为 5.96 米，5 洞复合；迭山隧洞半径为 5.83 米，13 洞复合；其余隧洞半径均在 5.5 米以下。由于可以通过开凿竖洞分段施工，加快进程，也可以通过加大洞径减少复合洞数，所以调水工程设计的隧洞均未超出隧洞掘进技术可行性（表 14.12）。目前由于城市地铁挖掘需求旺盛，盾构机技术发展比硬岩掘进机快，最大隧洞开挖直径可达 15 米以上，最高可达 19.2 米，断面相当于 2.56 个直径为 12 米的隧洞，5 洞复合可以代替 13 条半径为 5.83 米的迭山隧洞，2 洞复合可以代替 5 条半径为 5.96 米的香溪-浪河隧洞，可以大大节省施工时间和工程造价，可惜盾构机不善于在硬岩地层掘进，鉴于未来调水工程的需求，大直径应当是硬岩掘进机的发展方向。考虑到西线隧洞埋深较大，岩石压力大，有网友建议复合隧洞采取竖向排列，利用倒虹吸隧洞输水，笔者认为是值得进一步深入研究的课题。

表 14.12　比定-洮河线调水隧洞总表

编号	名称	类型	长度/千米	估计流量/亿米³
101	迭山 1	主隧洞	24.0	1 771
102	迭山 2	主隧洞	32.5	1 771
201	岷山 1	主隧洞	19.4	1 731
202	岷山 2	主隧洞	20.8	1 726
203	岷山 3	主隧洞	33.1	1 726
204	岷山 4	主隧洞	12.7	1 726
205	岷山 5	主隧洞	43.8	1 726
206	岷山 6	主隧洞	4.7	1 726

（续）

编号	名称	类型	长度/千米	估计流量/亿米³
207	岷山 7	主隧洞	18.0	1 726
208	岷山 8	主隧洞	20.0	1 726
209	岷山 9	主隧洞	15.9	1 726
301	红岗山	主隧洞	53.7	1 726
302	邛崃山 1	主隧洞	8.4	1 726
303	邛崃山 2	主隧洞	83.6	1 674
304	大雪山 1	主隧洞	81.8	1 530
305	大雪山 2	主隧洞	65.2	1 520
401	沙鲁里山	主隧洞	120.4	1 316
402	芒康山	主隧洞	90.3	1 051
403	他念他翁山 1	主隧洞	64.2	840
501	念青唐古拉山隧洞	主隧洞	78.4	558
502	崩果康达隧洞	主隧洞	86.4	558
503	郎玉崩果隧洞	主隧洞	51.8	558
504	抗拉热山隧洞	主隧洞	76.1	428
505	郭喀拉日居隧洞	主隧洞	50.5	326
601	伯舒拉岭 1	辅隧洞	67.4	10
602	伯舒拉岭 2	辅隧洞	19.5	10
603	他念他翁山 2	辅隧洞	27.6	10
604	阿夏隧洞	辅隧洞	16.6	5
701	雅砻江深挖	河床深挖	31.8	1 316
702	怒江深挖	河床深挖	53.6	840

14.5.3 引水干渠

中西线联合南水北调工程引水干渠可分为 40 段，总长为 12 283 千米，但是若采取分县旗分地段施工，可以大大节省施工时间。其中施工难度较大的地段有以下 3 段：黄河上游西侧谷地干渠长 281.8 千米，跨越湟水谷地，需建高架渡槽，穿越沟壑纵横的黄土高原西部，需大量修建局部隧洞和短桥梁；龙首山北麓-雅布赖山南麓干渠总长 403.3 千米，局部地段需建高架渡槽，大风流沙灾害严重，需采取措施防范；库姆塔格沙漠干渠需穿越 164 千米的流沙区，需采取固沙措施防止沙埋干渠，局部地段沙丘高度为 50～100 米，或许建地下隧洞利用倒虹吸输水。另外，阴山北坡干渠需从主干渠扬水 120 米，大青山北坡干渠需从主干渠扬水 50 米，那里风能和太阳能资源丰富，可设计利用风能和太阳能结合扬水工程，无须耗费额外能源（表 14.13）。

表 14.13　西北灌溉干渠总表

编号	名称	长度/千米	海拔/米	估计流量/亿米^3
101	黄土高原	499.4	2 200～1 700	309
102	黄土高原	222.0	1 700～1 400	120
103	毛乌素沙地	240.6	1 400～1 300	40
104	西毛乌素	132.6	1 700～1 450	40
105	北毛乌素	198.4	1 400～1 300	40
201	黄河上游西侧谷地	281.8	1 735～1 710	1 324
202	东河西走廊	341.9	1 710～1 690	1 281
203	中河西走廊	341.4	1 690～1 660	479
204	西河西走廊	526.2	1 660～1 650	173
301	贺兰山西麓	538.7	1 710～1 050	43
401	龙首山北麓	182.8	1 690～1 430	785
402	雅布赖山南麓	220.5	1 430～1 420	735
403	狼山西北麓	412.7	1 420～1 410	718
404	阴山北麓	302.2	1 410～1 400	642
405	大青山北麓	329.8	1 400～1 270	581
406	浑善达克沙地	237.9	1 270～1 250	428
407	乌珠穆沁盆地	379.6	1 250～950	122
408	雅布赖山北麓	327.7	1 430～1 330	50
409	阴山北坡，扬水 120 米	292.3	1 530～1 520	61
410	大青山北坡，扬水 50 米	127.6	1 450～1 440	56
411	坝上南渠 1	44.9	1 440～1 435	37
412	坝上南渠 2	84.5	1 435～1 430	28
413	坝上南渠 3	187.4	1 430～1 410	19
414	坝上北渠	229.3	1 440～1 420	19
415	黄旗海	43.5	1 435～1 430	9
416	洋河北源	39.8	1 430～1 400	9
417	西拉木伦河	87.2	1 250～500	130
501	北山西南麓	393.7	1 660～1 390	245
502	北山西北麓	196.3	1 390～1 325	160
503	哈吐盆地北缘	628.7	1 325～1 250	154
504	达坂城走廊	85.2	1 250～1 200	131
505	准噶尔盆地南缘西段	593.8	1 200～900	75
506	准噶尔盆地南缘东段	437.6	1 200～790	56
507	北天山东麓	283.4	1 325～1 100	6
601	哈顺沙漠	178.2	1 390～1 200	85

（续）

编号	名称	长度/千米	海拔/米	估计流量/亿米^3
602	库鲁克塔格南麓	557.9	1 200～1 050	81
603	天山南麓	365.9	1 050～985	37
701	阿尔金山北麓	606.2	1 650～1 640	153
702	西昆仑山北麓	399.8	1 640～1 630	109
703	塔里木盆地西南缘	703.4	1 630～1 500	74

14.6 结论与对策建议

通过以上分析，可得出以下关于我国农业发展重点的基本结论：农业发展政策重点在于推广农业科技提高农业单产；发展节水灌溉增加灌溉面积；促进农业机械化发展提高农业劳动效率，发展农业规模经营，促进农业现代化发展。农业开发的区域重点应当是宜农荒地资源丰富，灌溉发展潜力较大的大西北地区。农业发展的工程重点是通过大规模跨流域调水增加灌溉面积。在食物危机日益严峻的趋势下，中西线联合南水北调工程意义重大，它可以保障中国食物的数量安全和食物的充分供给，实现较高的食物自给率；使中国的农业基础坚实稳固，各业协调发展；利用现代科技进步成果发展农业，使农业现代化不落后于国家现代化的整体进程；增加农民收入，通过生态移民消除边远农村的贫困现象，大大缩小城乡差别；科学配置水土资源，充分利用本国土地资源，扩大生存空间，同时使草原的生态环境得到改善；通过农业开发实现区域经济均衡发展，维护边疆的稳定，推动民族地区的和谐发展。

为实现上述发展愿景，笔者提出以下耕地保护和农业开发政策和措施：

（1）通过发展节水灌溉，提高现有水资源的利用效率，扩大有效灌溉面积。结合各地水资源丰度和地形条件，发展不同类型的节水灌溉和雨水收集系统。大力发展大田地膜覆盖，充分发挥地膜的保墒、增温、除草作用。在联合调水工程完成之前，从鼓励节水开荒逐步过渡到强制节水灌溉，把水资源利用效率提高到预期水平。

（2）国务院成立农垦部，全面负责调水工程的实施，支渠和道路建设，水资源分配与管理，宜农荒地土地整理、开发与出售，在农业农村部、水利部、自然资源部、交通部等有关部门的辅助下，组织开展对联合调水工程的论证和规划，尽早开工并逐步建设中西线联合南水北调工程，开展大规模跨流域调水，使引水隧洞逐步向南掘进，引水干渠逐步向西北修建，使西北的土地资源由近而远地逐步得到开发。

（3）实施耕地占用异地补偿，鼓励东西部对口支援开垦宜农荒地，在金融系统的联合支持下建立专业银行，引导房地产开发资金和巨额储蓄资金进行大西北的宜农荒地资源开发。

（4）通过生态移民彻底消除农村贫困。发达地区-贫困区-农业开发区三地紧密结合，利用东部发达地区的房地产开发占地补偿费开发大西北的宜农荒地，用于安置生态移民、水库移民和老少边穷地区的扶贫移民。

（5）农业土地制度改革创新。参照美国西部农业开发的经验，对新开垦耕地实行限量私有化。由国家统一从牧民手中收购宜农荒地进行土地整理，建设农田交通网络和干支渠灌溉系统，将待开垦的宜农荒地所有权同水权挂钩，向全社会出售，鼓励建立家庭农场。当地农牧民拥有优先购买权并享受优惠价格；对生态移民和扶贫移民农户执行优惠价格，并发放无息贷款。

（6）借鉴中国历代的垦荒经验，广泛开展多种形式的垦荒模式创新，如军垦、官垦、民垦、商垦和刑垦等。特别是民垦、商垦和刑垦，对缓解中国东南部的人口压力和化解社会矛盾效果更佳。

（7）利用充裕的国家外汇储备购买世界一流的隧洞掘进机和大坝、桥梁和渡槽建设机械设备，引进先进的水利建设工程技术，利用世界上最先进的技术和装备保障联合调水工程的顺利进行，从而减持美元债权，有效化解美国债务危机下拥有巨额外汇储备带来的金融风险。

（8）由农垦部主持，在生态环境部、林业局、气象局、银行系统等有关部门的辅助下建设大西北地区新垦区农业灾害防治体系，因地制宜地营造防护林防风固沙，建立灾害预警和人工消灾系统；同时建立农产品价格和自然灾害保险机制，对联合调水宜农荒地新开发区实行农业强制保险制度，保障新垦区农业的稳定发展。

参考文献：

[1] Lester R Brown. Who will feed China? Wake - Up Call for a Small Planet [J]. World Watch, September - October, 1994, 7 (5).

[2] Lester R Brown, Brian Halweil. China's Water Shortage Could Shake World Food Security [J]. World Watch, 1998, 11 (4).

[3] N. 亚历山德拉托斯. 从全球角度看对中国未来粮食的预测 [J]. 中国农村经济, 1996, 12 (4)：13 - 20.

[4] 宋健. 也论"谁来养活中国"[J]. 中国人口·资源与环境, 1997, 7 (4)：1 - 4.

[5] 李佩成. 中国能够解决自己的水资源和粮食问题 [J]. 中国农村经济, 1999, 15 (1)：17 - 22.

[6] 中华人民共和国国务院新闻办公室. 中国的粮食问题 [J]. 中华人民共和国国务院公报, 1996 (33)：1346 - 1358.

[7] 国家发展改革委员会. 国家粮食安全中长期规划纲要（2008—2020 年）[J]. 农业机械, 2008 (4)：49 - 56.

[8] 吴传钧. 1：1000000 中国土地利用图 [M]. 北京：科学出版社, 1990.

[9] 石玉林, 康庆禹, 赵存兴, 等. 中国宜农荒地资源 [M]. 北京：北京科学技术出版社, 1985.

[10] 任国柱, 蔡玉梅. 中国耕地后备资源开发的特点和对策 [J]. 资源科学, 1998, 20 (5)：46 - 51.

[11] 张甘霖, 吴运金, 赵玉国. 基于 SOTER 的中国耕地后备资源自然质量适宜性评价 [J]. 农业工程学报, 2010, 26 (4)：1 - 8.

[12] 梁书民. 中国宜农荒地旱灾风险综合评价与开发战略研究 [J]. 干旱区资源与环境, 2011, 25 (1)：115 - 120.

[13] Jarvis A, H I Reuter, A Nelson, et al. SRTM 1km Digital Elevation Data, Hole - filled seamless SRTM data V4 [EB/OL]. http：//srtm. csi. cgiar. org.

[14] Jarvis A, H I Reuter, A Nelson, et al. SRTM 90m Digital Elevation Data, Hole - filled seamless SRTM data V4 [EB/OL]. http：//srtm. csi. cgiar. org.

［15］ The Ministry of Economy, Trade, and Industry (METI) of Japan, the United States National Aeronautics and Space Administration (NASA). The Advanced Space - borne Thermal Emission and Reflection Radiometer (ASTER) Global Digital Elevation Model (GDEM) ［EB/OL］. www. jspacesystems. or. jp/ersdac/GDEM/E/index. html.

［16］ 刘明光. 中国自然地理集 ［M］. 3 版. 北京：中国地图出版社，2010：79.

［17］ 西北师范学院地理系，地图出版社. 中国自然地理集 ［M］. 北京：中国地图出版社，1984：103 - 104，115 - 116，167 - 168，179 - 180.

［18］ 国土资源部全国土地资源调查办公室. 中华人民共和国土地利用图 （1：250 万，内部用图） ［G］. 1999.

［19］ 中国地质调查局. 1：250 万中国地质图 ［DB/OL］. http：//gsd. cgs. cn/.

［20］ van Engelen V W P, Wen T T. Global and National Soil and Terrain Digital Database (SOTER) Procedures Manual ［R］. ISRIC—World Soil Information, Wageningen, Netherlands, 1995.

［21］ Shumin Liang. A joint water diversion plan for China ［J］. Journal - American Water Works Association, 2013, 105 (5)：59 - 60.

［22］ 梁书民. 中西线联合南水北调的必要性和最优可行方案解析 ［J］. 水利发展研究，2012，12 (4)：48 - 55.

第五篇 Part 5
欧亚草原和全球水资源开发潜力

Chapter 15

第15章
欧亚草原水资源开发潜力

15.1 引言

纵观人类发展史，世界上著名的古代文明和近现代强大的经济体都修建有发达的水利工程。最新考古发现表明，公元前 3100 年中国浙江的良渚文化修建了大坝体系，可能具有防洪、运输、生活用水供给、灌溉等综合功能，是世界上最早的拦洪水坝系统。中国战国时代的都江堰和郑国渠灌溉工程为大一统的封建社会的形成奠定了基础；隋代的东西向大运河和元代的南北向京杭大运河大大促进了古代中国经济的繁荣和发展。欧洲古希腊的供水隧道和古罗马的城市供水工程在世界水利史上占主要地位，12 世纪随着贸易的发展欧洲的运河工程复苏，14 世纪文艺复兴以来的科学技术进步促进了欧洲的水利发展，16—18 世纪是欧洲运河大发展的时期，法国、德国、英国开凿了许多运河。19 世纪以后世界各地开挖的运河迅速增加，瑞典、希腊、中欧、俄罗斯分别建造了发达的运河系统；到 19 世纪末，美国建成了以密西西比河为主干航道的发达内河航运系统。跨流域调水工程最早可追溯到公元前 2400 年的古埃及尼罗河上游引水灌溉，但是古代和近代的跨流域调水工程的规模一般较小，调水距离短。20 世纪 40—80 年代是全球建设长距离大型跨流域调水工程的高峰期。20 世纪 80 年代以后，发达国家调水工程建设速度显著放缓，而发展中国家如印度、巴基斯坦、埃及、南非等仍在大力建设调水工程。当前世界上五大调水强国是加拿大、印度、巴基斯坦、俄罗斯和美国[1,2]，随着南水北调工程和许多省级调水工程的建设和实施，中国也正努力成为世界调水强国。

在当今世界的调水工程中，北美洲西部北水南调工程、欧洲东部和亚洲北部北水南调工程和中国南水北调工程的规模最大，学术界提出和研究较早，均有具体的设计方案，并且局部得到实施。美国洛杉矶的 Ralph M. Parsons 公司于 1968 年提出了北美水电联盟（NAWAPA）大型跨流域调水方案，全工程单方调水投资折合 2016 年人民币 26.14 元，圣何塞大学经济学系的教授计算得出北美水电联盟工程的内部收益率（IRR）为 4.36%[3-5]，但是工程受到环境保护主义和反大坝运动的反对没有实施[6]。后来计划得到修改完善，调水量增加[7-9]。苏联水利工程师格尔迪在 20 世纪 80 年代初提出从鄂毕河经托博尔河向锡尔河和阿姆河提水调水计划，该工程由于苏联解体而停止，但是随着中亚水资源危机的加重，哈萨克斯坦提出要恢复西伯利亚-中亚调水工程的研究[10-15]。在中国，毛泽东于 1952 年第一次明确提出了"南水北调"的伟大设想，目前中国的南水北调有东线、中线、西线总体规划，其中东线抽水调水工程已经于 2013 年通水，中线自流调水一期工程也于 2014 年顺利通水，规划的西线工程目前还未动工修建，近年来专家又提出西线调水的各种方案[16-19]。

欧亚草原及毗邻地区的地形、气候和水文特征有利于建设跨流域调水工程和内陆航运网络。本章以保障全球食物供给为主要目的，在现有研究基础上规划设计欧亚草原最大可能的跨流域自流调水工程，为开发利用欧亚草原及其周边地区丰富的水资源和土地资源，发展灌溉农业，建设世界级灌溉农业区提供工程技术方案，兼顾航运、发电、采矿业、工业、城镇生活和生态用水，以期实现欧亚大陆中心区域经济的综合发展。以就近调水和自流调水为基本原则，以当前工程技术水平为基础，着重研究东欧和亚洲中北部北水南调、中国南水北调、亚洲东北部北水南调的 9 项大型和超大型跨流域调水工程，合称为欧亚草原调水工程；并对 9 项工程的工程技术可行性、技术经济效益、社会效益、生态环境影响等进行初步评价。在规划调水工程的基础上，设计欧亚大陆内河航道工程，利用调水通道和自然航道开发航运，并修建运河，形成欧亚草原内河航运网络和入海通道，并同欧洲已建成的内河航运网相连通。

15.2 调水线路与运河网络设计

15.2.1 调水线路设计

规划设计跨流域调水工程的总原则是立足于当前工程技术水平，达到调水效益最大化，主要表现在 10 个方面：自流调水，就近调水，农业为主，节水灌溉，循环用水，同步发电，运河航运，防洪调节，兼顾生态，技术可行。按照这些调水原则，欧亚草原跨流域调水工程可规划为 9 条调水线路，分别详述如下。

（1）中国南水北调东线和中线，以华北平原为受水区；水源地为长江中下游、白龙江中下游、嘉陵江上游和汉江；调水起点为海拔 147 米的汉江丹江口水库和海拔 2 米的大运河扬州段。东线沿大运河扬水北调，最高点东平湖海拔为 40.5 米，干渠终点天津北大港水库海拔为 7 米。中线延伸水源地长江三峡水库正常蓄水位为海拔 175 米，干渠终点北京团城湖海拔为 49 米。

（2）中国南水北调西线及延伸和大西线，以黄土高原、瀚海盆地、西辽河流域、河西走廊、塔里木盆地、准噶尔盆地、巴尔喀什湖为受水区；水源地为雅鲁藏布江上游、怒江上游、澜沧江上游、金沙江、雅砻江、大渡河、岷江、白龙江上游、洮河、黄河上游、湟水、大通河和庄浪河，其中最远的水源地调水水库为雅鲁藏布江米林县桑白水库，正常蓄水位为 3 174 米。调水起点为洮河岷县段、洮河九甸峡水库和黄河刘家峡水库，海拔分别为 2 320 米、2 232 米和 1 735 米；干渠终点向西主要有：巴尔喀什湖方向海拔为 450 米，南疆北方向海拔为 1 020 米，南疆南方向海拔为 1 500 米，向东主要有：内蒙古鄂尔多斯方向海拔为 1 150 米，内蒙古霍林郭勒方向海拔为 950 米，蒙古东戈壁方向海拔为 960 米。

（3）中国南水北调柴达木线，以柴达木盆地为受水区；水源地为昆仑山北坡诸河和内陆湖流域（可可西里、西柴达木），海拔一般在 4 000 米以上；调水起点为格尔木河和那凌郭勒河山口水库，正常水位海拔分别为 3 400 米和 3 300 米，环盆地干渠末端的海拔为 2 800 米。

（4）东北亚北水南调中国东北线，以东北平原为受水区；水源地为石勒喀河、黑龙江（阿穆尔河）上游与右岸支流。水源地黑龙江漠河县套子水库海拔为 360 米，调水起点嫩江四站水库海拔为 300 米，干渠尾是辽宁义县大凌河，海拔为 220 米。该线路在嫩江市以北基本同康熙年间的驿道重合。

（5）东北亚北水南调呼伦湖线，以呼伦贝尔高原为受水区；水源地为大兴安岭西坡诸河：激流河、根河、海拉尔河、哈拉哈河，以及呼伦湖西北部诸河：克鲁伦河、乌勒兹河、鄂嫩河、维季姆河；调水起点为诸河山麓水库。关于水源水库、调水起始点、干渠尾海拔，激流河-根河线分别为 800 米、650 米、600 米；海拉尔河线分别为 730 米、710 米、700 米；哈拉哈河线分别为 850 米、780 米、760 米；维季姆河线分别为 700 米、670 米、650 米；鄂嫩河上游线分别为 900 米、890 米、880 米。

（6）东北亚北水南调蒙古戈壁线，以蒙古戈壁为受水区；水源地为治达河、埃格河（额金河）、色楞格河、鄂尔浑河。水源地治达河水库海拔为 1 251 米，调水起点杭爱山隧洞海拔为 1 231 米，干渠尾海拔为 1 080 米。

（7）中北亚北水南调图兰低地上线，以图尔盖高地、图兰低地东部为受水区；水源地为克孜勒河、叶尼塞河上游、阿巴坎河、鄂毕河上游、额尔齐斯河上游。最远水源地克孜勒河水库海拔为 569 米，调水起点厄斯克门水库海拔为 388 米，干渠尾海拔为 280 米。

（8）中北亚北水南调图兰低地下线，以库仑达平原、伊希姆平原、图兰低地西部为受水区；水源地为勒拿河、色楞格河中下游、贝加尔湖、安加拉河、奥卡河、丘纳河、马纳河、丘雷姆河、托姆河、鄂毕河、额尔齐斯河。最远水源地勒拿河水库海拔为 459 米，调水起点舒尔宾斯克水库海拔为 259 米，干渠尾海拔为 120 米。

（9）欧洲东部北水南调里海咸海线，以里海低地、咸海低地为受水区；水源地为恩巴河上游、乌伊尔河上游、乌拉尔河、小乌津河上游、伏尔加河、顿河；调水起点为顿河-伏尔加河运河、伏尔加格勒水库、沃利斯克水库、乌拉尔河上游奥伦堡水库。关于水源水库、调水起始点和干渠尾海拔，伏尔加河分别为 110 米、30 米和 0 米；顿河分别为 130 米、10 米和 0 米；乌拉尔河分别为 245 米、70 米和 55 米。

根据欧亚大陆水汽蒸发和运动规律[20]，向上风地区调水，蒸发乘数效应大。中北亚和欧洲东部北水南调 3 项工程将西伯利亚南部的径流调往西南方向的中亚地区，在里海低地和图兰低地发展灌溉，产生的水汽位于西风带上风位置，灌溉蒸发的乘数效应大，跨流域调水可形成良性循环；中国南水北调西线及延伸和大西线工程从位于中国西南部的西南季风带，沿青藏高原东缘、东北缘向西北干旱区调水，充分利用西南季风区的径流增加内陆地区的水汽供给，通过水汽蒸发的乘数效应可大大增加中国的水资源供给量，也可形成良性循环，且具有可持续性。

15.2.2　内河航道网络规划

在跨流域调水工程基础上，通过利用自然航道和建设关键地段的连通运河可以形成以欧亚草原为核心的欧亚大陆内河航道网络。本节规划的欧亚大陆内河航道网络主要利用调水干渠、自然航道和已建成的运河系统，通过建设关键运河和入海通道形成连通欧洲、亚洲两大洲和太平洋、大西洋、印度洋三大洋的内河航道交通网。本节规划的运河和航道整治工程是欧亚草原调水工程的延伸工程，可以单独进行成本效益核算，一般不计入欧亚草原调水工程成本效益核算。延伸工程的总长度为 57 132 千米，主要是地中海航道、里海航道和已建成的欧洲内河航道，以及需新建的里海-黑海通道、里海-印度洋内河航道、地中海-波斯湾内河航道、黄河流域内河航道、中国东北和内蒙古高原入海内河航道和俄罗斯西伯利亚入海内河航道。

三江平原入海3通道。目前已有内河航道顺黑龙江或乌苏里江经阿穆尔河入鄂霍次克海。规划新建松花江-绥芬河入海通道,自汤原县松花江南岸海拔85米处向东南方向开凿运河,经过佳木斯、双鸭山、友谊,到宝清降为80米;向南深挖过海拔112米山岗至虎林,到兴凯湖水面海拔降为64米,向南深挖过海拔100米山岗降为59米,同西部绥芬河海拔75米水库来水会合,南流入日本海。同时可利用新辟兴凯湖通道,溯乌苏里江经兴凯湖绥芬河入海,成为三江平原连通太平洋的第三条通道。

黄河入海通道,中游3路东进,下游7路入海。自刘家峡水库至河西走廊的西北总干渠,在甘肃省景泰县漫水滩海拔1 710米处向东开凿陡坡运河航道,至宁夏中卫沙坡头海拔1 239米入黄河,沿黄河干流顺流而下,经青铜峡水利枢纽、三盛公水利枢纽、万家寨水库、壶口瀑布、三门峡水库、小浪底水库,至河南郑州桃花峪海拔降为110米,需建36级船闸。自西北总干渠入黄河陡坡航道1 460米处向东沿半山坡开凿运河,经黄河大柳树架设海拔1 455米渡槽2处,长853米和969米,向东经宁夏同心长山头乡,架设海拔1 450米跨清水河谷渡槽,长13.0千米,沿山麓东行,经大罗山北端海拔降为1 445米,到萌城乡海拔降为1 440米,向东南深挖河道并开凿16.7千米通航隧洞入环江西川,渠化环江和泾河,向东南经渭河入黄河,渭河口海拔为325米,渠化航道需建25级船闸。自宁夏平罗都思图河口海拔1 090米溯河而上至海拔1 350米南折,沿东侧等高线经毛乌素沙地西南部宽谷,在甘肃、宁夏、内蒙古三省区界点东折进入无定河上游,顺无定河而下抵达黄河,河口海拔590米,通道两端将都思图河和无定河渠化共需建船闸23级。以上形成黄土高原3条东西向航运通道。其中黄河干流航道有悠久的通航史,政府已有航道开发规划,具有优先建设的优势;泾河航道是捷径,利用调水工程自漫水滩向东一路顺水,将来可建设为欧亚运河干线航道。黄河入海航道自小浪底水库以下可开发7条:①沿黄河干流自小浪底坝下经郑州、开封、济南,在山东省垦利区入渤海。②自郑州花园口黄河南岸开渠连通贾鲁河,经颍河、淮河、东淝河,开凿运河连通巢湖,经裕溪河、长江入东海。③自开封黄河南岸开渠连通惠济河,经涡河、淮河、洪泽湖,在金湖向东开挖运河,经宝应、盐城市、新洋港入黄海。④自河南兰考黄河南岸沿废黄河开渠,经南运河、新沂河入黄海。⑤自郑州桃花峪黄河北岸开渠连通人民胜利渠,经卫河、南运河、海河,在天津入渤海。⑥自河北邯郸魏县东风渠向北开挖运河,经滏阳河、子牙河、海河,在天津入渤海。⑦自黄河河南台前县沿南运河北行,在山东聊城连通马颊河入渤海。其中颍河航道利于向中国南方运输粮食和农产品,沿江港口条件优越,安徽省已有引江济淮工程规划,可建设为干线航道。

内蒙古高原入海3通道。自内蒙古正蓝旗闪电河海拔1 310米处,经滦河入渤海,渠化航道需建29级船闸。自内蒙古克什克腾旗水头村达来诺尔与西拉木伦河分水岭最低点海拔1 300米处,顺西拉木伦河向东,经西辽河、辽河在辽宁营口入渤海,渠化航道需建27级船闸。自内蒙古霍林郭勒西霍林河和乌拉盖河分水岭海拔最低点947米处,顺霍林河向东南,沿松辽运河向南,经西辽河、辽河在辽宁营口入渤海,渠化航道需建19级船闸。其中滦河航道路径便捷,有通航历史,为内蒙古高原入海的干线航道。

西伯利亚入海 3 通道。自西伯利亚安加拉河向南,经色楞格河、鄂尔浑河、蒙古戈壁、阴山北麓和滦河入海通道最为便捷,是西伯利亚入海的干线航道;自安加拉河向北至叶尼塞河干流航道,或经布拉茨克水库连通勒拿河上游、维季姆河和勒拿河中游,可以将内河航道延伸到西伯利亚广大腹地。自蒙古戈壁东干渠向东,沿干河床开凿运河连通贝尔湖,经乌尔逊河、呼伦湖、额尔古纳河、黑龙江入渤海、日本海或鄂霍次克海,可形成第二入海通道。溯维季姆河向南沿呼伦湖北水南调工程也可开辟第三航运通道,但是需开凿可以通航的大口径隧道。

里海-印度洋 3 通道。自里海土库曼斯坦土库曼巴希港开凿运河连通捷詹河,修建 20 级船闸渠化捷詹河、哈里河至海拔 1 000 米,在阿富汗的赫拉特向南沿帕米尔高原山麓开凿运河,经法拉河、赫尔曼德河,在伊朗巴基斯坦边界海拔降为 960 米,入达什特河上游,修建 21 级船闸渠化达什特河,在瓜达尔西侧入阿拉伯海。自里海南岸沿克孜勒乌赞河上溯,在海拔 1 680 米处开凿隧道连通迪亚拉河,在海拔 1 540 米处开凿隧道连通卡尔黑河,在伊朗阿瓦士附近开凿运河连通卡伦河,经阿拉伯河入波斯湾,翻越伊朗高原共需建 75 级船闸。该通道是俄罗斯和伊朗研究共建里海-波斯湾大运河拟采用的方案。自里海西南岸沿库拉河、阿拉斯河上溯,开凿隧道连接海拔 1 267 米的乌鲁米耶湖北端,在湖南端开凿隧道连接小扎卜河,经底格里斯河、阿拉伯河入波斯湾,共需建 56 级船闸。其中乌鲁米耶湖航道海拔较低,路径便捷,连通 4 国,可建设为主要通道。

地中海-波斯湾 2 通道。自波斯湾阿拉伯河上溯,经幼发拉底河至阿萨德湖海拔 400 米,在湖西岸中部向西深挖运河、开凿隧道和渠化自然河抵达地中海叙利亚港口拉塔基亚,需建 8 级船闸。或沿幼发拉底河上溯至土耳其的阿塔图尔克水库海拔 540 米,向西通过开凿运河、隧道和渠化杰伊汉河在阿达纳东部入地中海,需建 11 级船闸。其中叙利亚航道海拔较低,也较为便捷,是主要通道。

里海-黑海 3 通道。自里海伏尔加河口海拔 -10 米上溯经阿斯特拉罕至伏尔加格勒南部,经伏尔加河-顿河运河海拔 80 米入顿河,在俄罗斯的罗斯托夫入黑海;该通道已经建成,是欧亚运河主通道。自里海俄罗斯卡尔梅克和达吉斯坦边界海拔 -10 米,沿曼尼奇地堑向西开凿运河,最高海拔 25 米,经无产者水库、曼尼奇河,在罗斯托夫入黑海;该通道有海拔低易建设的优势,发展潜力较大。自里海西南岸沿库拉河上溯,经第比利斯,在海拔 750 米河湾处开凿隧道,连接里奥尼河,通过陡坡降航道连通黑海波季港,共需建 34 级船闸;该通道需翻越高海拔山岭,优势最弱。

大西洋 8 通道。地中海、黑海、里海连通大西洋 8 通道自西向东为:地中海-直布罗陀海峡;法国南部贝济耶附近的南运河-加龙河波尔多港;法国南部马赛附近的罗纳河-运河-马恩河-巴黎-塞纳河;黑海多瑙河-运河-美因河-莱茵河荷兰鹿特丹港;黑海第聂伯河-运河-维斯瓦河-运河-奥得河-运河-易北河德国汉堡港;黑海第聂伯河-运河-维斯瓦河波兰格但斯克港;黑海第聂伯河-运河-道加瓦河拉脱维亚里加港;里海-伏尔加河-奥涅加湖-拉多加湖-俄罗斯圣彼得堡。这些跨越欧洲大陆的大西洋通道和港口已经建成,为了便利欧亚大陆东西方内河航运,仅需开凿亚速海至第聂伯河河湾处运河。

本部分规划的欧亚大陆内河航道主干线呈哑铃形,全长 17 576 千米。其中中国张掖-

俄罗斯罗斯托夫段长 6 880 千米，为哑铃的中轴，是欧亚运河的核心地段；自核心地段向东北接雅布赖山东麓-阴山北麓-滦河航道入渤海，向东南接泾河-黄河-颍河-长江航道入东海，向西北接第聂伯河-维斯瓦河-奥得河-易北河航道入北海，向西南接黑海-地中海航道抵达罗马。

15.3　调水开发潜力与工程技术分析

15.3.1　调水开发潜力

利用迈阿密模型[21]，根据各地的年平均降水量和年平均气温[22]可以计算出光温潜力、气候潜力和实现光温潜力的灌溉需水量，即光温潜力需水量减去降水量；通过计算跨流域调水量同受水区径流量（以地下径流为主）和受水区上游山区径流量之和，可以得出受水区可利用水资源量；进一步根据实现光温潜力的灌溉需水量和受水区可利用水资源量，可以计算出受水区的垦殖率和可灌溉开垦的宜农荒地面积。欧亚草原受水区面积总计达 532.95 万千米²，相当于新疆面积的 3.2 倍。调水量总计达 8 917.8 亿米³，同长江大通水文站多年平均径流量 8 931.0 亿米³ 相近。调水量加上受水区山地径流 4 436.8 亿米³，受水区自身径流 3 276.2 亿米³，总计可利用的径流资源为 16 630.8 亿米³（表 15.1）。其中调水工程水源地的径流量以 GRDC 数据为准[23]，受水区山地和受水区径流量数据，是利用 GIS 格栅数据和空间分析功能，根据同地面坡度和干旱指数回归得出经验公式计算径流系数[24,25]，进一步根据降水量和径流系数计算得出径流深度，最后通过面积汇总得出的。按照目标灌溉垦殖率，9 个受水区总计可灌溉耕地 44.52 亿亩，减去受水区当前耕地面积 18.17 亿亩，可增加耕地面积 26.35 亿亩，为全球耕地面积 259.483 5 亿亩的10.15%，其中中蒙受水区 6 项目可增加耕地 9.647 亿亩，为 2015 年中国耕地面积20.258 6 亿亩的 47.62%（表 15.2）。

表 15.1　欧亚草原受水区调水量

受水区	面积/万千米²	最终调水量/亿米³	受水区山地径流/亿米³	垦区径流/亿米³	最终利用量/亿米³	全灌溉需水/亿米³
华北平原	36.72	539.0	541.9	674.0	1 754.8	2 332.0
大西北	182.29	2 129.2	1 006.1	929.1	4 064.4	11 567.9
柴达木盆地	7.56	54.9	68.6	7.8	131.3	361.2
东北平原	24.41	144.0	333.3	300.4	777.6	242.9
呼伦湖	14.86	160.6	77.2	85.5	323.3	107.4
戈壁沙漠	10.08	132.7	34.9	23.6	191.2	306.4
图尔盖图兰东	75.55	1 611.7	1 796.2	235.0	3 642.9	6 244.5
库仑达图兰西	124.81	1 622.9	193.9	865.6	2 682.4	4 155.6
里海咸海低地	56.68	2 522.7	384.8	155.2	3 062.7	3 828.4
总计	532.95	8 917.8	4 436.8	3 276.2	16 630.8	29 146.2

自然生态系统的光温潜力同灌溉农田生态系统的谷物产量呈高度正相关关系，笔者根

据经验估计后者为前者的 70%；灌溉农田生态系统的谷物产量同油料产量也呈高度正相关关系，笔者根据经验估计前者为后者的 2.3 倍。根据受水区可灌溉开垦的宜农荒地面积、灌溉农田生态系统的谷物和油料单位面积产量，以及受水区现有耕地面积、谷物单产、油料单产和粮经农作物面积比例，可以估算出跨流域调水受水区的谷物油料增产潜力，包括在受水区现有耕地上的谷物油料增产潜力和在受水区灌溉开垦宜农荒地的谷物油料增产潜力。受水区总计粮食油料产量为 18.30 亿吨，其中当前耕地生产 3.82 亿吨，调水灌溉后，当前耕地增产 3.94 亿吨，新垦灌溉耕地生产 10.55 亿吨，总计可增产 14.49 亿吨，为 2015—2016 年度全球谷物油料产量 31.134 亿吨的 46.54%。其中中蒙受水区增产 5.652 亿吨，为 2016 年中国粮食油料产量 6.523 7 亿吨的 86.6%；大西北受水区可增产 3.76 亿吨，稍高于笔者以前粗略估计的 3.32 亿吨[26]，本研究引入迈阿密模型计算生产潜力，较为准确可信（表 15.2）。

表 15.2 开垦耕地测算和农业生产效益

受水区	目标全域垦殖率	全域灌溉耕地/亿亩	可增加耕地/亿亩	总计生产粮油/亿吨	增产粮油/亿吨
华北平原	0.608	3.35	0.00	2.26	0.63
大西北	0.351	9.61	6.45	4.47	3.76
柴达木盆地	0.364	0.41	0.41	0.14	0.14
东北平原	0.800	2.93	0.29	1.23	0.47
呼伦湖	0.800	1.78	1.55	0.47	0.41
戈壁沙漠	0.624	0.94	0.94	0.23	0.23
图尔盖图兰东	0.583	6.61	6.01	2.94	2.79
库仑达图兰西	0.646	12.09	4.48	3.73	3.26
里海咸海低地	0.800	6.80	6.21	2.82	2.79
总计	0.557	44.52	26.35	18.30	14.49

15.3.2 工程技术分析

欧亚草原跨流域调水工程兼顾供水和内河航运，包括干渠、自然航道、欧亚运河、隧洞与桥梁、河道深挖、渡槽、风电扬水和大坝，单线总长 70 037 千米（含大坝顶长），其中主要是干渠 30 421 千米、自然航道 21 765 千米、欧亚运河（大西洋-太平洋运河）10 000 千米（含支线，不含自然航道）。隧洞（桥梁）单线长 7 082 千米，大流量调水地段需建复线隧洞，按照线段过水量大小估算，总计需加长建设复线隧洞（桥梁）18 093 千米，隧洞（桥梁）复线总长为 25 175 千米。因此全工程单线建设长度为 48 272.2 千米，复线建设长度为 66 365.4 千米，复线总长度为 88 130.3 千米，加上延伸工程总长度高达 145 262 千米，约为赤道长度的 3.62 倍（表 15.3）。该工程确实是巨型工程，但是对比 2017 年初中国高速铁路（2008 年始建）营业里程为 22 000 千米，中国高速公路（1984 年始建）总里程达 13.0 万千米，前者 9 年建设 2.2 万千米，后者 33 年建设 13 万千米，二者重复建设期间每年建设 6 384 千米；本工程复线建设长度 66 365.4 千米按 30 年建设期计算，每年约建设 2 212 千米，仅为这两项工程总建设强度的 1/3。若考虑到主要参与建设的有中国、俄罗斯、哈萨克斯坦、乌兹别克斯坦、土库曼斯坦和蒙古 6 国，该工程建设量虽然巨大，但仍然未超出 6 国当代的实力和工程技术建设能力。

表 15.3　欧亚草原调水工程单方成本核算

受水区	大坝个数	单线建设长度/ 千米	复合建设长度/ 千米	复合总长度/ 千米	调水工程 投资/亿元	最终调水量/ 亿米³	单方成本/ 元
华北平原	8	3 711.3	4 245.0	5 446.1	5 713.0	539.0	10.60
大西北	38	18 382.4	24 944.8	29 600.0	33 571.1	2 129.2	15.77
柴达木盆地	2	1 443.7	1 443.7	2 114.5	1 943.0	54.9	35.39
东北平原	8	2 501.0	2 501.0	6 568.2	3 365.8	144.0	23.38
呼伦湖	10	2 251.6	2 251.6	3 630.2	3 030.3	160.6	18.87
戈壁沙漠	8	2 513.6	2 513.6	2 672.7	3 382.8	132.7	25.49
图尔盖图兰东	19	6 252.5	9 835.9	12 168.3	13 237.3	1 611.7	8.21
库仑达图兰西	23	6 797.9	13 072.5	15 647.8	17 593.1	1 622.9	10.84
里海咸海低地	3	4 418.2	5 557.4	10 282.5	7 479.2	2 522.7	2.96
总计	119	48 272.2	66 365.4	88 130.3	89 315.6	8 917.8	10.02

（1）大坝。欧亚草原调水工程需建设大坝 119 座，是调水工程的关键工程，其中许多为高坝、长坝，有的大坝处在地震烈度较高的地区。高坝主要出现在中国南水北调西线、大西线工程中，以青藏高原东南缘 V 形谷高坝最为典型，考虑到当前高坝建设技术的发展状况，笔者设计的调水线路上的大坝最大坝高限制在 315 米以下。本规划绕过九寨沟和黄龙寺自然保护区和缩短雅鲁藏布江大坝长度，将大西线大坝和引水隧洞向上游稍微移动，主要变动有白龙江尼傲大坝高 320 米改为尼西大坝高 295 米，大渡河双江口大坝高 329 米改为白湾大坝高 217 米和温古大坝高 190 米，易贡藏布的郎玉大坝高 301 米改为高 296 米，雅鲁藏布江比定大坝高 231 米改为桑白大坝 229 米，坝顶长由 2 162 米缩减为 1 410 米。长坝多出现在中北亚北水南调工程水源地西伯利亚南部山区，是第四纪冰川活动区，大坝多建在冰川 U 形谷上，大坝高度较低，但是长度较长，工程技术上不成问题。水库呈细长形，有的水库已经建成，可用于调水工程，如布拉茨克水库。调水线路有的需穿越地震多发带，如中国南水北调大西线横穿康定-甘孜地震带[27]，大坝抗震是调水工程应考虑的问题。目前西南地区正在建设和准备建设的一批 200 米甚至 300 米高的超高大坝都处在地震烈度较高的地区，中国的大坝抗震技术已经十分成熟，居世界前列。

（2）隧洞。调水工程需建设大量长隧道、大洞径隧洞、大深埋隧洞和复线隧洞，本规划以就近调水为原则，采用多路调水方案，以减少复线隧洞数量和里程。笔者原规划的中国南水北调大西线沙鲁里山隧洞 120.4 千米为最长隧洞，隧洞直径以最大硬岩 TBM 的直径 14.44 米为高限。目前隧洞掘进技术进步很快，德国海瑞克公司生产的盾构机直径达 19.35 米，中国新疆规划的输水隧洞长度高达 283 千米[28]，本规划最长隧洞长度因大西线上移，增加为 115 千米（沿松潘古道南北向延伸）。中国南水北调大西线工程山高沟深，大深埋隧洞较多，隧洞掘进中岩爆发生概率较大，隧洞掘进时需采取防范措施。岩石岩性影响输水隧道 TBM 掘进进度，中国南水北调大西线沿线以砂岩和板岩为主，砂岩硬度居中，板岩硬度较差，二者均属于 TBM 掘进的较佳岩层；图兰低地上线隧洞较长，主要分布在西萨彦岭，岩石主体是泥质及砂质页岩、硅质片岩、石英岩及石灰岩等，其中石英岩地段硬度较大，将影响 TBM 施工进度。地壳垂直运动对输水隧洞开凿也有影响，中国南水北调大西线在青藏高原东南缘开凿隧洞，需跨越活动断层，但是地壳上升速度变化剧烈的区域恰好是利用怒江自然河流输水的地段，以及念青唐古拉山南麓多段短隧洞地段，地壳变化对引水工程的影响不会太大。

（3）运河。欧亚运河及支线是未来欧亚草原粮食运输的重要通道，且兼有输水功能，是调水工程的核心部分。翻越山岭和陡坡航道地段，是运河工程的难点，需修建船闸才能建成较高的航道等级。美国 1817—1924 年修建的伊利运河长 584 千米，共建有 83 座水闸。元代姚演提出修建滦河航道工程通航上都，郭守敬勘察后认为难以施工而未能实施。笔者认为利用现代的工程技术可以把滦河建设为半年通航的Ⅲ级航道。滦河正蓝旗至郭家屯河床的纵坡坡降特点是上游坡缓，而下游坡陡，正蓝旗至内蒙古-河北界之间河流长 110 千米，河床海拔由 1 310 米降为 1 152 米；内蒙古-河北界至郭家屯之间的河流长 200 千米，河床海拔由 1 152 米降为 781 米。按照当前最大单级船闸水头 45.2 米（长江三峡第四级船闸）计算，上段需建 4 座船闸，下段需建 9 座船闸；滦河中下游修建了两座大型水库，通航需建 2 座共 5 级船闸；郭家屯以下滦河干流渠化需建 11 级船闸，正蓝旗以下滦河航道通航总计需建 29 级船闸。欧亚运河及支线其他需建船闸的地段有自巴尔喀什湖向西翻越楚伊犁岭地段，黑辽运河在黑龙江呼玛县三卡乡-北疆乡翻越小兴安岭地段，戈壁航道连接欧亚运河狼山西北麓段陡坡航道，欧亚运河龙首山西麓段陡坡航道，和前述的漫水滩-黄河陡坡航道。

（4）干渠和渡槽。调水工程的干渠具有分布广、线路长的特点。规划通航的干渠需要建成宽浅横截面；蒸发强烈地段的干渠需要建成窄深横截面；过境黄土高原的干渠，需采取生物和物理护坡措施，防止水土流失，并大量修建渡槽跨越黄土沟壑。甘新库姆塔格沙漠多流动沙山，个别地段需将调水线路下移，修建渡槽翻越沙山。在蒸发强烈又不需要通航的地区，可以修建倒虹吸涵洞输水，或建设传统的坎儿井渠，以减少蒸发，抗风害，抗沙埋。欧亚草原调水工程需建渡槽主要有：叶尼塞河和丘雷姆河 2 处跨河渡槽，雅布赖山西部和东部渡槽穿越流沙带，黄土高原干渠多处沟壑渡槽和湟水渡槽。其中黄土高原干渠渡槽主要分布在黄河西岸干渠段，渡槽较多，多为过水量大的短渡槽，工程技术难度不大，但是若建造为Ⅳ级航道，工程技术难度将相应增加。湟水渡槽海拔 1 730 米，过水量大，需建造宽度大、高度高的长渡槽，是输水干渠的瓶颈地段，工程技术难度较大。雅布赖山西部和东部 2 处渡槽海拔分别为 1 430 米和 1 420 米，地处欧亚运河的关键地段，需建符合Ⅱ级航道标准的宽渡槽，适宜建成双线渡槽以便于航运（图 15.1）。按各处渡槽的地形均可建为梁桥渡槽。叶尼塞河和丘雷姆河渡槽需跨越宽深的河谷，梁桥最高桥墩高度为 137 米，工程技术上是可行的。

15.3.3　有利因素分析

沿线的交通条件得到了改善。在中国开发大西北、交通建设提速的大形势下，中国南

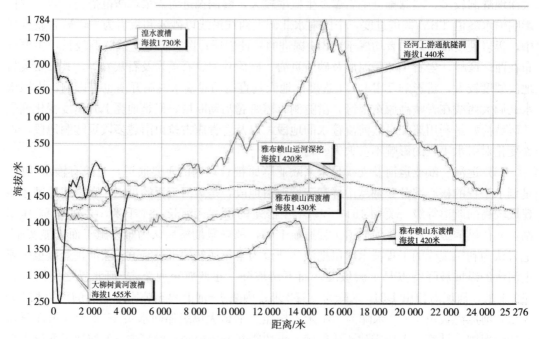

图 15.1　欧亚草原调水与运河主要工程地形剖面

水北调线路沿线的交通条件有了很大改善，大西北地区发达的公路和高速公路网已经形成，为大西线建设提供了便利的交通条件。苏联时期已经建成了发达的西伯利亚铁路网和中亚铁路网，有利于修建欧亚草原调水工程。

可采取灵活多样的投融资模式进行项目建设。当前中国的经济形势是劳动力过剩、资本过剩、产能过剩，水利基础设施建设的工程技术力量雄厚。可以政府投资为主导，采取灵活多样的投融资方式，如 BOT（建造-运营-移交）、BT（建造-移交）、TOT（转让-经营-转让）、PPP（公私合作）和 ABS（资产证券化）等，借助发行股票和国债可以筹集大量资金。也可以通过亚洲基础设施投资银行筹集资金，进行投资活动。通过对调水工程进行统一规划设计，统筹管理工程资金，工程项目由小到大，从易到难，分期分批建设，分段施工，可以提高建设速度，保证工程质量。

利用当前的水利工程和自然条件可以减少施工量。如可以利用现有水库直接调水，利用上游水库增加调节库容；利用受水区的地下水漏斗作为地下水库，通过自然河流补给地下水。充分利用现有水库、天然河道、地下含水层、蓄水池和地下水库调蓄受水区的外来水资源；依托已有绿洲，利用现有坎儿井和干支毛斗渠系统调配水资源，可以达到事半功倍的效果。

依托现代农业技术，改善垦荒条件，提高水资源利用效率。在灌溉垦荒中广泛采用先进的农业技术，如推广土壤改良技术，覆膜滴灌水肥一体化技术；推行农业机械化，培育农作物优良品种，采取先进的栽培模式；采用科学的防护林建设技术和雹灾和霜灾防治技术等，从而使垦荒条件得到改善，垦区的农业现代化水平和水资源利用效率得到提高。

统筹利用外来径流和本地径流。以水源地调水为主，统筹利用受水区径流和受水区的山区径流，统筹利用地表水、地下水、外来水、水库存水，增加供水保障水平，使各受水区之间旱涝互补，实现农业的抗旱稳产高产。

利用蒸发乘数效应可以减少调水量。内陆盆地灌溉有增雨效应，将来进行长期调水后，由于绿洲蒸发的乘数效应，下风区降水增多，可以使外来水资源得到重复利用，调水量或可以逐渐减少。据估算，中国北方生长季 72% 的降水来自亚欧大陆的水汽蒸发，黄河流域的蒸发乘数为 1.724[29,30]。

15.4　技术经济与效益分析

15.4.1　技术经济分析

根据笔者对中国大西线南水北调工程的估算，工程复线建设长度为 24 945 千米，总投资约为 33 571 亿元，复线建设长度折合每千米造价 1.345 8 亿元，调水量为 2 129.2 亿米³，单方调水成本 15.77 元。以每千米造价 1.345 8 亿元估算，欧亚草原跨流域调水工程总计需投资 89 315.6 亿元，其中中国南水北调大西北线（L2 线）投资额最大，其次为库仑达图兰西线（L8 线）和图尔盖图兰东线（L7 线），投资额分别为 17 593.1 亿元和 13 237.3 亿元。9 项工程之间的单方调水成本差别很大，平均为 10.02 元（表 15.3）。

欧亚草原跨流域调水滴灌垦荒工程效益巨大，可分为直接效益和间接效益，其中直接效益可用于计算内部收益率（IRR），包括垦荒、发电、航运和售水 4 大效益。这样按 30 年计算，欧亚草原跨流域调水滴灌垦荒工程总收入为 716 760 亿元，总收入同总投资的比值恰好为 3.00（表 15.4）。

表 15.4　欧亚草原调水工程总成本核算

受水区	调水工程投资/亿元	支渠投资/亿元	蓄水池成本/亿元	滴灌成本/亿元	荒地价值/亿元	总计投资/亿元	总收入与总投资比值
华北平原	5 713.0	482	0	0	0	6 195	3.94
大西北	33 571.1	2 193	19 910	5 044	11 109	71 827	2.87
柴达木盆地	1 943.0	167	962	320	213	3 605	2.13
东北平原	3 365.8	275	141	226	1 050	5 058	5.06
呼伦湖	3 030.3	259	549	1 211	3 407	8 456	2.07
戈壁沙漠	3 382.8	217	1 409	737	1 266	7 013	1.94
图尔盖图兰东	13 237.3	743	24 235	4 696	10 466	53 377	2.93
库仑达图兰西	17 593.1	731	7 298	3 502	10 455	39 579	2.51
里海咸海低地	7 479.2	584	20 506	4 856	10 383	43 809	3.80
总计	89 315.6	5 651	75 011	20 592	48 350	238 919	3.00

欧亚草原跨流域调水滴灌垦荒工程总投资为 238 919 亿元，子项目投资额由大到小依次为调水工程投资、蓄水池建设、购买宜农荒地支出、滴灌设备投资和支渠投资（表15.4）。按 30 年建设期计算，每年静态投资为 7 963 亿元。中国"十三五"期间计划投资 15 万亿元用于交通建设，投资 2.43 万亿元用于水利建设，两项投资合计每年平均投资额

为 3.486 万亿元，欧亚草原调水工程每年的投资额仅为交通水利每年投资额的 22.8%，中国有能力包揽调水工程的全部投资。

按照估算的总投资和总收入计算工程的内部收益率（IRR）和净现值（NPV），华北平原、柴达木盆地、东北平原、呼伦湖、戈壁沙漠 5 项调水工程建设期按 10 年计算，里海咸海调水工程建设期按 20 年计算，大西北、图尔盖图兰东、库仑达图兰西 3 项调水工程建设期按 30 年计算，各工程贴现率按 0.049 计算，工程建成后的管理维护费用按照总成本的 0.5% 计算，得到的 IRR 总计为 8.79%，其中最高的是东北平原、呼伦湖和柴达木盆地，为 19%~23%；其次为戈壁沙漠和里海咸海低地，为 16%~18%；再次为华北平原和图尔盖图兰东，在 10% 左右；大西北的 IRR 为 7.92%；库仑达图兰西的 IRR 为 7.08%，为 9 项工程的最低值（表 15.5）。综合比较以上计算结果，IRR 取决于单方调水成本、产出与投入比值、建设周期和投资规模。IRR 一般同单方调水成本呈反比，同产出与投入比值呈正比，同建设周期呈反比。长距离调水工程投资额较大，建设周期长，IRR 较低。

表 15.5　欧亚草原调水工程效益核算

受水区	垦荒总价值/亿元	售水收入/亿元	售电收入/亿元	航运价值/亿元	30 年总计收入/亿元	IRR/%	NPV/亿元
华北平原	0	22 637	379	1 409	24 425	10.74	3 264
大西北	114 096	39 604	46 035	6 164	205 899	7.92	15 296
柴达木盆地	5 164	1 021	939	564	7 688	19.11	1 566
东北平原	3 846	19 716	203	1 818	25 582	22.25	6 057
呼伦湖	13 444	2 986	81	977	17 488	20.87	3 849
戈壁沙漠	10 363	2 468	227	521	13 579	17.54	2 517
图尔盖图兰东	119 612	29 978	4 684	2 314	156 588	9.63	16 986
库仑达图兰西	61 169	30 187	5 533	2 361	99 249	7.08	5 634
里海咸海低地	113 861	46 923	2 791	2 688	166 262	16.35	30 956
总计	441 554	195 520	60 872	18 815	716 760	8.79	86 125

15.4.2　多重间接效益

欧亚草原是人类历史上的丝绸之路、茶叶之路、玉石之路等的必经之地，是古代东西方经济交往的要冲。研究区 10 国地处丝绸之路的中部和东部，包括 6 个主要受水国：中国、俄罗斯、蒙古、哈萨克斯坦、乌兹别克斯坦、土库曼斯坦，4 个上游国家：吉尔吉斯斯坦、塔吉克斯坦、阿富汗、伊朗。据国际货币基金组织（IMF）数据，调水工程 10 国 2016 年的 GDP 总量为 140 866 亿美元，人口总量为 170 568 万人，总国土面积为 3 457 万千米^2，分别占全球总量的 18.2%、23.3% 和 25.9%；人均 GDP 为 10 138 美元，是全球平均的 81.5%；人口密度为 54.8 人/千米^2，稍低于全球平均值，是全球平均的 90.0%。欧亚草原 10 国总体上属于中等收入国家，正处于经济发展的关键时期。

调水工程对欧亚草原 10 国具有多重间接效益，包括经济效益、社会效益和生态效益。

主要经济效益有：维持快速经济增长，将中高速发展期延长 30 年；加快中国人均 GDP 赶上美国的速度，调水工程每年可拉动中国 GDP 增长 1.426 个百分点，使中国人均水平赶上美国时间提前 20 年；开发各国边疆，突破水资源缺乏和人口稀少的限制因素，实现均衡发展；加强农业基础，保障全球食物供给，使受水 6 国成为全球主要食物出口国；推广高效节水灌溉技术，防洪抗旱效益明显，9 项工程总计可灌溉开垦的宜农荒地面积是当前全球灌溉面积的 58.6%；发展内河航运，可以大大节省运输成本，上海经滦河口到欧亚运河东部中点的水运距离，仅为上海到美国新奥尔良的海运距离的 22.6%。主要社会效益有：欧亚运河是现代版的丝绸之路，适宜开辟游轮航线，促进沿线文化旅游产业发展；通过农业移民垦荒，可促进扶贫与农民增收；有利于加强民族团结，巩固各国边防；可以解决干旱区水资源缺乏问题，消除国际水资源争端；可以改善水源国和受水国的国际关系，提高调水国的国际政治影响力，拓展生存空间，增强受水国综合国力；使农牧业社会走向工业化和农业现代化，缓解持续万年之久的农耕民族和游牧民族之间的冲突，以调水工程为纽带，欧亚 10 国联合行动，可以逐步形成欧亚 10 国经济联盟。主要生态效益有：增加绿洲碳汇，提高生态服务价值[31]；促进产业与人口扩散迁移，减少人口稠密区的雾霾污染；改善受水区生态环境，恢复受水区水生生态环境；受水区通过接纳山区的生态移民，可以减轻山区人口对环境的压力，有效防止山地的水土流失。

从技术、经济、生态、国际关系等多方面综合评价可以得出 9 项工程的优先顺序。中国的 5 项工程中东北平原南水北调是振兴东北经济的关键工程，南水北调西线和大西线是我国开发大西北战略的核心工程，建设欧亚运河又可以大大促进丝绸之路沿线国家的经济发展，应当优先建设这 2 项工程；柴达木盆地南水北调工程和呼伦湖北水南调工程投资规模较小，内部收益率高，但是处于偏远地区，后者涉及中、蒙、俄 3 国，可作为第二批建设项目；南水北调中线延伸工程可扩大调水量，并有利于华北平原内河航运的发展，可作为第三批建设项目。以外国为主的 4 个调水项目中里海咸海低地北水南调和中亚北水南调上线工程具有调水量大、内部收益率高的特点，涉及俄罗斯、哈萨克斯坦和乌兹别克斯坦 3 个大国，地处丝绸之路核心地段，可同中国大西线工程相连通，应当作为第一批建设项目；蒙古戈壁沙漠北水南调项目对蒙古国经济发展和融入丝绸之路经济带作用巨大，可作为第二批建设项目；中亚北水南调下线实际为上线的延伸工程，可以解决中亚的水资源危机，可作为第三批建设项目。

15.5 结论与讨论

本研究得出的主要结论有：①欧亚草原调水工程有利于推动区域经济全面开发，发展潜力巨大。本调水方案的受水区涉及欧亚草原的绝大多数低海拔平坦地区，可以有效破解当地的水资源瓶颈，释放出巨大的发展潜力，促进全区域的经济发展。②工程规模浩大，工程技术可行。欧亚草原调水工程规模虽然十分浩大，在当今世界水利工程技术水平下是可行的。中国在调水工程的关键技术上领先世界，如大坝、隧洞、干渠、运河与船闸、渡槽等工程技术；俄罗斯拥有寒带水利工程建设先进技术，可与中国互补。③经济效益显著，国家可承受。调水工程是欧亚草原 10 国未来 30 年经济增长的引擎。当前中国处于工业产能过剩期，交通网大规模建设基本完成，是规划建设欧亚草原调水工程的好时机；调水工程经济效益巨大，同交通投资相比投资规模并不大，远未超出中国的承受能力。④具有多重效益和深远的历史意义。调水工程可以建立陆心地区世界大粮仓，重绘世界食物自给率地图；通过跨国水资源联合开发，实现多国经济共同发展，将成为国际合作开发边疆的典范；欧亚运河可以大大促进东西方文化交流，具有深远的历史意义。⑤涉及丝绸之路沿线国家，具有重要的现实意义。调水和运河工程可以成为"一带一路"倡议可选择的重要建设项目，利用亚洲基础设施投资银行进行投资，对加强中国同俄罗斯和中亚国家的经济合作具有重大现实意义。

欧亚草原调水和运河工程是多国联合投资建设的项目，国际关系应当是未来的重点讨论对象，具体应深入研究的问题如下。①确定国际水权与解决国际水资源再分配问题。欧亚草原调水工程可能存在上下游水权纷争的国家除欧亚草原 10 国外，还有南亚次大陆和中南半岛国家，应先明确水权与土地产权，然后进行水资源再分配，以免发生国际纠纷。②调水工程的国际投融资模式。国际水资源开发投资模式与管理模式值得探讨，调水工程的国际项目可以通过亚洲基础设施投资银行进行融资，尝试国际合作投资、国际 BT（建造-移交）和国际资产证券化等灵活多样的投融资模式。③水资源联合调度。上下游水资源分配是调水工程的核心内容，需加强国际合作，制定配水方案，签订政府间协议，进行水资源联合调度，以解决上下游国家之间的水资源争端。④科学管理水资源。调水工程规模浩大，涉及 10 国，大小河流多于 100 条，需树立科学发展观，加强科学管理，引入智能化、现代化的先进管理模式，达到调水效益最大化，实现水资源的可持续高效利用。⑤树立共同发展目标，加强国际合作。有关国家应抛开社会制度和意识形态的分歧和束缚，建立伙伴关系，通过各方合作实现优势互补，高效利用水资源和土地资源；以保障全球食物供给，建设和谐世界为共同目标，凝聚各国力量，互利互惠，走共同发展的道路。

参考文献：

[1] 杨立信. 国外调水工程综述 [J]. 水利发展研究，2003（6）：55-56.

[2] 王光谦. 欧阳琪等世界调水工程 [M]. 北京：科学出版社，2009.

[3] Roland P Kelly. North American Water and Power Alliance, NAWAPA Plan Can Work [M]. La Verne, California：Energy Report, National Energy Research and Information Institute，1982.

[4] Beets M. NAWAPA XXI Will 'Bend' the Water Cycle；Save Calif. Texas [J]. Executive Intelligence Review - Economics，2014：24-31.

[5] Baker M M. Anti - NAWAPA Water Policy Means Food Emergency [J]. Executive Intelligence Review - Economics，2013：23-26.

[6] Deniston B. Expanding NAWAPA XXI：Weather Modification to Stop Starvation [J]. Executive Intelligence Review - Feature，2013：49-57.

[7] Deniston B. The Nuclear - Thermonuclear NAWAPA XXI [J]. Executive Intelligence Review - Feature，2013：4-15.

[8] Kirsch M. Nuclear NAWAPA XXI, Desalination, and The New Economy [J]. Executive Intelligence Review - Feature，2013：4-19.

[9] 方妍. 国外跨流域调水工程及其生态环境影响 [J]. 人民长江，2005（10）：9-10，28.

[10] 格尔迪，须振伟，曹寅白．苏联西伯利亚向中亚和哈萨克斯坦部分调水问题 [J]．海河水利，1984
　　 (S2)：68 - 72，96.

[11] 粟宗嵩，姜伟．国外跨流域调水工程简介 [J]．世界农业，1982 (2)：34 - 37.

[12] H C 格里申科．苏联水利建设的任务和发展远景——大型跨流域调水工程现状 [J]．地理译报，
　　 1984 (3)：6 - 10.

[13] O Л 玛尔柯娃，袁子恭．水资源区域再分配问题的设计方案 [J]．地理译报，1982 (3)：29 - 32.

[14] 邵宏源，严定中．苏联的调水工程规划 [J]．海河水利，1984 (S2)：49 - 55.

[15] 张德骅，魏昌林．苏联的调水工程 [J]．中国水利，1986 (6)：42 - 44.

[16] 梁书民．中国城镇化的资源瓶颈与破解方略 [M]．北京：中国农业出版社，2015：423 - 450.

[17] Shumin Liang. A Joint Water Diversion Plan for China [J]. Journal American Water Works Associa-
　　 tion，2013，105 (5)：59 - 60.

[18] 郑平，姬士军，张学彬，等．从雅鲁藏布江及怒江调水到西北干旱区的思考 [J]．水利水电施工，
　　 2015 (4)：96 - 99，115.

[19] 王欣，侍克斌，岳春芳，等．新疆跨区域调水可行性前期——怒江调水入疆可行性初探 [J]．水资
　　 源与水工程学报，2016，27 (3)：38 - 142，147.

[20] van de Ent R J，Savenije H H G，et al. Origin and Fate of Atmospheric Moisture Over Continents
　　 [J]. Water Resources Research，2010，46 (9)：201 - 210.

[21] H 里思，R H 惠特克，等．生物圈的第一性生产力 [M]．王业建，等，译．北京：科学出版
　　 社，1985.

[22] Hijmans Robert J，Susan Cameron，Juan Parra. WorldClim [M/OL]. Berkeley：the Museum of
　　 Vertebrate Zoology，University of California，in collaboration with Peter Jones and Andrew Jarvis
　　 (CIAT)，and with Karen Richardson (Rainforest CRC)，2005. [2016 - 01 - 15]. http：//
　　 www. worldclim. org/.

[23] Wilkinson K，von Zabern M，Scherzer J. Report No. 44，GRDC Report Series，Global Freshwater
　　 Fluxes into the World Oceans [M]. Koblenz：Global Runoff Data Centre，Federal Institute of Hy-
　　 drology (BfG)，2014.

[24] Farr T G，Kobrick M. Shuttle Radar Topography Mission Produces a Wealth of Data [J]. Eos
　　 Transactions American Geophysical Union，2000，81 (48)：583 - 585.

[25] Trabucco A，Zomer R J. Global Aridity Index (Global - Aridity) and Global Potential Evapo - Tran-
　　 spiration (Global - PET) Geospatial Database [M/OL]. Washington D. C.：CGIAR Consortium
　　 for Spatial Information，2009. http：//www. csi. cgiar. org/.

[26] 梁书民．中西线联合南水北调的宜农荒地资源开发潜力 [J]．水利发展研究，2013 (12)：15 - 24.

[27] 傅马利，杨守一．中华人民共和国地图集 [M]．北京：中国地图出版社，1994：8.

[28] 邓铭江．深埋超特长输水隧洞 TBM 集群施工关键技术探析 [J]．岩土工程学报，2016，38 (4)：
　　 578 - 587.

[29] Keys P W，van de Ent R J，et al. Analyzing Precipitation - Sheds to Understand the Vulnerability of
　　 Rainfall Dependent Regions [J]. Biogeosciences，2012，9 (2)：733 - 746.

[30] Ellison D，Futter M，Bishop K. On the Forest Cover - Water Yield Debate：From Demand - to Sup-
　　 ply - Side Thinking [J]. Global Change Biology，2012，18 (3)：806 - 820.

[31] 李颖，葛颜祥，刘爱华，等．基于粮食作物碳汇功能的农业生态补偿机制研究 [J]．农业经济问
　　 题，2014，35 (10)：33 - 40.

Chapter 16

第16章

全球水资源分布

16.1 研究现状

学术界对全球径流量的估算已经历了 110 多年的历史。根据 Lvovitch[1] 的研究，1896 年 A. Penck 首先提出了水资源平衡公式 $P=R+E$（降水量＝径流量＋蒸发量），1903 年 E. A. Geints 将水资源平衡公式修正为 $P=U+S+E$（降水量＝地下径流量＋地表径流量＋蒸发量），认为地下径流是径流计算中不可分割的一部分。1905 年 E. Brikner 估算出全球（不含极地冰川）径流量为 25 000 千米^3，1920 年 G. Wust 估算出全球（含极地冰川）径流量为 37 100 千米^3，1970 年 L. I. Zubenok 估算出全球（含极地冰川）径流量为 46 337 千米^3。1977 年 Korzoun[2] 计算出全球（含极地冰川）径流量约为 48 000 千米^3，其中 1 000 千米^3 为内流区径流量；不含南极洲的全球总径流量为 45 560 千米^3，为目前对全球径流量估计的最大值。最新的全球径流量估算数据主要有 2014 年全球径流数据中心第 44 号报告[3] 估算的全球流入海洋的径流量（不含南极洲和内流区径流量）为 41 867 千米^3，以及 2016 年 FAO 的 AQUASTAT 数据库[4] 列举的全球（不含南极洲）的内生可再生水资源量为 42 811 千米^3，包括地表径流量和地下径流量同地表径流量不重复计算的部分。笔者搜集到的 44 个全球径流数据[1,3,5-12] 大致呈负偏态（左偏态）分布，频数分布峰值区间向右偏移，平均值为 39 365 千米^3，众数区间为 38 829～43 438 千米^3，频数占总数的 50%。

联合国世界气象组织（WMO）下属的全球径流数据中心（GRDC）拥有全球径流数据库，收集了 160 个国家 9 200 个水文站的河川径流数据，为当代全球径流研究提供了可靠的原始数据。但是，在全球径流量的计算中，由于内流区的径流数据缺乏，或是由于内流区多为季节性径流和地下径流，致使以 GRDC 年度径流报告和联合国 AQUASTAT 数据库为代表的许多数据倾向于低估内流区径流量或忽略内流区的径流量，将径流量定义为流入海洋的径流量，不包括流入内陆湖沼蒸发掉的径流量和人类利用消耗掉的径流量，从而造成对全球径流量的明显低估。

理论上讲，由于以大流域为研究单元只计算入海径流量，容易忽略在中途蒸发和利用的径流量，计算径流深度时使用的数据的空间分辨率越高，径流量计算值会越高，在高蒸发量地区和人类活动耗水量较大地区更加显著。因此，生成高分辨率的全球径流场可以提高径流量的测量精度和准确度，正确计算出小流域和内流区的径流量，可能得到更大的径流量数据。但是，目前学术界对全球径流量估计多数以大流域为研究单元，空间分辨率一般较低，新罕布什尔大学（UNH，2000）利用 GRDC 数据生成了分辨率为 0.5° 的全球径流图[13]，用于计算大洲或流域面积较大的河流的径流量误差较小，但是用于计算局部小流域径流则容易产生较大误差。GRDC 第 22 号报告[14]和 Sirsjul Islam（2007）[10]对全球径流量的测算中使用的空间分辨率都是 0.5°，与 UNH（2000）的相同。GRDC 第 22 号报告采用 STN-30p 模型，将低于 10 000 千米²的小流域数据放弃，因为 0.5°分辨率无法模拟面积小于 10 000 千米²的小流域。世界资源研究所（WRI）以 NASA 提供的 1°空间分辨率的径流数据为基础，以次流域为研究单元逐级计算累计流域径流量[15]，造成了对径流量的大量重复计算，虽然可用于评价流域的可利用水资源量，但是由于空间分辨率低，不能正确显示径流深度的细节分布；又因为使用的原始数据是 GRDC 的数据，同样存在对内流区径流深度估计偏低的问题。相比之下，中国径流深度图采用的基础径流数据是小于 5 000 千米²的小流域水文站的数据，在空间精度上是 0.5°模型的 2 倍以上，是各种径流深度计算中空间精度最高的。

　　主要基于全球历史气象数据网络（GHCN）和全球海拔高程数据库（SRTM）[16]，Hijmans（2005）生成了 0.008 3°地面分辨率的 Worldclim 全球气候地理信息系统格栅数据[17,18]，包括降水量、温度等 19 个指标；Trabucco（2009）[19]利用 Worldclim 数据生成了 0.008 3°地面分辨率的潜在蒸发蒸散和全球干旱指数空间数据库。利用 SRTM 的 0.000 83°极高分辨率 DEM 数据，可以计算高分辨率的地面坡度。由于径流系数主要决定于地面坡度、降水量和潜在蒸发蒸散量，这些参数的高空间分辨率数据库的生成为估算全球高空间分辨率的径流分布提供了基础数据。本章将尝试利用高空间分辨率气象数据和坡度数据，运用中国的径流系数经验公式和全球降水量的空间分布推算全球径流深度的高分辨率空间分布场，从而更准确地估算全球径流总量。

16.2　研究方法

　　本章的核心研究目标是以中国为样本区域，利用最小二乘法回归计算并推导径流系数 WRO 的经验公式，进而根据经验公式推算全球的径流系数和径流量。一般情况下降水量越大径流系数越大，如干旱区径流系数可能接近于 0，极端湿润区径流系数可能接近于 1；径流系数随着地面坡度增加而增加，如在降水量相同或相近的情况下山区径流系数大于平原区；由于在降水量一定的情况下地面实际蒸发深度和径流深度呈此消彼长的互补关系，而地面蒸发量同潜在蒸发量呈紧密正相关关系，所以潜在蒸发量越大，径流系数越小，如热带沙漠径流系数接近于 0，而寒带和寒温带径流系数则较大。因此，径流系数受地面坡度、降水量和潜在蒸发量的直接影响，其他因子如温度、风力和地表覆盖等，可以通过潜在蒸发量间接影响径流系数。径流系数经验公式的理论基础是假设径流系数是自变量地面坡度 SL、降水深度 PRE 和潜在蒸发量 PET 的函数，又由于干旱指数 $AI=PRE/PET$，所以径流系数函数自变量可简化为 SL 和 AI。利用最小二乘法对高精度的样本数据进行回归计算，可以得到径流系数函数的经验公式，然后可以依据经验公式推算全球径流深度和径流量。

　　具体步骤如下。第一步：回归样本区径流系数经验公式推导。根据公式：$WROs=f(SLs, PREs, PETs)$ 和 $AIs=PREs/PETs$，有：$WROs=f(SLs, AIs)$，由于 $WROs=ROs/PREs$，所以经验公式可表达为：$ROs/PREs=f(SLs, AIs)$，式中 $WROs$ 为样本区径流系数，SLs 为样本区地面坡度，$PREs$ 为样本区降水深度，$PETs$ 为样本区潜在蒸发蒸散量，AIs 为样本区干旱指数，ROs 为样本区径流深度。第二步：计算全球径流系数。依据样本区的经验公式计算全球的径流系数。$WRO=f（SL，AI）$。第三步：计算全球径流深度。依据全球径流系数和全球降水深度计算全球径流深度。依据公式：$WRO=RO/PRE$，导出公式：$RO=WRO×PRE$，其中：WRO 为全球径流系数，SL 为全球地面坡度，AI 为全球干旱指数，RO 为全球径流深度，PRE 为全球降水深度。

本章采用数据的观察年份分别为：中国降水量为 1951—1980 年[20]，中国径流量为1956—1979 年[21]，全球降水深度和全球干旱指数为 1950—2000 年[18]。本章采用的全球地面坡度数据是基于 SRTM 90m v4.1[16] 的计算结果；河流和流域地理信息系统（GIS）层面数据来源于 HydroSHEDS、世界自然基金会（WWF）[22]；湖泊、主要河流和大洲界GIS 数据来源于 Natural Earth、NACIS[23]。

以下是计算样本区经验公式的详细过程。样本区径流系数经验公式的计算依据是中国的降水量分布图、径流量分布图、地面坡度 SL 分布图和干旱指数 AI 分布图。其中中国多年平均径流深度图的基础数据来自从 3 000 多个流域面积小于 5 000 千米^2 的水文站中筛选出的 2 200 多个测站的径流数据资料，具有空间精度高、空间覆盖均匀而全面的特点。中国降水量分布图的比例尺为 1∶9 000 000，是 Korzoun（1977）全球分大洲降水量图 1∶20 000 000 比例尺精度的 2.22 倍，能够精确显示中型山地地形对降水量分布的影响和小流域内部的降水量差异。由于中国多年平均径流深度图和与之对应的中国年降水量图覆盖的地域以水资源问题突出的中纬度为主，覆盖的地貌类型和土地利用类型全面，包含的温度带和径流带地域跨度大、类型多样，沙漠干旱区的面积比重类似于全球陆地（不含南极洲）的沙漠面积比重，所以得出的径流系数经验公式适宜计算全球的径流深度分布场（不含南极洲）。

将中国多年平均径流深度图和中国年降水量图取等值线的中值，并转化为地理投影格栅数据，空间精度取 0.166 7°（相当于 18.52 千米径向地面分辨率），是 0.5°格栅空间精度的 3 倍。在地理投影下将 SRTM 全球海拔高程图用 ArcInfo Grid 模块中 Resample 指令生成 0.166 7°格栅数据，并求算地面坡度。将全球干旱指数图用 ArcInfo Grid 模块中 Resample 指令生成 0.166 7°格栅数据。用 ArcInfo Grid 模块中 Combine 指令在地理投影下将中国径流深度、中国降水量、全球地面坡度、全球干旱指数 4 组空间精度为 0.166 7°的格栅数据合并。逐个格栅计算样本区的径流系数值，并将径流系数值同地面坡度和干旱指数值进行回归，以求算中国样本区的径流系数经验公式：$WROs=f（SLs，AIs）$。回归计算结果如下。

中国 $AIs<1.5$ 的地区包括干旱、半干旱、半湿润和湿润区，范围较广，有 32 350 个格栅点，占总量 33 285 个格栅点的 97.2%。径流系数经验公式为：

$$WROs=0.065 245 +0.008 554 ×SLs+0.328 581 ×AIs$$

其中常数项、SLs 和 AIs 的 T 值分别为 28.002、86.425 和 112.201。主要由于样本量大，影响因素众多，该经验公式的 R 平方值为 0.361 6，不算太高，但是常数项和自变量系数的 T 值均很高，说明经验公式的可信度还是比较高的。

中国 $AIs≥1.5$ 的地区为极端湿润区，仅有 935 个格栅点，占总量的 2.8%，径流系数经验公式为：

$$WROs = 0.675\,754 + 0.003\,959 \times SLs - 0.036\,91 \times AIs$$

其中常数项、SLs 和 AIs 的 T 值分别为 31.319、11.582 和 -2.921。该经验公式的 R 平方值为 0.127 9，自变量 AIs 的系数为负值，即在极端湿润区干旱指数对径流系数的影响由正变负。对在 $AIs \geqslant 1.5$ 的地区 AIs 的负影响可解释为由于降水量大，地表径流丰富，长期河流侵蚀使地面坡度增加，同地表径流系数形成正反馈作用，使多雨区的地面坡度显著增加，对径流系数的影响比重上升，AIs 对径流系数的影响比重相对于地面坡度来说降低了，故由正值变为微负值。从回归结果来看，自变量 AIs 的 T 值较低，在实际计算中可以将其从公式中移除，只保留自变量 SLs 和常数项，对计算结果影响不大。

以下是计算全球径流系数和径流量的详细过程。第一，在全球地理投影下用 ArcInfo 的 Grid 模块中的 Resample 命令将 30 弧秒的全球降水量格栅数据（0.008 3°，约相当于 1 千米径向地面分辨率）生成分辨率为 0.166 7°的全球降水量格栅数据。第二，用 ArcInfo Grid 模块中 Combine 指令在地理投影下将全球降水深度、全球地面坡度、全球干旱指数 3 组空间精度为 0.166 7°的格栅数据合并。第三，在合并后的格栅数据表格中，利用上述径流系数经验公式，逐个格栅地计算全球径流系数，然后利用径流系数和降水深度计算全球径流深度。第四，在 ArcInfo 中利用 Grid 模块中的地图投影转换子命令，将全球地理投影转换为具有等积特征的摩尔魏德投影（Mollweide Projection），用于计算格栅面积。通过等积投影转换后，每个格栅为边长 20 496 米的正方形，面积为 420.09 千米^2。第五，在摩尔魏德投影格栅数据表格中利用格栅面积和格栅径流深度计算格栅径流量，利用格栅面积和格栅降水深度计算格栅降水量，汇总可得到全球降水总量和径流总量数据。第六，在 ArcView 中将全球流域地图、大洲地图的地理投影 Shape 层面转化为分辨率为 0.166 7°的格栅数据；然后利用 ArcInfo 的 Grid 模块转化为摩尔魏德投影格栅数据，用 Grid 模块中的 Combine 命令分别同上述径流量格栅数据合并，计算分流域和分大洲的流域面积、径流量、径流深度，降水量、降水深度等数据，以便同其他文献的结果进行对比。摩尔魏德世界地图投影具有等面积的优点，本章投影的中央经线设为东经 10°，边缘经线穿过白令海峡和中太平洋，切割的陆地面积最小，剧烈变形的陆地面积较小。

16.3　结果同文献比较

本章的汇总计算结果为全球（不含南极洲）陆地面积为 133 406.7×10^3 千米^2，平均降水深度为 777.4 毫米，降水量为 103 709.8 千米^3，平均径流深度为 358.9 毫米，径流量为 47 884.0 千米^3，径流系数为 0.461 7。分大洲降水深度唯有南美洲高于全球平均值，为 1 518.3 毫米，大洋洲稍低于全球平均值，亚洲最低为 632.9 毫米，仅为全球的 81.4%。分大洲径流深度也只有南美洲高于全球平均值，为 770.3 毫米，大洋洲稍低于全球平均值，非洲最低，仅为 229.9 毫米，仅为全球的 64.1%。分大洲径流系数也是南美洲最高，达 0.507 4，亚洲、北美洲和欧洲高于或接近全球平均值，非洲最低，仅为 0.344 9（表 16.1）。

本章生成的径流系数和径流深度格栅数据表现的径流分布大趋势同降水量深度分布，由于本章引入了坡度参数，表现了径流系数和径流深度随地形变化的细节分布情况，体现了地面坡度对径流深度的影响，特别是清楚表现了沙漠地区和干旱地区的山地对径流深度的提升作用，对研究缺水地区的水资源分布意义重大（彩图 1，彩图 2）。同 UNH（2000）的径流格栅数据比较，本研究结果的最大特点是干旱半干旱地区的无径流区面积大大缩小，取而代之的是大面积的低径流区；对澳大利亚内流区、蒙古东部内流区径流深度估算值明显增加；对撒哈拉沙漠腹地和阿拉伯半岛内部山地和高原引起的相对高径流区的分布表现得尤为清晰突出。本节以大洲为研究单元，将本研究的计算结果同有关文献成果进行比较，以评价本研究得出的结果的可信度和空间精度。

表 16.1 全球分大洲降水和径流数据

地区	面积/ ×10³ 千米²	降水深度/ 毫米	降水量/ 千米³	径流深度/ 毫米	径流量/ 千米³	径流系数
全球	133 406.7	777.4	103 709.8	358.9	47 884.0	0.461 7
亚洲	43 296.6	632.9	27 401.4	313.4	13 571.2	0.495 3
欧洲	9 814.6	651.4	6 392.9	296.4	2 908.9	0.455 0
非洲	30 206.6	666.7	20 137.3	229.9	6 944.4	0.344 9
北美洲	23 281.8	678.6	15 798.1	323.8	7 538.0	0.477 1
南美洲	18 039.5	1 518.3	27 388.6	770.3	13 896.0	0.507 4
大洋洲	8 767.7	751.8	6 591.5	345.1	3 025.6	0.459 0

注：本表分区中大洋洲包括新几内亚岛全部；亚洲和欧洲以乌拉尔山、乌拉尔河、高加索山和黑海为界，土耳其巴尔干半岛属欧洲；南北美洲以巴拿马运河为界；亚洲和非洲以苏伊士运河为界。

通过比较分大洲径流数据发现，笔者估算的径流量总体上偏高，但大都介于 1973—2014 年的 24 组数据的最大值和最小值之间，只有大洋洲稍高于最大值。本研究计算得出的全球径流总量和大洲径流总量同现有 24 组数据的平均值的比值（以本研究值为分母）一般在 0.826 与 1.116 之间，唯有非洲和大洋洲的比值为 0.623 和 0.625，比值明显偏低（表 16.2）。这主要是由于本研究包括内流区径流量，以小流域径流数据为基础，包括了地下径流量，数值偏高；大多数现有研究只计算入海径流量，不包括内流区径流量；内流区径流以地下径流为主，较难测量估计，包含内流区径流量的文献一般不包括地下径流量，数值偏低。

以数据比值（以本研究值为分母）在 0.8 与 1.25 之间为吻合较好标准，24 组数据中全球总量数据同本研究值吻合较好的有 19 个；亚洲吻合最好，有 22 个；其次是欧洲有 19 个；再次是南美洲和北美洲，分别有 16 和 14 个；非洲和大洋洲只有 2 个，吻合度最低。单组数据同本研究数据比值（以本研究为分母）在 0.8 与 1.25 之间吻合较好的有 15 组，其中 Korzoun 1977[2] 和 Shiklomanov 2000b[9] 有 6/7 的数据吻合较好；Shiklomanov 1993[8]、GRDC 1996a（Report 10）[5]、Shiklomanov 1997[6]、Raskin 1997[8]、Shiklomanov 1998[8]、Shiklomanov 1999[8]、GRDC 2000（Report 22）[14]、Shiklomanov 2000a[9]、GRDC 2004[11] 和 GRDC 2014（Report 44）[3,8] 有 5/7 的数据吻合较好；Fekete 1999b[8]、Vörösmarty2000[8] 和 Fekete 2002[7] 有 4/7 的数据吻合较好。在全部 24 组数据中，Korzoun 1977 的径流量同本研究的比值全球总量为 0.95，非洲为 0.66，大洋洲为 0.83，其余各大洲比值在 0.88 与 1.09 之间，同本研究的吻合最好。

表 16.2 全球分大洲主要径流量估计

单位: 千米³

来源与年份	全球	非洲	亚洲	南美洲	北美洲	大洋洲	欧洲
Lvovitch 1973	38 830	4 225	13 190	10 380	5 960	1 965	3 110
Baumgartner 1975 – WN07	37 713	3 409	12 467	11 039	5 840	2 394	2 564
Korzoun 1977	45 560	4 600	14 100	12 200	8 180	2 510	2 970
Shiklomanov 1993 – G14	44 540	4 570	14 410	11 760	8 200	2 390	3 210
GRDC 1996a – GW96	42 701	8 583	12 562	13 584	4 299	1 228	2 446
Shiklomanov 1997 – WN07	42 648	4 040	13 508	12 030	7 770	2 400	2 900
Raskin 1997 – G14	42 784	4 050	13 510	12 030	7 890	2 404	2 900
Shiklomanov 1998 – G14	42 740	4 050	13 510	12 030	7 890	2 360	2 900
Fekete et al. 1999b – G14	37 758	5 567	11 425	11 240	5 396	1 308	2 822
Shiklomanov 1999 – G14	41 149	3 656	12 744	11 925	7 860	2 376	2 588
Vörösmarty 2000 – G14	39 294	4 520	13 700	11 700	5 890	714	2 770
GRDC 2000 – Fek2000b	39 459	4 474	13 414	11 708	6 478	712	2 673
Shiklomanov 2000c – Shik2000	39 780	3 073	11 800	10 320	6 895	1 891	2 254
Shiklomanov 2000a – Shik2000	42 780	4 050	13 510	12 030	7 890	2 400	2 900
Shiklomanov 2000b – Shik2000	44 750	5 082	15 008	14 350	8 917	2 880	3 410
Oki et al. 2001 – WN07	29 485	3 616	9 385	8 789	3 824	1 680	2 191
Fekete 2002 – WN07	39 307	4 517	13 091	11 715	5 892	1 320	2 772
Doell 2003WGAP2.0 – WN07	36 687	3 529	11 234	11 382	5 540	2 239	2 763
GRDC 2004 – CT04	40 533	3 690	13 848	11 896	6 294	1 722	3 083
Widen – Nilsson 2007	38 605	3 738	13 611	9 448	7 009	1 129	3 669
Sirajul Islam 2007, CT – SI07	38 941	4 533	10 797	10 183	6 456	1 879	5 093
Sirajul Islam 2007, B0 – SI07	52 657	4 473	15 902	10 713	9 799	1 943	9 827
GRDC 2009 – CT09	36 109	3 511	11 603	11 083	5 475	1 685	2 752
GRDC 2014 – WK14	41 867	4 250	13 754	11 796	6 856	1 844	3 367
本研究值	47 884	6 944	13 571	13 896	7 538	3 026	2 909

数据来源: – WN07,Widen – Nilsson E.,et al.,2007[6]; – G14,GRDC,2014[8]; – GW96,Grabs W.,et al., 1996[5]; – Fek2000b,Fekete B.M.,et al.,2000b[14]; – Shik2000,Shiklomanov,2000[9]; – CT04,Couet T.,et al., 2004[11]; – SI07,Sirajul Islam Md,et al.,2007[10]; – CT09,Couet T.,et al.,2009[12]; – WK14,Wilkinson K.,et al.,2014[3]. 其中 Shiklomanov 2000b 为 1921—1985 年历年的统计结果,全球总量最大值或最小值不等于分大洲最大值或最小值之和。

关于非洲的径流量,GRDC Report 10[5]对非洲径流量的估算结果是非洲大陆面积总计为 3 033.50×10⁴ 千米²,径流深度为 283 毫米,径流总量为 8 583 千米³,包括沙漠无径流区域,径流总量估计过高。若去除非洲内流区中的沙漠地区,流域面积按 2 439.50×10⁴ 千米² 计算,径流深度按 283 毫米计算,径流量为 6 904 千米³;按照这种算法,非洲径流量合计为 6 963.2 千米³,十分接近笔者估计的非洲径流量 6 944 千米³,两者差异主要是对沙漠地区径流量的估算差异。根据本研究的计算，非洲内流区年径流量为 466.71 千米³，据《非洲地图集》[24]的描述，非洲内流区年径流量为 500 千米³，同笔者估计相近。关于大洋洲的径流量，Korzuon 1977 年估算的大洋洲径流总量为 2 510 千米³，其中包括内流区面积 355.78×10⁴ 千米²，径流深度约为 3 毫米，径流量约为 10.67 千米³；本研究估算大洋洲径流总量为 3 026 千米³，内流区径流深度为 34.9 毫米，径流量为 124.17 千米³。通过计算澳大利亚内流区众多湖泊和大面积湿地的蒸发量，可以证实本研究得出的径流深度更接近于实际径流深度。若将内流区径流量差值加在 Korzuon 1977 年估算的大洋洲径流总量上，得到的径流总量为 2 623.5 千米³，为本研究对大洋洲径流量估计值 3 026 千米³ 的 86.7%，已经较为接近本研究的估计量。Korzuon 1977 年估算的大洋洲外流径流总量约为 2 499.3 千米³，本研究估算的外流径流总量约为 2 901.4 千米³，本研究估算值较 Korzuon 1977 年估算值高 402.1 千米³。两者差异主要是由于所采用的新几内亚岛的降水量和径流系数不同，Korzuon 1977 年估算值均较本研究值分别低 512 毫米和 10 个百分点。

16.4 内流区径流比较

本研究对内流区径流量进行了分亚区详细计算，得出了分大洲内流区径流数据和 31 个亚区的径流数据。本研究计算得到的内流区径流分布情况是：全球内流区面积总计约为 2 847×10⁴ 千米²，亚洲和非洲内流区面积最大，分别约为 1 169×10⁴ 千米² 和 968×10⁴ 千米²；其次是大洋洲和欧洲，分别约为 356×10⁴ 千米² 和 199×10⁴ 千米²；北美洲和南美洲内流区面积最小，分别约为 90×10⁴ 千米² 和 66×10⁴ 千米²。内流区径流深度全球为 58.4 毫米，大洋洲最低，为 34.9 毫米，亚洲和非洲相近，在 48 毫米与 49 毫米之间，欧洲最高，为 184.3 毫米，北美洲、南美洲稍高于全球平均值，分别为 76.0 毫米和 104.0 毫米（表 16.3）。

表 16.3 全球分大洲内流区径流量

地区	面积/×10⁴ 千米²	年降水量/千米³	年径流量/千米³	年降水深度/毫米	年径流深度/毫米	径流系数
欧洲	199.04	1 017.12	366.79	511.0	184.3	0.361
非洲	967.97	2 035.91	466.71	210.3	48.2	0.229
亚洲	1 168.61	2 060.48	569.09	176.3	48.7	0.276
大洋洲	355.78	965.24	124.17	271.3	34.9	0.129
北美洲	89.69	279.80	68.13	312.0	76.0	0.244
南美洲	65.79	238.30	68.44	362.2	104.0	0.287
总计	2 846.87	6 596.84	1 663.32	231.7	58.4	0.252

本研究计算得出的全球内流区平均径流深度远高于 Korzuon 1977 年估算的 33.3 毫米。本研究计算的各大洲内流区径流深度同 UNH（2000）和 GRDC Report 22 相比较，总体上相近，分大洲比较发现本研究对欧洲、亚洲、大洋洲的内流区径流深度估计值偏高，对非洲的估计值偏低，对南美洲和北美洲的估计值居中。但是，由于本研究是对全部

内流区面积的估计，内流区径流总量明显高于 UHN（2000）、GRDC Report 22（表 16.4）。

表 16.4　全球分大洲内流区径流量比较

地区	径流量/千米³	UNH 径流量/千米³	GRDC 径流量/千米³	径流深度/毫米	UNH 径流深度/毫米	GRDC 径流深度/毫米
欧洲	366.8	311.0	311.0	184.0	165.0	157.0
非洲	466.7	211.0	211.0	48.0	67.0	53.0
亚洲	569.1	410.0	368.0	49.0	26.0	36.0
大洋洲	124.2	0.0	0.0	35.0	0.0	0.0
北美洲	68.1	9.0	97.0	76.0	26.0	179.0
南美洲	68.4	52.0	87.0	104.0	97.0	108.0
总计	1 663.3	993.0	1 074.0	58.4	58.0	54.0

本研究计算的 31 个内流亚区中，东非北和东非南内流区在 250 毫米以上，径流丰富；欧洲内流区和里海西南岸内流区在 175 毫米以上，径流也较为丰富；安第斯山南部、中亚的阿姆河和锡尔河流域径流深度在 100~150 毫米，也是内流亚区中径流量较为丰富的地区。其他内流亚区径流深度在 100 毫米以下，其中径流深度前三低的东撒哈拉北、西撒哈拉、阿拉伯半岛南的径流深度低于 10 毫米，阿拉伯半岛北的径流深度为 16.4 毫米，中国的塔里木盆地由于有高山环绕汇聚径流，径流深度为 24.0 毫米，高于上述 4 个沙漠内流亚区（表 16.5）。

表 16.5　全球内流区分亚区径流量估算值

亚区名称	面积/×10⁴ 千米²	年径流量/毫米	径流系数	亚区名称	面积/×10⁴ 千米²	年径流量/毫米	径流系数
欧洲	199.04	184.3	0.361	哈萨克丘陵	78.56	48.3	0.215
西撒哈拉	306.92	7.2	0.126	里海东岸	53.14	26.9	0.156
东撒哈拉北	287.05	1.5	0.101	阿拉伯半岛南	132.29	9.2	0.121
东撒哈拉南	224.71	85.9	0.214	里海西南岸	46.21	175.2	0.405
东非北	41.67	258.7	0.378	藏北高原	62.05	44.5	0.249
西南非	86.41	95.1	0.181	塔里木盆地	110.82	24.0	0.326
东非南	21.21	270.3	0.324	巴尔喀什湖	75.83	79.9	0.32
阿拉伯半岛北	86.83	16.4	0.13	柴达木盆地	38.27	46.8	0.302
伊朗高原	129.56	28.9	0.206	河西走廊	54.65	30.2	0.248
土库曼斯坦	42.98	39.0	0.195	蒙古西	60.75	41.1	0.28
阿姆河	69.69	141.9	0.446	蒙古东	77.04	37.7	0.191
锡尔河	49.95	106.6	0.37	东澳大利亚	208.24	37.8	0.133

（续）

亚区名称	面积/ ×10⁴ 千米²	年径流量/ 毫米	径流系数	亚区名称	面积/ ×10⁴ 千米²	年径流量/ 毫米	径流系数
西澳大利亚	147.54	30.8	0.122	墨西哥内流区	24.7	80.3	0.212
美国内流区西	38.35	70.6	0.275	安第斯山中	34.45	74.3	0.296
美国内流区东	15.63	89.4	0.27	安第斯山南	31.34	136.8	0.282
美墨内流区	11.01	65.7	0.201	总计	2 846.87	58.4	0.252

　　笔者将计算得出的非洲、大洋洲、亚洲 3 大洲的内流区径流量同现有文献进行了比较。根据本研究的计算，非洲内流区面积为 967.97×10^4 千米²，年径流量为 466.71 千米³，年径流深度为 48.2 毫米，径流系数为 0.229。据《非洲地图集》（瑞木杰，1985），非洲径流量数据年限为 1956—1984 年，非洲内流区面积为 958×10^4 千米²，年径流量为 500 千米³，年径流深度为 52.2 毫米，同笔者估计相近，面积、径流量、径流深度分别是本研究的 99.0%、107.1% 和 108.3%。从非洲内流区径流深度的空间分布来看，UNH（2000）的西撒哈拉和东撒哈拉北绝大部分面积径流深度为 0，没有表现出阿特拉斯山南麓的内流径流；本研究表现该地区径流深度分别为 7.2 毫米和 1.5 毫米，对阿特拉斯山南麓的内流径流和撒哈拉沙漠腹地的山地径流有明显表现；Korzuon（1977）介于二者之间，显示该地区径流深度大部分在 1 毫米以下，对阿特拉斯山南麓的内流径流和撒哈拉沙漠腹地的山地径流均有表现。对于西南非内流区，UNH（2000）计算的大部分地区径流深度为 0，本研究计算的该地区最低径流深度为 45 毫米，Korzuon（1977）计算的最低径流深度为 15 毫米。在对非洲内流区径流深度的估计上，基本呈本研究值最大、Korzuon（1977）值居中、UNH（2000）值最小的趋势。计算结果符合空间分辨率越高、径流深度越大的理论假设。

　　关于大洋洲内流区的径流量，UNH（2000）计算的径流深度全部为 0；Korzuon（1977）绘制的大洋洲径流深度图显示澳大利亚内流区径流深度为西部在 1 毫米以下，东部在 5 毫米以下；本研究计算得出的大洋洲内流区径流深度全部在 12 毫米以上，东部平均为 37.8 毫米，西部平均为 30.8 毫米。在对大洋洲内流区径流深度的估计上，也呈本研究的值最大、Korzuon（1977）的值居中、UNH（2000）的值最小的趋势。依据水资源平衡公式 $RO = PRE - ET$，即蒸发模型，只要确定内流区的 PET 和常年湖泊沼泽和湿地面积，就能计算出内流区的径流量。澳大利亚内流区东部湖泊湿地面积较大，约为 4×10^4 千米²，按照多年平均 PET 为 2 091 毫米、水面和湿地蒸发消耗量为 83.6 千米³、流域面积为 208.24×10^4 千米² 计算，产流区（面积 204.24×10^4 千米²）地下和地表径流深度为 41 毫米；内流区西部湖泊湿地面积较小，约为 2.5×10^4 千米²，按照 PET 为 2 091 毫米、水面和湿地蒸发消耗量为 52.3 千米³、流域面积为 147.54×10^4 千米² 计算，产流区（面积 145.04×10^4 千米²）地下和地表径流深度为 36 毫米；澳大利亚内流区合计湖泊湿地面积约为 6.5×10^4 千米²，水面和湿地蒸发消耗量为 135.93 千米³，地下和地表径流深度为 38.2 毫米。本研究通过经验公式计算得出的澳大利亚内流区径流总量为 124.2 千米³，径流深度为 34.9 毫米，其中东部径流深度为 37.8 毫米，西部径流深度为 30.8 毫米，同利用蒸发模型计算的结果极为相近，全内流区、东部地区和西部地区以本研究值为分母的径流深度比值分别为 109.5%、108.5% 和 116.9%。

亚洲内流区面积最大，本研究选取 4 个地区进行径流量比较研究。①哈萨克斯坦努拉河内流区。该内流区流域集水面积为 55 000 千米^2，尾闾湖沼面积 1 980 千米^2，主河流长度为 978 千米，支流库拉努特佩斯河长度为 220 千米，平均河流宽度约为 1 千米，河流水面和河床湿地面积为 1 198 千米^2，流域总湖沼湿地面积为 3 178 千米^2，年均潜在蒸发蒸散量（PET）约为 1 米，根据蒸发模型推算得出的地下水和地表水总径流量为 3.178 千米^3，平均径流深度为 57.78 毫米，同本研究估算哈萨克丘陵亚区径流深度为 48.3 毫米相近。据 GRDC 数据，努拉河多年平均地表径流量为 0.9 千米^3，地表径流深度为 16.36 毫米，为总径流量的 28.32%，其余应当为地下径流或地下水增量。同本研究计算的努拉河内流区的径流深度相比较，世界资源研究所计算的全流域径流深度仅有 3.3 毫米一个数据[15]，不但数值严重偏低，并且无法反映流域内部径流差异。②中国河西走廊和内蒙古高原西部内流区。本研究计算的该内流区平均径流深度为 30.2 毫米，贺兰山最高接近 80 毫米，祁连山区最高在 350 毫米以上。本研究计算得出的径流深度场反映了雅布赖山增雨增流效应，笔者实地考察发现，雅布赖山产生的地下径流和季节性洪水径流为雅布赖盐湖矿、雅布赖镇和附近的几个农牧业村落提供了可利用的水资源。腾格里沙漠中湖泊、盐沼、湿地广泛分布于沙岭之间，是沙漠季节性降水产生地下径流的有力证据。贺兰山西麓地下径流为巴润别里、巴彦浩特、锡林郭勒 3 镇和吉兰泰盐湖提供了充足的水源。阿拉善左旗总面积为 80 412 千米^2，人口为 16.66 万人，主要分布于贺兰山西麓山前狭长地带，然而该地区在 UNH（2000）的径流深度图中的径流深度全部为 0。③蒙古东部南部和中国内蒙古高原中东部内流区。该内流区的径流深度，UNH（2000）的径流深度图中为 0；Korzuon（1977）径流深度图中为 1~10 毫米，最大值 20 毫米；本研究径流深度图中该地区西部的径流深度为 10~30 毫米，最大 50 毫米，出现在戈壁阿尔泰山和杭爱山东南麓，东部一般在 50 毫米以上，最大在 100 毫米以上，全区平均径流深度为 37.7 毫米。以下为笔者收集到的蒙古戈壁沙漠地区径流存在的证据，蒙古国南部的翁金河为常年河，尾闾为湖泊和大面积沼泽湿地；阴山北坡径流汇流为艾不盖河和塔布河等几条河流，流入北部的洼地形成盐沼，为沿途的农业发展提供了灌溉水源，在沿河滩地形成了串珠状小型绿洲，在较大河流尾部开阔地带形成中型绿洲，如四子王旗江岸苏木。浑善达克沙地的地表和地下径流汇入面积较大的达来诺尔湖（230 千米^2）和查干诺尔湖（100 千米^2），是干旱沙漠区存在径流的有力证据；锡林郭勒内流区诸河向北注入乌拉盖湖沼地区，形成了面积为 206 千米^2 的乌拉盖湖和大面积沼泽湿地，也证明本内流区局部地区具有较为丰富的径流量。④阿拉伯半岛内流区。UNH（2000）的径流深度图中该地区的径流深度为 0；Korzuon（1977）径流深度图中该区域的径流深度为 0~10 毫米，汉志山最大 10 毫米以上；本研究径流深度图中该区域的径流深度北部为 5~12 毫米，南部为 2~10 毫米，汉志山最大值 30 毫米，因降水量较大而形成的布赖代径流高值区最高径流深度为 25 毫米，估算的阿拉伯半岛北部亚区平均径流深度为 16.4 毫米，南部为 9.2 毫米。该地区的实际情况是存在季节性径流和地下径流。据笔者研究，自沙特阿拉伯中部城市布赖代向东北方向至科威特与伊拉克边境线有季节性河流鲁马涧河和巴廷干河（Wadi al Batin）存在；据 Google Earth 影像，以布赖代为中心沿阿拉伯高原东缘存在长 500 千米、宽 40 千米的西北东南走向绿洲地带，直径为 780 米的指针喷灌圈数量众多，同位于阿拉伯高原东北部的降水量高值区吻合，是阿拉伯半岛北部地区存在丰富地下径流的有力证据。

上述典型内流区的案例分析表明，通过经验公式计算的内流区径流深度场同实际径流分布相符合。又由于在空间分辨率上，本研究的值＞Korzuon（1977）的值＞UNH（2000）的值，估算的径流量值也是本研究的值＞Korzuon（1977）的值＞UNH（2000）的值，符合空间分辨率越高、计算的径流量值越大的理论假设。

16.5　结束语

本研究得出的主要结论如下：①本研究的空间分辨率为 0.166 7°，是当前多数径流量计算使用的空间分辨率的 3 倍，本研究得出的径流量数据也较当前多数径流量数据高。较高空间分辨率的径流场计算得出较高的径流量，这个理论假设得到证实。②本研究计算的径流量为高空间分辨率的径流场计算得出的流域径流，包括了内流区的径流量和外流河在流入海洋之前被中途人为消耗的径流量。③本研究的径流量同实际测量的入海径流量之差值应当是流域内自然水面和湿地蒸发量、农业灌溉净耗水量与人工水资源利用净耗散量的和值。④地下径流和地下水增量、土壤有效水增量，是干旱半干旱气候区径流的主要形态，这些水资源不易被测量，但是可以通过高精度径流场估算得出。⑤当前文献对水资源量的低估主要在于忽略了自然水面和湿地的蒸发量和人工利用净耗散量，人工利用的主要途径有地表径流利用、地下径流开发、地下水增量利用和土壤有效水量利用。

关于水资源分布的研究还有许多问题需要做进一步探讨。①在径流平衡理论上应当修正径流平衡公式为：$PRE-ET=RO+$ 地下径流＋地下水增量，特别是在干旱半干旱地区，地下径流和地下水增量（含土壤有效水增量）对当地经济发展意义重大。②应当加强山地地形与最大降水高度问题研究，绘制高精度降水量图，以便于用高空间分辨率降水分布图倒推径流分布图。③气候、植被和地质特征对径流系数的影响也值得深入研究。特别是地质条件、土壤质地、降水时间特征等对实际蒸发蒸散、地表径流、地下径流、地下水增量变化有显著影响，有待进一步研究。④应当加强经济活动对可利用水资源的影响的研究，如引水渠引水对地表水径流资源的影响，机井采水对地下水径流和地下水储量增量的影响，人工栽植树木对土壤径流和土壤有效水分增量的影响。

参考文献：

[1] Lvovitch M I. The Global Water Balance, US IHD Bulletin No. 23 [R]. Washington D. C., USA：US National Committee for the International Hydrological Decade，1973：28－53.

[2] Korzoun V I, Sokolov A A, Budyko M I, et al. Atlas of World Water Balance - Maps and Explanatory Text [M]. Paris, France：The UNESCO Press, 1977：1－36.

[3] Wilkinson K., von Zabern M, Scherzer J. Report No. 44, GRDC Report Series, Global Freshwater Fluxes into the World Oceans [R]. Koblenz, Germany：Global Runoff Data Centre, Federal Institute of Hydrology (BfG), 2014：1－9.

[4] Food and Agriculture Organization of the United Nations (FAO). AQUASTAT Main Database [DB]. [2016-03-28]. http：//www.fao.org/aquastat/en/databases/.

［5］ Grabs W，De Couet T，Pauler J. Report No. 10，GRDC Report Series，Freshwater Fluxes from Continents into the World Oceans ［R］. Koblenz，Germany：Global Runoff Data Centre，Federal Institute of Hydrology (BfG)，1996：22.

［6］ Widen – Nilsson E，Halldin S，Xu C Y. Global Water – Balance Modeling with WASMOD – M：Parameter Estimation and Regionalization ［J］. Journal of Hydrology，2007，340 (1 – 2)：105 – 118.

［7］ Fekete B M，Voeroesmarty Ch J，Grabs W. High – Resolution Composite Runoff Fields，Global Biogeochemical Cycles ［J］. 2002，16 (3)：15 – 10.

［8］ GRDC. Comparisons with other Estimations，Global Freshwater Fluxes into the World Oceans ［R］. Koblenz，Germany：Global Runoff Data Centre，Federal Institute of Hydrology (BfG)，2014：1.

［9］ Shiklomanov Igor A. Appraisal and Assessment of World Water Resources ［J］. Water International，2000，25 (1)：11 – 32.

［10］ Sirajul Islam Md，Oki Taikan，Kanae Shinjiro，et al. A Grid – based Assessment of Global Water Scarcity Including Virtual Water Trading ［J］. Water Resource Manage，2007 (21)：19 – 33.

［11］ Couet Thomas de，Thomas Maurer. Surface Freshwater Fluxes into the World Oceans ［R］. Koblenz，Germany：Global Runoff Data Centre，Federal Institute of Hydrology (BfG)，2004：1.

［12］ Couet Thomas de，Thomas Maurer. Surface Freshwater Fluxes into the World Oceans ［R］. Koblenz，Germany：Global Runoff Data Centre，Federal Institute of Hydrology (BfG)，2009：1.

［13］ Fekete B M，Voeroesmarty Ch J，Grabs W. UNH/GRDC Composite Runoff Fields V1.0 ［EB/OL］. http：//www. compositerunoff. sr. unh. edu/.

［14］ Fekete B M，Voeroesmarty Ch J，Grabs W. Global Composite Runoff Fields based on Observed River Discharge and Simulated Water Balances. Technical Report No. 22 ［R］. Koblenz，Germany：Global Runoff Data Center，2000b：115.

［15］ Gassert F，Matt Landis，Matt Luck，et al. Aqueduct Global Maps 2.1，World Resource Institute Working Paper ［M］. Washington D. C. ：World Resource Institute，2014：6 – 7.

［16］ Jarvis A，Reuter H I，Nelson A，et al. Hole – filled SRTM for the Globe Version 4 ［M/OL］. 2008. http：//srtm. csi. cgiar. org.

［17］ Hijmans R J，Cameron S E，Parra J L，et al. Very High Resolution Interpolated Climate Surfaces for Global Land Areas ［J］. International Journal of Climatology，2005 (25)：1965 – 1978.

［18］ Hijmans Robert J，Susan Cameron，Juan Parra. WorldClim ［M/OL］. Berkeley：the Museum of Vertebrate Zoology，University of California，in Collaboration with Peter Jones and Andrew Jarvis (CIAT)，and with Karen Richardson (Rainforest CRC)，2005. ［2016 – 01 – 15］. 2009. http：//www. worldclim. org/.

［19］ Trabucco A，Zomer R J. Global Aridity Index (Global – Aridity) and Global Potential Evapo – Transpiration (Global – PET) Geospatial Database ［DB/OL］. 2009，http：//www. csi. cgiar. org/.

［20］ 焦北辰. 中国自然地理图集 ［M］. 北京：中国地图出版社，1984：103，115 – 116，129 – 130，143 – 144，157 – 158，167 – 168，179 – 180，191 – 192.

［21］ 范正一. 中国自然保护地图集 ［M］. 北京：科学出版社，1989：88，195 – 196.

［22］ Lehner B，Verdin K，Jarvis A. New Global Hydrography Derived from Space Borne Elevation Data ［J/OL］. Eos Transactions American Geophysical Union，2008，89 (10)：93 – 94. ［2016 – 01 – 15］. http：//www. worldwildlife. org/hydrosheds.

［23］ Patterson T，Nathaniel Vaughn Kelso. Natural Earth ［EB/OL］. http：//www. naturalearthdata. com/.

［24］ 瑞木杰. 非洲地图集 ［M］. 北京：中国地图出版社，1985：15 – 16.

Chapter 17　第17章
全球水资源农业开发潜力

17.1　引言

　　"地球能养活多少人"是一个跨多学科的问题，涉及人口学、生态学、经济学、社会学、自然地理学、农学等。1998年美国人口学家科恩（Joel E. Cohen）的研究发现众多估计的世界人口峰值在 $77\times10^8\sim120\times10^8$ 人，同当时联合国预测的2050年人口数在 $78\times10^8\sim125\times10^8$ 人相近[1]，前者中位数为 98.5×10^8 人，后者中位数为 101.5×10^8 人。据 FAOSTAT 数据[2]，2017年全球总人口为 75.50×10^8 人，预计2030年人口为 85.51×10^8 人，2050年人口为 97.72×10^8 人，2100年人口为 112.0×10^8 人，分别比2017年增加13.3%、29.4%和48.3%。

　　世界农业发展经验表明，土壤肥料、灌溉和优良品种是推动农作物单位面积产量增加的主要因素。由于农业受气候波动影响较大，肥效的发挥和良种的推广都需要以灌溉为前提条件，在干旱半干旱环境下发展灌溉是推动农作物增产的最主要因素，目前基于水肥一体化的滴灌和微灌技术是最先进的大田农作物生产技术，节水增产效果最佳，推广潜力最大。世界耕地灌溉面积由1949年的 0.92×10^8 公顷增加到2016年的 3.00×10^8 公顷，同期的耕地灌溉率由6.9%提高到18.8%。2017年全球生产主要食物包括谷物、薯类折粮、豆类和油料籽（统称粮食油料）共计 40.59×10^8 吨，四类农作物产量比重分别为70.2%、23.6%、4.2%、2.0%。1960—2015年世界谷物总产量由 6.73×10^8 吨增加到 28.49×10^8 吨，平均每年增加 $0.342\,9\times10^8$ 吨，按四类农作物产量同步增加估计全球每年增加粮食油料产量 $0.488\,6\times10^8$ 吨。按照线性趋势预测，世界粮油总产量2050年可达 56.72×10^8 吨，2100年可达 81.15×10^8 吨，将分别比2017年增加40%和100%，同 FAO 预测的世界粮食和油料产值2050年比2012年增加47.0%的结果相近。其中人口增长对粮食油料需求量增长的贡献率为56.9%。世界人均粮食油料占有量将由2017年的538千克增加为2050年的580千克和2100年的725千克，由于收入增加造成的人均粮食消费量增加对粮食油料需求量增长的贡献率为43.1%。

　　当前学术界对全球农业生产潜力、水资源、灌溉农业的研究主要有：Hopper研究了全球各大洲宜农荒地开发潜力，Souza和Foust评价了不同气候带的开发潜力和绿色革命对世界农业发展的贡献[3,4]，Mekonnen等揭示了全球水资源短缺的地域分布[5]，Gleeson和Befus考察了全球现代地下水分布[6]，Döll和Fiedler探索了全球地下水补给[7]，梁书民推算了高分辨率全球径流场，并研究了中国水资源的农业开发潜力[8,9]，Richts等贡献了世界地下水资源空间数据（WHYMAP GWR）[10]，Gleeson等揭示了全球地下水渗透率和孔隙度[11]，Fan和Li研究了全球地下水位深度分布[12]。另外还有欧亚草原跨流域调水农业生产潜力研究[13]，主要粮食出口国粮食生产潜力分析[14]，对全球农业生态区的适宜耕种程度评价[15]，以及 FAO 农业和粮食未来系列报告[16,17]。王光谦系统地总结了世界现有的跨流域调水工程，突出了跨流域调水对灌溉的重要性[18]；席勒基础设施工程研究所列举了几项超大型水资源开发工程，包括北美水电联盟工程，非洲刚果河-撒哈拉沙漠调水工程，南美洲亚马孙流域-潘帕斯草原调水工程，以及澳大利亚的园艺业开发工程[19,20]。

本部分的核心研究目标是计算全球节水灌溉和跨流域调水灌溉的增产潜力。所使用的基础地理信息主要有基于经验径流系数计算的全球径流深度；基于迈阿密模型计算的全球光温生产潜力、全球气候生产潜力、全球光温潜力灌溉需水量。设计调水路线利用了全球数字高程模型[21]、全球河流和流域分布[22]以及全球土地利用类型[23]、全球土壤类型[24]等。FAO 数据库可提供全球各国的耕地面积、播种面积、谷物面积、谷物产量以及全球 10 千米地面分辨率的灌溉率分布图[25]等，结合光温潜力和耕地分布情况可计算各国农作物的经济系数。国际灌区协会（ICID）提供的各国灌溉面积、喷灌面积、滴微灌面积[26]，可用于评价各国灌溉发展的现代化水平。

17.2　调水线路设计

跨流域调水工程的规划设计应遵循经济效益最大化原则，需要实现建设成本和运营成本最小化、产出最大化和项目内部收益率最大化。对水源地的具体条件要求有：①河流径流丰富，集水面积较大，可调水量充足；②所在地区地势较高，调水起点海拔高于受水区，空间分布上接近受水区，能够向受水区自流调水。对受水区具体条件要求有：①地势平坦，地面坡度小，集中连片，面积广大；②干旱缺水或季节性缺水，光温潜力大，高效灌溉农业发展潜力大；③接近水源地，海拔低，便于引水自流灌溉；④保护地球森林生态系统，尽量选择非林地，最好在具有旱作农业基础的地区调水灌溉开荒。对输水线路规划设计的具体条件要求有：①优化输水线路长度和纵向坡度，实现工程投资和调水量的性价比最大化，单位调水成本最低化；②受水区输水线路沿山麓延伸，通过蓄水池调节自流分配水资源；③受水区的蓄水池和过境干旱区的渠段应采取工程技术措施防止蒸发损失，最好同光伏发电相结合；④调水干渠工程的规划设计应兼顾内河航运功能，以降低粮食运费，便利粮食运输。

按照上述原则规划设计全球跨流域调水工程，按受水区所处地理位置可分为 9 个大区，分别命名为：中北美洲、南美洲、非洲南部、非洲中西部、非洲东北部、欧亚草原西部、欧亚草原东部、欧亚大陆南部、澳大利亚大陆。

①中北美洲大区 7 亚区。主体工程是北美洲水电联盟工程（NAWAPA），位于中北美洲大陆西部，以三路扬水北水南调为主，主要水源地是北美洲西北部诸河流上游，主要调水目的地是干旱缺水的北美洲大平原西部和美国西部高原，辅助工程为墨西哥东西两海岸平原调水工程；美国加州中央谷地和墨西哥尤卡坦半岛调水工程利用本地山区水源调水，则可以自成系统。②南美洲大区 7 亚区。主体工程是中路北水南调工程，主要水源地是亚马孙河南岸支流上游，主要调水目的地是拉普拉塔平原。其他调水工程主要有秘鲁东水西调，巴西东部圣弗朗西斯科河南水北调到巴西东北部沿海平原，以及阿根廷南部沿海

平原利用本地水源灌溉工程。③非洲南部大区 4 亚区。主体工程是卡拉哈迪盆地向心调水灌溉工程，主要水源地为赞比西河和奥兰治河上游；次要工程有莫桑比克沿海平原和马达加斯加西部沿海平原灌溉工程。④非洲中西部大区 5 亚区。主体工程是刚果河南水北调撒哈拉沙漠西部超大型调水工程，水源地为刚果河上游诸支流，调水目的地为乍得湖盆地和撒哈拉西部平原，远抵西非沿海平原和北非中部地中海沿岸城市；辅助工程有尼日尔河中游和西非沿海平原灌溉工程。⑤非洲东北部大区 8 亚区。主要工程有尼罗河水灌溉工程，目的地有南苏丹、撒哈拉沙漠东北部平原，索马里-肯尼亚-坦桑尼亚印度洋沿海平原灌溉工程，水源地主要为鲁菲吉河、朱巴河和谢贝利河；东北非亚丁湾-红海沿岸平原灌溉工程，但是由于平原狭窄，该工程调水规模较小。⑥欧亚草原西部大区 3 亚区。该大区是欧亚草原向心调水超大型工程的西北半部，以里海北部沿岸平原和中亚图兰低地为调水目的地，按目的地位置和调水线海拔高度分为 3 个大型亚区，西线里海平原、上东线图兰低地东、下东线图兰低地西，调水水源地为西伯利亚流入北冰洋诸河的上游和里海北岸诸河的上游，如勒拿河、叶尼塞河、鄂毕河、乌拉尔河、伏尔加河。⑦欧亚草原东部大区 8 亚区。该大区是欧亚草原向心调水超大型工程的东南半部，以中国南水北调东、中、西 3 线为主体，调水目的地为华北平原、大西北以及柴达木盆地，水源地主要是青藏高原东部和东南部诸河，如雅鲁藏布江、怒江、澜沧江、长江、黄河。其他调水工程有中国东北平原、呼伦湖平原、蒙古戈壁沙漠北水南调 3 工程，以及蒙古西部山区 2 处内陆盆地灌溉工程。⑧欧亚大陆南部大区 23 亚区。以季节性局部调水灌溉为主，大型工程较少。主要有南亚次大陆东部沿海平原调水灌溉工程 6 亚区；印度沙漠调水灌溉工程 3 亚区；中南半岛山间盆地季节性调水 7 亚区；西亚伊朗-土耳其高原内流河调水灌溉工程 5 亚区；南欧地中海气候区调水灌溉工程 2 亚区，包括西班牙中部北水南调和意大利波河平原调水灌溉。⑨澳大利亚大陆大区 7 亚区。澳大利亚大陆水资源短缺，东部水资源较西部丰富。可进行调水灌溉的亚区主要有卡奔塔利亚湾沿海平原，墨累河-达令河盆地，大自流盆地东北部平原，以及澳大利亚大陆西南部和西北部的沿海平原（彩图 3）。

关于同调水工程相关的内河航道和水路粮食运输问题。粮食运输方式有 5 种，内河航运、海运、铁路运输、公路运输、空运，内河航运同海运运费率相当，铁路运费率是水运的 2 倍，公路运费率是水运的 5 倍，空运运费率是水运的 9 倍。长距离粮食运输必须采用水运或铁路运输，短距离粮食运输可采用公路运输，空运粮食除用于战争外一般不民用。

欧亚草原东部受水区可开辟 6 条水路运粮通道[13]，北方冬季冰期停运，每年三季可用驳船运输粮食油料，三级航道的运粮能力约为 $1.0×10^8$ 吨，四级航道约为 $0.5×10^8$ 吨。若在欧亚运河东段将泾河和滦河 2 条干线建成三级航道，在黄河上中游、无定河、西拉木伦河、松辽运河、佳木斯-符拉迪沃斯托克运河 5 条线路建四级航道，总计 7 条内河航运通道每年的运粮能力为 $4.5×10^8$ 吨，基本可以满足从欧亚草原东部受水垦殖区向东部沿海港口运输约 $5.0×10^8$ 吨粮食油料的需求，走铁路可以完成剩余的粮食运输。欧亚草原西部受水区的中–大西洋和印度洋水路运粮通道有 6 条，其中主干粮食运输通道 2 条，分别连接黑海与地中海和黑海与北海，位于欧亚运河西段，自欧亚运河巴尔喀什湖段向西，经里海北部和连通里海、黑海的伏尔加河-运河-顿河通道，到亚速海和黑海，然后分南北两路西进，南路经博斯普鲁斯海峡、爱琴海入地中海，可抵达南欧北非的地中海各港口；北路经第聂伯河、维斯瓦河、奥得河、易北河航道入北海。另有 4 条水运通道分别为：①里海-波罗的海通道伏尔加-奥涅加湖-拉多加湖-圣彼得堡；②里海-波斯湾第一通道库拉河-乌鲁米耶湖-底格里斯河运河；③里海-阿富汗-巴基斯坦-阿拉伯湾通道；④黑海-北海通道多瑙河-莱茵河内河航道。

　　非洲：当前通航河流有尼罗河及其支流青尼罗河，尼日尔河及其支流贝努埃河，注入乍得湖的沙里河，塞内加尔河，扎伊尔河及其支流开赛河、乌班吉河、桑加河。莫桑比克赞比西河下游，朱巴河下游，安哥拉宽扎河下游，坦桑尼亚鲁菲吉河下游[27]。调水后可发展内河航运的有奥兰治河、林波波河，以及刚果河-撒哈拉沙漠-地中海大运河，即沿刚果河-撒哈拉沙漠西部调水的班吉-恩贾梅纳-尼亚美-加奥-因萨拉赫-的黎波里运河。非洲多为高原地形，河流中下游瀑布多、落差大，内河航运需解决货船翻越瀑布的问题。

　　北美洲：目前内河航运发达，有关通航线路主要有五大湖-圣劳伦斯河，五大湖-伊利运河-哈德逊河-纽约，密西西比河及其西岸支流阿肯色河、密苏里河、明尼苏达河，加拿大的纳尔逊河-萨斯喀彻温河-哈德逊湾，北美洲西海岸的哥伦比亚河。北美洲北水南调后可发展内河航运的线路有美国西部的科罗拉多河，美墨界河格兰德河，密西西比河下游支流雷德河，以及流经休斯敦的布拉索斯河。南美洲：有关通航河流有亚马孙河及其支流马代拉河、塔帕诺斯河和托坎廷斯河、巴拉那河及其支流巴拉圭河和阿根廷南部的科罗拉多河。南美洲北水南调后主要调水运河即可成为运粮运河，同巴拉那河、拉普拉塔河相连通，进入南大西洋。

　　南亚和东南亚：印度和巴基斯坦调水工程主要用于满足国内粮食油料需求，印度河、恒河、布拉马普特拉河可以用于运输粮食，长距离调水运河也可用于运输粮食。缅甸、泰国、柬埔寨和越南南部则可以利用伊洛瓦底江、昭披耶河和湄公河向沿海港口城市运输粮食和油料。澳大利亚：通航河流有墨累河及其支流达令河和马兰比吉河。澳大利亚水资源缺乏，进一步发展运河运输困难较大。

17.3　调水与节水灌溉开发潜力

17.3.1　受水区调水开发潜力分步骤计算

　　（1）受水区面积 Ad，在地理信息系统格栅数据模块中，采用摩尔魏德地图投影，取东经 10 度为中央纬线，利用地图投影等积的特点，通过计算单元格栅点面积和受水区格栅总数可计算受水区面积。

　　（2）受水区光温生产潜力 Y_t 和气候生产潜力 Y_{min}，利用格栅数据模块和各格栅点的光温生产潜力和气候生产潜力，可以计算各国各个受水区的总光温与气候生产潜力和平均光温与气候生产潜力。

　　（3）光温生产潜力需水量 Pyt，利用迈阿密模型计算受水区各个格栅的光温生产潜力需水量和受水区总光温生产潜力需水量。

　　（4）降水总量 Pre，利用各个格栅的多年平均降水量计算受水区总降水量。

　　（5）灌溉需水量 Pd，实现光温生产潜力的灌溉需水量，利用公式 $Pd = Pyt - Pre$ 计算。实际为类似天然降水的喷灌需水量。

（6）滴灌灌溉需水量 P_{ddr}，实际考察中滴灌需水量是喷灌需水量的 62.5%。

（7）受水区径流量 RO_d，利用全球径流深度格栅计算获得，参考 GRDC 数据进行校正。

（8）水源区径流量 RO_s，利用全球径流深度格栅计算获得，参考 GRDC 数据进行校正。

（9）总计可利用径流量 RO_t，利用公式 $RO_t = RO_s + RO_d$ 计算。

17.3.2 受水区水资源丰缺评价

根据总计可利用径流量 RO_t，受水区灌溉需水量 Pd 和滴灌灌溉需水量 P_{ddr} 等确定调水量和灌溉方式，可将在外来调水情况下受水区水资源丰缺程度由丰到缺划分为 7 个等级。①本地水喷灌。本地水资源喷灌需水满足率 $RO_d/Pd \geqslant 0.8$，受水区水资源最丰富，无须调水，利用当地径流即可满足受水区喷灌农业用水需求。②调水喷灌。调水喷灌需水满足率 $RO_t/Pd \geqslant 0.8$，水源地和受水区水资源中等丰富，可以通过调水满足受水区喷灌农业用水需求。③调水滴灌。调水滴灌需水满足率 $RO_t/P_{ddr} \geqslant 0.8$，水源地和受水区水资源弱丰富，可以通过调水满足受水区滴灌农业用水需求。④调水一熟滴灌。调水滴灌一熟需水满足率 $RO_t/P_{ddr}1 \geqslant 1$，水源地和受水区水资源弱缺乏，可以通过滴灌满足受水区农作物一熟制农业用水需求；其中 $P_{ddr}1$ 为农作物一熟滴灌需水量，农作物熟制按光温生产潜力 8 000 千克/公顷可保证一熟计算。⑤调水一熟覆膜滴灌。调水覆膜滴灌一熟需水满足率 $1 > Rfdr1 \geqslant 0.8$，水源地和受水区水资源中等缺乏，可以通过覆膜滴灌满足受水区农作物一熟制农业用水需求；其中农作物覆膜滴灌一熟需水满足率定义为 $Rfdr1 = (Pre + RO_t)/(Pre + P_{ddr}1)$。⑥调水一熟覆膜滴灌中垦殖率。调水覆膜滴灌一熟需水满足率 $0.8 > Rfdr1 \geqslant 0.6$，水源地和受水区水资源严重缺乏，可以通过覆膜滴灌满足大部分受水区农作物一熟制农业用水需求，但是受水区垦殖率需降低，达不到最大值 0.8。⑦调水一熟覆膜滴灌低垦殖率。调水覆膜滴灌一熟需水满足率 $Rfdr1 < 0.6$，水源地和受水区水资源缺乏最严重，可以通过覆膜滴灌满足受水区农作物一熟制农业用水需求，受水区垦殖率达不到 0.6。

17.3.3 跨流域调水受水区调水灌溉增产潜力

根据不同的灌溉方式计算熟制与一熟垦殖率，然后计算播种面积与光温生产潜力。进而计算经济系数（经济产量同生物产量的比值）与粮食油料生产潜力，根据全球灌溉统计数据，FAO 食物统计数据，耕地和灌溉分布图，以及全球气候潜力、光温潜力、径流和覆膜滴灌垦殖率分布格栅数据，计算得出全球旱作与灌溉耕地总经济系数为 0.262 2；根据经济系数估算受水区的粮油光温生产潜力、当前粮油产量和调水灌溉增产潜力，其中受水区当前耕地粮食油料产量按由当地耕地面积、灌溉面积、光温潜力、气候潜力计算得出的光温生产潜力和经济系数折算。

计算结果为九大区 72 亚区跨流域调水工程总计受水区面积为 $1\,712.2 \times 10^4$ 千米^2，稍高于俄罗斯的国土面积，滴灌需水量为 $15.043\,3 \times 10^{12}$ 米^3，自流域外调入径流量 $5.759\,5 \times 10^{12}$ 米^3，滴灌垦殖率为 0.480，可增产粮油 36.177×10^8 吨，为 2017 年全球粮油产量的 89.1%（表 17.1）。①中北美大区 7 亚区受水区面积最大，为 393.7×10^4 千米^2，可调入径流量为 $6\,711 \times 10^8$ 米^3，可增产粮油 4.563×10^8 吨。其中大平原西亚区可增产量最大，

为 2.049×10^8 吨，缺水评价等级为 4；美西高原和科罗拉多 2 亚区缺水评价等级为 6。②南美洲大区 7 亚区受水区面积中等，水资源丰富，可调入径流量最大，为 $10\ 720 \times 10^8$ 米^3，可增产粮油达 5.602×10^8 吨。其中中南部亚区可增产量最大，为 2.699×10^8 吨，其次为巴拉圭亚区，为 1.511×10^8 吨，2 亚区缺水评价等级为 3；本区只有智利亚区缺水评价等级为 6。③非洲南大区 4 亚区受水区面积较小，可调入径流量为 $4\ 077 \times 10^8$ 米^3，可增产粮油 2.258×10^8 吨。其中卡拉哈迪亚区可增产量最大，为 0.931×10^8 吨，缺水评价等级为 5；本区奥兰治河亚区缺水评价等级为 6。④中西非大区 5 亚区受水区面积较大，可调入径流量为 $9\ 319 \times 10^8$ 米^3，可增产粮油 3.930×10^8 吨。其中中北部亚区可增产量最大，为 3.306×10^8 吨，缺水评价等级为 6；本区德拉河亚区缺水评价等级为 7。⑤东北非大区 8 亚区受水区面积较小，可调入径流量为 $5\ 429 \times 10^8$ 米^3，可增产粮油 2.334×10^8 吨。其中南苏丹亚区可增产量最大，为 1.129×10^8 吨，缺水评价等级为 4；本区索马里和埃及 2 亚区缺水评价等级为 6。⑥欧亚西大区 3 亚区受水区面积较大，可调入径流量为 $8\ 132 \times 10^8$ 米^3，背景气候潜力大，宜农荒地资源丰富，可增产粮油最多，为 8.837×10^8 吨。其中图兰东、图兰西、里海咸海 3 亚区水资源可供给量均较丰富，可分别增加粮油产量 2.793×10^8 吨、3.260×10^8 吨和 2.784×10^8 吨。⑦欧亚东大区 8 亚区受水区面积较大，可调入径流量为 $5\ 267 \times 10^8$ 米^3，可增产粮油 5.689×10^8 吨。其中大西北亚区是中国西线南水北调主体工程受水区，可增产量为 3.757×10^8 吨，缺水评价等级为 5。⑧欧亚南大区 23 亚区受水区面积较小，分布较为分散，可调入径流量为 $6\ 843 \times 10^8$ 米^3，可增产粮油 2.097×10^8 吨。其中印度西北亚区可增产量为 0.227×10^8 吨，为本区最大值，缺水评价等级为 4；其次是水资源丰富的加尔各答和印度东南 2 亚区，可增粮油产量稍高于 0.15×10^8 吨，其余各亚区增产潜力均不足 0.15×10^8 吨。本区里海东南、卡维尔、赫尔曼德、舒尔河 4 亚区水资源缺乏，并且增产潜力不足 0.1×10^8 吨。⑨澳大利亚大区 7 亚区受水区面积最小，仅为 60.2×10^4 千米^2，可调入径流量为 $1\ 097 \times 10^8$ 米^3，可增产粮油 0.869×10^8 吨。其中卡奔塔里亚区可增产量为 0.345×10^8 吨，为本区最大，缺水评价等级为 4，其次为墨累河亚区，可增产量为 0.204×10^8 吨，缺水评价等级为 6。本区墨累河、菲茨罗伊、沙克湾、自流盆地、纳拉伯 5 亚区水资源缺乏，使本区成为水资源最缺乏的大区（表 17.2）。

表 17.1　跨流域调水 9 大区粮食油料增产潜力

受水区	受水面积/ $\times 10^4$ 千米^2	光温潜力/ （$\times 10$ 千克/公顷）	滴灌需水/ $\times 10^8$ 米^3	受水区径流/ $\times 10^8$ 米^3	水源区径流/ $\times 10^8$ 米^3	滴灌垦殖率	增产粮油量/ $\times 10^8$ 吨
1 中北美	393.7	1 689	22 394	3 090	6 711	0.438	4.563
2 南美洲	132.5	2 287	11 955	2 780	10 720	1.129	5.602
3 非洲南	87.8	2 358	9 588	816	4 077	0.510	2.258
4 中西非	294.9	2 591	52 952	476	9 319	0.185	3.930
5 东北非	103.0	2 516	15 501	699	5 429	0.395	2.334
6 欧亚西	256.1	1 174	8 893	1 256	8 132	1.056	8.837
7 欧亚东	279.3	1 218	9 365	2 030	5 267	0.792	5.689

（续）

受水区	受水面积/ ×10⁴千米²	光温潜力/ (×10千克/公顷)	滴灌需水/ ×10⁸米³	受水区径流/ ×10⁸米³	水源区径流/ ×10⁸米³	滴灌垦殖率	增产粮油量/ ×10⁸吨
8 欧亚南	104.6	2 470	12 811	2 946	6 843	0.764	2.097
9 澳大利亚	60.2	2 307	6 975	363	1 097	0.209	0.869
总计	1 712.2	1 890	150 433	14 456	57 595	0.480	36.177

表 17.2　全球调水工程 72 亚区粮食油料增产潜力与缺水评价

编号和名称	受水面积/ ×10⁴千米²	光温潜力/ (×10千克/ 公顷)	增产粮油/ ×10⁸吨	缺水等级	编号和名称	受水面积/ ×10⁴千米²	光温潜力/ (×10千克/ 公顷)	增产粮油/ ×10⁸吨	缺水等级
1201 中央谷地	5.3	1 965	0.144	3	5204 苏丹红海	0.8	2 683	0.047	2
1202 尤卡坦	8.0	2 553	0.380	2	5205 阿瓦什河	2.5	2 715	0.072	4
1203 美西高原	54.5	1 442	0.608	6	5206 坦桑索马	14.0	2 621	0.244	4
1204 大平原西	179.8	1 525	2.049	4	5207 坦桑尼亚	1.3	2 508	0.066	2
1205 科罗拉多	56.9	1 598	0.743	6	5208 洛蒂基皮	0.5	2 632	0.030	2
1206 墨西沿海	17.2	2 368	0.202	5	6201 图兰东	75.4	1 418	2.793	3
1207 墨东沿海	72.1	2 085	0.437	5	6202 图兰西	124.1	966	3.260	3
2201 中南部	62.2	2 310	2.699	3	6203 里海咸海	56.6	1 305	2.784	2
2202 圣弗朗	13.8	2 610	0.718	2	7201 华北平原	36.7	1 735	0.632	3
2203 秘鲁	5.2	2 323	0.250	3	7202 大西北	182.3	1 259	3.757	5
2204 巴拉圭	31.1	2 430	1.511	3	7203 柴达木	7.6	901	0.141	5
2205 智利	0.3	1 930	0.005	6	7204 东北平原	24.4	942	0.468	1
2206 内格罗河	15.6	1 844	0.292	4	7205 呼伦湖	14.9	612	0.416	1
2207 德塞阿多	4.2	1 444	0.127	3	7206 戈壁沙漠	10.1	781	0.232	3
3201 莫桑比克	15.4	2 486	0.766	3	7207 乌布苏湖	2.1	528	0.022	2
3202 马达斯加	8.6	2 564	0.459	2	7208 杭爱山南	1.3	734	0.021	3
3203 卡拉哈迪	56.1	2 313	0.931	5	8201 西班牙	2.6	1 839	0.028	4
3204 奥兰治河	7.7	2 197	0.102	6	8202 波河平原	2.3	1 687	0.038	2
4201 中北部	274.1	2 592	3.306	6	8203 赫尔曼德	16.7	2 350	0.080	7
4202 塞内加尔	6.4	2 640	0.198	4	8204 里海东南	4.6	1 960	0.054	6
4203 尼日尔河	5.8	2 617	0.302	3	8205 卡维尔	4.7	2 225	0.067	6
4204 德拉河	2.1	2 270	0.016	7	8206 舒尔河	1.4	2 554	0.013	7
4205 科托河	6.6	2 613	0.108	5	8207 图兹盆地	0.5	1 516	0.014	3
5201 索马里	15.7	2 635	0.195	6	8208 印度西北	13.1	2 573	0.227	4
5202 埃及	38.1	2 320	0.550	6	8209 印度西南	10.0	2 615	0.092	4
5203 南苏丹	29.9	2 629	1.129	4	8210 加尔各答	6.1	2 594	0.163	2

（续）

编号和名称	受水面积/ ×10⁴ 千米²	光温潜力/ (×10 千克/ 公顷)	增产粮油/ ×10⁸ 吨	缺水 等级	编号和名称	受水面积/ ×10⁴ 千米²	光温潜力/ (×10 千克/ 公顷)	增产粮油/ ×10⁸ 吨	缺水 等级
8211 印度东南	5.7	2 667	0.177	2	8221 蒙河	3.2	2 604	0.095	2
8212 赖布尔	2.8	2 597	0.082	3	8222 洞里萨湖	3.0	2 628	0.128	2
8213 那格浦尔	4.2	2 619	0.145	3	8223 湄公河	5.5	2 620	0.148	2
8214 瓜德尔	0.9	2 580	0.047	2	9201 墨累河	22.0	2 090	0.204	6
8215 斯里兰卡	1.4	2 626	0.062	2	9202 沙克湾	5.4	2 465	0.045	7
8216 孟加拉国	5.7	2 547	0.129	1	9203 菲茨罗伊	6.1	2 614	0.090	6
8217 曼德勒	1.9	2 585	0.063	2	9204 卡奔塔里	12.3	2 596	0.345	4
8218 密支那	0.9	2 484	0.039	2	9205 自流盆地	6.2	2 404	0.058	7
8219 泰国西部	4.8	2 644	0.129	2	9206 纳拉伯	6.6	2 038	0.066	7
8220 颂堪河	2.5	2 560	0.074	1	9207 帕斯滨海	1.7	2 100	0.062	2

17.3.4　非受水区耕地节水灌溉增产潜力

根据世界灌溉学会的统计，2016 年全球拥有耕地面积 15.93×10⁸ 公顷，灌溉面积 3×10⁸ 公顷，以喷灌、微滴灌为代表的高效节水灌溉面积仅占灌溉面积的 17.5%。这表明全球通过推广高效节水灌溉技术增加粮油产量的潜力很大。根据经济系数和非受水区耕地气候潜力、光温潜力、当前灌溉率、覆膜滴灌垦殖率计算，当前世界耕地粮油总产量为 40.59×10⁸ 吨，其中受水区生产 5.97×10⁸ 吨，非受水区生产 34.62×10⁸ 吨；非受水区当前耕地粮油产量 34.62×10⁸ 吨中，30.23×10⁸ 吨为气候潜力产量，4.39×10⁸ 吨为灌溉增加的产量；在不进行跨流域调水，而利用本地水资源全面推广覆膜滴灌的情况下，非受水区现有耕地可增加的粮油总产量为 11.722×10⁸ 吨，其中巴西和印度可增产量最大，分别为 2.559×10⁸ 吨和 2.349×10⁸ 吨；其次是中国和美国，分别可增产 0.687×10⁸ 吨和 0.574×10⁸ 吨；可增产 0.2×10⁸ 吨以上的国家有阿根廷、澳大利亚、泰国、缅甸、墨西哥、西班牙、法国和土耳其 8 国；可增产 0.1×10⁸ 吨以上的国家有印度尼西亚、俄罗斯、意大利、越南、菲律宾、古巴、尼日利亚、坦桑尼亚、马拉维和乌克兰 10 国，22 国合计可增产 9.622×10⁸ 吨，占全球总增产潜力的 82.1%（彩图 4）。

全球跨流域调水受水区调水灌溉增产潜力和非受水区耕地节水灌溉增产潜力分别为 36.177×10⁸ 吨和 11.722×10⁸ 吨，合计为 47.899×10⁸ 吨，预测的 2050 年的世界食物增产量 16.125×10⁸ 吨是该增产潜力的 33.7%，预测的 2100 年的世界食物增产量 40.557×10⁸ 吨是该增产潜力的 84.7%。至此，本研究得出的结论是对地球人口承载力应持谨慎乐观态度，对全球未来食物生产应采取积极进取的策略，以保障世界食物供给。乐观是由于食物需求未能超出当前农业生产技术水平下的食物生产能力；谨慎是由于有的农业生产技术经济效益差，挖掘潜力难度大，有的调水工程为超大型工程，实施难度大；积极进取的食物生产策略是指从易到难，稳步推进，逐步保障食物供给，如先推广高效节水灌溉技术，后发展跨流域调水灌溉，先建设规模小、效益大的调水工程，后建设规模大、效益小的调水工程，对超大型调水工程采取由易到难、由近到远逐步建设的策略。

17.4 投入产出估算

本节以欧亚草原 2 大区 9 亚区为案例估算调水工程的投入产出情况，进一步对全球 9 大调水区进行经济效益初步评价，并且按照先易后难的原则确定建设顺序。欧亚草原调水工程共计 11 个，本节对其中的以外流河为水源地的 9 项工程进行投入产出估算和经济效益分析。根据笔者的估算，欧亚草原 9 受水区跨流域调水工程总计需投资 8.932×10^{12} 元，折合单线建设成本为 $1.850\ 3 \times 10^{8}$ 元/千米。欧亚草原跨流域调水滴灌垦荒工程总投资为 23.892×10^{12} 元，子项目投资额由大到小依次为调水工程投资、蓄水池建设、购买宜农荒地支出、滴灌设备投资和支渠投资。按 30 年建设期计算，每年静态投资为 $7\ 963 \times 10^{8}$ 元。欧亚草原跨流域调水滴灌垦荒工程效益巨大，可分为直接效益和间接效益，其中直接效益可用于计算内部收益率，包括垦荒、发电、航运和售水 4 大效益。按 30 年计算，欧亚草原跨流域调水滴灌垦荒工程的垦荒总价值为 44.155×10^{12} 元，4 项收入总计为 71.676×10^{12} 元，总收入同总投资的比值恰好为 3.00[13]。

按照估算的总投资和总收入计算调水工程的静态投资回收期，结果为回收期短于 10 年的亚区工程有东北平原调水工程、华北平原调水工程、里海咸海低地调水工程，经济效益最佳，建设优先度较高；回收期为 $10 \sim 12$ 年的工程有图尔盖图兰东调水工程、中国大西北调水工程、库仑达图兰西调水工程，总投资额度大，工程复杂，具有多重功能，工程收益也较大，经济效益居中，建设优先度较低；回收期长于 12 年的有柴达木盆地调水工程、呼伦湖调水工程、戈壁沙漠调水工程，由于工程规模较小，建设周期短，内部收益率较高，按照工程容易者优先的原则，优先度不低于超大型调水工程。

GIS 计算结果表明，全球跨流域调水工程 9 大区 72 项调水工程水源区面积总计为 $3\ 563.42 \times 10^{4}$ 千米^{2}，是俄罗斯面积的 2 倍多；建设调水线路总长 20.471×10^{4} 千米，是赤道周长的 5 倍多。根据欧亚草原 9 项调水工程线路单线建设长度的单位长度建设成本，按照全球 9 大区跨流域调水线路的单线建设长度估算调水工程成本，并按照欧亚草原 9 项调水工程的辅助工程成本同线路建设成本的比率估算 9 大区的调水灌溉总成本，得出 9 大区 72 项调水线路工程成本大约为 38.215×10^{12} 元人民币，加上支渠、蓄水池、喷灌滴灌设备、宜农荒地价值成本，5 项成本总计大约为 102.220×10^{12} 元人民币，约为调水工程成本的 $2.674\ 9$ 倍。

欧亚草原 9 亚区的总收益包括垦荒总价值、售水收入、售电收入、航运价值，约为垦荒总价值的 1.623 倍。按此推算，全球 9 大区调水垦荒总价值按照增产粮食估算为每年 3.618×10^{12} 元，每年总收益为 5.872×10^{12} 元，按总成本为 102.220×10^{12} 元人民币计算，静态投资回收为 17.41 年。从粗略计算的静态投资回收期来看，9 大区中南美洲大区调水项目建设成本低，收益高，经济效益最佳，投资回收期最短，仅为 7.77 年；欧亚南大区跨越山脉的运河水运通道建设成本所占比例较大，拉高了单位调水量建设成本，经济效益最差，投资回收期最长，达 57.38 年，若取消 4 个水运通道中的 2 个，可以明显减少工程成本，如取消地中海-幼发拉底河-波斯湾运河通道和伊朗的里海-波斯湾第二通道（未被选作运粮通道）。澳大利亚大区总投资回收期长达 37.37 年，澳大利亚缺水评价等级为

7 的 3 个亚区调水工程经济效益较差,拉低了整体经济效益,也应考虑取消。中北美大区的总投资回收期为 29.08 年,其中美国西部山间盆地和科罗拉多河流域调水项目由于地形崎岖,需长距离扬水发展灌溉,地面坡度较大,无法集中连片开发,经济效益和开发条件远不如大平原西受水区,拉低了本大区调水项目的经济效益,可以通过调整规划和改变建设次序提高调水工程经济效益,缩短投资回收期。其他大区总投资静态回收期在 9.7～18.7 年,接近或低于平均值,项目可行性均较强,但是大区内部亚区子项目之间的经济效益也有较大差异,一般缺水评价等级为 7 的项目可行性最差(表 17.3)。限于篇幅,本部分对亚区之间的经济效益比较研究只涉及上述欧亚草原 9 亚区,没有估算其他 63 个调水亚区的投资回收期。

表 17.3　全球 9 大区调水工程经济效益评价

大区	水源地面积/ ×10⁴ 千米²	单线建设长度/ ×10⁴ 千米	调水成本/ ×10¹² 元	调水量/ ×10⁸ 米³	单位成本/ (元/米³)	增产粮油量/ ×10⁴ 吨	静态投资 回收期/年
中北美	522.30	4.351	8.050	6 711	11.995	4.563	29.08
南美洲	368.61	1.428	2.642	10 720	2.465	5.602	7.77
非洲南	255.67	1.383	2.558	4 077	6.273	2.258	18.67
中西非	311.83	2.154	3.984	9 319	4.275	3.930	16.71
东北非	436.49	1.317	2.437	5 429	4.488	2.334	17.20
欧亚西	473.92	1.747	3.831	8 132	4.711	8.837	9.72
欧亚东	511.72	3.080	5.444	5 267	10.335	5.689	10.40
欧亚南	452.67	3.946	7.300	6 843	10.668	2.097	57.38
澳大利亚	230.21	1.065	1.971	1 097	17.966	0.869	37.37
总计	3 563.42	20.471	38.215	57 595	6.635	36.179	17.41

17.5　结论与展望

调水灌溉工程对保障世界粮食供给意义重大。粮食增产途径有两类,一为内涵扩大再生产,主要指通过推广优良农作物品种和水肥一体化灌溉技术等增加单位面积产量,需要以开发利用水资源发展灌溉为前提;二为外延扩大再生产,主要指通过旱作垦荒、灌溉垦荒或毁林开荒增加耕地面积。由于湿润半湿润地区的旱作垦荒潜力已经挖掘殆尽,干旱半干旱地区的旱作垦荒容易造成土地沙漠化,并且世界各国制定了保护森林的环境保护政策,禁止毁林开荒,所以灌溉垦荒将是未来耕地面积增加的重要方式。合理开发水资源,因地制宜发展高效节水灌溉是未来世界各国增加耕地面积、提高粮食油料产量、保障食物供给的有效手段。

本部分研究涉及调水灌溉垦荒和利用现有耕地发展高效节水灌溉两种主要提高食物产量的手段,得出的主要结论有:①调水垦荒工程是世界未来食物增产的重要工程。全球72 项调水工程增产潜力巨大,经济效益明显,能够基本满足日益增长的人类对粮食油料的需求。调水灌溉工程能够实现的受水区增产粮食油料量接近世界对粮食油料需求的增长量。②高效节水灌溉投资少、见效快，应当优先发展。按照先节水后调水的水资源利用原则，在现有耕地上发展高效节水灌溉的增产潜力约为调水灌溉增产潜力的 1/3，是近期世界食物生产增长的主要来源，其投资成本较低，经济效益较高，建设优先度一般较高。③全球调水工程综合考虑各种环境因素，设计合理，工程技术可行。各类调水工程涉及的大坝、隧洞、运河、渡槽、内河航道、陡坡降航道和隧洞航道等工程技术均为成熟技术，中国在许多工程技术领域居世界领先水平。④多数调水工程经济效益明显，技术经济可行性强。建设周期短、经济效益较好的调水项目可以优先发展，超大型调水项目可以分期建设，经济效益较差项目则可以通过调整建设方案，优化设计增强其技术经济可行性。⑤超大型调水工程遵循内河航运同步建设原则，利用调水运河发展内河航运，便于未来受水区的农产品廉价运输，提高农产品竞争力，对促进全球内陆地区（如欧亚草原、非洲中部、南美洲中南部和北美洲大平原西部地区）的经济发展意义重大。

展望世界调水工程发展的未来，有待进一步研究的问题主要有：①水资源开发资金筹措问题。水资源开发需要大量投资，非一己之力能及，需全球主要经济体和当事国共同投资。全球调水 72 项工程涉及的经济强国、同时又是调水当事国的国家有美国、中国、印度、巴西、意大利、加拿大、俄罗斯、澳大利亚、西班牙、墨西哥 10 国；其他主要当事国有阿根廷、哈萨克斯坦、乌兹别克斯坦、土库曼斯坦以及南部非洲和中西部非洲国家；其他 GDP 居世界前 15 名的经济强国有日本、德国、英国、法国、韩国。②水资源开发资金国际合作问题。对于仅涉及一个国家的项目，其水资源开发资金筹措较容易，工程实施只决定于项目的投入产出比的高低和规模大小，如澳大利亚、马达加斯加、斯里兰卡、缅甸、西班牙、意大利、土耳其等国的工程，以及大国内部的中小型跨流域调水工程，如中国、印度、巴西东部、阿根廷南部、泰国西部的调水工程。超大型跨流域调水项目由于性价比高，可以建立国际合作开发机制，通过多边谈判达成共同开发协议，实施可能性较大。如北美洲水电联盟（NAWAPA），欧亚草原向心调水，非洲南水北调，南美洲北水南调。利益冲突国家水资源联合开发较难实施，开展跨流域调水需严格遵守流域水资源利用协议，或需要等待国际关系缓和之后工程才能实施。③大国在全球调水工程中的角色问题。世界政治经济大国——中国、美国、俄罗斯三国应在调水工程建设中起引领作用，三国均有超大型调水工程，且优势互补，应当密切协作，协调各利益相关国共同参与，明确产权，利益共享，鼓励全球各国积极参与，各尽所长。中国是人口大国和食物进口大国，更应当对全球调水工程起主导作用，以便发挥发达国家的资本和技术优势，发展中国家的劳动力、水资源、土地资源优势，共同建设人类命运共同体。④调水工程与经济发展关系问题。调水工程将大大促进工程技术与装备制造业的发展，刺激制造业强国的经济发展，工程建设将有利于促进调水当事国的工程技术和农业技术进步、增加劳动力就业、加快城镇化发展和提高经济增长速度。中国提出了建设"一带一路"的倡议，并成立了亚洲开发银行，全球调水工程可以依托中国的融资平台开展建设，促进发展中国家经济快速发展。⑤全球调水工程与中国经济发展。中国经济正经历由高速发展向中高速发展的转型期，国内主要交通基础设施建设已进入尾声，房地产建设也接近饱和，急需新的大型基础设施建设项目维持经济的快速稳定发展，全球跨流域调水工程为中国经济发展带来了前所未有的机遇，在建设期可以促进中国的劳动力非农就业和城镇化发展，加快经济发展速度，建成后可保障国内食物自给，大大增强综合国力，促进中国进入发达国家行列。

参考文献：

[1] Joel Cohen，陈卫. 地球能养活多少人 [J]. 人口研究，1998，22 (5)：69 - 76.

[2] 联合国粮食及农业组织. 统计数据库 (FAOSTAT) [DB/OL]. http：//faostat. fao. org/.

[3] Hopper David W. The Development of Agriculture in Developing Countries [J]. Scientific American，1976，235 (3)：196 - 205.

[4] De Souza Anthony R，Foust J Brady. World - Space Economy [M]. Ohio，USA：Bell & Howell Company，1979.

[5] Mekonnen M M，Hoekstra A Y. Four Billion People Facing Severe Water Scarcity [J]. Science Advances，2016，2 (2)：1 - 6.

[6] Gleeson Tom，Befus Kevin M，Jasechko Scott，et al. The Global Volume and Distribution of Modern Groundwater [J]. Nature Geoscience，2015 (11)：1 - 7.

[7] Döll P，Fiedler K. Global - Scale Modeling of Groundwater Recharge [J]. Hydrology and Earth System Sciences，2007 (4)：4069 - 4124.

[8] 梁书民，于智媛. 用经验径流系数推算全球径流深度分布场 [J]. 干旱区研究，2018，35 (1)：1 - 11.

[9] 梁书民，于智媛. 我国水资源的农业开发潜力评价及对策 [J]. 农业经济问题，2016 (9)：61 - 70.

[10] Andrea Richts，Wilhelm F Struckmeier，Markus Zaepke. WHYMAP and the Groundwater Resources Map of the World 1：25000000 [Z]. BGR&UNESCO 2015.

[11] Gleeson Tom，Moosdorf Nils，Hartmann Jens，et al. A Glimpse Beneath Earth's Surface：GLobal HYdrogeology MaPS (GLHYMPS) of Permeability and Porosity [J]. Geophysical Research Letters，2014 (6)：3891 - 3898.

[12] Fan Y，Li H，Miguez - Macho G. Global Patterns of Groundwater Table Depth [J]. Science，2013，339 (2)：940 - 943.

[13] 梁书民，于智媛. 欧亚草原跨流域调水与内河航道工程技术分析 [J]. 水资源与水工程学报，2017，28 (4)：107 - 118.

[14] 周曙东，赵明正，陈康，等. 世界主要粮食出口国的粮食生产潜力分析 [J]. 农业经济问题，2015 (6)：91 - 104.

[15] Fischer G，Nachtergaele F，Prieler S，et al. Global Agro - ecological Zones Assessment for Agriculture (GAEZ) [EB/OL]. http：//webarchive. iiasa. ac. at/Research/LUC/SAEZ/index. Html，http：//www. fao. org/nr/gaez/en/.

[16] Food and Agriculture Organization of the United Nations. The Future of Food and Agriculture Trends and Challenges [R]. Rome，Italy：FAO，2017.

[17] Food and Agriculture Organization of the United Nations. The Future of Food and Agriculture Alternative Pathways to 2050 [R]. Rome，Italy：FAO，2018.

[18] 王光谦，欧阳琪，张远东，等. 世界调水工程 [M]. 北京：科学出版社，2009.

[19] Deniston B. Expanding NAWAPA XXI：Weather Modification to Stop Starvation [J]. Executive Intelligence Review - Feature，2013 (8)：49 - 57.

[20] The Schiller Institute. Maps of Great Infrastructure Development Projects Around the World [M]. Washington D. C. ：Schiller Institute Inc. ，2018.

［21］ Tachikawa T, Hato M, Kaku M, et al. The Characteristics of ASTER GDEM Version 2 ［C］// 2011 IEEE International Geoscience and Remote Sensing Symposium, IGARSS 2011, Vancouver, BC, Canada, 2011.

［22］ Lehner B, Verdin K, Jarvis A. New Global Hydrography Derived from Spaceborne Elevation Data ［J］. Eos Transactions American Geophysical Union, 2008, 89 (10): 93 - 94.

［23］ The Land and Water Division of FAO. Global Land Cover - SHARE (GLC - SHARE) ［R/OL］. http: //www. fao. org/land - water/land/land - governance/land - resources - planning - toolbox/category/details/en/c/1036355/.

［24］ FAO SOILS PORTAL, Harmonized world soil database V1. 2 ［R/OL］. http: //www. fao. org/soils - portal/soil - survey/soil - maps - and - databases/harmonized - world - soil - database - v12/en/.

［25］ Siebert Stefan, Henrich Verena, Frenken Karen, et al. Global Map of Irrigation Areas Version 5 ［EB/OL］. http: //www. fao. org/nr/water/aquastat/ irrigationmap/index60. stm.

［26］ International Congress on Irrigation and Drainage. ICID Database ［DB/OL］. http: //www. icid. org/ icid _ data. html.

［27］ Hudson John C, Espenshade Edward B Jr. Goode's World Atlas, 20th Edition ［M］. USA: Rand McNally, 2000: 62 - 63.

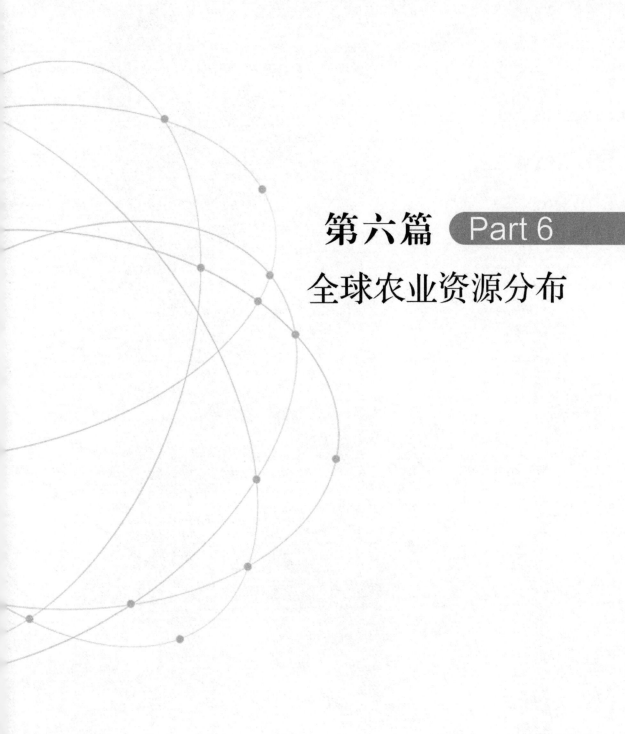

第六篇　Part 6

全球农业资源分布

第18章
迈阿密模型及应用

18.1　引言

　　人类对自然植物生产力的认识和利用起源于石器时代。考古发现表明，在距今13000—7000年的新石器时代早期，以雨养农业为主的原始农业在中国已经十分发达。公元前4000年，古埃及开始利用尼罗河洪水漫灌，两河流域也开始了引洪淤灌，是渠水灌溉的初级阶段。最新考古发现表明，在夏代以前的公元前3100年，中国浙江的良渚文化修建了大坝防洪体系，可能具有防洪、运输、生活用水、灌溉等综合功能，是世界上最早的水库灌溉系统。夏代初期成书的《禹贡》根据土壤特性把中国九州农田按生产力的高低分为9等，其中以黄土高原为核心区的雍州的农田被定为上上等，地处长江中下游地区的扬州的农田由于土壤黏性大，开发程度低，灌溉不发达，被定为下下等，大致体现了当时雨养农业生产力的分布格局。到战国末期，随着灌溉工程的发展和铁制农具的推广，中国进入了长达2 000多年的传统农业时代。西方对农田生产力的评价始于亚里士多德（公元前384—前322年），也强调土壤对农作物的决定作用，后来西方亦逐步认识到水和光照是决定植物生长的主要因素。1840年李比希发现了最低量律，在此后的生态学研究中，影响植物生长的各种自然因素均得到了重视。1971年赖斯系统总结了前人的植物生产力研究成果，提出了迈阿密模型，利用全球众多的气象观测和植物生产力测量数据，通过最小二乘法回归得出了植物生产力同多年平均气温和多年平均降水量关系的经验公式，并利用经验公式和李比希定律计算了地球陆地植物的气候生产力分布图[1,2]。

　　几十年来，迈阿密模型在中国得到了广泛应用。贺庆棠于1986年[3]、陈国南于1987年[4]利用迈阿密模型计算了我国陆地的年生物生产量；侯光良于1990年比较了迈阿密模型和筑后模型对中国的计算结果[5]，刘洪杰1997年肯定了迈阿密模型的生态学价值[6]；利用迈阿密模型，焦翠翠等2014年计算了全球森林生态系统的净初级生产力[7]，李莉2014年研究了中亚地区气候生产潜力时空变化特征[8]。利用迈阿密模型进行中国区域性研究的主要目标区域有黄土高原、东北地区、黄淮平原、呼伦贝尔、内蒙古中部、伊犁河流域、锡林郭勒、西辽河平原、黄淮海地区、石羊河流域、西北地区、宁夏中部、南方草地、黑钙土地区、大兴安岭北部等[9-22]；利用迈阿密模型进行分省研究的目标省份有广东、甘肃、河北、浙江、河南、青海等[23-28]。

　　农田是人工生态系统，是地球陆地自然生态系统的组成部分；雨养农田的生产力同自然生态系统的气候生产力相当，灌溉农田的生产力同自然生态系统的光温生产力相当。本部分通过研究地球陆地自然生态系统的气候生产力和光温生产力推算农田的最大灌溉增产潜力、光温潜力需水量、光温潜力灌溉需水量、光温潜力自然降水贡献份额等衍生指标，从而为合理利用水资源、推广高效节水灌溉技术、计算农业发展潜力提供理论依据和技术参数。

18.2 研究方法

18.2.1 模型与衍生变量

迈阿密模型使用的基础数据是年平均气温 T 和年降水量 P。可用于计算光温生产潜力、气候生产潜力、灌溉增产潜力、光温生产潜力的灌溉需水量和光温生产潜力的天然降水贡献份额5项重要指标。这5项指标可用于估算自然生态系统和农田生态系统的光温生产潜力、气候生产潜力和灌溉增产潜力，评价水资源利用效率；指导当地依据当年的降水量制定农田实际灌溉定额，为推广节水灌溉提供理论依据和定量数据支撑。水资源是农田灌溉的基础，为研究水资源同灌溉需水量的空间耦合关系，本研究还引入了可持续灌溉垦殖率的概念。各变量的具体计算方法和公式如下。

（1）光温生产潜力 Yt。迈阿密模型光温生产潜力 Yt 通过经验公式计算获得，是年平均气温 T 的经验函数。

$$Yt = 3\,000/[1 + \exp(1.315 - 0.119T)] \qquad (18-1)$$

单位：T，℃；Yt，克/（米² · 年）。

（2）气候生产潜力 $Ymin$。迈阿密模型气候生产潜力 $Ymin$ 是迈阿密模型光温生产潜力 Yt 和降水生产潜力 Yp 的最小值，迈阿密模型降水生产潜力 Yp 是年平均降水量 Pre 的经验函数。其中迈阿密模型光温生产潜力 Yt 和降水生产潜力 Yp 分别通过经验公式（18-1）和公式（18-2）计算获得。

$$Yp = 3\,000 \times [1 - \exp(-0.000\,664 \times Pre)] \qquad (18-2)$$

单位：Pre，毫米；Yp，克/（米² · 年）。

$$Ymin = Minium(Yt, Yp) \qquad (18-3)$$

单位：Yt、Yp、$Ymin$，克/（米² · 年）。

（3）灌溉增产潜力 $Yirad$。灌溉增产潜力 $Yirad$ 是光温生产潜力 Yt 同气候生产潜力 $Ymin$ 的差值。

$$Yirad = Yt - Ymin \qquad (18-4)$$

单位：$Yirad$、Yt、$Ymin$，克/（米² · 年）。

（4）光温潜力灌溉需水量 Pd。光温潜力需水量 Pyt 是降水生产潜力 Yp 同光温生产潜力 Yt 相等时的降水量，是年平均气温 T 的经验函数。光温潜力灌溉需水量是光温潜力需水量 Pyt 同降水量 Pre 的差值，该变量的负值代表多余的降水量。

$$Pyt = 1\,506 \times \ln[3\,000/(3\,000 - Yt)] \qquad (18-5)$$

$$Pd = Pyt - Pre \qquad (18-6)$$

单位：Pd、Pyt、Pre，毫米；Yt，克/（米² · 年）。

（5）可持续雨养垦殖率 $Rpre$。可持续雨养垦殖率 $Rpre$ 是天然降水量 Pre 同光温生产潜力需水量 Pyt 的比值。

$$Rpre = Pre/Pyt \qquad (18-7)$$

单位：Pre、Pyt，毫米。

（6）可持续灌溉垦殖率 Rro。可持续灌溉垦殖率 Rro 是本流域的径流深度 Ro 同灌溉需水量 Pd 的比值。为保持数据的连贯性，Pd 为 0 或负值时，Rro 的值应当取 1，当 Rro 大于 1 时，其值应当取 0.99。

$$Rro = Ro/Pd \qquad\qquad (18-8)$$

单位：Ro、Pd，毫米。

18.2.2　研究方法与步骤

以下为利用迈阿密模型计算格栅数据的步骤。

第一，在全球地理投影下用 ArcInfo 的 Grid 模块中的 Resample 命令将 30 弧秒的原始全球降水量和全球年平均气温格栅数据（0.008 33°，0.5 弧分，相当于 0.925 6 千米径向地面分辨率）生成分辨率为 0.083 3° 的格栅数据（5 弧分，相当于 9.256 千米径向地面分辨率）。

第二，在 ArcInfo Grid 模块中用 Combine 指令在地理投影下将 5 弧分地面分辨率的全球降水深度与全球年平均气温 2 组格栅数据合并为一；在 ArcView 中用 Table Joint 命令将数据加载到合并后的新格栅表中。

第三，在合并后的格栅数据表格中，利用 ArcView 表格模块，根据上述公式（18-1）～公式（18-7）逐项计算每个格栅的光温生产潜力 Yt、降水生产潜力 Yp、气候生产潜力 $Ymin$、灌溉增产潜力 $Yirad$、光温生产潜力需水量 Pyt 和光温生产潜力灌溉需水量 Pd，并计算可持续雨养垦殖率 $Rpre$。

第四，笔者用经验公式计算出了全球径流深度 10 弧分格栅数据，将上述 5 弧分格栅数据重新取样为 10 弧分格栅数据，并同径流格栅合并，得到含有径流变量、生产潜力变量和灌溉需水量数据的格栅数据。在合并后的格栅数据表格中，利用 ArcView 表格模块，根据上述公式（18-8）计算可持续灌溉垦殖率 Rro。

第五，在 ArcInfo 中利用 Grid 模块中的地图投影转换子命令，将全球地理投影转换为具有等积特征的摩尔魏德投影（Mollweide Projection）。利用 ArcView 表格模块，依据新投影下各等属性单元的格栅数量计算各等属性单元的面积。通过等积投影转换后，5 弧分地面分辨率的格栅数据每个格栅为边长 10 205.485 米的正方形，面积为 104.15 千米²。至此得到的 Grid 格栅数据可用于绘制上述各变量的全球分布地图。在摩尔魏德投影数据表格中，利用 ArcView 表格模块，依据各等属性单元的面积和属性值汇总，可得到各个变量的全球总量数据。

第六，在 ArcView 中将全球大洲地图和各级行政区地图的地理投影 Shape 层面转化为分辨率为 5 弧分的格栅数据；然后利用 ArcInfo 的 Grid 模块转化为摩尔魏德投影格栅数据，分别同上述径流量格栅数据用 Grid 模块中的 Combine 命令合并，再利用 ArcView 表格模块，可计算得出分大洲、分国家、分省、分县的各个变量值。

本研究所用的基础数据、全球多年平均降水深度和全球平均气温格栅数据，来源于美国加州大学伯克利分院的海杰曼斯（Hijmans）等于 2005 年生成的格栅数据[29]，原始观测数据年份为 1950—2000 年。本研究采用的摩尔魏德世界地图投影具有等面积的优点，本研究投影的中央经线设为东经 10°，经过德国汉堡市和突尼斯首都突尼斯市，投影边缘为西经 170°，穿过白令海峡和中太平洋，切割的陆地面积最小，主要有楚克奇半岛最东端、白令海峡中的圣劳伦斯岛、阿留申群岛的楚吉纳达克岛（Chuginadak）和南极洲的罗斯海以南的大陆；接近真形的陆地面积较大，剧烈变形的陆地面积较小，仅有美国的阿拉斯加和夏威夷、俄罗斯的楚克奇半岛、新西兰和太平洋岛屿国家。

18.3　运算结果

通过 GIS 运算得出的全球光温生产潜力和气候生产潜力的主要结果是，全球（不含南极洲）摩尔魏德投影格栅总数 1 295 579 个；陆地总面积为 13 493.7 万千米^2；光温生产潜力 Yt 为 2 260.35 亿吨干物质；气候生产潜力 $Ymin$ 为 1 253 亿吨干物质，是光温潜力的 55.43%，灌溉增产潜力 $Yirad$ 为 1 007.36 亿吨干物质，是光温潜力的 44.57%。同文献比较表明，本研究估计的全球气候生产潜力同 1972 年 Lieth 估算的陆地生物量 1 245 亿吨干物质十分相近，稍微高于 12 种计算方法的平均值 1 207 亿吨干物质（表 18.1）。

表 18.1　全球陆地生物量计算结果比较

年份	估算人	陆地生物量干物质/亿吨	估算方法
1972	Golley	888	陆地生态系统
1968	Junge，Czeplak	960	Lieth 生产力图（1964）
1971	Lieth	1 002	植被类型
1972	Lieth	1 049	Lieth 生产力图（1972）
1971	Whittaker，Woodwell	1 090	植被类型
1975	Lieth	1 175	陆地生态系统
1973	Lieth，Box	1 187	蒙特利尔
1975	Lieth	1 217	植被类型
1972	Lieth	1 245	迈阿密模型
2017	Liang	1 253	迈阿密模型
1970	Basilevich	1 700	陆地生态系统
1975	Rodin	1 720	陆地生态系统
	平均值	1 207	

本研究定义丰水区为灌溉需水量 Pd 小于等于 0 的地区，缺水区为灌溉需水量 Pd 大于 0 的地区。全球丰水区面积为 4 153 万千米^2，该区光温潜力为 290.0 亿吨干物质，气候潜力同光温潜力相等，灌溉增产潜力为 0，所以不需要灌溉。丰水区总降水量大于总光温潜力需水量，总多余水量 13 428 千米^3。全球缺水区面积为 9 340 万千米^2，该区光温潜力为 1 970.3 亿吨干物质，气候潜力为 963.0 亿吨干物质，明显低于光温潜力，仅为光温潜力的 48.88%。缺水区需要通过灌溉才能实现光温潜力，灌溉增产潜力为 1 007.4 亿吨干物质，高于气候潜力，是光温潜力的 51.13%。缺水区总降水量小于总光温潜力需水量，总缺水量为 12 441 千米^3，占光温潜力需水量 Pyt 的 14.73%。全球总降水量为 106 620 千米^3，总光温潜力需水量为 105 633 千米^3，多余 987 千米^3，比光温需水量多余 0.93%。但是由于地球水资源分布不均衡，同热量资源匹配较差，缺水区面积比例高达 69.22%

（表 18.2）。全球（不含南极洲）总径流量 47 884 千米^3，远远高于缺水区的光温潜力缺水量，是总缺水量的 3.85 倍，但是也存在地域分布不均问题，大都分布于丰水区或缺水程度较轻的地区，干旱区为严重缺水区，径流量也严重不足，灌溉农业发展需要跨流域调水解决。

表 18.2　全球丰水区和缺水区的生产潜力与降水量比较

变量英文	变量中文	单位	丰水区	缺水区	合计
Area	面积	万千米^2	4 153	9 340	13 494
Yt	光温生产潜力	亿吨	290.0	1 970.3	2 260.3
Ymin	气候生产潜力	亿吨	290.0	963.0	1 253.0
Yirr	灌溉增产潜力	亿吨	0.0	1 007.4	1 007.4
Pre	总降水量	千米^3	34 624	71 996	106 620
Pyt	总光温潜力需水量	千米^3	21 196	84 437	105 633
Pre−Pyt	总剩余降水量	千米^3	13 428	−12 441	987
Pre	降水量	毫米	833.7	770.8	790.1
Pyt	光温潜力需水量	毫米	510.4	904.0	782.8
Pre−Pyt	剩余降水量	毫米	323.3	−133.2	7.3

注：总降水量＝降水量×面积，总光温潜力需水量、总剩余降水量同总降水量。

18.3.1　光温生产潜力

光温生产潜力主要受地面温度影响，是水分条件得到满足情况下的自然生态系统的最大生产潜力。迈阿密模型使用的产量单位是每年生产干物质质量克/米^2，或者为 10 千克/公顷，或者为 0.667 千克/亩。光温潜力分布情况是热带的光温潜力值高，两极地区的值低，温带地区的值居中；在纬度相近的情况下，高海拔地区的光温潜力值低，低海拔地区的值高。世界主要农业区的光温潜力一般在 10 000～25 000 千克/公顷；全球光温潜力小于 10 000 千克/公顷的低值区主要分布在加拿大，北欧，俄罗斯北部、西伯利亚和远东，青藏高原，中亚山地，美国的落基山地，南美洲的安第斯山中南部；光温潜力大于 25 000 千克/公顷的高值区主要分布在亚马孙河流域，刚果盆地，撒哈拉沙漠中南部，非洲赤道附近的低海拔地区，阿拉伯沙漠中南部，南亚和东南亚低海拔地区，新几内亚岛，澳大利亚北部（表 18.3，彩图 5）。光温生产潜力可以用于计算灌溉农田的生产潜力、灌溉草地的产草量、灌溉人工林的林木蓄积量增量。

表 18.3　全球主要农业区的光温生产潜力

主要农业区	光温生产潜力/（千克/公顷）	中值/（千克/公顷）
西西伯利亚	5 500～9 000	7 250
加拿大大平原	7 000～8 000	7 500
中国东北平原	7 000～13 000	10 000
中国华北平原	15 000～19 000	17 000

（续）

主要农业区	光温生产潜力/(千克/公顷)	中值/(千克/公顷)
美国大平原	8 000～16 500	12 250
东南欧平原	11 000～15 000	13 000
西欧	12 000～16 000	14 000
中亚	10 000～20 000	15 000
东南非洲	15 000～20 000	17 500
澳大利亚东南部	14 000～21 000	17 500
地中海与中东	15 000～25 000	20 000
东非	15 000～25 000	20 000
中国长江流域	19 000～22 000	20 500
拉普拉塔平原	17 000～25 000	21 000
巴西高原	18 000～25 000	21 500
中美洲	21 000～26 000	23 500
中南半岛	24 000～26 000	25 000
南亚	24 000～26 500	25 250
东南亚岛屿	25 000～26 500	25 750
几内亚湾沿岸	25 000～26 500	25 750
撒哈拉南缘	25 500～26 500	26 000

18.3.2　气候生产潜力

自然生态系统的气候生产潜力是自然生态系统受光温条件和自然降水共同作用的结果。按照李比希定律，气候生产潜力在迈阿密模型中取降水生产潜力和光温生产潜力的最小值。在光温生产潜力较小的寒带地区，即使降水生产潜力大于光温潜力，受热量条件限制实际生产潜力也只能是当地的光温潜力。全球气候生产潜力的分布形势是降水和温度条件匹配较好的地区气候潜力大，降水和温度条件匹配差的地区气候潜力低。高值区主要有赤道附近的热带雨林区，其次是北美大陆东南部、南美大陆东南部、非洲大陆东南部、澳大利亚东南部、亚洲大陆东南部、南亚次大陆、中西欧、地中海-黑海沿岸地区、北美洲西部沿海地带。干旱区光温潜力大，但是气候潜力决定于降水生产潜力，一般很低，但是干旱区的山地由于降水量相对高，在雪线以下一般存在一个气候生产潜力较高的地带，如亚洲的中亚山地和喜马拉雅山南坡，南美洲的秘鲁山地，北美洲的落基山地（彩图6）。气候生产潜力可用于计算和比较森林的林木蓄积量增量、草原的牧草产量、雨养农业的产量。

18.3.3　灌溉增产潜力

灌溉增产潜力是光温潜力同气候潜力的差值。在气候潜力同光温潜力相等的地区灌溉增产潜力为0，这些地区一般是降水量较高的地区，水分条件不是植物生长的限制因子，热量条件限制着产量的进一步提高，这类地区主要分布在寒带和寒温带，如青藏高原东半部、中亚山地、喜马拉雅山地、西伯利亚南部山地、东南亚岛屿和几内亚岛的山地、澳大利亚东南部和新西兰的山地、南欧山地，高加索山区，北美洲、中美洲和南美洲的山地，非洲几内亚湾沿岸，非洲东部山地。这些地区一般水资源丰富，可作为跨流域调水的水源地。灌溉增产潜力高值区的分布同干旱区分布吻合，热带、亚热带和温带的沙漠及周边地区为高值区，如撒哈拉沙漠、索马里半岛、非洲西南部沙漠、阿拉伯半岛、印度大沙漠，伊朗、阿富汗和巴基斯坦 3 国的干旱的内陆盆地和沿海平原，澳大利亚内陆盆地，墨西哥和美国西南部的低海拔干旱区，南美洲的秘鲁-智利沿海沙漠，亚洲的中亚沙漠，中国的沙漠和蒙古戈壁。这些地区干旱缺水，在有水的情况下农业发展潜力大，是跨流域调水的主要目的地。

18.3.4　光温潜力需水量与可持续雨养垦殖率

根据定义，光温潜力需水量同光温生产潜力呈正单调函数关系，二者空间分布形势十分相似。可持续雨养垦殖率是光温潜力需水量中天然降水的贡献份额，其空间分布形势同灌溉增产潜力的分布形势互补，数值由湿润区的 100% 向半湿润区、半干旱区和干旱区递减，到干旱区一般接近 0。该指标描述了雨养农业对天然降水的可持续利用程度。当前雨养农业较先进的生产技术是利用沟畦地膜覆盖收集和保持天然降水来增加产量，通过加宽行距可以将地面雨水集中被播种在相对低洼行沟的农作物所利用，利用田间微地形实现局部地带供水增加，从而使农作物产量得到提高。可持续雨养垦殖率可用于指导雨养农业的农作物行距设置，如可持续雨养垦殖率若为 50%，行距应当比丰水区加倍；可持续雨养垦殖率若为 33%，行距应当是丰水区的 3 倍。可持续雨养垦殖率若为 25%，理论上讲行距若是丰水区的 4 倍可保证播种农作物的行沟实现光温生产潜力，但是实际上地膜覆盖成本增加，农作物耕作面积仅为 1/4，经济效益可能很差，可行性大打折扣。

18.3.5　灌溉需水量与可持续灌溉垦殖率

同样根据定义，灌溉需水量同灌溉增产潜力呈正单调函数关系，二者空间分布形势也十分相似（彩图 7）。由于灌溉是干旱半干旱区农业发展的主要因素，光温潜力灌溉需水量可用于评价各种灌溉方式的节水效果。在各种灌溉方式中，喷灌更接近自然降水，喷灌的灌溉定额同光温潜力灌溉需水量较为相近，滴灌比喷灌更节水，滴灌的灌溉定额一般低于光温潜力灌溉需水量。因为喷灌和滴灌的实际灌水量接近或低于理论灌溉需水量，所以一般称之为高效节水灌溉。可持续灌溉垦殖率是本地径流量同光温潜力灌溉需水量的比值，其分布形势同可持续雨养垦殖率相似，但是一般比可持续雨养垦殖率低 10~20 个百分点，数值由湿润区的 100% 向半湿润区、半干旱区和干旱区快速下降，到半干旱区与干旱区的过渡地带已经接近 0，但是在径流量较丰富的山区可能大于可持续雨养垦殖率（彩图 8）。引入可持续灌溉垦殖率的意义在于它可以作为干旱半干旱区在没有外来水源、靠抽取本地地下水灌溉情况下的最大垦殖率，大于该垦殖率就意味着当地地下水资源被过度开发，地下水位将持续下降，直到枯竭。

18.4　典型应用案例

18.4.1　一熟制地区灌溉需水量

以宁夏永宁县黄羊滩农场一年一熟的春玉米为例，当地的 Pyt 为 821 毫米，Pre 为 195 毫米，Pd 为 626 毫米；当地农田喷灌不覆膜的 3 年平均实际灌水量为 643 毫米，为

Pd 的 102.7%，平水年水分总供给为 838 毫米，是 Pyt 的 102.1%。可见理论值和实际值吻合很好，主要由于喷灌最大限度接近天然降水，农户在农田的灌溉用水趋向于最大限度实现光温生产潜力。据笔者在内蒙古、甘肃、宁夏干旱半干旱地区的调查，滴灌覆膜实际灌水量平均是光温潜力灌溉需水量的 64.4%，喷灌不覆膜灌水量平均是光温潜力灌溉需水量的 1.03 倍，漫灌不覆膜灌溉需水量平均为光温潜力灌溉需水量的 1.67 倍，是滴灌覆膜灌水量的 2.59 倍[30]。因此可以得出的结论是：在干旱半干旱地区改漫灌不覆膜灌溉方式为滴灌覆膜的灌溉方式，完全可以实现灌溉用水量减半有余，同时实现在不改变总灌水量的情况下灌溉面积倍增有余，最多可使耕地灌溉面积增加 1.59 倍。同理，改喷灌不覆膜为滴灌覆膜，最多可使耕地灌溉面积增加 60%。

18.4.2 两熟制地区的灌溉需水量

以山东德州为例，当地的 Pyt 为 1 321 毫米，Pre 为 570 毫米，Pd 为 751 毫米；主要农业生产模式是冬小麦＋夏玉米两熟制，50%保证率净灌溉定额是 375 毫米，占 Pd 的 49.9%；平水年总供给（$Pre+Pd$）为 945 毫米，占 Pyt 的 71.5%。井灌区毛需水量可达 595.5 毫米，为 Pd 的 79.3%，平水年总供给 1 165.5 毫米，占 Pyt 的 88.2%。用井灌区毛灌溉定额核算更接近实际耗水量，使农田生态系统同自然生态系统比较更具有合理性，灌溉定额比灌溉需水量少 20.7%，主要是由于冬小麦的成熟期和夏玉米的幼苗期需水量远远小于迈阿密模型需水量。一年两熟情况下光温潜力不能得到充分发挥。与此相比较，春玉米一年一熟可以充分利用春季的光温潜力和夏季雨热同季优势，单产水平可超过冬小麦＋夏玉米两熟，实际灌溉需水量也比两熟制少。

18.4.3 中国东部平原旱作农业带存在的原因

查看 1996 年和 2009 年的中国土地利用图，可以发现中国东部平原地区存在两个旱作农业带，东北平原和淮河中下游平原。东北平原旱地灌溉推广慢的原因在于当地的天然降水对光温潜力的贡献份额较高，在 60%～100%，光温潜力灌溉需水量小，灌溉的增产效益不明显，灌溉设备的利用率低，投资回收期长。淮河中下游平原的天然降水对光温潜力的贡献份额较低，为 50%～70%，是由于春小麦和夏玉米一年两熟的春末夏初过渡期比海河平原的长，当地的光温生产潜力得不到充分发挥，农作物的实际需水量呈中期较低的双峰型，比单峰型的光温潜力需水量减少约 20%～40%，接近降水量；同时由于当地年际降水变率较小，风调雨顺的平水年较多，一般不需要灌溉，也存在灌溉的增产效益不明显、灌溉设备的利用率低、投资回收期长的问题。

18.4.4 欧亚草原的灌溉增产潜力

欧亚草原地势平坦，海拔低，光温生产潜力大；欧亚草原地形呈盆状，周边山地降水丰富，是当前绿洲的水源区；外围的河流径流量大，可通过长距离跨流域调水增加水源供给，通过灌溉开垦宜农荒地，扩大绿洲面积。据笔者计算，欧亚草原光温潜力灌溉需水量为 2 914.62 千米³，为全球总径流量的 6.09%；可从周边自流调水的总调水量为 891.78 千米³，为全球总径流量的 1.86%；调水后受水区可利用径流量总计为 1 675.48 千米³（包括外流域调来的径流量、受水区山地径流量和受水区自有径流量），占全球总径流量的 3.50%。按高效节水灌溉条件下农作物经济系数为 0.7 估算，欧亚草原 9 项调水工程调水后受水区谷物油料总产量可达 18.30 亿吨，可增产谷物油料 14.49 亿吨，折合每吨灌溉用水增产 0.865 千克谷物油料，总增产量是 2016 年全球谷物油料总产量 31.134 亿吨的 46.54%[31]。

18.4.5　全球农业开发潜力较大的地区

通过综合分析降水分布、光温潜力、气候潜力、植被类型、地貌类型和河流流向，可以遴选出在不进行跨流域调水情况下全球农业开发潜力较大的地区，主要有巴西高原、东非沿海平原和尼日尔河流域中游。巴西高原目前是全球农业扩张的热点地区，主要原因是当地年降水量较大，虽然不能实现全年光温潜力的生产水平，但是季节性降水可保证一季农作物生长所需的水分供给。东非沿海平原农业发展潜力巨大，由于这些沿海平原地处热带和亚热带地区，光温生产潜力大，一熟农作物只需要约 1/3 的光温潜力需水量，且处于径流量较为丰富的外流河下游地区，地势低平，水资源开发较为容易，灌溉增产潜力大。尼日尔河流域中游地势平坦，光温潜力大，处于沙漠边缘，河流自相对丰水区流向严重缺水区，灌溉农业发展潜力较大。

18.4.6　全球跨流域调水重点区域

跨流域调水重点区域选择的依据主要有径流分布、灌溉需水量分布、河流分布和流向以及平原和盆地的分布情况。受水区应当为宜农荒地资源丰富的平原、高平原和盆地，水源地应当为距离受水区最近的丰水区河流或径流量丰富的山地河流。通过比较分析可得出全球理想的受水区主要有欧亚草原东部的盆地和高原，欧亚草原西部的低地和平原，北美洲西南部的半干旱平原和干旱盆地，中部非洲的乍得湖盆地，南美洲的拉普拉塔平原和秘鲁沿海平原，澳大利亚东南部的内陆平原。其中欧亚草原和北美洲的跨流域调水方案已经有研究，澳大利亚已经开展了雪山调水工程，非洲和南美洲的长距离大型跨流域调水工程实施较少，有待进一步深入研究，如乍得湖盆地可从南部的刚果河支流乌班吉河调水，秘鲁沿海可从东部的亚马孙河上游的支流调水，拉普拉塔平原可从北部的亚马孙河支流马代拉河流域调水。

18.4.7　可持续灌溉垦殖率的应用

在陕西省耕地异地占补平衡政策推动下，陕西省榆林市榆阳区在毛乌素沙地东南缘开采地下水发展指针喷灌，使该区的基本农田面积迅速增加。利用本研究的可持续灌溉垦殖率指标可以检验灌溉垦荒的可持续性，当地光温潜力需水量为 800 毫米，多年平均降水量为 400 毫米，灌溉需水量为 400 毫米，径流量为 80 毫米，若开垦 1/5 的土地面积，当地的水资源可以持续地被利用；近几年降水量为 620 毫米，为丰水年，灌溉只需 180 毫米，径流量也相应增加，至少可开垦 44.4% 的土地，但是有遭遇连续干旱的风险，应当谨慎，长期干旱可能造成地下水资源枯竭。有序适度开展灌溉垦荒，发展滴灌进一步节水，并加强周边地区的防护林建设，是保持可持续发展的关键。本地的能源化工产业用水量大，当地的水资源严重不足。为解决水资源瓶颈，榆林市建设了黄河大泉引水工程，投资 209 亿元，调水 9.28 亿米³，平均每米³ 投资 22.52 元，凸显跨流域调水对当地工业经济和城镇发展的必要性。

世界人口分布空间格局是近万年来农业的发展和人类对气候和光温生产潜力的开发利用的结果。目前全球人口稠密地区如北美东南部和欧洲西部、东亚季风区、南亚季风区，气候潜力大，农业发达。除热带雨林地区外，世界人口密度高的地区分布于气候潜力大地区、灌溉农业发达地区，前者利用气候潜力，后者通过灌溉利用光温潜力。全球灌溉农田主要分布于中国、印度、美国、巴基斯坦、伊朗。地中海气候区雨热不同季，灌溉农业最为发达，如美国的加州中央谷地，意大利的波河平原，西班牙的沿河谷地和山间盆地。谷物油料出口贸易对灌溉农业发展具有促进作用，如美国为增加谷物和大豆出口，在中西部大平原开采地下水进行指针喷灌，迅速扩大了灌溉面积。

据联合国发布的《世界人口展望：2017 年修订版》报告，2017 年全球人口总量为 76 亿，预计 2030 年将达 86 亿，2050 年将达到 98 亿，2100 年将达到 112 亿。全世界现有耕地面积 13.691 1 亿公顷，折合 1 369.11 万千米^2，为陆地总面积的 10.15%，估计农田的气候和光温生产潜力分别为 127.18 亿吨干物质和 229.43 亿吨干物质；据国际排灌委员会2017 年的统计，全球灌溉面积为 3.079 55 亿公顷，占耕地面积的 22.5%，按此权重估计农田干物质总量为 150.186 亿吨。而 2016 年世界谷物油料总产量为 31.134 亿吨，人均占有谷物油料为 410 千克，按估计的光温潜力和气候潜力加权农田干物质总量计算，农作物经济系数约为 20.73%；据此推测在耕地面积不增加的情况下，全球农田光温生产潜力可生产谷物油料最多为 47.56 亿吨。假设随着经济发展和食物消费水平的提高，到 2050 年人均占有谷物油料增加为 485 千克，全球的谷物油料消费量将达到 47.53 亿吨，逼近当前农田的光温生产潜力；若 2100 年人均谷物油料消费量增加为 500 千克，总计需要 56 亿吨，是当前产量的 179.9%，在实现当前耕地光温潜力情况下还需增产 17.7%，为满足消费需求，除满足现有耕地的灌溉需求把单产提高到光温潜力外，至少需要灌溉开荒增加17.7%的当前耕地面积。进一步分析表明，未来增加谷物油料产量的途径有两种，一为开垦宜农荒地增加农田的数量，二为通过发展节水灌溉增加灌溉农田面积，推广农业技术增加单产，实现农田的光温生产潜力。当前全球农田已经实现了气候生产潜力，而由于全球水资源缺乏，灌溉条件近期不能得到明显改善。在农业技术效率递减导致的单产增加速度逐步变缓的情况下，通过跨流域调水和推广高效节水灌溉技术，开垦光温潜力较高地区的宜农荒地，是上述两种增产途径的结合，是增加谷物油料供给的最有效途径。

18.5　结论与讨论

本章得出的主要结论为：①通过近万年的农业发展，农田的气候生产潜力已经被人类充分利用。②通过灌溉提高单产，实现农田的光温生产潜力，是未来世界农业发展的主要方向。③全球水资源分布不均，需大量建设跨流域调水工程，发展灌溉，提高挖掘农作物的光温生产潜力，增加谷物油料产量。④推广高效节水灌溉技术，可以大大提高对现有水资源的利用效率，实现对水资源的可持续利用，进一步提高农业产量，实现农田的光温生产潜力。⑤提高经济系数是农作物增产的重要途径，应当成为作物育种的重点发展方向。

以下问题有待进一步讨论：①光温潜力灌溉需水量是评价灌溉定额的主要指标，具有统一性、合理性和科学性，可以指引农业向高效节水灌溉发展，最终实现水肥一体化覆膜滴灌这一最佳节水灌溉方式。②可持续灌溉垦殖率具有较高的应用价值，可以用于控制在没有外来调水情况下利用本地地下水资源灌溉开垦宜农荒地的垦殖率，以保证当地水资源的可持续利用。③发展中国家发展节水灌溉的最大障碍是农田水利设施落后，解决资金短缺问题是关键，应当利用丰富的资源和巨大的农业发展潜力吸引国际投资，提高农业生产技术水平和食物自给率。④ "一带一路"地区的高效节水农业投资需求巨大，是我国农业走出去的主要地区，如俄罗斯西伯利亚和远东的南部地带、蒙古和中亚5国、中东地区、南亚地区和非洲。拉丁美洲和澳大利亚地区是"一带一路"的延伸，具有巨大的农业发展潜力，也可作为我国国家农业合作的主要目的地。

参考文献：

[1] 里思 H，惠特克 R H，等.生物圈的第一性生产力 [M].王业蘧，等，译.北京：科学出版社，1985.

[2] Lieth Helmut. Primary Production：Terrestrial Ecosystems [J]. Human Ecology，1973，1 (4)：303 - 332.

[3] 贺庆棠，Baumgartner A.中国植物的可能生产力农业和林业的气候产量 [J].北京林业大学学报，1986 (2)：84 - 98.

[4] 陈国南.用迈阿密模型测算我国生物生产量的初步尝试 [J].自然资源学报，1987，2 (3)：270 - 278.

[5] 侯光良，游松才.用筑后模型估算我国植物气候生产力 [J].自然资源学报，1990 (1)：60 - 65.

[6] 刘洪杰.Miami 模型的生态学应用 [J].生态科学，1997，16 (1)：52 - 55.

[7] 焦翠翠，于贵瑞，展小云，等.全球森林生态系统净初级生产力的空间格局及其区域特征 [J].第四纪研究，2014，34 (4)：699 - 709.

[8] 李莉，周宏飞，包安明.中亚地区气候生产潜力时空变化特征 [J].自然资源学报，2014，29 (2)：285 - 294.

[9] 袁嘉祖.黄土高原地区的植物可能生产力 [J].西北林学院学报，1988，3 (2)：9 - 19.

[10] 吴正方.东北地区净第一性生产力对气候变暖的响应研究 [J].经济地理，1997，17 (4)：49 - 55.

[11] 王婧，逄焕成，任天志.黄淮海地区主栽作物水分供需平衡分析 [J].灌溉排水学报，2010，29 (5)：106 - 109.

[12] 赵慧颖，魏学占，乌秋力，等.呼伦贝尔典型草原区牧草气候生产潜力评估 [J].干旱地区农业研究，2008，26 (1)：137 - 140，159.

[13] 高浩，潘学标，符瑜，等.气候变化对内蒙古中部草原气候生产潜力的影响 [J].中国农业气象，2009，30 (3)：277 - 282.

[14] 孙慧兰，李卫红，徐远杰，等.新疆伊犁河流域牧草气候生产潜力的时空变化特征分析 [J].草业学报，2010，19 (6)：55 - 61.

[15] 曹立国，刘普幸，张克新，等.锡林郭勒盟草地对气候变化的响应及其空间差异分析 [J].干旱区研究，2011，28 (5)：789，794.

[16] 梁怀宇，杨恒山，刘晶，等.1951—2008 年西辽河平原玉米气候生产潜力变化特征分析 [J].中国农学通报，2011，27 (30)：16 - 20.

[17] 黄川容，刘洪.气候变化对黄淮海平原冬小麦与夏玉米生产潜力的影响 [J].中国农业气象，2011，32 (增1)：118 - 123.

[18] 窦立宝，郭玉刚.基于 GIS 的石羊河流域气候生产潜力估算 [J].人民黄河，2011，33 (7)：56 - 58.

[19] 程曼，王让会，薛红喜，等.干旱对我国西北地区生态系统净初级生产力的影响 [J].干旱区资源与环境，2012，26 (6)：1 - 7.

[20] 马甜，王俊波，张治华，等.宁夏中部干旱带天然草地气候生产潜力研究 [J].草地学报，2013，21 (2)：237 - 242.

[21] 孙成明，陈瑛瑛，武威，等. 基于气候生产力模型的中国南方草地 NPP 空间分布格局研究 [J]. 扬州大学学报（农业与生命科学版），2013，34（4）：56-61.

[22] 赵慧颖，田宝星，宫丽娟，等. 近 308 年来大兴安岭北部森林植被气候生产潜力及其对气候变化的响应 [J]. 生态学报，2017，37（6）：1900-1911.

[23] 郭志华，李琼蝉. 广东省植被潜在生产力的估算及其分布 [J]. 热带亚热带植物学报，1997，5（1）：45-52.

[24] 牛叔文. 甘肃第一性生产潜力的地区分布及开发利用初探 [J]. 甘肃科学学报，1994（4）：6-10.

[25] 康西言，马辉杰. 河北省气候生产潜力的估算与区划 [J]. 中国农业气象，2008，29（1）：37-41.

[26] 孙善磊，周锁铨，石建红，等. 应用三种模型对浙江省植被净第一性生产力（NPP）的模拟与比较 [J]. 中国农业气象，2010，31（2）：271-276.

[27] 李军玲，邹春辉，刘忠阳，等. 河南省陆地植被净第一性生产力估算及其时空分布 [J]. 草业科学，2011，28（10）：1839-1844.

[28] 仓生海. 青海省天然草地植被净初级生产力分析——基于 Miami 模型 [J]. 安徽农业科学，2011，39（11）：6409-6410.

[29] Hijmans Robert J，Susan Cameron，Juan Parra. WorldClim [M/OL]. Berkeley：the Museum of Vertebrate Zoology，University of California，in collaboration with Peter Jones and Andrew Jarvis（CIAT），and with Karen Richardson（Rainforest CRC），2005. [2016-01-15]. http：// www. worldclim. org/.

[30] 于智媛，梁书民. 基于 Miami 模型的西北干旱半干旱地区灌溉用水效果评价——以甘宁蒙为例 [J]. 干旱区资源与环境，2017，31（9）：49-55.

[31] 梁书民，于智媛. 欧亚草原跨流域调水与内河航道工程 [J]. 水资源与水工程学报，2017，28（4）：107-118.

Chapter 19 第19章 全球农业资源评价

19.1 空间分布

本章利用全球土地覆盖遥感数据解译成果和地理信息系统的空间分析功能研究了全球农业自然资源的空间分布，结合各大洲的地貌、温度、降水量、土壤和植被状况对全球农业自然资源进行综合评价，进而从自然资源开发的角度分析我国进行国际农业合作的优选地区。主要结论为中国的国际农业合作应选择亚洲、非洲和南美洲作为重点区域，因地制宜，采取灵活多样方式进行农业合作。

农业自然资源特别是土地资源是农业生产的根本和主要载体。我国农业自然资源丰富，广泛分布的黄土使华北平原成为世界上少有的大面积农业高产区域，东北平原黑土地的土壤肥力不亚于美国的中西部大平原，长江流域的四川盆地和长江中下游平原是全球著名的水稻高产区，冰川融水的灌溉孕育了西北地区发达的绿洲农业，还有关中平原、河套平原、珠江三角洲和广西盆地等中小型平原、盆地和谷地都是我国农业自然资源优越和农业生产集中的地区。雨热同季的热量和水分条件组合是我国农业气候的特点，这种优越的气候条件使我国的旱作农业在半干旱地区广泛分布。同时，发达的灌溉体系使农作物的多熟制能在我国广泛推行，再加上发达的农业生产技术的推广普及，使我国农业自给率长期维持在较高水平。但是，通过数千年的开发利用，中国的农业自然资源潜力已经所剩不多，大面积连片地进行农业开发在国内已经没有可能。而由于中国人口众多，就现有的农业资源的人均占有量来看，中国确实为农业资源贫乏的大国。中国农业走向全球从人均资源贫乏的角度来看是必要的，从中国发达的农业生产技术来看是可能的。从向全球推广中国农业发展经验的角度来看，进行各种形式的农业合作和开发也是中国推动全人类文明的发展所应尽的国际义务。而研究全球农业自然资源的空间分布并对其进行综合评价是推动我国方兴未艾的农业国际合作事业发展的不可忽略的重要步骤。本章将从研究全球土地利用和土地覆盖数据入手，通过地理信息系统的空间分析功能，利用国际上最新的全球土地覆盖遥感数据解译成果研究全球农业自然资源的空间分布；进而结合各大洲的地貌、无霜期、温度条件、降水量、气候类型、土壤、植被状况对全球农业自然资源进行综合评价，从自然资源开发的角度分析我国进行国际农业合作的优选地区和进行农业开发所应注意的有关问题。

目前较为系统和详细的全球土地利用和土地覆盖空间数据主要有《古德世界地图集》(*Goode's World Atlas*)[1]的分洲环境地图、FAO的分国土地利用统计数据（FAOSTAT）和马里兰大学全球土地覆盖研究室（GLCF，University of Maryland）利用美国国家海洋和大气管理局（NOAA）和美国国家航空航天局（NASA）的高级甚高分辨率辐射仪

（AVHRR）1992—1993 年的遥感数据生成的全球土地覆盖分类数据。

古德世界地图集分洲环境地图的基本比例尺为 1：3 600 万，土地利用分类系统包括 10 个类型。其主要特点有：分类较为粗糙，混合类土地利用类型较多，如耕地和林地、耕地和放牧地；由于混合类型多，各土地利用类型的空间分布准确度较高；由于地图比例尺小，空间分辨率较低，只可提供宏观空间信息；地图投影采取兰伯特等积方位投影，宜于比较各土地利用类型的面积，数字化后可以求算各种土地利用类型的分区域面积。联合国粮农组织的分国土地利用统计数据是由各国的土地利用统计汇总产生的。基本的土地利用类型主要有：可耕地、永久耕地、永久牧场、森林和灌丛疏林。数据获得的方式主要有问卷调查、电子数据传送、各国出版物、粮农组织统计员的访问报告或粮农组织驻各国官员的报告。其特点是：以分国统计数据的形式出现，便于应用；为时间序列数据，可进行趋势变化分析；有各国灌溉面积的统计，有利于研究各国灌溉农业的发展；无法精确表示各种土地利用类型的空间分布状况，特别是大国的土地利用数据使用价值较低；各国数据缺失现象严重，数据无法达到全球完全覆盖；各国土地利用类型定义不一致，各国间数据可靠性也有较大差别。

全球土地覆盖研究室的全球土地覆盖分类数据是采用决策树方式进行分类的[2]。该分类系统包括 15 个土地覆盖类型：常绿针叶林、常绿阔叶林、落叶针叶林、落叶阔叶林、混交林、灌丛疏林、疏林草原、郁闭灌丛、稀疏灌丛、草原、耕地、裸地、城市及建成区。其特点为：空间分辨率高，在全球范围内的地面分辨率为 1 千米，相当于 1：150 万比例尺的地图；对森林和非森林的判读正确率高达 92%，单一类型总体判读正确率可达 82%，最高可达 90%；对森林、灌丛疏林和机械化农耕区的解译较为准确，但对低生物量的农业区和高纬度的阔叶林的解译准确度较差，对温带放牧地和农业区的解译同较高地面分辨率遥感图像的一致性较差。全球土地覆盖分类数据是具有地理投影的格栅数据，用于求算分洲的土地利用覆盖面积需通过一系列的地理信息系统运算。主要步骤有转换投影、转换格栅数据为多边形地理信息系统层面和将土地覆盖层面同各大洲的多边形层面相交，然后方可通过溶解合并和面积分类汇总求算各大洲各国的各类土地覆盖面积。运算中全球行政区划采用美国环境系统研究所公司（ESRI）提供的 2005 年全球国界多边形层面。为提高计算的精确度，笔者采用了通用横轴墨卡托（UTM）投影[5]，将全球分为 60 个带分别计算面积，长度误差小于 0.04%，面积误差小于 0.08%。

区位商是指某地区某土地覆盖类型的比重同全球该土地覆盖类型比重的比率，是表示土地覆盖区域分布集中程度的变量。根据各种土地覆盖类型在各大洲的面积分布和区位商可以研究全球农业自然资源的空间分布情况。从地理信息系统的运算结果（表 19.1）可见，常绿针叶林为寒带植被，总面积 53 612 万公顷，主要分布于北美洲、俄罗斯和欧洲，其在北美洲的区位商最高，达 2.54，面积 23 815 万公顷。常绿阔叶林为热带植被，总面积 113 465 万公顷，主要分布于南美洲、非洲和亚洲，其在南美洲的面积有 65 174 万公顷，区位商为 4.34，远高于其他大洲。落叶针叶林为寒带植被，总面积 5 498 万公顷，集中分布于俄罗斯，其区位商为 7.71，面积为表中最高值。落叶阔叶林为温带植被，总面积 15 930 万公顷，集中分布于北美洲，其区位商为 2.82。混交林为温带植被，总面积 32 848 万公顷，集中分布于俄罗斯和北美洲，区位商分别为 3.52 和 2.07。灌丛疏林为广域分布

的植被，全球总面积 164 552 万公顷，俄罗斯的区位商最高，为 1.40。疏林草原为广域分
布的植被，总面积 228 564 万公顷，为全球（不含南极洲）面积最大的土地覆盖类型，南
美洲区位商最高，为 1.31，其次为大洋洲和非洲。草原主要为温带土地覆盖类型，总面
积 119 555 万公顷，在中国和亚洲较为集中，区位商分别为 1.99 和 1.83，其次为北美洲
和俄罗斯。耕地为相对集中于温带的广域土地覆盖类型，全球总面积 112 843 万公顷，欧
洲和中国的区位商较高，分别为 3.89 和 2.00，其中中国的耕地面积为 15 925 万公顷，而
根据 1996 年中国土地详查数据推算的 1992—1993 年的耕地面积为 13 053 万公顷，全球
土地覆盖数据比中国的实测数据高 22%，导致误差的主要原因是在全球土地覆盖数据中
农村和小城市建成区被视为耕地（因空间分辨率太低所至），以及将农牧交错区的草原误
判为耕地（因频率分辨率太低所至）。郁闭灌丛的农业利用价值较低，全球郁闭灌丛总面
积 70 832 万公顷，主要分布于沙漠边缘的干旱环境，在寒带的疏林草原向苔原过渡地带
也有分布。稀疏灌丛的农业利用价值更低，主要分布于沙漠和冰原的边缘。裸地无植被分
布，更无农业利用价值，主要分布于极干旱的沙漠和极寒冷的冰原。全球稀疏灌丛和裸地
的总面积为 393 279 万公顷，占全球（不含南极洲）总面积 1 313 314 万公顷的 30%。统
计的城市及建成区的总面积为 2 334 万公顷，欧洲和北美洲的区位商最高，分别为 4.99
和 2.15；由于比例尺较小，城市及建成区的总面积仅包括大城市的连片建成区面积，且
缺失南美洲的数据，所以全球建成区的数据可信度较差，但是对自然资源分布研究影响
不大。

表 19.1　各大洲土地覆盖状况

单位：万公顷

覆盖类型	中国	亚洲	俄罗斯	非洲	南美洲	大洋洲	北美洲	欧洲	合计
常绿针叶林	3 592	2 757	16 328	12	1 465	0	23 815	5 642	53 612
常绿阔叶林	273	17 334	0	20 629	65 174	6 622	3 434	0	113 465
落叶针叶林	199	22	5 277	0	0	0	0	0	5 498
落叶阔叶林	730	2 303	1 009	443	2 698	72	7 878	795	15 930
混交林	2 087	1 263	14 387	3	752	374	11 911	2 071	32 848
灌丛疏林	7 829	14 382	28 719	40 800	26 000	5 347	33 187	8 290	164 552
疏林草原	10 443	25 170	32 170	61 766	39 641	17 714	30 983	10 678	228 564
草原	16 775	35 624	12 133	14 953	10 296	4 022	19 553	6 200	119 555
耕地	15 925	18 907	12 526	11 363	9 852	5 437	18 649	20 183	112 843
郁闭灌丛	673	6 667	15 274	15 584	4 127	10 344	16 106	2 057	70 832
稀疏灌丛	20 464	37 700	22 561	25 826	10 726	32 216	30 934	2 175	182 602
裸地	13 588	51 366	2 832	103 491	3 282	1 791	32 611	1 716	210 677
城市及建成区	67	350	363	69	0	72	878	535	2 334
总面积	92 645	213 845	163 581	294 939	174 013	84 011	229 939	60 341	1 313 314

注：总面积不包含内陆水域面积，未包括南极洲，面积 1 405.1 万千米^2。本表分类中亚洲不含中国、俄罗斯；欧
洲不含俄罗斯；印度尼西亚、土耳其、哈萨克斯坦全属亚洲；埃及全属非洲；巴拿马全属北美洲；原数据南美洲地区
缺失城市及建成区项。

19.2 综合评价

自然资源的人均占有量更能反映各地的资源丰富程度。农业自然资源相对丰富度是某地区某土地覆盖类型人均值同全球该土地覆盖类型人均值的比例。计算得出的各大洲土地覆盖人均状况参见表 19.2。研究发现，俄罗斯的农业自然资源相对丰富度位居世界第一，无论是以针叶林为主的森林资源，还是以灌丛疏林、疏林草原、草原和耕地为主的农业和畜牧业资源，俄罗斯均居世界前列。大洋洲居第二位，人均农牧业资源极为丰富，人均常绿阔叶林资源也较丰富。南美洲居第三位，人均农牧资源和人均常绿阔叶林资源均稍次于大洋洲。北美洲居第四位，森林资源较丰富，农牧业资源仅次于南美洲。非洲居第五位，灌丛疏林和疏林草原较丰富。欧洲居第六位，唯有耕地资源较全球平均丰富。亚洲和中国均为农林牧资源贫乏地区，亚洲森林资源较中国丰富，农牧资源同中国相当，所以中国是世界上农林牧资源最贫乏的地区。总之，从自然资源的人均占有量角度来看全球农业开发潜力，中国农业走向世界的选择顺序应为俄罗斯的森林与农牧业资源开发，大洋洲的农牧业开发，南美洲的农牧业和森林资源开发，北美洲的森林资源和农牧资源开发，非洲的农牧业资源开发。

表 19.2 各大洲土地覆盖人均面积状况

单位：米^2

人均面积	中国	亚洲	俄罗斯	非洲	南美洲	大洋洲	北美洲	欧洲	全球平均
常绿针叶林	269	107	11 385	1	395	0	4 627	963	832
常绿阔叶林	20	673	0	2 325	17 554	20 211	667	0	1 760
落叶针叶林	15	1	3 679	0	0	0	0	0	85
落叶阔叶林	55	89	704	50	727	221	1 531	136	247
混交林	156	49	10 032	0	203	1 141	2 314	353	510
灌丛疏林	586	559	20 024	4 599	7 003	16 321	6 448	1 414	2 553
疏林草原	781	978	22 431	6 962	10 677	54 068	6 020	1 822	3 546
草原	1 255	1 384	8 460	1 685	2 773	12 275	3 799	1 058	1 855
耕地	1 192	734	8 734	1 281	2 654	16 596	3 623	3 444	1 751
郁闭灌丛	50	259	10 650	1 756	1 112	31 573	3 129	351	1 099
稀疏灌丛	1 531	1 465	15 731	2 911	2 889	98 331	6 010	371	2 833
裸地	1 017	1 995	1 975	11 665	884	5 466	6 336	293	3 268
城市及建成区	5	14	253	8	0	221	171	91	36
总人均面积	6 932	8 307	114 057	33 243	46 869	256 426	44 676	10 296	20 374

注：总面积不包含内陆水域面积，未包括南极洲，面积 1 405.1 万千米^2。本表分类中亚洲不含中国、俄罗斯；欧洲不含俄罗斯；印度尼西亚、土耳其、哈萨克斯坦全属亚洲；埃及全属非洲；巴拿马全属北美洲；原数据南美洲地区缺失城市及建成区项。

资源的数量是资源开发的基础，资源的质量则是进行资源开发决策的重要指标。农业自然资源评价标准可以从植被类型、海拔高度、地貌、温度条件（无霜期或积温）、土壤类型、水分条件（年降水量和径流量）几个方面进行考虑。分区分类对全球农林牧资源分别进行评价需综合考虑资源的总数量、人均数量和质量。俄罗斯的森林资源占绝对优势，以针叶林为主，地势较为平缓，距中国较近，运输方便。但由于地处寒带，植物生长缓慢，要实现森林资源的可持续利用和保护采伐迹地的生态环境，需采用较为科学的间伐技术，少伐多留，保证森林的正常更新，同时对采伐迹地进行人工造林，加快植被的恢复速度。在俄罗斯的农牧业资源开发上，由于苏联时期的大规模资源开发，优良的荒地资源已经所剩不多，但是俄罗斯远东和西伯利亚已开发的耕地资源和牧场资源丰富，基础设施建设也较发达，土壤肥沃，积温可保证一年一熟。中国可发挥自身的农场和牧场经营管理优势，利用国内较先进和成熟的农牧业技术，通过农牧场承包来进行国际农牧业合作。大洋洲的人均农牧业和森林资源虽然丰富，但总量并不太多，加之澳大利亚和新西兰为发达国家，有排外倾向，进行大规模农林牧业开发国际合作的机会有限。

　　南美洲距中国最远，但其农牧业和森林资源总量和人均占有量都较丰富，森林资源集中于亚马孙平原的热带雨林，农牧资源集中于巴西高原和阿根廷-巴拉圭的拉普拉塔平原。对亚马孙热带雨林的采伐越来越受到环境保护主义者的反对，中国可在采伐迹地上开辟橡胶园和进行人工造林活动，从而实现恢复植被、保护生态环境和合理利用当地森林资源的有机结合。阿根廷的农牧资源丰富，地貌以冲积平原为主，无霜期在 150～365 天，日平均温度≥10℃积温在 3 200～8 500℃·日[3]，可以保证大多数农作物一熟、两熟甚至三熟[4]，土壤以肥力较高的灰褐土、亚热带黑土和冲积土为主，年降水量在 500～1 000 毫米，可为发展灌溉提供充足的水源，应当成为我国海外农牧业合作优先发展的地区。在北美洲的森林资源和农牧资源开发上，加拿大的森林资源丰富，以寒带针叶林为主，但由于是发达国家，林业生产技术先进，中国除去从加拿大进口木材和纸浆外，进行林业资源开发的合作潜力不大，但对采伐迹地进行人工造林和生态恢复应有一定的合作潜力。北美大平原以地势平缓、土壤肥沃、热量和降水条件适宜农耕而著称，美国和加拿大是世界粮仓，是中国粮食进口的主要源地，两国的农业发达，机械化程度较高，同中国进行农业合作开发的可能性较小。

　　非洲的地貌以高原、台原和山原为主，多处于侵蚀状态。大部分地区为完全无霜区和接近全年无霜区，日平均温度≥10℃积温在 8 000～10 000℃·日。降水量在 500 毫米以上的地区占非洲大陆总面积的一半以上，约有 40％的地区年降水量在 1 000 毫米以上。非洲具有农牧业资源开发潜力地区的植被主要有灌丛疏林和疏林草原，土壤以红棕壤和红褐土为主，肥力居中等水平。虽然非洲农业资源总量丰富，但人均资源量的优势并不明显，并且高原地形不利于灌溉农业的发展。非洲多数地区以发展肉牛畜牧业为主，农业以玉米为主，热带经济作物广泛分布于交通便利的沿海地区。由于非洲经济落后，农业基础设施较差，农业生产水平极低，中国同非洲的农业合作应当注重于投资农业基础设施建设，推广先进的农业生产技术，因地制宜地进行多种形式的农业合作，如开辟橡胶园、承包农场、牧场和热带经济作物种植园等。

19.3　结论

　　中国开展国际农业合作最终目的是促进全球的农业发展，解决中国和世界的食物安全问题。从自由贸易可以实现全球福利最大化的角度看，只有促进资源、资本和劳动力在全球范围内的自由流动，才能尽快消除全球的饥饿和贫困，而国际农业合作是全球农业生产要素自由流动的重要手段。全球农业资源数量和质量分布的不均衡性和农业生产发展水平的地区差异性决定了中国的对外农业合作战略应因地制宜，农业合作的方式应灵活多样。从资源开发角度来看，依照我国开发边疆地区的经验，应遵循的原则主要有选择资源较为丰富和集中的地区进行农业开发；选择资源质量高、开发较为容易的地区进行优先开发；资源开发基础建设先行，应注重视开发地区的农业基础设施建设；海外农业合作开发应注意发挥中国农业生产技术和经营管理的优势，选择农业生产或经营管理水平相对落后的地区进行农业合作；交通的发展是农业开发成功的保障，应注重对农业合作国的陆路交通基础设施建设和港口建设的投资，保证海外农业开发区产品的运输畅通。依据上述原则，亚洲、非洲、南美洲应当是中国进行国际农业合作的重点区域。其中俄罗斯距离中国最近，农林牧资源丰富，集约化水平高，其缺点是温度条件较差，应以开展林业开发为主，辅以农场承包；非洲热量条件丰富，降水量也较丰富，但多高原，土壤肥力较差，基础设施落后，应选择平原地区进行农业开发，加强农田水利设施的建设，或发展粮食作物，或发展热带经济作物和开辟橡胶园；南美洲农业自然资源从数量和质量上均居上等，其缺点是距离中国最远，但随着中国远洋运输的发展，在南美洲有条件的地区开辟橡胶园或热带经济作物园，以及进行以承包农场、牧场为形式的国际合作的潜力较大。

参考文献：

[1] John C Hudson. Goode's World Atlas [M]. USA：Rand McNally & Company，2000.

[2] M C Hansen，R S Defries，J R G Townshend，et al. Global Land Cover Classification at 1 Km Spatial Resolution Using A Classification Tree Approach [J]. International Journal Of Remote Sensing，2000，21（6-7）：1331-1364.

[3] 崔读昌，汪晓原，王继新，等. 世界农业气候与作物气候 [M]. 杭州：浙江科学技术出版社，1994：10-26.

[4] 焦北辰，刘明光. 中国自然地理图集 [M]. 北京：中国地图出版社，1998：248.

[5] 张立果，赵淑梅，周占鳌. 地图学 [M]. 北京：高等教育出版社，1990：19-68.

Chapter 20

第20章
农业开发潜力和人口承载力

20.1 引言

FAO 统计数据表明，2017 年全球营养不良人口为 8.208 亿人，占全球总人口的 10.9%，比 2015 年的人口数量和比重均有明显增长，逆转了 2005 年以来连续下降的大趋势[1]。德国世界饥饿救助组织发表的 2018 年全球饥饿指数地图显示，多数非洲国家饥饿指数值较高，其次是南亚和东南亚国家，而拉丁美洲、中国、中亚、西亚北非石油出口国和东欧国家的饥饿指数有明显降低，欧美发达国家、澳大利亚、新西兰和日本、韩国饥饿指数最低[2]。这些数据表明全球食物安全状况同经济发展水平密切相关，虽然 10 多年来有了较大改善，但是恶劣的自然条件和战乱是造成贫困和饥饿的主要因素，全球距离实现消除饥饿和贫困的目标仍然很遥远。

从生态学角度分析，全球食物安全状况的改善取决于地球人口承载力和农业投入水平。1973 年 Lieth 提出了迈阿密自然生态系统生产力模型，为地球人口承载力研究打下了自然科学理论基础[3]。1986 年张允芳指出发展中国家解决粮食生产的出路在于应用科技提高产量，良种、化肥、农药、灌溉、农机等是关键技术[4]。1995 年 Tim Dyson 的研究认为影响世界粮食未来需求的主要因素有人口、城市化率和人均国民生产总值（GNP）；影响世界粮食未来供给的主要因素有耕地面积、潜在可耕地面积、耕地灌溉率、单位耕地面积化肥施用量[5]。

关于全球农业生产潜力的研究文献很多，FAO 和 IIASA 经过 30 年的研究，于 2000 年发布了首版全球农业生态区划（GAEZ）数据库，2012 年升级为第 3 版，该数据库根据全球热量条件和水资源条件对全球雨养农业熟制进行了区划，并绘制了增产潜力分布图，适宜计算全球宜农荒地的生产潜力和农田在高投入条件下的增产潜力[6,7]；Brown 经过多年研究认为中国未来存在粮食和资源危机[8]；2012 年赵文武的研究表明 1961 年以来耕地面积增加较快的国家主要为位于南美洲、非洲、澳大利亚和东南亚[9]；2013 年 Barretto 研究了农业资源大国巴西 1960 年以来的农业用地扩张情况，计算出巴西宜农荒地面积为 1.22 亿公顷[10]；2014 年张小瑜认为南美洲、独联体国家、东欧等地区将是重要的潜在增产区域[11]。2016 李文华认为我国农业生态环境恶化，耕地资源对粮食生产的后续支撑能力不足；"水减粮增"矛盾突出，"北粮南运"难以为继[12]。2018 年胡琼等进行了 30 米地面精度全球耕地利用格局时空变化分析，发现 2000—2010 年十年间全球耕地面积增加了 2.19%，增幅最大的国家主要分布在非洲和南美洲，如坦桑尼亚、尼日利亚、苏丹、巴西和阿根廷[13]。

全球粮食贸易可以解决自然资源和人口分布不匹配问题，是提升全球食物安全水平的重要手段。2014 年吴朝阳指出支撑粮食消费增长的因素主要包括：全球人口增长，经济增长和人均收入水平提高，以及生物能源的开发和利用[14]。倪洪兴指出发达国家粮食生产过剩，发展中国家供应不足，但是相对于有购买力的有效需求而言国际农产品市场供给充裕，曾在相当长的时期内供过于求，国际粮食等农产品供给集中度很高，大宗农产品贸易主要被少数跨国公司掌控，具有准垄断性[15]。2015 年王溶花研究发现北美洲、南美洲、欧洲和大洋洲是主要粮食出口地区，非洲和亚洲是主要粮食进口地区[16]。2017 年杨晓东指出转基因粮食贸易的发展对中国粮食安全带来冲击和影响；美国粮食霸权对中国粮食安全产生重要影响；跨国粮商全产业链渗透削弱中国对粮食产业的调控能力[17]。2018 年许世卫的研究发现世界粮食贸易量增速先慢后快，粮食贸易聚集效应明显，中国成为粮食贸易大国[18]。

2018 年 FAO 发布了《粮食和农业的未来——实现 2050 年目标的各种途径》研究报告，对 2050 年全球人口发展和食物生产进行了可持续发展（较均衡经济增长）、正常商业（正常经济增长）和社会分层化（较快速经济增长）3 种情景分析，正常商业情景下 2050 年比 2012 年全球耕地面积由 15.67 亿公顷增加为 17.32 亿公顷，增长 11.1%；农作物单产（薯类、蔬菜、水果等产量以鲜重计量）增长 12.8%，由 6.2 吨/公顷增加为 7.5 吨/公顷；人口由 70.98 亿人增加为 97.25 亿人，增长 13.7%[19]。该预测是基于低投入低消费情景的保守预测，没有考虑到消费水平随经济发展递增的普遍规律，世界 2017 年人均农作物产量水平已经接近其预测的 2030 年正常商业情景的消费水平。

在水资源高效利用前提下，本章将基于地理信息系统大数据进行 10 千米地面精度全球人均农作物产量和食物生产潜力测算，对不同的农业投入水平和食物消费水平组合下的地球人口承载力进行超远期情景分析，并提出促进全球农业和人口可持续发展的对策建议。

20.2　研究方法与数据

20.2.1　理论与假设

迈阿密自然生态系统生产力模型适用于农田生态系统，光温潜力适宜计算灌溉农田生产潜力，气候潜力适宜计算雨养农田生产潜力。利用迈阿密生产力模型和水热因子分布可以推算全球农田自然生产力分布，进而利用分国农作物生产数据推算分国经济系数和全球农作物产量分布；进一步将高精度人口密度图和农作物产量分布图相交并（Combine）可以推算人均食物产量分布。利用迈阿密生产力模型和水热因子分布还可以推算全球宜农荒地的自然生产力分布，进而利用全球平均经济系数计算宜农荒地经济产量分布，并进行分区域产量汇总统计。本研究的农作物产量按全部农作物折成经济产量干重计算，按照中国将薯类折粮的算法，将 FAO 以鲜重记产量的农作物如薯类、块根块茎作物、水果、蔬菜的干重折算系数统一取 0.2，接近于 FAO 按热量值计算的食物消费量的计量法。

影响农作物产量增加的因素可分为单产增加和播种面积增加 2 大类。分析播种面积增加主要是开垦宜农荒地、增加复种指数、减少耕地撂荒和休耕，新开垦的宜农荒地一般多为雨养农业，其面积扩大主要体现在对气候生产潜力的开发利用上。农作物单位面积产量增长因素以灌溉、良种、土壤肥力为主，根据李比希的最小养分定律，由于化肥使用存在边际效益递减现象，其对单产增加的贡献率随着施用量的增加而下降；由于农作物良种已在全世界广泛推广，并且良种培育开始由注重农产品产量向注重农产品质量转变，其对单产增加的贡献率也在逐步下降；灌溉对提高农作物单产的作用不存在边际效益递减现象，将逐步占主导地位。在水分、土壤肥力和农作物良种等条件得到充分满足的情况下，水田和灌溉农田的单产水平主要决定于较难改变的自然因素，即光温生产潜力。

20.2.2　研究方法

本章的主要研究方法是利用 ArcGIS 软件的 GIS 空间分析、格栅层面叠加交并、表格汇总和空间统计等功能计算生产潜力。地图投影采用摩尔魏德等面积投影，便于面积汇总，地面精度统一为 0.083°，投影转化后格栅间距为 10 205.485 米；投影中央经线取东经 10°，边缘经线纵穿白令海峡、太平洋中部和南极洲罗斯湾，切割陆地长度最短，并且主要位于南极洲冰原，最有利于展示世界陆地要素分布。

通过绘制泰森多边形（A. H. Thiessen）可以计算高精度人口密度图；根据高精度气候潜力、光温潜力和灌溉率分布，以及分国经济系数，可以计算高精度农作物单产分布；通过交并人口密度和农作物单产格栅，可以计算出人均农作物产量格栅。

通过交并宜农荒地、水资源、气候潜力、光温潜力格栅，根据经济系数可以计算出宜农荒地的农业生产潜力格栅。为生成宜农荒地格栅，本研究合并使用了 2 组全球土地覆盖分类系统，FAO 的 Global Land Cover（GLC）数据和欧洲航天局（ESA）的 GlobCover 数据。2014 年 FAO 发布了 GLC 数据，地面分辨率为 0.008 3°，土地覆盖类型分 11 大类：人工地表、农田、草地、森林、灌丛、草本湿地、红树林、稀疏植被、裸地、冰雪、水体。通过同 2014 年出版的中国土地利用图比较，发现其中农田准确度较高，但是森林类分类过于笼统，不区分寒带针叶林、热带雨林、温带阔叶林和森林覆盖率较高的稀树草原。2010 年 ESA 发布了 GlobCover 数据，地面分辨率为 0.002 8°，其土地覆盖类型分 23 大类，较为详细。将 FAO GLC 中的农田格栅同 GlobCover 格栅交并后，按照 GlobCover 分类系统将宜农荒地分三类：①已开发有农田的地块，主要有农田夹灌丛草地或灌丛草地夹农田；②传统宜农荒地，包括疏落叶阔叶林、草地灌木林、林灌草地、密疏灌丛、密疏草地、稀疏灌草林地和裸地；③拓展宜农荒地，包括密落叶阔叶林、针阔叶混交林、淡渍密阔叶林和水渍密疏林灌草地。不属于宜农荒地的土地覆盖类型是被保护或不适宜开垦的森林，有常绿阔叶林、密常绿针叶林、疏落叶针叶林和咸渍密常绿阔叶林，以及河湖水面和水库、永久冰雪和城乡建成区。

本研究以宜农荒地地面坡度划分农业开发所需要的投入水平。根据面积自然断点分类法，定义地面精度为 10 千米的 DEM（数字高程模型）格栅层面的坡度 SL≤1.9°为可开发宜农荒地，其中 0≤SL≤0.3°为低投入可开发，0.3°<SL≤1.1°为中投入可开发，1.1°<SL≤1.9°为高投入可开发；坡度 SL>1.9°为不可开发的宜农荒地。

20.2.3　计算步骤

高精度人均农作物产量格栅数据计算步骤：①根据乡镇级居民点人口分布生成泰森多边形层面，并计算泰森多边形面积；②根据泰森多边形面积和居民点人口数计算多边形人口密度，并将人口密度层面转换为像元大小为 10.205 485 千米的格栅数据；③利用 GIS 空间分析模块，交并灌溉格栅、气候生产潜力格栅、光温生产潜力格栅和分国经济系数格栅计算农作物单位面积产量格栅；④通过交并人口密度格栅和农作物单产格栅，并进行格栅表格计算，可生成人均农作物产量格栅。

宜农荒地农业生产潜力计算步骤：①生成地面坡度格栅，根据 DEM 原始数据在地理投影下通过重新取样（resample）将地面精度降低为 0.083°，然后转换为 10.205 485 千米精度的摩尔魏德投影，并计算坡度。②生成宜农荒地格栅，将 FAO 农田格栅同 Glob-Cover 土地覆盖格栅统一投影和地面精度后交并，根据宜农荒地分类，通过选择重新生成宜农荒地格栅。③计算覆膜滴灌生产潜力格栅，通过交并地面径流格栅[20]和灌溉需水量格栅[21]，计算覆膜滴灌垦殖率；通过交并覆膜滴灌垦殖率格栅和光温潜力格栅，计算覆膜滴灌生产潜力，根据中国东北和内蒙古地区雨养农业分布状况得到的经验值，覆膜滴灌生产潜力最低值取 4 800 千克/公顷。④计算农作物产量，通过交并坡度、宜农荒地、国家和地区、覆膜滴灌生产潜力 4 格栅层面，逐个像元计算生产潜力，并根据全球平均经济系数计算经济产量。⑤分类汇总，以农作物经济产量干重计量，利用表格模块计算分大区、分国家的宜农荒地面积和覆膜滴灌技术下的农作物生产潜力，以及 3 大地面坡度区域的农作物生产潜力。

20.2.4 数据来源

数据来源主要有 FAOSTAT 的分国农业生产统计[22]；FAO 的 GLC 全球农田分布格栅数据[23]；ESA 的 GlobCover 全球土地覆盖格栅数据[24]；人口数据来源于 GPW - V4 地理投影点数据，为美国哥伦比亚大学（Columbia University）根据各国人口普查数据整理生成[25]，本研究将空间精度统一到乡镇级行政区；FAO 提供的全球灌溉农田格栅数据[26]；Worldclim 提供的全球多年平均降水量和年平均气温格栅数据[27]；DEM 坡度数据来源于 STRM - V4[28]；世界最新行政区划图来源于 NACIS（North American Cartographic Information Society）提供的 Natural Earth 数据[29]。

20.3 计算结果

20.3.1 人口密度分布

人口密度格栅计算结果表明，全球人口密度同产业形态高度吻合，不同产业形态之间大致存在人口密度 10 倍递增的规律。人口密度在 10 人/千米^2 以下地区的农业经济活动以狩猎采集为主，如西伯利亚、澳大利亚内陆、撒哈拉沙漠、亚马孙热带雨林；人口密度在 11～100 人/千米^2 地区的农业经济活动主要是放牧畜牧业，如中国内蒙古地区、中亚地区、非洲和南美洲许多地区；人口密度在 101～1 000 人/千米^2 地区的农业经济活动主要是农作物种植，如中国东南半部、南亚、印度尼西亚爪哇岛、非洲的人口大国尼日利亚和埃塞俄比亚；人口密度在 1 001～10 000 人/千米^2 以上地区则主要是城镇化地区，分布于全球城市和城镇地区，经济活动以第二产业为主；人口密度在 10 000 人/千米^2 以上地区则主要是大城市中央商务区，仅分布于全球大城市中心地带，经济活动以第三产业为主。其中狩猎采集业、放牧畜牧业和农作物种植业的相对人口密度符合林德曼（Lindeman）1941 年提出的生态系统十分之一定律。

20.3.2 农作物单产水平

农作物单产水平主要由气候生产潜力决定，各国受农业灌溉和农业生产技术水平影响程度大不相同。中国、埃及和孟加拉国的农田灌溉发达，印度尼西亚和马来西亚的气候潜力较高，均为农作物单产水平较高地区。加拿大、俄罗斯、东欧和北欧国家气候寒冷，农田仅能一年一熟，农作物单产水平低；澳大利亚由于旱灾频发，气候生产潜力低，水资源缺乏，农作物单产也较低；中美洲、非洲（不含埃及）的气候潜力大，而农作物单产水平低，主要是由于当地经济作物和水果所占面积比重较大造成的，经济作物的经济系数较低，水果按干重计算，均可能降低单位面积产量。另外，发展中国家农业投入水平低，农业机械化程度低也是造成单产低下的重要原因（彩图 9）。

20.3.3 人均农作物产量

人均农作物产量是由人口密度和农作物单产共同决定的，南亚和非洲最低；其次是中国；欧洲、中亚、西亚、东南亚、中美洲居中；北美洲、南美洲、澳大利亚最高（彩图 10）。一般规律是人口密度越高，人均产量越低，典型的如中国低于美国；在人口密度相同的情况下，农作物单产越高，人均产量越高，典型的如中国高于印度。在单产水平相当的情况下，人口密度越高，人均农作物产量越低，如东欧人均产量低，而加拿大、俄罗斯和北欧人均产量高。图 20.2 同全球饥饿指数地图和营养不良人口分布图高度吻合。根据人口发展阶段论（C. P. Blacker）和马尔萨斯陷阱理论，目前世界上高收入高城镇化率的发达国家已经成功绕过了马尔萨斯陷阱，如欧美发达国家和澳大利亚、日本、韩国，而发展中国家存在内部分化，只有部分国家绕过了陷阱。比较中国和印度的人口发展状况，印度人均农作物产量干重约为 400 千克，城镇化率为 32.0%，人均 GDP 为 2 165 美元，人口发展处于高生育率、低死亡率、高增长率阶段，正陷入马尔萨斯陷阱。此类国家主要有南亚诸国、西亚的战乱国家阿富汗、伊拉克和叙利亚，以及多数非洲国家（南非除外）。中国人均农作物产量干重约为 700 千克，城镇化率为 58.5%，人均 GDP 为 10 121 美元，人口发展进入低生育率、低死亡率、低增长率阶段，已经绕过马尔萨斯陷阱。此类国家主要有南非、西亚多数石油国家、中国、朝鲜、蒙古、中亚国家、南美洲、中美洲和加勒比国家、俄罗斯和东欧国家。

20.3.4 宜农荒地开发潜力

根据联合国粮农组织统计数据，2016 年全球 168 国农作物产量折合干重为 51.09 亿吨，根据迈阿密生产力模型、FAO-GLC 耕地农田分布图和 FAO 灌溉分布图，参照我国东北平原的土地垦殖率，按图斑垦殖率为 0.8 折算农田面积，利用 GIS 计算得出的全球农田干物质总产量为 216.08 亿吨，从而得出全球平均农作物经济系数为 0.236 4，用于统一口径计算宜农荒地经济产量。

在宜农荒地干物质产量的计算中，可开垦面积也按照垦殖率为 0.8 计算，宜农荒地图斑面积为 23.791 亿公顷，全球可开垦耕地面积总计为 19.033 亿公顷，主要分布于非洲、亚洲北部、南美洲、大洋洲和中北美洲。按照覆膜滴灌利用本地径流垦荒，农作物熟制按照 8 000 千克/公顷可保障一熟计算，干旱区和寒冷区最低单熟制单产取 4 800 千克/公顷，从而得到全球覆膜滴灌垦荒的农作物经济产量干重为 60.386 亿吨，其中非洲、南美洲最多，分别为 23.145 亿吨和 12.955 亿吨，其次为亚洲北部、中北美洲，分别为 6.303 亿吨、6.124 亿吨，大洋洲和亚洲南部的宜农荒地农作物产量在 4 亿～5 亿吨，欧洲最低，在 3 亿吨以下。全球各地水热条件各异，在多熟制情况下，宜农荒地农作物单产最高为亚洲南部的 4 975 千克/公顷，最低为亚洲北部的 1 888 千克/公顷，由高到低依次为亚洲南部、南美洲、非洲、中北美洲、欧洲、大洋洲和亚洲北部。其中亚洲南部和南美洲为单产高值区主要是由于宜农荒地位于热带地区，水热条件匹配较好；亚洲北部为低值区主要是因为宜农荒地位于温带和寒温带，受热量条件限制农作物仅能一年一熟；大洋洲宜农荒地主要分布于澳大利亚大陆，受水分条件的限制，农作物单产也较低（表 20.1，彩图 11）。

表 20.1　全球七大区宜农荒地开发潜力

大区	宜农荒地面积/ 亿公顷	农作物产量干重/ 亿吨	农作物单产/ （千克/公顷）	备注
中北美洲	2.212	6.124	2 768	含加勒比海岛屿、巴拿马
南美洲	2.895	12.955	4 475	不含巴拿马
非洲	6.367	23.145	3 635	
大洋洲	2.384	4.952	2 077	不含巴布亚新几内亚
欧洲	0.974	2.623	2 694	不含俄罗斯
亚洲北部	3.339	6.303	1 888	俄罗斯、中亚、东北亚
亚洲南部	0.861	4.285	4 975	西亚和巴布亚新几内亚
总计	19.033	60.386	3 173	

比较分国别的农作物产量干重发现，全球宜农荒地开发潜力较大的国家有巴西 7.405 亿吨、澳大利亚 4.875 亿吨、刚果（金）4.432 亿吨、美国 4.186 亿吨、俄罗斯 3.794 亿吨、安哥拉 2.605 亿吨，印度尼西亚、中非、赞比亚、加拿大、中国、委内瑞拉、莫桑比克、阿根廷、哥伦比亚、坦桑尼亚在 1 亿吨与 2 亿吨之间，南苏丹、哈萨克斯坦、南非、尼日利亚、刚果（布）、玻利维亚在 0.6 亿吨与 0.9 亿吨之间，22 国宜农荒地农作物产量合计为 45.64 亿吨，占全球的 75%。排名前 50 的国家宜农荒地农作物产量均在 0.2 亿吨以上，合计 55.56 亿吨，占全球的 92%（表 20.2）。中国的宜农荒地农作物生产潜力为 1.394 亿吨，主要分布于大兴安岭西麓、东麓和鄂尔多斯高原，受干旱和低温双重限制，农作物单产较低；南方丘陵有分散、零星分布的高产宜农荒地，但是由于规模小、地面坡度大，不适宜机械化耕作，开发难度较大。

另据计算，全球现有耕地覆膜滴灌可增产 11.72 亿吨，跨流域调水覆膜滴灌垦荒可增产 36.18 亿吨[30]，本研究计算出覆膜滴灌全面开发宜农荒地可增产 60.386 亿吨（为避免重复计算，未包含跨流域调水垦荒区的增产潜力），三项合计增产总潜力为 108.286 亿吨。加上 2017 年全球农作物产量干重为 51.86 亿吨，地球最大农作物产量为 160.146 亿吨，约为 2017 年产量的 3.09 倍。由于农田覆膜滴灌、开垦宜农荒地、调水垦荒 3 项农业生产技术难度系数递增，按照农业开发先易后难的原则，推广覆膜滴灌技术是当前农作物增产的主要途径；开垦宜农荒地的增产潜力最大，工程技术难度随地面坡度增加而增大，但是由于受各国环境保护政策的限制不宜全面展开，低坡度平坦地区可优先开发；调水垦荒的成本随规模增大而提高，工程技术难度也因地形地貌不同而各异，但是增产效果最为明显，可以根据工程技术条件和技术经济效益的高低逐步实施。中小规模调水工程可优先建设，其次建设效益高的大规模调水项目，超大规模的调水项目可通过调整规划，适当缩小规模，分步骤建设。

表 20.2　全球 50 国宜农荒地开发潜力

大区	国家	宜农荒地面积/亿公顷	农作物产量/亿吨	大区	国家	宜农荒地面积/亿公顷	农作物产量/亿吨
中北美洲	美国	1.212	4.186	非洲	纳米比亚	0.273	0.474
中北美洲	加拿大	0.864	1.439	非洲	乍得	0.176	0.447
南美洲	巴西	1.582	7.405	非洲	马里	0.166	0.438
南美洲	委内瑞拉	0.264	1.271	非洲	埃塞俄比亚	0.164	0.372
南美洲	阿根廷	0.414	1.163	非洲	津巴布韦	0.144	0.368
南美洲	哥伦比亚	0.192	1.116	非洲	加纳	0.082	0.316
南美洲	玻利维亚	0.158	0.620	非洲	乌干达	0.072	0.299
南美洲	乌拉圭	0.101	0.489	非洲	布基纳法索	0.122	0.299
南美洲	巴拉圭	0.057	0.281	非洲	肯尼亚	0.138	0.294
南美洲	秘鲁	0.054	0.278	非洲	博茨瓦纳	0.171	0.288
非洲	刚果（金）	0.826	4.432	非洲	塞内加尔	0.091	0.222
非洲	安哥拉	0.626	2.605	大洋洲	澳大利亚	2.364	4.875
非洲	中非	0.350	1.670	欧洲	法国	0.115	0.408
非洲	赞比亚	0.403	1.662	欧洲	德国	0.082	0.246
非洲	莫桑比克	0.330	1.203	欧洲	波兰	0.080	0.228
非洲	坦桑尼亚	0.299	1.064	欧洲	白俄罗斯	0.079	0.201
非洲	南苏丹	0.248	0.875	亚洲北部	俄罗斯	2.183	3.794
非洲	南非	0.314	0.709	亚洲北部	中国	0.453	1.394
非洲	尼日利亚	0.153	0.672	亚洲北部	哈萨克斯坦	0.493	0.753
非洲	刚果（布）	0.109	0.618	亚洲南部	印度尼西亚	0.294	1.795
非洲	科特迪瓦	0.131	0.551	亚洲南部	印度	0.117	0.525
非洲	苏丹	0.277	0.549	亚洲南部	巴布亚新几内亚	0.069	0.416
非洲	马达加斯加	0.127	0.529	亚洲南部	柬埔寨	0.045	0.258
非洲	几内亚	0.098	0.517	亚洲南部	缅甸	0.045	0.255
非洲	喀麦隆	0.090	0.480	亚洲南部	马来西亚	0.035	0.212

20.4　人口承载力情景分析

按照三次产业演化和三次产业土地生产率递减的经济规律，经济发展起源于大中城市中心区的消费增长和第三产业扩张，首先带动外围的第二产业扩张，导致食物消费增长，进而带动第一产业扩张，第一产业内部又存在农业、放牧畜牧业、狩猎采集业土地生产率递减，相继扩张现象。消费增长和第三产业发展犹如从大城市掀起的波浪向边远地区扩散，带动全球经济增长、城镇扩张和农业发展。本节将根据历史趋势对高、中、低消费和高、中、低投入 9 种投入消费组合进行预测和情景分析，分析各种情景出现所需条件，并判断情景发生的可能性。1961—2017 年 56 年间世界农作物总产量干重由 14.52 亿吨增加到 51.86 亿吨，平均每年增加 2.27%；人口由 30.9 亿人增加到 75.5 亿人，平均每年增加 1.60%，对农产品需求增长的贡献为 70.2%；人均农作物产量由 470.0 千克增加到 686.9 千克，平均每年增加 0.68%，对农产品需求增长的贡献为 29.8%。这组历史数据是本研究预测未来全球农产品需求的重要依据。

根据格栅数据计算和汇总，开垦坡度 SL≤1.9° 的宜农荒地可增产农作物经济产量干重 60.39 亿吨，其中开垦 0°≤SL≤0.3°、0.3°<SL≤1.1°、1.1°<SL≤1.9° 的宜农荒地，可分别增加农作物经济产量干重 18.87 亿吨、27.90 亿吨、13.62 亿吨。根据宜农荒地不同坡度段的面积结构，对各大区进行宜农荒地开发难易程度进行评价，缓坡地区最易开发，陡坡地区最难开发，中坡地区的开发难度居中。评价结果是南美洲、大洋洲最易开发，其中南美洲缓坡面积比重最大，大洋洲陡坡面积比重最小；其次是中北美洲、亚洲北部、欧洲；非洲、亚洲南部最难开发，其中非洲缓坡面积比重最小，亚洲南部陡坡面积比重最大（表 20.3）。

表 20.3　分大洲分坡度段宜农荒地面积

大区	缓坡面积/ 亿公顷	中坡面积/ 亿公顷	陡坡面积/ 亿公顷	总面积/ 亿公顷	缓坡比重/ %	中坡比重/ %	陡坡比重/ %
中北美洲	0.74	1.02	0.45	2.21	33.68	46.19	20.14
南美洲	1.09	1.21	0.59	2.89	37.66	41.84	20.49
非洲	1.59	3.15	1.63	6.37	24.92	49.44	25.63
大洋洲	0.83	1.20	0.35	2.38	34.89	50.44	14.67
欧洲	0.32	0.41	0.24	0.97	33.26	42.51	24.23
亚洲北部	1.08	1.52	0.74	3.34	32.32	45.62	22.06
亚洲南部	0.28	0.35	0.23	0.86	32.84	40.16	27.00
总计	5.94	8.87	4.23	19.03	31.21	46.59	22.20

参照古德世界地图集[31]，全球宜农荒地集中连片的低坡度平坦的 25 个地区分布情况如下。非洲有 5 个地区：南苏丹尼罗河上游盆地，撒哈拉沙漠南缘，索马里巴纳迪尔平原，博茨瓦纳卡拉哈迪盆地，莫桑比克沿海平原。南美洲有 3 个地区：阿根廷拉普拉塔平原，委内瑞拉奥里诺克平原，巴西中部阿拉圭（Araguaia）河谷地的坎波斯（Campos）热带草原。北美洲有 3 个地区：美国东南部沿海平原，北美大平原尚未开垦的局部地区，加拿大尚未开垦的中部和东南部平原。澳大利亚有 2 个地区：北部卡奔塔利亚湾平原，东部达令河平原。俄罗斯与中亚有 3 个地区：西西伯利亚平原南部，里海北部沿岸平原，天山帕米尔高原西麓平原。东北亚有 4 个地区：大兴安岭西麓平原，大兴安岭南麓平原，鄂尔多斯高原，黑龙江-阿穆尔河中下游平原。东南亚有 4 个地区：柬埔寨东部平原，加里曼丹岛、苏门答腊岛和新几内亚岛沿海平原。欧洲有 1 个地区：东欧平原北部（彩图 12）。这些地区可作为宜农荒地优先开发地区。

关于按投入水平计算宜农荒地生产潜力，假设高投入水平下耕地覆膜滴灌率达到 100%，调水垦荒率达到 100%，10 千米地面精度下 SL≤1.9°的宜农荒地全部得到开发，2200 年农作物经济产量干重达到 160.1 亿吨；中投入水平下耕地覆膜滴灌率达到 75%，调水垦荒率达到 75%，坡度 SL≤1.1°的宜农荒地得到开发，2200 年农作物经济产量干重达到 134.6 亿吨；低投入水平下耕地覆膜滴灌率达到 50%，调水垦荒率达到 50%，坡度 SL≤0.3°的宜农荒地得到开发，2200 年农作物经济产量干重达到 94.7 亿吨。

关于对不同消费水平界定，假设低消费为维持 2017 年人均消费农作物干重 687 千克不变。中消费为按照中投入下的 2200 年产量达到 134.6 亿吨，年均增长 0.521% 为消费目标，按人均消费水平增长对食物消费的贡献比重为 29.8% 计算，人均消费年均增长率为 0.155%，2200 年人均消费农作物干重 913 千克。定义高投入中消费为以高投入下的 2200 年产量达到 160.1 亿吨，年均增长 0.616% 为消费目标，按照人均消费贡献率为 29.8%，年均增长率为 0.184% 计算，2200 年人均消费农作物干重 961 千克，比低消费方案增加 274 千克；高消费则定义为在高投入中消费基础上再增加 274 千克，达到 1 235 千克（表 20.4）。

表 20.4　未来不同投入水平下农作物经济产量和人均消费水平

年份	低投入食物产量/亿吨	中投入食物产量/亿吨	高投入食物产量/亿吨	低人均消费/千克	中人均消费/千克	高人均消费/千克
1961	14.5	14.5	14.5	470	470	470
1975	20.9	20.9	20.9	512	512	512
1990	29.6	29.6	29.6	560	560	560
2000	35.2	35.2	35.2	573	573	573
2010	44.5	44.5	44.5	646	646	646
2017	51.9	51.9	51.9	687	687	687
2030	58.4	62.3	65.5	687	739	762
2050	66.4	78.3	86.5	687	799	862
2070	74.4	90.3	105.1	687	839	942
2100	83.4	105.3	123.1	687	869	1 032
2150	92.4	124.3	148.1	687	899	1 157
2200	94.7	134.6	160.1	687	913	1 235

根据投入 3 情景和消费 3 情景可组合出 2200 年的 9 种人口承载力结果，最高为高投入低消费承载人口 233.1 亿人，最低为低投入高消费承载人口 76.7 亿人。根据一般的经济规律，全球经济增长刺激食物消费增加，从而导致农业投入增长，农业生产发展，满足全球的农产品消费需求；农业资源贫乏国家的农产品消费增长，可以通过国际贸易从农业资源丰富的国家购买农产品弥补农产品短缺。在经济发展刺激食物消费、食物消费驱动农业生产的经济规律驱动下，三种低消费情景和高消费低投入情景可能性最小，剩下的 5 种情景的人口承载力由大到小依次为高投入中消费承载人口 175.5 亿人，中投入中消费承载

人口 147.5 亿人，高投入高消费承载人口 129.6 亿人，中投入高消费承载人口 108.9 亿人，低投入中消费承载人口 103.8 亿人（表 20.5）。

表 20.5　五种可能的投入消费组合下的全球人口承载力

单位：亿人

年份	低投入中消费	中投入中消费	中投入高消费	高投入中消费	高投入高消费
1961	30.9	30.9	30.9	30.9	30.9
1975	40.8	40.8	40.8	40.8	40.8
1990	53.0	53.0	53.0	53.0	53.0
2000	61.5	61.5	61.5	61.5	61.5
2010	68.8	68.8	68.8	68.8	68.8
2017	75.5	75.5	75.5	75.5	75.5
2030	79.0	84.3	81.7	88.7	86.0
2050	83.1	98.0	90.8	108.3	100.4
2070	88.6	107.6	95.8	125.3	111.6
2100	95.9	121.1	102.0	141.7	119.3
2150	102.7	138.2	107.4	164.7	128.0
2200	103.8	147.5	108.9	175.5	129.6

笔者认为，在适度农业资源开发投入，兼顾环境保护和全球生态平衡，适度保留人类超远期的农业发展空间的农业可持续发展原则下，中投入中消费方案适度开发自然资源，人口承载力高，全球经济增长速度适中，是最符合实际和可能性最大的方案；中投入高消费方案，适度开发自然资源，全球经济增长速度较快，保障人类生活富裕，是最佳方案和人类发展的最终目标；高投入高消费和高投入中消费方案，均过度开发地球资源，环境破坏较严重，可持续性差；低投入中消费方案，过分注重环境保护，人口承载力低，全球经济增长速度较慢，可能性相对较小。单从投入角度分析，由于在农业资源开发中，推广覆膜滴灌、建设跨流域调水工程、全面开垦宜农荒地均需要大量投资，中投入方案可能性最大，也最为可行。根据中投入中消费方案，全球农作物经济产量在 2017 年 51.86 亿吨的基础上平均每年增长 0.521%，在 2200 年达到 134.6 亿吨；按照增长贡献率为 29.8% 不变计算，人均农作物消费量（产量）年均增长 0.155%，2200 年达 913 千克，则地球可承载人口总量为 147.5 亿人。中投入中消费方案同 FAO 预测人口数最为符合，2050 年和 2100 年人口承载力分别为 98.0 亿人和 121.1 亿人，分别是 FAO 预测人口值的 100.25% 和 108.16%，体现了中投入中消费情境下地球承载力将不断提升，人类的食物保障能力水平将不断增强。高消费是收入进一步提高的结果，需要通过中消费阶段过渡期，若 2100 年全球开始从中投入中消费向中投入高消费转变，世界总人口数量开始下降，地球最大承载力或许仅为 2100 年的 121.1 亿人；到 2200 年实现中投入高消费，人口承载力下降为 108.9 亿人，达到稳定的可持续状态，十分接近 FAO 预测的 2100 年全球人口数 112.0 亿人，为预测值的 96.4%。

20.5　结论与讨论

本研究得出的主要结论如下。①人口密度分布与经济活动存在耦合关系，从渔猎业，放牧畜牧业，农业，到城镇化区的第二、第三产业，人口密度大致存在十倍递增法则，大城市扩张和食物消费的增长带来了城镇建成区扩张，城郊耕地流失，驱动着农业区向放牧畜牧业区扩张，放牧畜牧业向狩猎采集业区扩张，从而带来全球资源开发程度的普遍提高。②中印两国比较表明，农耕区人均农作物产量同经济发展和城镇化水平密切相关，提高收入水平和城镇化率是发展中国家提高人均农作物产量，绕过马尔萨斯陷阱的必要条件；历史经验表明，实行计划生育、增加农业投入、高效利用国内农业资源，同时发展农产品国际贸易，是我国未来保障食物安全的基本策略。③中国为人均农业资源贫乏但农业发达的人口大国，为保障全球食物安全，应加强同农业资源丰富的发展中国家的农业技术合作，通过国际农业投资，建设农业基础设施，提高当地的农业生产技术水平，开发利用当地的农业资源，为减少全球饥饿人口、建设人类命运共同体做贡献，如中国农业走出去主要地域可选南美洲、亚洲北部、东南亚和非洲。④地球人口承载力情景分析表明，在中投入中消费情景下，2100 年全球农业资源人口承载力为 121.1 亿人，约为 2018 年全球总人口 75.5 亿人的 1.60 倍；考虑到经济发展带来的消费增长，人类食物消费由中消费向高消费发展，2200 年地球人口承载力为 108.9 亿人，约为 2018 年全球总人口的 1.44 倍。

以下问题值得进一步深入讨论。①中国和发展中国家未来的经济发展将进一步促进全球农产品贸易和农业资源开发，人口大国南亚 3 国的经济发展和农业资源丰富的非洲国家的农业开发或将成为未来全球关注的热点；但是由于内河航运和铁路的发展对农产品国际和国内贸易有促进作用，交通基础设施建设是制约非洲农业开发的最大瓶颈。②未来通过发展农业生产提升食物安全水平的路径有两条——提高单位耕地面积产量和扩大耕地面积。前者包括适当调整农业种植结构，发展测土施肥和水肥一体化高效节水灌溉，培育推广优良农作物品种，提高农业机械化水平，提高农业劳动生产效率；后者包括兼顾环境保护，合理开发土地资源和水资源，同高效节水灌溉技术相结合，开垦宜农荒地，实现农业可持续发展。③发达国家解决粮食安全问题的经验值得中国借鉴，即通过发展经济，加速城镇化进程，从而提高收入水平并且实现了农业规模化经营，这是各国解决粮食安全问题的必由之路。收入水平提高后可以通过农产品国际贸易解决国内生产不足问题；城镇化率的提高推动农业经营规模扩大，从而使规模效益增加，农业劳动生产率提高，农民收入迅速提高，城乡居民收入差距缩小。④农作物经济系数可以用于评价农业发展水平，经济系数越高，光温生产潜力利用率越高，农业越发达。粮食作物经济系数一般高于经济作物，发展中国家经济作物比重较高，是历史上国际社会农业大分工的结果，有利于提高农民收入水平。为保障粮食安全，减少饥饿人口，未来发展中国家农业的发展方向应当是适度开发丰富的农业资源，增加粮食作物面积，大力推广现代农业生产技术，逐步提高农作物单产和经济系数。

参考文献：

[1] FAO，IFAD，UNICEF，et al. The State of Food Security and Nutrition in the World 2018. Building climate resilience for food security and nutrition［R］. Rome，FAO. Licence：CC BY‐NC‐SA 3.0 IGO，2018.

[2] K von Grebmer，J Bernstein，L Hammond，et al. 2018 Global Hunger Index：Forced Migration and Hunger［R］. Bonn and Dublin：Welthungerhilfe and Concern Worldwide，2018.

[3] Lieth Helmut. Primary Production：Terrestrial Ecosystems［J］. Human Ecology，1973（4）：303‐332.

[4] 张允芳. 发展中国家解决粮食生产的出路——应用科技提高产量［J］. 世界经济研究，1986（2）：42‐46.

[5] Tim Dyson. 世界人口增长与粮食供应［J］. 仕琦，译. 国际社会科学杂志，1995（3）：65‐87.

[6] IIASA/FAO. Global Agro‐ecological Zones（GAEZ v3.0）［R］. IIASA，Laxenburg，Austria and FAO，Rome，Italy，2012.

[7] Fischer G，F Nachtergaele，S Prieler，et al. Global Agro‐ecological Zones Assessment for Agriculture（GAEZ）［R/OL］. http：//www. fao. org/nr/gaez/en/.

[8] 左常生，吕向东，张晓婉. 莱斯特布朗著书警示世界粮食危机［J］. 农业贸易研究，2011（4）：1‐11.

[9] 赵文武. 世界主要国家耕地动态变化及其影响因素［J］. 生态学报，2012，32（20）：6452‐6462.

[10] Alberto Giaroli de Oliveira Pereira Barretto. Agricultural Land‐Use Expansion Dynamics in Brazil［D］. San Paulo：College of agriculture，University of San Paulo，2013.

[11] 张小瑜. 从世界粮食市场变化趋势看中国粮食安全［J］. 农业展望，2014（2）：46‐51.

[12] 李文华，成升魁，梅旭荣，等. 中国农业资源与环境可持续发展战略研究［J］. 中国工程科学，2016，18（1）：56‐64.

[13] 胡琼，吴文斌，项铭涛，等. 全球耕地利用格局时空变化分析［J］. 中国农业科学，2018，51（6）：1091‐1105.

[14] 吴朝阳. 国际粮食市场格局演化与我国的策略选择［J］. 国际贸易，2014（6）：16‐20.

[15] 倪洪兴. 世界粮食安全形势及对我国的启示［J］. 中国党政干部论坛，2014（9）：92‐95.

[16] 王溶花，曾福生. 世界粮食贸易格局的演变及发展趋势分析［J］. 世界农业，2015（2）：94‐98，122.

[17] 杨晓东. 危机后世界粮食贸易发展及其对中国粮食安全的影响［J］. 内蒙古社会科学（汉文版），2017，38（3）：120‐124.

[18] 许世卫，王禹，潘月红，等. 全球主要粮食生产与贸易格局演变分析及展望［J］. 农业展望，2018（3）：73‐87.

[19] FAO. The Future of Food and Agriculture‐Alternative Pathways to 2050［R］. Rome. 224 pp. Licence：CC BY‐NC‐SA 3.0 IGO，2018.

[20] 梁书民，于智媛. 用经验径流系数推算全球径流深度分布场［J］. 干旱区研究，35（1）：1‐11.

[21] 梁书民，于智媛. 基于GIS和迈阿密模型的全球灌溉需水量［J］. 干旱地区农业研究，2019，37（3）：96‐103.

[22] FAO. 统计数据库（FAOSTAT）［DB/OL］. http：//faostat. fao. org/.

[23] John Latham. Global Land Cover‐SHARE（GLC‐SHARE）［R/OL］. Rome，Italy：Food and Agriculture Organization of the United Nations，2013. http：//www. fao. org/land‐water/land/

land‐governance/land‐resources‐planning‐toolbox/category/details/en/c/1036355/.

[24] Sophie Bontemps, Olivier Arino, et al. GLOBCOVER 2009 Products Description and Validation Report [R]. UCLouvain & ESA Team, 2011.

[25] Doxsey‐Whitfield E, K MacManus, S B Adamo, et al. Taking Advantage of the Improved Availability of Census Data: A First Look at the Gridded Population of the World, Version 4 [J]. Papers in Applied Geography, 2015, 1 (3): 1‐9.

[26] Stefan Siebert, Verena Henrich, Karen Frenken, et al. Global Map of Irrigation Areas version 5 [R]. Rheinische Friedrich‐Wilhelms‐University, Bonn, Germany/Food and Agriculture Organization of the United Nations, Rome, Italy, 2013.

[27] Hijmans Robert J, Susan Cameron, Juan Parra. WorldClim [M/OL]. Berkeley: the Museum of Vertebrate Zoology, University of California, in collaboration with Peter Jones and Andrew Jarvis (CIAT), and with Karen Richardson (Rainforest CRC), 2005. [2016‐01‐15]. http://www.worldclim.org/.

[28] Jarvis A, H I Reuter, A Nelson, et al. Hole‐filled SRTM for the globe Version 4 [M/OL]. 2008. http://srtm.csi.cgiar.org.

[29] Tom Patterson, Nathaniel Vaughn Kelso, et al. Natural Earth [EB/OL]. [2018‐12‐15]. http://www.naturalearthdata.com/.

[30] 梁书民, Richard Greene, 朱立志, 等. 全球大型跨流域调水工程及水资源农业开发潜力 [J]. 水资源与水工程学报, 2019, 30 (5): 236‐246.

[31] John C Hudson. Goode's World Atlas, 20th Edition [M]. USA: Rand McNally, 2000: 24‐25.

结束语：政策与措施

　　农业弱质性的特点是自然风险大、市场风险大、需求弹性小。李辉（2009）利用一般均衡模型对农业弱质性进行了经济学分析，解释了农产品相对价格波动幅度大于工业品是由于农产品供给需求弹性小于工业品[1]。第二次世界大战以来，美国利用农产品的弱质性和本国土地资源和农业生产技术的比较优势实行了全球粮食战略，这是美国的粮食、能源、货币三大全球战略之一。长期以来，美国在全球粮食战略框架下通过增加农业补贴，发展跨国粮食公司，利用转基因技术控制国际粮食产业链，主导 WTO 粮食贸易规则等手段掌控全球的粮食产业，实现寡头垄断，操纵世界粮食价格，攫取高额垄断利润[2]。对中国的大豆贸易是美国的全球粮食战略的重要组成部分。在全球粮食战略的影响下，以加入WTO 谈判为契机，通过"断一指胜过伤十指"的策略，美国迫使我国在农产品关税上做出了重大让步，对土地密集型的大豆承诺了超低关税，使我国处于油料自给率和粮油自给率快速下降的被动局面。以美国公司为首的四大国际粮商已经形成了对世界大豆产业链的寡头垄断[3]。在加入 WTO 之前，我国是粮油自给率很高的国家，若把国产大豆归类为粮食，进口大豆归类为油料，按热量值折算 2000 年我国粮油、粮食、油料自给率分别为99.8％、103.3％、79.1％；目前我国粮食安全面临着十分严峻的形势，2019 年我国进口谷物 1 791.8 万吨，食用油籽 9 330.8 万吨，食用植物油 1 152.7 万吨，肉类和奶粉 677.3万吨；粮油、粮食和油料自给率分别下降为 81.4％、94.5％和 26.9％[4,5]。近 20 年来我国的粮油自给率平均每年下降约 1 个百分点，有步日本食物自给率下降后尘的趋势；近两年中美贸易争端升级，应警惕战国时期齐国服帛降鲁梁故事重现（《管子·轻重戊第八十四》），如何应对美国的全球粮食战略，提升粮油自给率，是我国粮食安全研究领域不可回避的关键问题。

　　在保护口粮绝对安全的大战略下，我国的农业支持保护政策造成了主粮库存的大量积压，还屡遭以美国为首的农产品贸易伙伴国起诉。据商务部数据，2019 年我国小麦、稻谷、玉米三大主粮政策性库存结余量为 2.8 亿吨，约为口粮年消费量的 140％，库存量占年消费量的比率远高于 FAO 要求的 18％安全库存率值。倪洪兴（2017）认为差异农产品关税政策和农产品的强可替代性造成了"边收储，边进口；洋货入市，国货入库"[6]。朱晶（2017）认为我国农业支持保护政策存在的问题主要是政策性收储影响市场机制发挥作用，使农产品结构性矛盾突出，农业水土资源利用强度超载，导致农产品内外价格倒挂、国际竞争力下滑，耗尽了黄箱补贴政策空间，使国际贸易争端加剧[7]。人民币汇率变动和国际原油价格的变化是影响我国农产品国际贸易环境的主要因素。分析对比中国粮价同国际粮价的变化，发现 2000—2011 年中国粮价同国际粮价比值一直低于 1.293；2011—2014 年人民币汇率大幅升值，2014—2016 年国际原油价格大幅下跌是造成中国粮价同国际粮价比值上升的主要因素；2013—2019 年 7 年间该比值平均为 1.658 1，其中 2015—2018 年 4 年的比值超过了 1.65，即超过了我国的农产品 65％关税保护警戒线，粮食生产成本的"地板效应"超过了进口粮食价格的"天花板效应"。2019 年我国猪瘟疫情导致对大豆和饲料粮需求的大幅增加，2020 年新冠肺炎疫情在全球蔓延，给全球粮价变化带来不确定因素，虽然目前人民币汇率呈贬值趋势对我国提升粮价有利，沙漠飞蝗在非洲、中东、巴基斯坦和印度蔓延可能提升全球粮食价格，但是由于原油价格长期低位运行，全球粮价没有出现涨势，2020 年 FAO 全球粮价监测显示，当年食物价格指数 4 月同 1 月比较，谷物微跌 5.3 个点，油料大跌 44.5 个点[8]。鉴于国际贸易环境继续对我国粮食生产带来不利影响，降低生产成本将是未来我国提高粮食竞争力、促进生产发展的关键因素。

在当前经济全球化的大背景下，基于全要素生产率分析的比较优势理论成为各国农业结构调整和产业结构调整的理论基础，而贸易失衡的发展又成为贸易争端和逆全球化的诱导因素，从而使我国粮食安全的国际经济环境复杂化。全要素生产率的变化趋势和要素贡献率的结构因时因地而异，于智媛（2017）发现粮食输出大省黑龙江和内蒙古粮食播种面积的增加对粮食增产的贡献分别为 45.5％和 48.3％[9]；朱晶（2017）发现我国现阶段玉米和小麦的规模生产贡献率明显高于水稻，农业基础设施存量对我国中西部地区的主粮增长的贡献优于东部地区[10]；卓乐（2018）发现农田水利基础设施对粮食全要素生产率有显著的正向影响[11]。三项研究得出的共同结论是当前我国各地的粮食增产因素因地而异，扩大生产规模，加强农田基础设施建设和提高粮食单产是发展粮食生产的关键因素。在农业可持续发展方针指导下，2015 年以来我国的农业资源开发速度减缓，化肥施用量减少，粮食增产进入新一轮的缓慢增长周期。在食物消费不断升级的大背景下，城镇扩张不断占用大量优良耕地，种植结构调整以发展劳动密集型的水果蔬菜为主，都不利于土地密集型的油料生产发展，更加促进了粮油自给率的下降，从而使我国粮食安全面临着前所未有的严峻挑战。

本部分将以全面挖掘我国农业资源开发潜力，提高我国农业的国际竞争力，保障粮食安全为主旨，探讨我国粮食油料生产布局演化的规律，测算分阶段资源开发的粮油增产潜力，分析粮食油料增产的分地域战略，从而提出相应的促进农业生产发展，增强粮食油料作物国际竞争力，提升粮油自给率和保障粮食长期安全的政策措施，以及相应的 WTO 规则修改和运用策略。

农业生产现状

（一）粮食生产波动发展

1977 年以来我国种植业价格指数经历了三个涨跌周期，1977—1989 年长期连续大涨和 1990—1991 年小幅下跌；对应 1984 年的粮食丰收和 1990 年多年的粮食稳定增产。1992—1996 年种植业价格指数快速大幅上涨和 1997—2002 年快速大幅下跌；对应 1996—

1999 年粮食大丰收和 2000—2003 年粮食大减产。2003—2015 年种植业价格指数连续上涨和 2016—2019 年小幅下跌；对应粮食连续增产丰收，2016—2019 年粮食总产量稳定在 6.5 亿吨以上，但是粮食增产速度明显放缓。总体上来看，我国粮食播种面积呈下降趋势，但是下降速度递减；单产呈稳定增加趋势，但是增速递减；总产量呈逐渐增加趋势，也是增幅递减。一般情况下粮食播种面积变化滞后价格变化一年，两者具有显著相关性。若粮价稳定上涨，播种面积增加迅速，粮食总产量快速增加；若粮价小幅下跌，播种面积缓慢下降，粮食总产量缓慢增加或停止增长；若粮价大幅下跌，播种面积快速下降，粮食总产量明显下降。

（二）粮食生产重点区域北向漂移

2000—2019 年我国粮食总产量年平均增长率为 1.91%。通过分析分省区粮食产量年平均增长率，发现黑龙江和内蒙古的年增长率最高，分别为 5.69% 和 5.68%，其次是吉林、辽宁和新疆，年增长率高于 3.5%；天津、安徽、河南、甘肃、山西、宁夏和河北 7 省份的年增长率高于全国平均值；山东、江西、青海、云南、湖北、江苏、陕西、西藏、湖南和四川 10 省份的年增长率低于全国平均值，但仍然是正增长；其余 9 省份年增长率为负值，按照下降由慢到快排序依次为重庆、贵州、广西、海南、广东、福建、上海、浙江和北京。北京、浙江、上海和福建年增长率分别为 −8.44%、−3.80%、−3.31% 和 −2.89%，是粮食总产量降速最快的省份。仔细观察可以发现，在年增长率高于全国平均值的 12 个省份中 11 个是北方省份，只有安徽算半个北方省份；9 个负增长率省份只有北京是北方省份，东南沿海省份增长率均较低。

纵观我国分区域粮食生产发展历史，发现粮食生产增长重心呈自南向北梯次漂移的现象。新中国成立初期，我国华南地区的粮食生产优势逐步被华中和西南地区取代；改革开放初期，华北取代华中成为全国粮食产量增加最快的区域，逐步完成了由存在千余年的"南粮北运"向"北粮南运"的转变；2000 年以来东北粮食生产优势逐步增强，成为北粮南运的主要粮食来源地；目前随着农业资源潜力得到充分开发，东北地区的粮食增产后劲始现不足，而随着高效节水灌溉技术的快速推广，土地资源丰富的中北地区（甘肃、宁夏和内蒙古）和新疆的粮食生产潜力逐步得到开发，有望成为下一个粮食生产重点区域。近二十年来，我国北粮南运的贸易量与大豆进口量同步增加，我国《粮食物流业"十三五"发展规划》估算的 2015 年北粮南运总量为 1.34 亿吨，笔者根据 2019 年分省粮食人均产量测算的跨省北粮南运数量为 1.54 亿吨，考虑到北粮南运的强度在逐步增加，二者数据基本一致。

我国粮食生产北盛南衰的原因来源于自然条件因素、劳动力成本变化和关键农业技术推广的区域差异。北方地区农业发展优势是地势平坦，土地资源丰富，地下水资源丰富，随着高效节水灌溉的迅速发展，灌溉面积逐年增加，适宜机械化种植玉米、小麦、马铃薯、大豆和水稻等多种高产粮食作物；劣势是热量条件限制多熟制和某些喜热高产农作物品种推广。我国北方农业劳动力成本增加可以被农业机械推广抵消，气候条件差可以被高效节水灌溉技术和地膜覆盖技术改善，变劣势为优势，十分有利于粮食生产发展。南方地区农业发展优势是水资源丰富、灌溉发达，热量条件可满足多熟制，水稻高产品种得到推广普及，适宜稻田养殖发展生态农业；劣势是地面坡度大，土地连片规模小，农业机械化发展缓慢。我国南方农业劳动力成本增加不能完全被农业机械推广抵消，城镇化造成农业劳动力流失，严重影响了劳动力投入量相对较大的水稻生产；由于优越的气候条件已经得到充分发挥，进一步开发潜力逐渐减少，许多省区由于城镇扩张占地得不到补偿，使单产提高带来的粮食产量增加不能抵消耕地面积减少造成的粮食产量减少。

（三）种植结构调整演化

关于农作物种植面积结构变化情况，2000—2018 年我国农作物播种面积比重增加最快的有蔬菜瓜类、粮食作物和药材，平均每年分别增加 0.141 个、0.064 个和 0.056 个百分点；播种面积比重减少最快的有油料作物、棉花和烟叶，平均每年减少 0.116 个、0.031 个和 0.016 个百分点。2015—2018 年，农作物播种面积比重增加最快的有蔬菜瓜类、药材和青饲料，平均每年分别增加 0.175 个、0.109 个和 0.070 个百分点；播种面积比重减少最快的有粮食作物、棉花和油料作物，平均每年减少 0.254 个、0.080 个和 0.074 个百分点，其中粮食作物比重下降是生产过剩引起的，棉花和油料比重下降是大量进口的结果。数据表明，18 年间竞争力下降的农作物是油料作物、棉花、烟叶，竞争力上升的农作物是蔬菜瓜类、药材和粮食。2019 年我国蔬菜、药材在国际贸易中处于大量净出口状态，存在大额贸易顺差[5,12,13]。

关于粮食产量增加情况，2000—2019 年玉米、小麦、稻谷增产最多，分别每年增加814.6 万吨、178.7 万吨和 114.2 万吨；其次是食用大豆和马铃薯，分别每年增加 46.9 万吨和 25.8 万吨，其中食用大豆数据是根据国产大豆压榨量[14]估算的值；其他薯类、其他谷物和其他食用豆类减产最多，分别每年减产 68.0 万吨、10.4 万吨和 7.7 万吨[15]。食用大豆和小麦产量不断增加，竞争力最强。考虑到 2015—2019 年种植结构调整，稻谷、玉米、马铃薯因产能过剩而减产，其他薯类、其他谷物和其他食用豆类 3 类减产作物均转为增产，粮食作物的竞争力总体是较强的。2019 年我国稻谷、食用大豆、马铃薯在国际贸易中处于净出口或贸易顺差状态。

关于油料产量增加情况，由于我国城乡消费者对食用植物油需求具有层次性，油用转基因大豆和食用棕榈油大量进口对不同油料作物的影响程度各不相同。2000—2018 年八大油料作物增产的有棉籽、花生、油菜籽、油茶籽、葵花籽、胡麻籽，18 年间平均每年分别增加 16.8 万吨、16.1 万吨、10.6 万吨、9.3 万吨、7.3 万吨和 0.6 万吨，减产的有油用大豆和芝麻，18 年间平均每年分别减少 32.8 万吨和 2.1 万吨，油料作物中棉籽产量竞争力较强，但是受大量进口棉花的影响，竞争力开始由强变弱；油菜籽生产量由于需求减少而萎缩，竞争力也被大大削弱；油用大豆和芝麻产量减少速度最快，已经完全丧失竞争力。油料作物中花生竞争力最强，其次是油茶籽和葵花籽，三者增产幅度均呈增加趋势，胡麻籽产量逐步增加，但是种植面积小，增加速度缓慢，竞争力不强。2018 年我国花生、葵花籽、油茶籽在国际贸易中处于净出口状态，存在较大贸易顺差。

其他食用植物油源和油料作物发展潜力较大的有玉米油、稻米糠油、核桃、油用牡丹和油莎豆。2018 年我国国产植物油 1 192.8 万吨（不含进口大豆榨油），其中包括玉米油产量 120 万吨，稻米糠油产量 90 万吨[16]，当前我国玉米总产量为 2.6 亿吨，可用于生产玉米油，普通玉米出油率为 4.0%，估计玉米油生产潜力为 1 040 万吨，高油玉米出油率为 6.4%，估计生产潜力更大。稻谷出油率约为 0.8%（稻谷出米糠率为 5%，米糠含油率为 16%），稻谷当前总产量为 2.1 亿吨，米糠油最大发展潜力为 168 万吨。2017 年我国核桃产量为 417 万吨，种植面积 666.7 万公顷；油用牡丹籽产量为 17 万吨，种植面积 66.7 万公顷[17]。2018 年我国油莎豆种植面积 1.333 3 万公顷，大面积种植亩产干豆高达 500 千克、出油率高达 30%、单位面积产油量可达每亩 150 千克，分别是美国转基因大豆的 2.2 倍、1.8 倍和 4.0 倍[18]；我国有 2 670 万公顷沙化土地适宜种植油莎豆，全部开发干豆产量可达 2.0 亿吨，油莎豆油生产潜力可达 6 000 万吨，是 2018 年我国食用植物油消费量 3 850 万吨的 1.56 倍[19]。

粮食油料生产潜力

（一）粮食生产发展理论与实践

中外粮食生产理论首推毛泽东的农业"八字宪法"和李比希的最低量律（木桶理论），二者异曲同工。李比希的最低量律指出最大限制因子决定粮食产量，消除最大限制因子的限制可以有效提高粮食产量，其粮食生产影响因子可以从自然科学向社会科学延伸；根据李比希最低量律，利用迈阿密生产力模型计算得出的旱作农田气候潜力和灌溉农田光温潜力可作为农作物单产的主要限制因子。根据"八字宪法"，土、肥、水、种、密、保、管、工，八大增产因子缺一不可，也涉及自然科学和社会科学两大类因子。本部分将我国粮食增产因素分解为自然因素和人工因素 2 大类 10 个指标。自然因素指标可归纳为光温潜力、气候潜力、土地资源、土壤肥力、灌溉条件；人工因素指标可归纳为优良品种、栽培模式、植物保护、田间管理、农业机械化。同粮食增产 10 大因素相对应的农业生产条件指标主要有：光温潜力；气候潜力；土地资源指标，包括耕地面积和宜农荒地面积；土壤肥力指标，包括自然肥力、氮肥、磷肥、钾肥、复合肥和有机肥施用量等；灌溉条件指标，包括农业用水量、农村用电量、灌溉面积、节水灌溉面积、滴灌微灌面积和喷灌面积、水肥一体化灌溉面积；优良品种指标，包括高产优质品种的产品质量和增产性能与普及推广情况；栽培模式即高产栽培模式的增产效果及普及推广情况，指标包括地膜覆盖面积、农膜使用量、设施农业面积等；植物保护指标，包括农药使用量、高效低毒农药使用量、生物防治技术推广情况；田间管理即高效田间管理新模式推广情况，如高效低毒除草剂、黑地膜覆盖除草技术等；农业机械化指标，包括耕作、播种、田间管理和收获 4 种机械化率，以及农业用电量、农用柴油使用量、无人机作业水平等。

新中国成立以来，我国政府十分重视改善农业生产条件，发展农业生产。近十年来典型的促进粮食生产发展的政策措施有 2011 年中央 1 号文件《中共中央 国务院关于加快水利改革发展的决定》，提出我国 2011—2020 年水利投资总计将达到 4 万亿元；2012 年，东北四省区节水增粮行动启动，使东北三省和内蒙古粮食产量大幅增加，成为我国目前最大的商品粮基地。2012 年农业部发布《地膜覆盖技术指导意见》。2014 年国务院常务会议决定 2020 年前建设 172 项重大水利工程，其中包括南水北调中线、东线工程和许多区域性跨流域调水工程。2017 年农业部办公厅发布《推进水肥一体化实施方案（2016—2020年）》；水利部等五部委颁布《"十三五"新增 1 亿亩高效节水灌溉面积实施方案》，制定的 2020 年喷灌微灌面积发展目标是 2 亿亩，约占耕地总面积的 10%、灌溉面积的 20%、水浇地面积的 47%，有力推动了北方地区的粮食油料产量增加。2019 年农业农村部制定《全国高标准农田建设规划（2019—2022 年）》确保使我国高标准农田 2022 年达到 10 亿亩，为实现粮食高产稳产提供农田基础设施保障。2020 年 4 月，水利部黄河水利委员会启动了南水北调西线规划线路比选，对雅砻江两河口-大渡河双江口-洮河线路进行实地查勘，2020 年 5 月，中共中央、国务院发布《关于新时代推进西部大开发形成新格局的指导意见》，提出要强化基础设施规划建设，表明我国当前十分注重开发西部的水资源和土地资源。目前我国农业生产条件有了很大改善，主要表现在灌溉条件的改善和化肥施用量的增加，农药、农膜使用量的增加，农业机械化水平的提高，其中增长最快且保持正增长趋势的指标主要是微灌滴灌面积、喷灌面积、谷物联合收割机数量、复合肥施用量、综合机械化水平和小型拖拉机数量，以及农村用电量，凸显高效节水灌溉、测土施肥和农业机械化对粮食增产的主导作用[20,21]。

农业生产条件改善带来的单产水平的提高是增强农作物竞争力的重要途径，美国 2016 年大豆亩产为 232 千克，为近五年最高值[18]，是我国大豆油料竞争力提升的关键参照指标。高产典型是李比希定理运用的成功案例，可作为我国大豆和油料作物发展和布局的重要依据，也是各地区大豆和油料生产发展和竞争力提升的榜样和赶超目标。本节列举一些关键农作物在具有较大发展潜力地区的单产数据，可为大豆和油料作物的规划布局和油料发展战略的制定提供决策参考。我国大豆高产典型案例有：内蒙古扎赉特旗大垄密植滴灌大豆亩产达到 309 千克（《农民日报》2019 年 10 月 11 日）；新疆石河子大豆亩产纪录达到 447 千克（《农民日报》2019 年 11 月 5 日）；河南新乡夏大豆亩产纪录达到 334 千克（《农民日报》2018 年 12 月 25 日）；吉林农安大豆 100 公顷面积平均亩产 245.3 千克（《吉林日报》2018 年 12 月 17 日）。我国棉花高产典型案例有：新疆阿拉尔市农一师亩产棉花 360 千克（《新疆日报》2012 年 10 月 15 日）；甘肃省棉花平均亩产 112.6 千克，仅次于新疆的 131.3 千克居全国第二位（国家统计局，2019 年棉花产量公告）。宁夏是我国花生发展潜力较大区域，花生田间测产最高亩产可达 620 千克[22]，接近山东莒南亩产 763.6 千克的全国高产纪录（《鲁南商报》2018 年 11 月 29 日）。我国油菜籽高产典型案例有：青海省都兰县创亩产 450 千克全国纪录（《青海日报》2011 年 12 月 14 日）；2012 年内蒙古呼伦贝尔垦区滴灌油菜籽产量 246.5 千克（《经济日报》2016 年 8 月 2 日）；四川罗江县创四川盆地油菜单产纪录，亩产 243.9 千克（《四川日报》2009 年 6 月 2 日）；江西都昌县创本省油菜单产纪录，亩产 223.7 千克（《江西日报》2020 年 5 月 21 日）。刘成（2019）汇总调查数据计算得出我国长江流域可用于种植油菜籽的冬闲田有 427 万公顷，相当于当前种植面积的 65%，开发潜力巨大[23]。我国向日葵以食葵为主，产地高度集中于内蒙古自治区，巴彦淖尔市 400 万亩向日葵平均亩产高达 227.5 千克[24]；新疆库尔勒市油葵亩产可达 300 千克以上（《人民日报》2016 年 10 月 12 日）；新疆博乐麦田复播油葵亩产达 221.7 千克[25]；甘肃河西地区油葵亩产量可达 305.7 千克[26]。阳振乐（2017）认为油莎豆具有适应性广、生育期短、生物量大、含油量高、附加值高等优势特征，集粮、油、饲为一体，具有较高的综合利用价值[27]。我国油莎豆高产典型案例有：广西油莎豆区域试验亩产干豆 791 千克（《中国农资导报》2009 年 10 月 20 日）；湖北监利县油莎豆亩产干豆 1 050 千克（《湖北日报》2019 年 10 月 13 日）；新疆吉木萨尔县油莎豆干豆亩产 840 千克（《人民日报海外版》2010 年 8 月 23 日）；内蒙古磴口市油莎豆亩产干豆 800 千克（磴口电视台 2018 年 11 月 3 日报道）。

（二）分阶段粮食油料增产潜力核算

比较中、美两国的高效节水灌溉发展情况，发现我国高效节水灌溉发展仍然落后于美国，但在微灌发展上比美国先进。我国 2018 年耕地灌溉面积为 6 827.2 万公顷，其中喷灌面积为 441.1 万公顷，微灌面积为 692.7 万公顷；美国 2012 年灌溉面积为 2 670.8 万公顷，其中喷灌面积为 1 234.8 万公顷，微灌面积为 164.0 万公顷[20,28,29]。水肥一体化喷灌和微灌是我国当前增产效益最佳的大田农业生产技术，可带来农作物产量的成倍增长[30]。我国粮食油料增产途径一是提高单产；二是增加播种面积。第一，通过加快推广最先进的农业增产技术提高农作物单产，增加粮食油料产量。根据李比希定律，我国提高粮食油料产量的根本途径是挖掘气候生产潜力和光温生产潜力，提高水资源的开发利用率和利用效率。当前我国已经成熟的粮食油料增产技术措施主要有：旱作农田覆膜集雨滴灌增产技术，灌溉农田水肥一体化滴灌技术和与之配套的农作物良种和高产栽培模式，测土施肥，病虫害和自然灾害防御技术，盐碱地改良和中低产田改造技术，农业机械化和农机具配套技术等。加快这些农业技术的全面推广，可以有效提高农作物单位面积产量。第二，通过建设跨流域调水工程和开展灌区改造，提高农田高效节水灌溉率，扩大粮食油料种植面积，提高粮食油料产量，同时结合当前灌区节水改造，利用推广微灌节省的水资源开垦宜农荒地，发展粮食油料生产。以南水北调西线工程建设为契机，配套建设大、中、小型跨流域调水工程，可以促进粮食油料生产的快速发展。

据测算，2020—2050 年 30 年间我国通过推广高效节水灌溉技术和充分开发利用东北地区和西南地区丰富的水资源与北方地区的土地资源，总计可增加粮食油料产量 54 462 万吨，涉及现有耕地 62 770 万亩，可新增灌溉耕地面积 112 301 万亩。按照先易后难的开发顺序，可分为近期、中期、远期 3 期规划，分别可增产 16 892 万吨、28 734 万吨、8 836 万吨。

近期粮食油料增产潜力约为 16 892 万吨，需用 10 年时间（2021—2030 年）投资以下5 项工期短见效快的水利工程建设。一是在黄淮海平原利用南水北调中线和东线调水量，将水浇地和旱地全部改建为水肥一体化微喷灌溉，普遍实行冬小麦或油菜＋秋收作物（玉米或大豆）一年两熟制，充分发挥当地的高光温潜力和全程机械化耕作优势，涉及耕地 3.35 亿亩，最多可增产 6 320 万吨，重点区在淮河流域北部旱作农业区和海河平原地下水超采区。二是在甘肃、宁夏、内蒙古和新疆4省区将现有的漫灌和喷灌耕地全面改造成水肥一体化滴灌，利用节省的灌水配额开垦宜农荒地，可净增加灌溉耕地6 055万亩，增产粮食油料3 331万吨，高效节水灌溉推广较差的甘肃和宁夏单位面积节水潜力较大，粮食增产潜力也较大，其中覆膜漫灌、喷灌、微滴灌相对灌溉定额根据实地调研数据按1∶0.812∶0.470计算。三是在东北平原西部与内蒙古兴安盟和通辽市开展北水南调，开凿松辽运河，广泛推广水肥一体化滴灌，灌溉当前旱地29 300万亩和开垦2 900万亩宜农荒地，可增产粮食油料4 680万吨。四是在内蒙古呼伦贝尔高原开发丰富的地表水资源发展灌溉农田，推广水肥一体化微灌喷灌技术，可新增耕地3 146万亩，增产粮食油料1 161万吨。五是在青海柴达木盆地利用本地地表水资源和从长江上游楚玛尔河调水，实行水肥一体化覆膜滴灌，可灌溉开荒4 100万亩，增产粮食油料1 400万吨。五项工程十年总计可增加粮食油料产能16 892万吨，平均每年增产1 689.2万吨，是我国多年粮食油料年增产量平均值（907万吨）和大豆进口年增量平均值（507万吨）之和的1.194 6倍。近期五项工程十年总计需投资21 336亿元（包括调水工程、支渠建设、修建蓄水池成本、建设滴灌系统成本和补偿荒地价值5项，下同），预计总收入为62 638亿元（包括开垦荒地总价值、售水收入、水力发电收入、航运价值4项，下同），投入产出比为1∶2.936，每增加1千克粮食油料产能需要12.63元投资，在当前粮油价格和利率水平下，这是内部收益率很高的投资项目[31]。

中期粮食油料增产潜力约为28 734万吨，从2020年开始建设，2030—2045年15年间逐渐挖掘潜力增加粮食油料产能。通过南水北调大西线第一阶段向甘宁陕晋调水可新增高效节水灌溉耕地17 106万亩，增产粮食油料6 687万吨；第二阶段向内蒙古和冀西北调水可新增高效节水灌溉耕地56 391万亩，增产粮食油料22 046万吨，15年总计可增加28 734万吨，平均每年增加粮食油料产能1 916万吨。

远期粮食油料增产潜力约为8 836万吨，在中期增产目标完成后需再用5年时间实现，估计在2045—2050年实现。通过南水北调大西线向新疆调水可新增高效节水灌溉耕地22 603万亩，5年增产粮食油料8 836万吨，每年增加粮食油料产能1 767.2万吨。

同时还可以结合中亚地区的调水工程，打通欧亚运河，大大降低中国西部和中亚五国的粮食油料外运费用。中期和远期调水工程在2020—2050年实施，30年总计需投资71 827亿元，预计总收入为206 143亿元，投入产出比为1∶2.870，总计增加粮食油料产能37 570亿吨，每增加1千克粮食油料产能需要19.12元投资。考虑到将来粮油价格上涨和利率降低，中远期项目的内部收益率不会大幅下降，从技术经济分析角度来看调水垦荒项目仍然是可行的[31,32]。

比较"十三五"期间我国交通投资15万亿元，平均每年3万亿元，水利投资2.43万亿元，平均每年4 860亿元，水利投资仅为交通投资的16.2%。上述各项水利工程投资强度2020—2030年为4 527.8亿元/年，仅为"十三五"时期交通和水利投资每年总强度的13.0%，2030—2050年投资强度为2 394.2亿元/年，仅为"十三五"时期交通和水利投资每年总强度的6.87%。可见相对于交通投资，水利工程投资是投资少、效益高的项目。

（三）分地域粮食油料生产发展重点

2016 年农业部发布《全国种植业结构调整规划（2016—2020 年）》，提出"两保、三稳、两协调"，油料是三稳之一，主张两油为主，多油并举，重点发展油菜籽和花生，积极发展油葵、芝麻、胡麻、高油玉米、油用牡丹、油莎豆、棉籽、米糠油等小宗油料。2017 年农业部种植业管理司发布《全国大宗油料作物生产发展规划（2016—2020 年）》，主张发展大豆、油菜籽、花生、油茶籽 4 种主要大宗油料作物。2019 年农业农村部办公厅发布《大豆振兴计划实施方案》，将大豆种植重点区域划分为东北春播区、黄淮海夏播区和西南间套作区 3 大区域，主张国产大豆与进口油用大豆错位竞争，重点发展高蛋白大豆和菜用大豆等食用大豆。由于回避发展油用大豆，该方案可能使国产食用大豆过剩、价格下降[33,34]，不能有效提高食用植物油自给率。

从农业技术经济角度分析，发展进口替代是减少大量进口、缩小贸易逆差最有效的方法。我国对油用大豆和食用植物油的进口替代有 3 种形态。第一，油用大豆直接进口替代。需要补短板、大力发展油用大豆，通过发展水肥一体化高效节水灌溉提高单产，发展机械化规模经营降低土地成本和人工成本，提升我国油用大豆的国际竞争力。第二，油用大豆间接进口替代。发展油用大豆的替代产品，如传统油料作物花生、油菜籽、向日葵、棉籽、芝麻、胡麻籽，新兴草本油料作物油莎豆、红花籽，新兴木本油籽核桃、油茶籽、油用牡丹，以及玉米油、米糠油等，提升我国油料和食用植物油产品竞争力。第三，油用大豆副产品进口替代。油用大豆的副产品豆粕是价值较高的蛋白饲料，通过推广秸秆养畜，发展牛、羊、驴、水牛、牦牛等草食牲畜养殖，可以节省豆粕使用量，按照 4 千克秸秆可替代 1 千克精饲料[35]，我国可利用农作物秸秆约为 6 亿吨，全部过腹还田可节省粮食油料 1.5 亿吨。其中油用大豆的直接进口替代和间接替代是本部分的研究重点。

我国土地资源丰富，平原高原面积广阔，利于农业机械化；但是水资源分布不均，南方山地丘陵不利于推广大型机械。因地制宜进行跨流域调水，全面采用水肥一体化高效节水灌溉技术，在丘陵山地大力推广小型机械，可以大幅提高粮食油料产量。我国第二次土地资源详查耕地面积为 20.31 亿亩，其中适宜采用水肥一体化高效节水灌溉的水浇地有 4.26 亿亩，水田有 3.35 亿亩，余下 1.65 亿亩平地水田搞稻田养殖；旱地地膜覆盖发展潜力为 11.05 亿亩，其中半干旱区若配套集雨滴灌，也可以实现水肥一体化灌溉。本节以发展粮食油料作物提高我国农产品国际竞争力为主要研究目标，按自然条件特征将全国分为八大农业区，结合各大区粮食油料作物产量分布现状和土地资源开发潜力，按照发挥比较优势的原则确定各大区重点发展的优势农作物，特别关注易实现机械化种植的草本油料在宜农荒地资源丰富地区的农业发展。农作物产量分省数据主要来自《中国农村统计年鉴》[13]和最新发布的统计公告[15]，部分小宗油料作物数据参考了当前的专题研究文献[36-38]。

（1）东北 3 省份：黑、吉、辽。本区为东北平原北水南调主要受水区，尼尔基大型水库已经建成，水库下游土地资源和水资源丰富，地势平坦，适宜发展寒地水稻；但存在热量不足，降水量年际波动较大，旱涝灾害频繁问题；采用温室水稻育秧和旱地地膜覆盖技术可以解决热量不足问题，平原西部缺水区则适宜发展滴灌水肥一体化。本区粮食作物发展重点是玉米和水稻，油料作物发展重点是油用大豆、花生、油莎豆。

（2）华北7省份：京、津、冀、鲁、豫、晋、陕。本区平原、盆地面积广大，利于农业机械化；但存在水资源缺乏，地下水严重超采问题；由于人口密度大，城镇扩张造成耕地流失严重；是南水北调中线和东线受水区，可以逐步实行水肥一体化微灌滴灌。本区粮食作物发展重点是冬小麦、玉米和薯类，油料作物发展重点是油用大豆、棉籽、花生、油菜籽、芝麻、油莎豆、核桃和油用牡丹。

（3）中北3省份：内蒙古、甘、宁。本区土地资源丰富，灌溉农田地势平坦，但水资源严重缺乏；引黄灌区和绿洲灌区以漫灌为主，水资源浪费严重；通过发展跨流域调水和全面实行水肥一体化微灌滴灌，广泛开展节水垦荒，粮食油料增产潜力巨大；为南水北调西线中期工程主要受水区，内蒙古的通辽和兴安盟为东北地区北水南调工程的受水区。本区粮食作物发展重点是春小麦和薯类，油料作物发展重点是大豆、棉籽、花生、油菜籽、向日葵、胡麻、油莎豆和红花籽。

（4）新疆维吾尔自治区：本区土地资源丰富，光热条件好，绿洲灌溉农田地势平坦，高效节水灌溉率全国最高，新疆生产建设兵团基本上全面实现了以水肥一体化滴灌为主的高效节水灌溉；水资源严重缺乏，经济作物和果园比重较高；由于远离消费区，商业区位欠佳，适宜发展高附加值的轻质农产品如棉花和大枣。本区应率先全面实行水肥一体化微灌滴灌。南水北调西线工程远期可向新疆输水，引水渠从阿拉山口出境，可利用引水渠发展内河航运，向西联通欧亚运河。本区粮食作物发展重点是春小麦和冬小麦，油料作物发展重点是油用大豆、棉籽、向日葵、油莎豆、红花籽和核桃。

（5）青藏2省份：本区土地资源和水资源丰富，地形地貌复杂，水资源开发潜力大；是南水北调西线水源区，柴达木盆地又是楚玛尔河调水受水区；本区由于海拔高，热量不足，多采用无畦漫灌，水资源浪费严重，适宜大力推广旱地地膜覆盖。本区利用丰富的水资源和柴达木盆地的跨流域调水开发，发展水肥一体化滴灌微灌的增产潜力大，利用青藏铁路可保障西藏粮食油料安全。本区粮食作物发展重点是具有相对优势的春小麦和薯类，油料作物发展重点是具有相对优势的油菜籽、红花籽和核桃。

（6）长江中下游7省份：湘、赣、鄂、苏、皖、沪、浙。本区水热条件好，为传统商品粮基地，皖北苏北淮河流域是南水北调东中线受水区。粮食油料生产存在的主要问题有稻田水体污染，丘陵梯田占较大比重，不利于农业机械化；沿海省份高度城镇化造成耕地流失严重，进口粮食油料逐渐增多，粮油自给率快速下降；适宜推广中小型农业机械。本区应加强耕地保护力度，加快产业外移速度，减少城镇扩张占地压力；水田水肥一体化滴灌技术适宜在农田化肥污染程度较高地区和旱灾频繁的地区推广，可大大提高化肥利用率，减少水体污染，提高粮食油料产量。本区粮食作物发展重点是冬小麦、水稻和薯类，油料作物发展重点是油用大豆、棉籽、花生、油菜籽、芝麻、油茶籽和油用牡丹。

（7）西南4省份：渝、川、贵、滇。本区热量条件好，土地资源和水资源分布地域差异大，川西为南水北调西线水源区；西南季风区春季旱灾频繁；山地农田坡度大，农业机械化程度低。本区应加强梯田建设，推广山地小型农业机械；在旱灾频繁地区，旱地覆膜增产潜力大，可通过修建田间蓄水池，大力推广集雨水肥一体化滴灌技术和水田滴灌技术，实现抗旱增产。本区粮食作物发展重点是冬小麦、水稻、玉米和薯类，油料作物发展重点是大豆、花生、油菜籽、红花籽和核桃。

(8) 华南7省份：桂、粤、闽、琼、港、澳、台。本区水热条件好，沿海多港口，便于发展农产品国际贸易；热带园地面积比重大，进口粮食油料逐年增多；基塘面积扩大和城镇扩张占用耕地，造成大量耕地流失。本区应稳定园地面积，提高园地的土地生产率，稳定粮食油料作物面积，通过提高单产实现粮食油料增产水平。本区粮食作物发展重点是水稻和具有相对优势的薯类，油料作物发展重点是花生和具有相对优势的大豆、油菜籽和油莎豆。

政策与措施建议

(1) 全面普及水肥一体化高效节水灌溉，加快丘陵山地农业机械化发展进程。大力推广现代农业生产技术，全面普及水肥一体化高效节水灌溉，可以大幅提高我国农作物单产水平。因地制宜发展农业机械化，加大对粮食主产区、增产区和高发展潜力区的农机补贴力度，应特别注重加快丘陵山地农业机械化的发展进程，大幅降低农业生产的人工成本。在跨流域调水受水区，推广普及水肥一体化高效节水灌溉机械，实现全程机械化规模经营。同时开展对适宜在梯田和坡耕地推广的小型机械的研发，加大对丘陵山地小型农机具的补贴力度，加快丘陵山区的农业机械化发展速度。

(2) 大幅增加跨流域调水和农田水利工程建设投资，加大水资源和土地资源开发力度。以西部大开发为契机，分期建设跨流域调水工程，提高水资源利用率；大幅提高水利和农业的固定资产投资总量和份额，促进农业生产发展。我国高速公路和高速铁路建设已接近尾声，而内河航运和农田水利建设投资发展潜力还很大。水利工程和灌溉设施投资可以扩大灌溉面积，增加粮食产量，有助于增强综合国力；增加水利和农业投资还可以通过投资乘数效应拉动GDP增长，使我国经济在未来30年内保持高速和中高速增长。我国应调整固定资产投资结构，采取向水利和农业投资倾斜的政策，提高水利、农业和内河航运投资所占的比例，大幅增加投资总量，确保粮食产量稳定快速增加。东北、中北、新疆、青海土地资源丰富，是跨流域调水首选目的地，按由易到难逐步实施调水，开发土地资源，调水步骤应当是优先利用本地水源，近期开展近距离调水，中远期开展远距离调水。同时结合节水垦荒和近期跨流域调水工程建设，进一步加大农田水利投资力度，争取"十四五"期间在北方干旱半干旱区再新增2亿亩以上水肥一体化微灌滴灌面积。

(3) 调整种植结构扩大油料种植面积，促进大豆进口直接和间接替代。在种植结构调整上，各地应适当调减生产过剩、库存量大的粮食作物如小麦、水稻、玉米、马铃薯种植面积，用于扩大油用大豆、棉花、花生、油菜籽、葵花籽等竞争力强的大宗油料作物种植面积。在土地资源丰富、地势平坦的中北、新疆、华北西北部、东北西部地区，全面推广水肥一体化覆膜滴灌技术，充分利用本地地表水和地下水资源，逐步开展跨流域调水，开发宜农荒地，发展易机械化耕作的草本高产油料作物，如油莎豆、油用大豆、棉花、花生、向日葵、油菜籽。通过扩大油用大豆面积形成对油用大豆进口的直接替代，通过扩大高产油料作物面积形成对油用大豆进口的间接替代。

（4）调整农业生产结构，平衡农产品国际贸易。在畜牧水产生产结构调整上，首先应继续稳定发展家禽和水产养殖业，以降低料肉比，提高饲料转化率；其次利用丰富的秸秆资源鼓励秸秆养畜，大力发展牛、水牛、驴、羊等草食畜牧业，减少对精饲料的需求量；农户小规模养猪有种养结合、饲料来源多样化、料肉比低、疫病风险低等优势，相对于大规模猪场节省精饲料，是农村猪肉市场的主要货源，又是对大宗猪肉进口的直接替代，其发展也应得到鼓励。在农业生产结构调整上，进一步发展具有竞争力的优势产业和劳动密集型产业，如粮食作物中的北方粳稻和食用大豆，油料作物中的花生、食用葵花籽、油茶籽，经济作物蔬菜、水果、花卉园艺、茶叶、药材、食用菌，畜牧水产业中的禽肉、禽蛋、水产品、蚕茧、蜂蜜等，通过出口扩张增加出口创汇，增加农民收入，逐步缩小我国农产品的总体国际贸易逆差。

（5）发展粮食内河集装箱航运，提升国产粮食油料的价格竞争力。依托大型跨流域调水工程，在北方发展先进的标准化粮食集装箱内河航运，可以有效降低粮食运输成本，增强我国粮食相对于国际市场的价格竞争力。建设从东北和西北地区到南方沿海地区的内河航运运粮通道，沿运河干线布局建设粮仓和粮食加工厂，并支持产粮大户建设标准化粮仓，实行储粮于民，解决国家粮库库存不足问题。"十四五"期间开凿松辽运河，兼顾调水、排涝和航运功能，沟通松花江和辽河水系，并通过嫩江向北联通黑龙江航道，为进口俄罗斯远东大豆提供新的廉价运输通道；"十四五"期间率先建设黄河大柳树水利枢纽，修建"大山运河"（宁夏中卫大柳树-红寺堡-同心韦州-甘肃环县山城堡运河，含韦州-山城堡63千米运粮运河隧洞），依托在建的东庄水库和马莲河水利枢纽建设泾河-环江渠化航道，形成连通泾河、渭河、黄河、贾鲁河、颍河、淮河、江淮运河和长江的西北-东南内河航运大通道，将来依托南水北调西线工程向西逐步延伸，形成欧亚运河干线航道，充分利用廉价内河航运提高内陆地区的粮食油料价格竞争力。

（6）改革创新土地制度，发展农业机械化规模经营。扩大种植经营规模是降低生产成本、提升农业竞争力的关键措施。结合宜农荒地资源开发，在干旱半干旱地区（东北、中北、新疆、青海柴达木盆地，以及陕北、晋北、冀西北）扶持和发展家庭农场和农业机械化社会服务，发展机械化规模种植，降低生产成本，提升当地农作物的国际竞争力。依托东北、中北、新疆、青海地区的国有农场的竞争力优势，鼓励国有农场率先采用水肥一体化高效节水灌溉技术，进行种植结构调整和宜农荒地开发，通过技术推广带动当地的油料作物扩张。节水垦荒地区以县为单位统一开发节水垦荒地块，新增耕地按就近分配、按节水量分配原则分配给节水农户和单位。跨流域调水新增耕地按国有土地进行管理，以公地租赁形式出租进行农业生产，或限量赠予异地搬迁扶贫移民，转为集体所有制土地。美国大豆竞争力强主要在于单位面积的人工成本和土地成本低于中国，分别是中国的12.8%和61.4%，而单位面积产量高于中国，是中国的1.8倍[18]。为保证我国油用大豆竞争力全面超越美国，上述地区的油用大豆的生产规模和公地租金的设定，应保证每千克产量的人工成本和土地成本降低到同美国水平相当的水平，相应的农业补贴也应当提高到不低于美国的水平。

（7）灵活运用 WTO 规则，利用各种农业补贴政策支持农业生产发展。在 WTO 框架下用好农业补贴政策可以有效促进我国粮食油料增产。应当遵从 WTO 农产品贸易规则，避开 WTO 的黄箱措施，用足绿箱措施，开辟蓝箱措施，启用特殊和差别待遇条款（S&D）农业投入补贴，充分发挥我国的农业补贴政策的作用，促进我国农业生产发展。如利用属于绿箱的地区发展补贴向项目区提供高额生产资料和农业机械补贴；大量增加属于蓝箱的退耕还林、还草、还湖补贴，用于支持退耕区的灌溉农田发展和饲草料基地建设；通过特殊和差别待遇条款（S&D）利用扶贫资金向贫困区提供农业投入补贴和农业投资补贴；利用属于绿箱的自然灾害保险补贴向项目区提供高额农业保险补贴；逐步将较为敏感的最低收购价政策改为较为隐蔽的生产资料补贴政策，保证在粮价下跌情况下粮食成本同步降低，使农民保持较高的种粮积极性。其他可以利用的绿箱措施还有一般性农业生产服务，保障粮食安全储存补贴，一般性农业收入保障补贴和自然灾害补贴，自然灾害救济补贴，农业生产者退休和转业补贴，农业生产结构调整补贴等，如建立农民退休和专业补贴，允许农民以土地换养老，以促进土地规模经营发展。

（8）积极参与 WTO 规则的制定和修改，提升大豆和食用植物油的配额外进口关税。加入 WTO 以来，大量低价大豆进口冲击了我国油料和饲料两大类农作物的竞争优势，导致粮食油料自给率快速下降。叶兴庆主张我国农业支持政策从增产导向向竞争力导向转型[39]，余莹（2010）建议中国建立粮油产品数量和价格触发的 SSM 特殊保障机制[2]，朱晶（2018）提出中国应参与国际农产品贸易规则制定[40]。由于农产品之间的可替代性强，各种农产品的最低关税决定总体关税水平，这是木桶理论的应用，也是我国粮食安全遭到威胁的原因。为提高粮食油料自给率，我国应当积极参与制定和修改 WTO 规则，使规则更有利于我国的农产品贸易保护，如启用 SSM 特殊保障机制，将大豆进口关税提升到加入 WTO 之前的 40% 水平，并以此为农产品最低关税；大豆替代品（大麦、高粱、干木薯等饲料类农产品）、食用植物油和食用油籽以及肉类及制品的关税也提升至 40%。同时为缓解因提升大豆进口关税而造成的同贸易伙伴国的贸易摩擦和避免因农产品关税增加而造成的农产品价格大幅上涨，应当以保留当前进口量、控制进口增量为原则设置大豆关税配额。配额设置可参照我国 2017 年大豆最大进口量 9 553 万吨，配额内仍然征收 3% 的低关税；饲料、食用油籽、食用植物油、肉类及制品也可参照各自的历史最大进口量设置低关税配额。大豆等农产品进口配额在货源国之间的分配，应在综合考量各国产能和国际贸易平衡的前提下发展货源多元化，以避免形成卖方寡头垄断和国际贸易关系恶化。

参考文献：

[1] 李辉，孔哲礼. 农产品和工业品的相对价格波动与货币供给 [J]. 技术经济，2009（4）：113-117.

［2］余莹，汤俊．美国粮食战略主导下的粮食贸易规则［J］. 国际观察，2010（1）：66-73.

［3］倪洪兴，吕向东．正确理解我国农产品竞争力与国际的差距［J］. 农村工作通讯，2018（10）：59-61.

［4］国家统计局．中国统计年鉴 2019［M］. 北京：中国统计出版社，2019.

［5］农业农村部农业贸易促进中心．2019 年我国农产品进出口情况［N］. 农民日报，2020-02-27（4）.

［6］倪洪兴．开放条件下农产品价格形成机制与价格政策选择［J］. 中国粮食经济，2017（6）：18-26.

［7］朱晶．完善农业支持保护政策推进新时期农业改革发展［J］. 农业经济与管理，2017（6）：5-8.

［8］FAO. FAO Food Price Index［R］. http：//www. fao. org/worldfoodsituation/foodprices index/en/.

［9］于智媛，梁书民．我国不同区域在新阶段粮食连增中的贡献因素分析［J］. 中国农业资源与区划，2017，38（8）：145-150，168.

［10］朱晶，晋乐．农业基础设施、粮食生产成本与国际竞争力——基于全要素生产率的实证检验［J］. 农业技术经济，2017（10）：14-24.

［11］卓福生，曾福生．农村基础设施对粮食全要素生产率的影响［J］. 农业技术经济，2018（11）：92-101.

［12］国家统计局农村社会经济调查司．中国农村统计年鉴 2019［M］. 北京：中国统计出版社，2019.

［13］农业农村部市场预警专家委员会．中国农业展望报告（2020—2029）［R］. 北京：2020 中国农业展望大会，2020.

［14］王瑞元．我国花生生产、加工及发展情况［J］. 中国油脂，2020（4）：1-3.

［15］国家统计局．中华人民共和国 2019 年国民经济和社会发展统计公报［R/OL］. （2020-02-28）. http：//www. stats. gov. cn/tjsj/zxfb/202002/t20200228_1728913. html

［16］王瑞元．2018 年我国油料油脂生产供应情况浅析［J］. 中国油脂，2019（6）：1-5.

［17］王瑞元．我国木本油料产业发展现状、问题及建议［J］. 中国油脂，2020（2）：1-2，20.

［18］国家发展和改革委员会价格司．全国农产品成本收益资料汇编 2019［M］. 北京：中国统计出版社，2019.

［19］王瑞元，王晓松，相海．一种多用途的新兴油料作物——油莎豆［M］. 中国油脂，2019（1）：1-4.

［20］中华人民共和国水利部．中国水利统计年鉴 2019［M］. 北京：中国水利水电出版社，2019.

［21］中华人民共和国农业部．全国农业机械化发展第十一个五年规划（2006—2010 年）［Z］. 2006.

［22］吴正锋，何进尚，杨伟强，等．宁夏回族自治区花生产业发展现状、存在问题及对策［J］. 山东农业科学，2019（2）：164-166.

［23］刘成，冯中朝，肖唐华，等．我国油菜产业发展现状、潜力及对策［J］. 中国油料作物学报，2019，41（4）：485-489.

［24］卓富彦，杨文，党宏波，等．内蒙古巴彦淖尔市向日葵产业发展现状及思考［J］. 中国农技推广，2019（10）：13-16.

［25］赵鹏．麦田复播油葵单产 220 千克栽培技术［J］. 农村科技，2009（5）：14.

［26］贾秀苹，何正奎，卯旭辉，等．油用向日葵杂交种陇葵杂 6 号［J］. 甘肃农业科技，2019（11）：91-93.

［27］阳振乐．油莎豆的特性及其研究进展［J］. 北方园艺，2017（17）：192-200.

［28］The International Commission on Irrigation and Drainage（ICID）. World Irrigated Area 2018［Z/OL］. http：//www. icid. org/world-irrigated-area. pdf.

［29］The International Commission on Irrigation and Drainage（ICID）. Sprinkler and Micro Irrigated Area

[Z/OL]. http：//www. icid. org/sprinklerandmircro. pdf.

[30] 于智媛，梁书民. 基于 Miami 模型的西北干旱半干旱地区灌溉用水效果评价——以甘宁蒙为例 [J]. 干旱区资源与环境，2017，31（9）：49-55.

[31] 梁书民，于智媛. 欧亚草原跨流域调水与内河航道工程技术分析 [J]. 水资源与水工程学报，2017，28（4）：107-118.

[32] 梁书民. 中西线联合南水北调的宜农荒地资源开发潜力 [J]. 水利发展研究，2013（12）：15-24.

[33] 杜宇，韩春晖，赵立欣. 2017 年黑龙江省大豆市场分析与 2018 年展望 [J]. 农业展望，2018（2）：13-16.

[34] 田国强，何秀荣. 国产大豆"量增价跌"现象的反思 [J]. 大豆科技，2018（3）：8-12.

[35] 高雪峰，夏红岩，王刚. 内蒙古秸秆养畜现状及发展建议 [J]. 当代畜禽养殖业，2015（6）：3-5.

[36] 任果香，文飞，吕伟，等. 我国胡麻栽培技术综述 [J]. 农业科技通讯，2015（7）：7-9.

[37] 罗松彪，张秀荣，汪强，等. 新时代我国芝麻产业发展探析 [J]. 安徽农学通报，2019，25（2-3）：47-49，61.

[38] 田志梅. 中国红花产业现状、发展优势及对策 [J]. 云南农业科技，2014（4）：50，57-58.

[39] 叶兴庆. 我国农业支持政策转型：从增产导向到竞争力导向 [J]. 改革，2017（3）：19-34.

[40] 朱晶，李天祥，林大燕. 开放进程中的中国农产品贸易：发展历程、问题挑战与政策选择 [J]. 农业经济问题，2018（12）：19-31.

图书在版编目（CIP）数据

全球农业资源可持续利用方略／梁书民著 . —北京：
中国农业出版社，2021.3
ISBN 978-7-109-28031-1

Ⅰ.①全…　Ⅱ.①梁…　Ⅲ.①农业资源－资源利用－
研究－世界　Ⅳ.①F313.2

中国版本图书馆 CIP 数据核字（2021）第 045096 号

审图号：GS（2020）6269 号

中国农业出版社出版
地址：北京市朝阳区麦子店街 18 号楼
邮编：100125
责任编辑：潘洪洋
版式设计：杜　然　责任校对：刘丽香
印刷：中农印务有限公司
版次：2021 年 3 月第 1 版
印次：2021 年 3 月北京第 1 次印刷
发行：新华书店北京发行所
开本：787mm×1092mm　1/16
印张：16.5　插页：6
字数：385 千字
定价：145.00 元